MARY MACKEY

Das Lied der Erde

Buch

Man schreibt das Jahr 4300 vor Christus. Nomaden vom patriarchalischen Stamme der Hansi haben die Stadt Shara auf dem Gebiet der heutigen Ukraine überfallen. Shara verfügt bereits über eine Zivilisation und huldigt dem Glauben an die große Göttin – es herrscht das Matriarchat. Nachdem der Hansi-Nomade Changar Keru, den Sohn von Sharas Herrscherin Königin Marrah, entführt hat, nimmt die junge und mutige Kriegerin Keshna den Kampf auf. Assistiert wird ihr dabei von einer Gruppe von Kriegern, die Kerus Schwester Luma anführt. Aber der barbarische Changar ist nicht nur erbarmungslos, sondern verfügt zudem über magische Kräfte. Er nimmt Besitz von Kerus Geist und bringt diesen gegen sein eigenes Volk auf. In einem Land voll kriegerischer Stämme, primitiver Rituale und unberechenbarer Naturgewalten beginnt Keshna einen schwierigen Überlebenskampf, denn Changar hat die Macht, ihr Volk zu vernichten – und Keru, den jungen stolzen Krieger, den sie liebt. Keshna bleibt nicht viel Zeit, denn sie muß Keru finden, bevor Changar ihn gänzlich auf seine Seite gezogen hat…

Autorin

Mary Mackey, Schriftstellerin, Drehbuchautorin und Literaturkritikerin, ist Professorin für englische Literatur an der Staatsuniversität von Kalifornien. Sie hat die »Feminist Writers' Guild« mitbegründet. Mary Mackey lebt in Berkeley, Kalifornien.

Von Mary Mackey außerdem im Taschenbuch lieferbar

Im Jahr der Pferde, Band 1 der Trilogie (41559)
Die Schmetterlingsgöttin, Band 2 der Trilogie (41560)

MARY MACKEY

Das Lied der Erde

Roman

Aus dem Amerikanischen
von Elke Bartels

BLANVALET

Die Originalausgabe erschien 1998 unter dem Titel
»The Fires of Spring«
bei ONYX / The Penguin Group

Umwelthinweis:
Alle bedruckten Materialien dieses Taschenbuches
sind chlorfrei und umweltschonend.

Blanvalet Taschenbücher erscheinen im Goldmann Verlag,
einem Unternehmen der Verlagsgruppe Bertelsmann GmbH

Deutsche Erstausgabe 8/1999

Umschlaggestaltung: Design Team München
Umschlagfoto: G+J/Photonica und Bavaria/VCP
Satz: Uhl+Massopust, Aalen
Druck: Graphischer Großbetrieb Pößneck
Titelnummer: 35137
Redaktion: Elvira Willems
BH · Herstellung: Katharina Storz/HN
Made in Germany
ISBN 3-442-35137-5

1 3 5 7 9 10 8 6 4 2

Für
Jean, John, Angus
und Marija

Historische Anmerkung

»Wilden Honig« gibt es wirklich, es ist eine Substanz, die Halluzinationen erzeugen und – in ausreichend großer Menge eingenommen – zum Tode führen kann. Obwohl es keine schriftlichen Beweise dafür gibt, daß die Menschen, die vor sechstausend Jahren an der Schwarzmeerküste lebten, wilden Honig bei ihren religiösen Ritualen benutzten, berichtet der griechische Geograph Strabo (63 v. Chr. – 23 n. Chr.), daß Mithridates' Verbündete im ersten Jahrhundert v. Chr. drei komplette römische Reiterschwadronen damit auslöschten.

Vlahan und der Schlangenvogel

Ein Hansi-Märchen

Vor langer, langer Zeit, als unsere Götter die einzigen Götter waren und Zuhan der Große über die Zwanzig Stämme herrschte, verführte eine Hexe namens Marrah Stavan, Zuhans Erben. Sie bot Stavan ihre Brüste und ihre Lippen dar und flüsterte ihm honigsüße Lügen ins Ohr und lockte ihn so nach Süden in die Länder, wo Frauen regieren und Männer keine Eier haben. Dort, in der Stadt Shara, bekam sie zwei Kinder von ihm: einen Sohn mit Namen Keru und eine Tochter, die nicht zählte.

Im Jahr der Großen Dürre, als das Gras in den Steppen verdorrte und das Vieh verhungerte, bekam Stavans Bruder Vlahan Durst nach Rache. Er legte seine goldenen Ketten an, stärkte sein Haar mit Blut, schärfte seinen Speer, versammelte seine Krieger um sich und ritt nach Süden, um Shara zu belagern. Changar, Vlahans Wahrsager, hatte Keru geraubt, und als sie durch die Wälder ritten, sagte Changar Vlahan voraus, er würde einen leichten Sieg haben, wenn er Marrahs Sohn als Geisel einsetzte. Aber als Vlahan die Stadt angriff, kapitulierte Marrah keineswegs, wie Changar es versprochen hatte. Statt dessen bot sie einen schrecklichen Schlangenvogel auf, der Vlahan und all seine Männer verschlang.

Oh, trauert um unsere Krieger! Trauert um unseren Ruhm! Die Knochen unserer Tapferen wurden in alle Winde verstreut wie Sterne. Marrah besiegte Vlahan mit bösem Zauber und schritt auf einem mit Totenschädeln gepflasterten Weg zum Sieg.

Östliche Urkraine
Fünftes Jahrtausend v. Chr.

Stellt euch die Rehgeiß vor
mit ihrem Kitz.
Stellt euch die Löwin vor
mit ihrem Jungen.
Stellt euch die Freude einer Mutter vor,
wenn sie ihrem Sohn vorsingt.

Aus »Marrah und Keru«
Gedenklied des Sharatani-Volkes
Fünftes Jahrtausend v. Chr.
Inschrift auf einer Kinderrassel aus Ton
Museum für Kunst und Geschichte
Varna, Bulgarien

Prolog

An der westlichen Küste des Schwarzen Meeres, 4361 v. Chr.

In einer lauen Nacht vor über sechstausend Jahren ging der letzte Vollmond des Sommers langsam über den Feldern auf, die die Stadt Shara umgaben. Es war ein leuchtend orangeroter Mond, von Dunst verschleiert und so groß und rund, daß es aussah, als sei aus dem Himmel ein Kreis ausgeschnitten worden, um ein rotglühendes Feuer zu enthüllen. Als Batal, die Schlangengöttin und Beschützerin der Stadt, jenen kreisrunden Mond am östlichen Himmel schweben sah, blies Sie den Himmelskörper an und ließ ihn höher steigen, kühlte ihn mit Ihrem heiligen Atem, bis er zu einer knochenweißen Scheibe verblaßte.

In der vorausgegangenen Nacht noch hatte goldgelber Weizen auf den Feldern gestanden, doch während des Tages hatten die Sharaner den letzten Rest des Getreides mit ihren Sicheln aus Feuerstein geerntet und nur einige wenige Reihen als Gabe an die Vögel und Mäuse stehen lassen.

Batal hörte auf, den Mond zu kühlen, und wandte Ihren Blick aus lidlosen Augen dem Feld in unmittelbarer Nähe des Waldes zu. Auf jener weiten Fläche von Stoppeln regte sich etwas, etwas Dunkles, Unförmiges, das sich in einem unregelmäßigen Rhythmus vorwärtsbewegte.

Der Mond stieg immer höher, und als seine silbrigen Strahlen über die Stoppelfelder wanderten, tauchten sie die dunkle Form in helles Licht und enthüllten, daß es in Wirklichkeit nicht eine, sondern drei einzelne Formen waren, die zu einem einzigen Schatten verschmolzen. Die Formen nahmen menschliche Gestalt an, und plötzlich war das Gesicht eines alten Mannes zu erkennen. Es war ein bleiches, verbittertes, finsteres, keilförmiges Gesicht mit grünen Augen, grauem Haar und einem Kinn, spitz wie eine Steinaxt; und wenn Marrah, die Priesterkönigin von Shara, es hätte sehen können, so wäre ihr Herz zu Eis erstarrt. Der alte Mann trug den Namen Changar, und sie hatte in ihrem ganzen Leben niemals einen gefährlicheren Feind gehabt.

Das Mondlicht berührte Changars Gesicht nur für einen flüchtigen Moment, bevor er seinen beiden Gehilfen mit einer Geste bedeutete, ihn wieder in den Schutz der Dunkelheit zurückzuführen. Lange Zeit stand er reglos und schweigend am Waldrand und stützte sich auf die Jungen, bis ihre Schultern taub und gefühllos wurden, doch er nahm keinerlei Notiz von ihrem Unbehagen. Sie waren seine Beine, und sie hatten ihm im vergangenen Sommer während der Belagerung von Shara das Leben gerettet. Ohne sie war er nicht imstande, mehr als ein paar Schritte zu gehen, dennoch betrachtete er sie kaum als menschliche Wesen.

In der Stadt gab es etwas, das Changar um jeden Preis haben wollte, etwas, für das er einen weiten Weg geritten war. Es war etwas, das Changar früher einmal besessen, dann jedoch wieder verloren hatte. Wenn er es sich erst einmal zurückgeholt hatte, würden ihn die Nomadenhäuptlinge wieder ehren. Sie würden ihm Gold und junge Frauen bringen, um sein Bett zu wärmen. Er würde neue, besser aussehende Gehilfen haben, die ihm das Essen kochten und ihn auf sein Pferd hoben und ihm wieder herunterhalfen; und vor allem würde er endlich die Rache haben, nach der er sich schon so lange verzehrte.

In der Ferne flackerten die Lichter der Stadt. Es war eine kühle Brise aufgekommen, die von der See herüberwehte und den würzigen Geruch nach Salz und Tang mit sich brachte. Fröstelnd zog Changar seinen abgetragenen Umhang aus Wolfsfell noch fester um sich und signalisierte seinen beiden Gehilfen, ihn wieder in den Wald zu einer kleinen Lichtung zurückzuführen, wo er die Nacht verbringen würde. Ein Lager aus verdorrten Blättern wartete dort auf ihn, und ganz in der Nähe graste, geschickt verborgen, sein Pferd mit aneinandergebundenen Vorderbeinen.

Die Gehilfen hatten keine Pferde. Sie gingen oder rannten neben ihrem Herrn her, je nachdem, in welchem Tempo er voranzukommen gedachte; und wenn sein Pferd schiß, sammelten sie die Pferdeäpfel auf, um sie zu trocknen und als Brennmaterial zu benutzen, so, wie sie es auch in der fernen Steppe getan hätten, obwohl es in diesen Wäldern genug Holz gab, um viele Jahre lang damit Feuer zu machen. Changar liebte nun einmal den Geruch von brennendem Dung, und er war nicht bereit, darauf zu verzichten.

In Shara sorgte die Seebrise für einen willkommenen Hauch von Kühle in den Mutterhäusern. Königin Marrah hörte auf, sich Luft zuzufächeln, und stieß einen Seufzer der Erleichterung aus. Nun, da die Ernte eingefahren war, konnten sie dringend etwas Regen gebrauchen, der die Luft von dem Staub reinigte.

Marrah legte ihren geflochtenen Fächer beiseite und machte es sich bequem. Sie ruhte auf einem großen blauen Kissen im Gemeinschaftsraum ihres Mutterhauses, umgeben von den Menschen, die sie auf der Welt am meisten liebte. Ihre drei Kinder – Luma, Keru und ihre Adoptivtochter Driknak – waren gerade damit beschäftigt, unter der Aufsicht ihrer Cousine Keshna aus gefärbtem Leinen und dickem Weizenkleister Drachen zu bauen. Keshnas Mutter, Hiknak, reparierte die Klinge einer Sichel, obwohl sie erst im nächsten Jahr wieder gebraucht werden würde. Arang, Marrahs Bruder, studierte gerade seinen neuesten Tanz ein und vollführte langsame Rückwärtssaltos vor dem Fenster; er beugte sich dabei so weit zurück, daß Marrah Angst bekam, sein Rückgrat könne brechen, wirbelte dann plötzlich durch die Luft und landete leichtfüßig auf dem Fußballen. In dem Raum war noch eine Reihe weiterer Familienmitglieder versammelt – Onkel, Tanten und Cousinen mit ihren Kindern, die alle mit lauten Stimmen durcheinander redeten und fröhlich lachten. Im Gemeinschaftsraum eines sharanischen Mutterhauses ging es immer ziemlich laut und munter zu. Wenn man seine Ruhe haben wollte, mußte man hinausgehen oder sich die Ohren mit Bienenwachs verstopfen.

Marrah rief Arang einen Rat zu und lehnte sich zurück, um

ihm zuzusehen; ihr Kopf ruhte in einer vertrauten Geste an der Schulter ihres Geliebten, Stavan, der erst vor kurzem aus der Steppe zurückgekehrt war. Sein gebrochenes Bein, von irgendeinem zweitklassigen Heiler ziemlich nachlässig zusammengeflickt, tat ihm immer noch weh, deshalb hatte er es auf ein kleines Kissen gelegt.

Sie blickte lächelnd zu ihm auf, und er erwiderte ihr Lächeln. Obwohl er erst Ende Zwanzig war, war Stavans blondes Haar bereits mit grauen Strähnen durchsetzt, und das Lächeln, das er Marrah schenkte, war von Melancholie erfüllt. Vielleicht würde die Göttin Erde ihm, wenn noch mehr Zeit verstrichen war, die Kraft geben, die Vergangenheit endgültig zu vergessen. Inzwischen war Marrah froh, ihn wieder bei sich zu haben, lebend und mehr oder weniger gesund.

Sie nahm seine Hand und verflocht ihre Finger mit den seinen, und eine Zeitlang saßen sie ruhig da und schauten Arang zu. Nach einer Weile verlor Marrah das Interesse und wandte ihre Aufmerksamkeit den Kindern zu. Die Arbeit an den Drachen ging recht gut voran. Driknak, eine Vollblutnomadin, arbeitete auf Nomadenart langsam und methodisch, sie klebte Stücke von weißem Leinen an die Stützstreben, so daß sie eine Art Viereck bildeten, während Keshna, die kleinen Hände in die Hüften gestützt, daneben stand und ungebetene Ratschläge erteilte. Keshna war Halbnomadin, ein dunkeläugiger Wildfang von einem Mädchen, schnell wie ein Fisch und eigensinnig und hart wie eine Wand. Sie war erst sechs, aber sie kommandierte ihre sanfte Cousine herum, als sei Driknak zwei Jahre jünger und nicht zwei Jahre älter als sie.

Keshna verbrachte die eine Hälfte ihrer Zeit damit, Unfug anzustellen, und die andere Hälfte mit dem Erfinden raffinierter Ausreden, um der Strafe zu entgehen. Im vergangenen Jahr war sie aus dem ersten Stock des Mutterhauses gesprungen und hätte sich dabei beinahe den Schädel auf den harten Fliesen des Eingangs eingeschlagen; sie war krank geworden, weil sie als Mutprobe Würmer verzehrt hatte; und sie hatte ihre Cousins und Cousinen zu einem lebensgefährlichen Abenteuer angestiftet, indem sie heimlich ein kleines Boot organisiert hatten. Hätte Arang sie nicht durch Zufall entdeckt, würden die vier Kinder jetzt wahrscheinlich auf (oder vermutlich eher unter) den Wogen des Süßwassersees treiben.

Luma, Marrahs jüngste Tochter, war ebenfalls ein temperamentvolles Kind, aber sie war zumindest so vernünftig, keine Würmer zu essen oder tollkühn von Dächern zu springen. Marrah bemerkte, daß es Luma in ihrem Eifer gelungen war, mindestens eine halbe Muschel voll Weizenkleister auf ihrem Gesicht und ihren Händen zu verteilen, was hieß, daß sie vor dem Schlafengehen noch einmal gründlich gewaschen werden mußte. Die Streben ihres Drachens drehten sich in alle x-beliebigen Richtungen, und sie war gerade dabei, rote Flügel und einen blauen Schwanz sowie Hörner und Froschbeine daran zu befestigen. Marrah hätte ein Glas Honig darauf verwettet, daß er besser fliegen würde als Driknaks Drache.

Kerus Drachen war allerdings eine andere Sache. Marrah inspizierte ihn und runzelte besorgt die Stirn. Keru hatte zuerst begonnen, einen bunten Drachen zu bauen, ähnlich wie Lumas. Jetzt sah Marrah, daß er die roten und blauen Stoffstücke beiseite gelegt und sich statt dessen für einen alten schwarzen Vorhang entschieden hatte.

Keru hatte den Vorhang mit seiner Messerspitze bearbeitet und sorgfältig die Form eines großen schwarzen Wolfes herausgeschnitten. Jetzt schnitt er ein Stück gelben Stoffs zu einem Sonnenrad zurecht, das er offenbar auf den Rücken des Wolfes kleben wollte. Der Wolf war das Symbol eines mächtigen Nomadenstammes, der Hansi, und die Sonne war das Zeichen ihres Himmelsgottes, Han. Bei dem Drachen irgendeines anderen Kindes wäre diese Zusammenstellung vielleicht nur Zufall gewesen, nicht jedoch bei Keru. Als er gerade vier Jahre alt gewesen war, war er von einem Hansi-Trupp entführt und fast ein ganzes Jahr lang von Stavans Halbbruder Vlahan gefangengehalten worden.

Beim Anblick des schwarzen Wolfsdrachens überlief Marrah ein kalter Schauder. Sie ließ sich jedoch nicht anmerken, was ihr durch den Kopf ging, und als Keru schließlich das Sonnensymbol auf den Rücken des Wolfes geklebt hatte, rief sie ihn zu sich und umarmte ihn. Dann rief sie auch die Mädchen, damit diese sich nicht zurückgesetzt fühlten, und drückte sie ebenfalls liebevoll an sich. Eine Weile saßen die Kinder da, die Arme um Marrah und Stavan geschlungen, und plapperten aufgeregt über das Drachenfestival, das am nächsten Morgen stattfinden sollte, wenn der Wind bis dahin nicht abflaute. Es war eine fröhliche Unterhaltung, und als Stavan schließlich aufstand, um die vier ins Kinderzimmer zu ihren Schlafmatten zu bringen, hatte sich Marrahs Unruhe fast wieder gelegt.

Kurz vor Tagesanbruch hatte Changar sich mit Hilfe seiner Lehrlinge zu einem Dickicht begeben, um im Schutz der hohen Büsche seinen Beobachtungsposten einzunehmen. Die Büsche waren ein perfektes Versteck, nahe an der Stadt, aber nicht so nahe, daß er Gefahr lief, entdeckt zu werden. Er hatte den Jungen befohlen, seinen Umhang zu einem Sitzpolster zusammenzufalten, während er die letzten Reste Dörrfleisch gegessen hatte, ohne ihnen ein Stückchen davon anzubieten; dann hatte er sich auf dem Polster niedergelassen, um zu warten.

Interessiert hatte er beobachtet, wie die ersten Kinder aus der Stadt gekommen waren. Als sie ihre Drachen steigen ließen, hatten ihn die fremdartigen, farbenfrohen Gebilde völlig verwirrt. Die Nomaden hatten zwar reichlich Wind in der Steppe, aber sie hatten kein Leinen, und da sie ihre Schafwolle zu Filz zusammenpreßten, statt sie zu spinnen und Stoffe daraus zu weben, hatten sie niemals ein Tuch entwickelt, das leicht genug war, um in der Luft zu schweben. Zuerst hatte Changar geglaubt, die Kinder ließen Falken fliegen, aber bald wurde ihm klar, daß kein Vogel in Form oder Farbe diesen seltsamen Gebilden glich. Allmählich war ihm aufgegangen, daß die schwebenden Figuren mit fast unsichtbaren Schnüren an den Händen ihrer kleinen Besitzer festgebunden waren.

Er hatte seinen Gehilfen befohlen, ihn näher heranzuführen, damit er die Schnüre sehen konnte, aber er hatte sich den Kindern äußerst vorsichtig genähert und sich zuerst im Schutz der höheren Büsche vorwärtsbewegt, um dann bäuchlings durch das niedrige

Gebüsch am Rand der Felder zu kriechen, während seine Gehilfen hinter ihm herrobbten, falls er wieder aufstehen wollte. Solange er sich auf dem Bauch bewegte, brauchte er ihre Hilfe nicht. Changar war recht geschickt im Kriechen; schließlich hatte er sehr viel Übung darin, seit Marrah einen Krüppel aus ihm gemacht hatte, indem sie ihn auf den Boden des tiefen Grabes stieß, in dem der alte Zuhan beerdigt werden sollte – gerade als er, Changar, im Begriff gewesen war, sie dem Gott Han zu opfern. Dies war ein Teil der Rechnung, die er mit ihr begleichen wollte, allerdings nur ein kleiner Teil.

Als er durch das Unterholz kroch, fühlte Changar, wie neue Hoffnung in ihm keimte. Eine Zeitlang achtete er nicht mehr auf die Kinder, sondern konzentrierte sich ganz auf den Boden unter seinen Händen. Er sah jeden Zweig, jedes Blatt, jede harte Stoppel. Seine Beine waren nicht so stark verkrüppelt, daß er gar nicht mehr gehen konnte, aber wenn er aufrecht stand, mußte er sich auf zwei Stöcke oder auf seine beiden Gehilfen stützen, und er konnte nicht ohne Hilfe auf ein Pferd steigen. Wenn er auf dem Bauch kroch, besaß er jedoch die Geschmeidigkeit und Lautlosigkeit eines Löwen auf der Jagd.

Während er immer näher an die Kinder herankroch, empfand Changar wachsende Verachtung für sie und ihre Eltern. Wäre dies ein Hansi-Lager und nicht eine Stadt des Muttervolkes, wäre schon längst jemand auf ihn und seine Gefährten aufmerksam geworden und hätte Alarm geschlagen. Wilde Hunde hätten sie aufgespürt und in Stücke gerissen; oder ein scharfäugiger Wachtposten hätte bemerkt, daß die Spatzen plötzlich ohne ersichtlichen Grund aus dem Gebüsch aufflogen. In der Steppe hätte er sich niemals so nahe an den Feind heranschleichen können, ohne entdeckt zu werden, und man hätte eine Gruppe kleiner Kinder niemals derart unbewacht herumlaufen lassen; aber die Mutterleute waren Dummköpfe. Sie schienen immer noch zu glauben, die Welt sei ein hübscher, friedlicher, kleiner Garten, wo ihnen doch jedes Hansi-Kind über fünf Jahre sagen konnte, daß die Welt ein Ort des Verrats und der Heimtücke war, wo Überfälle aus dem Hinterhalt und ein plötzlicher Tod auf der Tagesordnung standen.

Als Changar das letzte Stückchen Deckung erreichte, bevor die Felder in eine ununterbrochene Fläche von Stoppeln übergingen, war er nahe genug, um die Gesichter einzelner Kinder zu erkennen. Er musterte sie rasch und runzelte die Stirn. Es waren zum größten Teil dunkelhaarige Bälger, klein und zierlich, mit runden Gesichtern und bräunlicher Haut. Selbst die Jungen waren ebenso hübsch wie die Mädchen. Changar ließ seinen Blick über die braunen und schwarzhaarigen Köpfe wandern und hielt Ausschau nach einem blonden Schopf. Soweit er wußte, gab es nur ein einziges goldblondes Kind in Shara, und als er einen blonden Kopf in der Menge auftauchen sah, mußte er mühsam einen Triumphschrei unterdrücken.

Dann schaute er noch einmal genauer hin und verfluchte sämtliche Götter und sich selbst gleich mit dazu. Das Kind war ein Mädchen! Was in Hans Namen tat ein Nomadenmädchen in der Stadt der Mutterleute? War sie eine Geisel? Hatte einer der rebellischen Häuptlinge sie dem Verräter Stavan als Geschenk geschickt? Wer immer sie war, ihre Anwesenheit war ein schlechtes Omen. Changar betrachtete die kleine Nomadin mit wachsender Verärgerung. Sie hielt die Schnur eines weißen, vogelähnlichen Dings in der Hand und versuchte, es zum Fliegen zu überreden. Das Gebilde stieg ein kleines Stück in die Höhe und kippte schwerfällig auf die Seite; Changar konnte sehen, daß es niemals auf dem Wind schweben würde.

Sie ist dumm, dachte er, aber was kann man schon von einem Mädchen erwarten? Es hatte ihn immer maßlos geärgert, daß er zweimal von einer Frau besiegt worden war, und als er dort lag und das blonde Mädchen beobachtete, empfand er die heftige Verbitterung eines Mannes, der wieder einmal von einem schwächeren Feind getäuscht worden war.

Dann sah er den Wolf. Er war schwarz, und er flog hoch am Himmel, so hoch, daß er nicht größer zu sein schien als seine Handfläche. In dem Moment, in dem er den Wolf entdeckte, wußte er, wer am anderen Ende der Schnur sein würde, und als er hinschaute, sah er das Kind, nach dem er gesucht hatte. Es war ein Junge, blond und stämmig, mit langen Gliedern und einem eckigen, sonnenverbrannten Gesicht. Er war ein Stück gewachsen seit Changar ihn das letzte Mal gesehen hatte, und er rannte so schnell über die Stoppeln wie ein edles Fohlen.

»Keru!« rief das blonde Mädchen plötzlich. »Komm her und hilf mir.« Zu Changars Entzücken sprach sie Hansi, und der Junge schien sie zu verstehen, denn er machte sofort kehrt und lief in ihre Richtung. Also hatte er in dem Jahr, das er bei seiner Mutter verbracht hatte, die Sprache der Steppe nicht vergessen!

Changar erkannte, daß er sofort handeln mußte, sonst würde der Junge zu weit weg sein, um ihn zu hören. Er legte die Hände trichterförmig an den Mund und imitierte das *Tschack-Tschack* einer weißkehligen Grasmücke.

Als der Junge den Vogelruf hörte, blieb er abrupt stehen, legte den Kopf schief und lauschte aufmerksam. Er mußte diesen typischen Ruf in den vergangenen zwölf Monaten schon viele Male gehört haben, denn in den Mutterländern gab es viele Grasmücken, dennoch reagierte er darauf. Changar fühlte sich durch seine Reaktion ermutigt, aber er wußte, daß ein Kaninchen erst dann sicher gefangen war, wenn es in die Falle gehoppelt war.

Er legte seine Hände erneut um den Mund und wiederholte den Vogelruf, veränderte ihn diesmal aber auf subtile Weise. Ein feindlicher Wachtposten hätte nichts anderes gehört als das neuerliche *Tschack* der Grasmücke, doch Keru hörte noch etwas anderes: Er hörte den unterschwelligen Klang heraus, den Changar ihn in den langen Monaten der Gefangenschaft in seinem Zelt zu hören gelehrt hatte. In Changars speziellem Grasmückenruf schwangen lockende Worte mit, die keiner außer Keru entziffern konnte. *Komm zu mir, lieber kleiner Häuptling,* riefen sie. *Komm zu mir, und ich werde dir den köstlichen Trank der Träume einflößen; komm zu Onkel Changar, und er wird die Freude schenken.*

Prompt öffnete Keru die Hand und ließ die Schnur seines Wolfdrachens los. Der Drachen stieg rasch in den Himmel und flog mit der Seebrise davon, bis er nichts weiter war als ein schwarzer Fleck auf dem Gesicht der Sonne. Voller Eifer machte Keru kehrt und rannte auf die Büsche zu, wo Changar und seine Gehilfen auf der Lauer lagen.

Changar behielt ein wachsames Auge auf das blonde Mädchen, um zu sehen, ob sie merkte, daß ihr Freund davonlief, aber das milchgesichtige kleine Ding hatte sich abgewandt und schluchzte über seinem Spielzeug, das in mehrere Teile zerbrochen auf dem Boden lag.

Es war geradezu lächerlich einfach, den Jungen zu entführen, wenn keiner dabei zuschaute.

Erstes Buch

Die gesegneten Länder

Es ist leichter, einer Maus beizubringen, einen Wolf zu töten, als einer Frau beizubringen, wie ein Mann zu kämpfen.

Sprichwort der Nomaden

Was habt ihr unseren Töchtern angetan?

Inschrift auf einem Becher im sharanischen Stil
Viertes Jahrtausend v. Chr.
(Möglicherweise die Nachbildung eines
sehr viel älteren Originals)
Eremitage, St. Petersburg, Rußland

1. Kapitel

Insel Alzac, acht Jahre später

Luma und Keshna saßen auf einer grasbewachsenen Hügelkuppe und gruben ihre nackten Zehen in die Erde, während sie auf eine glatte, unbewegte Fläche grünlich-blauen Wassers hinausblickten. In der Ferne konnten sie den flachen, braunen Küstenstreifen des Festlands sehen und ein mit weißen Segeln bestücktes Raspa, das sich seinen Weg durch die Meerenge bahnte.

Die beiden jungen Mädchen verfolgten die Fahrt des Bootes mit großem Interesse. Das Raspa drehte sich mit schwerfälliger Grazie, während die Händler wie wild ruderten, um es in die richtige Position zu manövrieren, damit sein weißes Leinensegel den Wind einfangen konnte, der fast in genau dem Moment gedreht hatte, als sie hinaus auf das offene Meer gekommen waren. Plötzlich blähte sich das Segel, das Boot schoß mit einem Ruck vorwärts, nahm Kurs Richtung Festland und zog einen Streifen weißer Gischt im Kielwasser hinter sich her.

»Es fährt nach Norden«, stellte Keshna fest, »nach Shara hinauf und vielleicht sogar noch ein ganzes Stück weiter. Nach Norden, wo alle möglichen aufregenden Dinge passieren, während wir beide wie zwei Fünfjährige auf diesem blöden Felshaufen festsitzen.«

Luma hütete sich, auf diese Bemerkung ihrer Cousine einzugehen. Wie gewöhnlich führte Keshna nichts Gutes im Schilde. Kaum war sie auf Alzac eingetroffen – nach einem tollkühnen Streich zur Strafe auf die Insel verbannt –, war sie auch schon losgerannt, um Luma zu suchen. Jetzt redete sie auf diese überzeugende Art auf sie ein, der Luma nicht widerstehen konnte. Wenn Keshna etwas wollte, dann konnte sie mit ihrem Charme alles erreichen. Luma wußte, sie würde wieder in Schwierigkeiten geraten, wenn sie noch länger zuhörte. Tatsächlich, dachte Luma, ist das Wort »Schwierigkeiten« ein viel zu schwacher Ausdruck für das, was Keshna wieder ausheckt. Wenn sie Keshnas verrückten Plan – wie immer er auch aussehen mochte – in die Tat umsetzten, würden sie zweifellos den Zorn ihrer Mütter auf sich ziehen. Aber genau das ist es, dachte Luma, was Keshnas haarsträubende Vorschläge immer so verlockend macht.

Sie wandte sich von dem Anblick des rasch in der Ferne verschwindenden Bootes ab und blickte hinunter auf das Dorf, das sich am Fuße des Hügels in einem säuberlichen, halbmondförmigen Bogen ausdehnte, umgeben von einem Zaun aus blühenden Brombeerranken. Es gab Schmetterlingsgärten, Honigbienengärten und überall üppige Teppiche wildwachsender Blumen, ganz zu schweigen von den heißen Quellen, den drei Tempeln und einem wunderschönen Sandstrand, so weiß, daß er wie pulverisierter Alabaster aussah. Luma wußte, sie sollte dankbar dafür sein, daß sie hier lebte, umringt von Wasser und in Sicherheit vor den Nomaden, aber Keshna hatte recht. Sie fühlte sich wie in einer Falle, und die Insel langweilte sie zu Tode.

Seit dem Tag, an dem ihr Bruder zum zweiten Mal verschwunden war, hatte sie im Exil gelebt, zu ihrer eigenen Sicherheit von Shara fortgeschickt, denn ihre Mutter war überzeugt gewesen, die Nomaden würden Luma als nächste entführen. Acht Jahre lang – mehr als die Hälfte ihres Lebens – war sie in diesem perfekten, von ihrer Mutter geschaffenen kleinen Heiligtum geschützt gewesen, während oben im Norden tapfere Verbände junger Leute einen verzweifelten Kampf führten, um die Nomaden wieder in die Steppe zurückzutreiben. Als Kind hatte es Luma nichts ausgemacht, daß die Insel so klein war, aber in den letzten drei Jahren hatte sie sich gefühlt wie ein Vogel mit gestutzten Flügeln. Keshna hatte jedes zweite Jahr Gelegenheit, von Shara nach Alzac zu reisen, wenn ihr Vater in den Süden kam, um die sharanische Gemeinde auf der Insel zu verwalten, und Marrah fuhr in regelmäßigen Abständen nach Shara hinauf, um Arangs Platz im Rat der Ältesten einzunehmen. Aber Lumas Leben war, abgesehen von kurzen Ausflügen zum Festland, seit vielen Jahren von Wasser begrenzt.

Keshna sah die Ruhelosigkeit in Lumas Augen und wußte, daß es an der Zeit war, mit ihrem Plan herauszurücken. Sie beugte sich vor, bis ihre Lippen fast Lumas Ohr berührten. »Ich finde, wir sollten von dieser Insel verschwinden«, flüsterte sie. »Ich finde, wir sollten aus Tante Marrahs reizendem kleinen Paradies fliehen und in den Norden gehen, um mit Ranala und den Schlangen zu kämpfen.« Es war nicht notwendig zu flüstern, denn sie waren ein gutes Stück außerhalb des Dorfes, aber Keshna ließ keine Chance vorübergehen, dramatisch zu sein.

Luma fühlte eine freudige Schockwelle durch ihren Körper branden. Keshna hatte gerade das ausgesprochen, was sie selbst zu gerne gesagt hätte: daß ihre Mutter einen Fehler gemacht hatte, als sie versuchte, sie vor Gefahr zu schützen; daß Alzac ein Heiligtum in einer Welt war, die nicht länger existierte. Ranala war ihre ältere Cousine, und die Schlangen waren der berühmteste Kriegerverband, den die Mutterleute jemals hervorgebracht hatten. Einen kurzen Moment lang malte Luma sich sehnsüchtig aus, wie sie hoch zu Roß dahingaloppierte und ein Nomadenüberfallkommando über den Haufen ritt, während sie ihren Speer schwenkte und den Namen der Göttin Batal schrie, bis der Feind in Panik in alle Richtungen auseinanderstob.

Keshna legte eine Pause ein, wohl wissend, daß sie Luma geködert hatte. Sie lehnte sich zurück und lächelte verführerisch. »Du fragst dich wahrscheinlich, wie wir ohne Boot nach Shara kommen sollen, wie wir es anstellen, uns von Mädchen in Krieger zu verwandeln, und wo wir die Kriegskunst lernen können. Nun«, fuhr sie mit einer weitausholenden Geste fort, »das ist alles kein Problem. Es gibt reichlich Bögen und Speere, auch wenn sie eigentlich für die Jagd gemacht wurden und nicht zum Kämpfen. Wir werden ein paar Waffen auftreiben und heimlich üben. Ich kann schon ziemlich gut damit umgehen, und in ein paar Monaten kann ich dir die Grundkenntnisse beibringen, und…«, erneut legte sie eine dramatische Pause ein, »... wir werden kein Boot brauchen, um nach Shara zu kommen, weil wir nämlich Pferde kaufen werden.«

»Pferde!«

»Pferde, richtig. Du weißt schon, diese Tiere, die die Schlangen den Nomaden stehlen und mit denen sie in die Schlacht reiten. Du weißt doch noch, was ein Pferd ist, nicht wahr, Cousine? Oder bist du schon so lange auf dieser Insel, daß sich dein Gehirn in einen Klumpen feuchten Ton verwandelt hat?«

Luma richtete sich zu ihrer vollen Größe auf, und die war beträchtlich. »Natürlich weiß ich noch, was Pferde sind, aber kannst du mir mal verraten, womit du welche kaufen willst?« Es war eine praktische Frage, doch in ihren Ohren rauschte aufgeregt das Blut, und sie wandte nicht – wie es ihre Stiefschwester Driknak getan hätte –, ein, daß ihre Mutter Marrah Pferde auf Alzac verboten hatte und daß Keshna sich schämen sollte, so etwas auch nur vorzuschlagen.

Keshna sah sich vorsichtig nach allen Seiten um und löste dann die Schnur des Lederbeutels an ihrer Taille. »Hiermit werden wir sie kaufen«, verkündete sie und zog etwas aus dem Beutel, bei dessen Anblick Luma überrascht nach Luft schnappte. Es war eine Kette aus goldenen Pferden – eine lange, schwere, massive Kette von der Art, die einst den Hals eines Nomadenhäuptlings geschmückt haben mußte. Keshna ließ die prachtvolle Kette vor Lumas Nase baumeln und lachte übermütig. »Da staunst du, was?«

Luma wollte nach der Kette greifen, aber Keshna riß sie blitzschnell weg und hielt sie knapp außerhalb ihrer Reichweite, während sich ihr Mund zu einem spöttischen Lächeln verzog.

»Wie bist du an eine so kostbare Kette gekommen!« rief Luma. »Welchen Tempel hast du ausgeraubt?«

»Nun reg dich doch nicht gleich so auf.« Keshna ließ die goldene Kette hastig wieder in ihrem Lederbeutel verschwinden. »Niemand hat sie gebraucht, also habe ich sie mir ausgeliehen.«

»Du meinst, du hast sie *gestohlen?*« Luma war zutiefst schokkiert. Diebstahl war unter den Angehörigen des Muttervolkes fast unbekannt, aus dem einfachen Grund, daß bis vor kurzem niemand irgend etwas Wertvolles besessen hatte. Vor dem Einfall der Nomaden war bis auf einige wenige persönliche Gegenstände alles in gemeinschaftlichem Besitz gewesen. Häuser, Tiere, Nahrungsmittel, Tempelschmuck, Werkzeuge, ja sogar Kochtöpfe und Krüge mit Öl waren Eigentum der ganzen Familie oder der Gemeinde. Das Land war der Körper der Göttin Erde Persönlich, daher war der bloße Gedanke, es besitzen zu wollen, Blasphemie. Oben im Norden in der Gegend um Shara änderte sich die ganze Auffassung von Eigentum so rapide, daß der Begriff oft von einem Dorf zum nächsten ganz unterschiedlich ausgelegt wurde. Aber Luma hatte in dem Gebiet gelebt, das allgemein als die »Gesegneten Länder« bezeichnet wurde, wo die Nomaden niemals eingefallen waren und wo man die Dinge noch immer auf die alte Weise handhabte.

»Ich habe mir die Kette von Arang geborgt«, erklärte Keshna unverfroren.

»Von deinem eigenen Aita!«

»Von meinem *Vater*«, korrigierte Keshna sie, das Nomadenwort benutzend. »Er wird die Kette sowieso nicht vermissen, außerdem habe ich doch wohl einen Anspruch darauf, weil sie mein Erbe ist. Du scheinst zu vergessen, meine liebe Cousine Luma, daß ich Keshna bin, Tochter von Arang, Sohn von Achan, Sohn von Zuhan, was bedeutet, daß ich die älteste Tochter eines Großen Häuptlings wäre, wenn wir in der Steppe lebten, und dieser hübsche Tand hier«, sie klopfte auf den Beutel an ihrer Taille, »wäre nur ein kleiner Teil meiner Mitgift.«

Luma wußte, wenn sie auch nur einen Funken Verstand besäße, würde sie aufstehen und weggehen und sich kein weiteres Wort mehr anhören; aber sie mußte feststellen, daß sie alles andere als vernünftig war, und verrückterweise freute sie dieser Gedanke. »Wie kannst du nur deine Abstammung über die männliche Linie zurückverfolgen, wie es die Nomaden tun, obwohl die Nomaden unsere großen Feinde sind?« Luma fuchtelte mahnend mit dem Zeigefinger vor Keshnas Nase herum. »Alle Kinder stammen von der Göttin Erde ab, und zwar durch ihre Mütter.«

»Komm mir nicht mit so frömmlerischem Gerede!« fauchte Keshna. »Ich mag die Nomaden genausowenig wie du. Einige sind harmlos, aber die meisten sind ein Haufen mordender Bastarde, und ich wünsche mir nichts sehnlicher, als gegen sie zu kämpfen. Aber wir beide sind Halbnomaden, und wenn es praktischer ist, wie sie zu denken, dann tue ich das, und ich sehe auch nicht ein, warum ich mich dessen schämen sollte. Diese Goldkette war da, wo Aita Arang sie versteckt hatte, für niemanden von Nutzen, und wenn wir uns mit ihrer Hilfe Pferde beschaffen können, um von dieser blöden Insel wegzukommen, dann wäre es doch dumm gewesen, sie nicht mitzunehmen.«

Keshna hatte natürlich recht; doch Luma wußte, daß sie gleichzeitig auch sehr unrecht gehandelt hatte. Luma grübelte angestrengt, um herauszufinden, was das größere Recht oder das größere Unrecht war, aber ihre Gedanken wirbelten nur unentwegt zwischen den beiden Begriffen hin und her. Früher, als ihre Mutter noch ein junges Mädchen gewesen war, bevor die Nomaden die Verehrung der Göttin angegriffen hatten, hätte sich eine solche Frage überhaupt nicht gestellt. Das war das Problem heutzutage: Alles war ein einziges Durcheinander, in dem zwei rivalisierende Kulturen mit völlig unterschiedlichen Wertvorstellungen und Gesetzen aufeinanderprallten und sich so unentwirrbar miteinander vermischten, daß man nicht mehr wußte, was man denken sollte.

Luma saß schweigend da, starrte Keshna an und überlegte, was sie als nächstes sagen sollte. Sie wollte diese beiden Pferde haben, und zwar so sehnlichst, daß sie, wenn sie die Gelegenheit dazu gehabt hätte, eine Goldkette zu stehlen – oder »auszuleihen« –, diese Gelegenheit wahrscheinlich ergriffen hätte. Seit sie ein kleines Mädchen gewesen war, wünschte sie sich ein Pferd. Solange sie sich zurückerinnern konnte, hatte sie davon geträumt, nach Norden zu reiten, um ihren Bruder Keru zu suchen. Sie und Keru waren Zwillinge, und seit er spurlos verschwunden war, hatte es keinen Tag gegeben, an dem sie ihn nicht schmerzlich vermißte. Ohne ihn empfand sie sich niemals so richtig als Ganzes, und jetzt bot Keshna ihr die Chance, das zu tun, was sie so brennend gerne tun wollte, daß ihr der bloße Gedanke daran Zahnschmerzen verursachte.

»Du willst diese Pferde haben«, sagte Keshna triumphierend. »Das sehe ich an deinen Augen. Du willst sie, aber du hast Angst, es auszusprechen. Das Problem ist, daß du dir nicht eingestehen willst, wer du wirklich bist. Du und ich, wir sind nicht wie andere. Wir sind ein neuer Menschenschlag. Ich habe eine Nomadenmutter, und du hast einen Nomadenvater, mein Vater gehört dem Muttervolk an und deine Mutter ebenfalls. Sieh dir uns nur an. Selbst unsere Körper sind anders.«

Luma wußte, daß Keshna auch in diesem Punkt recht hatte. Sie waren tatsächlich anders als die anderen. Im stillen listete Luma jene Unterschiede auf, die sie von allen anderen unterschieden. Sie waren beide ein ganzes Stück größer als die gleichaltrigen jungen Mädchen und sogar die erwachsenen Frauen des Muttervolkes. Keshna war plump, gedrungen und stark, sie besaß die Grazie einer Tänzerin, die sie wahrscheinlich von Arang geerbt hatte, aber sie hatte bereits die Größe eines ausgewachsenen Mannes, während Luma alles und jeden auf eine Art und Weise überragte, die sie oft befangen und unsicher machte. Sie schien fast nur aus Armen und Beinen zu bestehen, war schlank und langgliedrig und schon fast so groß wie ihr Nomadenvater, Stavan. Luma wußte, daß die Leute stutzten, wenn sie sie das erste Mal erblickten, und obwohl kein Erwachsener sie jemals wegen ihrer Größe geneckt hatte, hatte ihr erst letzte Woche ein kleiner Junge hart mit einem Stock gegen die Schienbeine geschlagen und allen in Hörweite verkündet, die »Riesin« sei zu Besuch gekommen.

Luma dachte oft wehmütig, daß sie wahrscheinlich ohne weiteres als Vollblut-Sharanerin hätte durchgehen können, wenn sie nicht so groß gewesen wäre. Ihr Haar war sehr glatt und ungewöhnlich fein, aber es war tiefschwarz – von derselben Farbe wie das ihrer Mutter –, und ihre Augen waren braun, mit nur ganz schwachen, bernsteinfarbenen Sprenkeln in der Iris, die darauf hindeuteten, daß sie womöglich Nomadenblut in den Adern hatte. Keshna dagegen hatte Augen, die die Jungen dazu brachten, sich nach ihr umzudrehen, als säßen ihre Köpfe auf Spindeln, und sie bewundernd anzustarren. Dunkle Augen, schwarz wie ein mondloser Himmel ohne Sterne, umrahmt von langen, üppigen schwarzen Wimpern: gefährliche, kluge, trügerische Augen, wie Luma nur zu gut wußte; aber die Jungen sahen niemals die Gefahr in Keshna, bis es zu spät war. Und Keshnas Haar: Wer hatte jemals solches Haar gehabt? Es war braun, aber von einer Art, wie man sie bei den Mutterleuten niemals fand: mit einem satten rötlichen Schimmer wie frische Rinde und wild gelockt, als sei Keshnas unberechenbares Naturell geradewegs durch ihre Kopfhaut gewachsen.

Auch die Männer hätten sich nach Keshna umgedreht – und sei es nur wegen ihres prachtvollen Haares –, aber die Männer hatten weder für sie noch für Luma einen Blick übrig, zumindest jetzt noch nicht, weil die erwachsenen Männer des Muttervolkes nicht auf Mädchen achteten, die noch als Kinder galten. Und das, dachte Luma, ist der Hauptunterschied zwischen uns beiden und jedem anderen Mädchen auf Alzac.

Hier waren sie und Keshna – die eine vierzehn, die andere fast vierzehn –, und zu ihrer beider Demütigung trugen sie noch immer ihre Kinderhalsketten aus Muscheln und Perlen wie zwei Elfjährige. Und warum? Warum galten diese beiden großen, drallen Mädchen noch immer als *Kinder*, obwohl sehr viel jüngere Mädchen als sie bereits Frauen waren und einige sogar schon Mütter? Weil sie nicht in dem Alter geblutet hatten, in dem Mädchen zum ersten Mal ihre Monatsblutung haben sollten.

Luma hatte plötzlich eine bedrückende Vision von sich selbst als alter Frau, die noch immer ihre Kinderhalskette trug, noch immer auf der Insel lebte und ihrer Mutter gehorchen mußte. Sie blickte mit wilden, verzweifelten Augen auf, und Keshna wußte, daß sie ihre Cousine endgültig für ihren Plan gewonnen hatte.

»Wie kommen wir an diese Pferde?« stieß Luma zwischen grimmig zusammengebissenen Zähnen hervor.

Keshna grinste und erhob sich. »Komm mit.« Sie zeigte auf die grüne Linie des fernen Ufers. »Der Händler, der sie uns verkaufen wird, ist dort drüben auf dem Festland, deshalb werden wir uns ein Boot leihen müssen, um zu ihm zu kommen.«

Diesmal erhob Luma keinerlei Einwände gegen Keshnas Gebrauch des Wortes »leihen«.

Während ihre Töchter zielstrebig einer Katastrophe entgegeneilten, saßen Marrah und Hiknak in Marrahs Haus und besprachen, wie man genau das verhindern könne. Das Inselhaus war kein geräumiges Mutterhaus wie dasjenige, das Marrah bewohnte, wenn sie in den Norden fuhr, um Shara zu regieren. Es war nur ein einfaches, aus einem Raum bestehendes quadratisches Gebäude mit Holzbalken, einem reetgedeckten Dach, Wänden aus mit Lehm beworfenem Flechtwerk, drei Schlafplattformen, einer Feuergrube aus Sand und einem Fußboden aus Spaltholz, der mit einer glatten Schicht braunem Ton überzogen war. Aber das Haus auf diese Weise zu beschreiben, vermittelte keinen Eindruck davon, wie es wirklich aussah, denn Marrah, Driknak und Luma hatten in gemeinschaftlicher Arbeit jeden einzelnen Zentimeter des Lehms bemalt, modelliert oder mit phantasievollen Motiven geschmückt, und zwar innen und außen. Deshalb bot sich Hiknak jetzt – als sie mit untergeschlagenen Beinen auf einer geflochtenen Matte auf einer der Schlafplattformen saß, einen Becher kühles Wasser trank und die Kirschen und das Brot verzehrte, die Marrah ihr vorgesetzt hatte, um sie auf Alzac willkommen zu heißen – der Blick auf ein Dutzend kunstvoller, weißgetünchter Nischen und eine phantastische dreidimensionale Vogelgöttin, die ihre leuchtendroten und gelben Schwingen über die Wand breitete.

Während sie so dasaß und diese Dinge bewunderte, kam Hiknak auch in den Genuß von Marrahs Töpferwaren. Der Becher, aus dem sie trank, war so dünnwandig und vollkommen wie eine Eierschale, glänzend schwarz glasiert und mit goldenen Wirbeln und Spiralen bemalt, die wie Wolken oder auch wie schäumende Brecher aussahen, je nachdem, wie man ihn hielt. Marrah war eine meisterhafte Töpferin. Sie hatte Hiknak einmal anvertraut, daß ihre Töpferwaren deshalb so perfekt waren, weil sie jedes Stück, das nicht absolut makellos aus dem Brennofen kam, in tausend Stücke zerschlug.

»Wie ich sehe, hast du deine Zeit während des Winters nicht vergeudet.« Hiknak hielt den Becher hoch, damit Marrah ihn ebenfalls bewundern konnte.

Marrah lächelte, aber ihre Augen waren traurig. Hiknak konnte sich an eine Zeit erinnern, als Marrahs Augen von einem Leuchten erfüllt gewesen waren, doch seit Keru zum zweiten Mal verschwunden war, schien der Glanz in ihren Augen erloschen, als sei sie eines Großteils ihrer Lebensfreude beraubt worden. Graue Strähnen durchzogen ihr Haar, und um ihre Lippen lag ein Netz feiner Fältchen. Acht Jahre waren inzwischen vergangen, und sie trauerte noch immer um ihren Sohn – wer hätte ihr einen Vorwurf daraus machen können? Sie hatte nie eine Spur des Jungen gefunden. Mehr als ein Jahr lang hatte sie überall nach dem Kind gesucht, doch sie hatten niemals irgend etwas gefunden, was darauf deutete, daß der Junge noch lebte. Marrah klammerte sich zwar noch immer an die Hoffnung, daß die Nomaden ihn entführt hatten, aber Hiknak war insgeheim davon überzeugt, daß das arme Kind längst tot war, im Meer ertrunken oder von einem Löwen zerfleischt.

Marrah nahm Hiknak den schwarz-goldenen Becher aus der Hand, inspizierte ihn kritisch und reichte ihn ihr wieder zurück. »Das ist eines von Lumas Stücken«, sagte sie. »Das Mädchen kann einfach nichts anfassen, ohne etwas Wunderschönes daraus zu machen. Früher hätte ich sie nach Kataka geschickt, wenn sie volljährig geworden wäre, um sie in die Geheimnisse der Dunklen Mutter einweihen zu lassen, aber heutzutage ist die Reise zu gefährlich. Laut Auskunft der Händler steht die Stadt noch, aber Nomadentrupps haben zwei Dörfer östlich der Stadt geplündert und in Schutt und Asche gelegt. Ich kann es unter diesen Umständen nicht riskieren, Luma aus den Gesegneten Ländern zu schicken.« In ihrer Stimme schwang mehr als nur eine Spur von Bedauern mit. Neunundzwanzig Generationen sharanischer Priester-Königinnen hatten in Kataka ihre Ausbildung erhalten, und sie hatte sich immer gewünscht, daß Luma die Tradition fortsetzen würde.

»Ich habe daran gedacht, sie statt dessen nach Süden zu schicken. Die Händler erzählen von einer Stadt hoch oben auf einem Kliff, wo der Atem der Göttin aus einem Spalt in der Erde kommt. Die Priesterinnen sitzen neben dem Spalt und atmen den Atem der Göttin; und die Händler sagen, daß sie die Zukunft voraussagen können. Sie stellen in ihren Tempeln feine Töpferwaren und Keramik her – ich habe einiges davon gesehen –, und die Händler haben mir versichert, wenn ich Luma zu jenen Priesterinnen schickte, würden sie sie aufnehmen wie eine Tochter.«

»Und was hält Luma von der Idee, so weit von Alzac fortzureisen?«

»Sie dankt mir freundlich dafür, daß ich ihr die Chance biete, von der Insel wegzukommen, und sie sagt, sie sehnt sich danach fortzugehen, aber sie beharrt darauf, daß sie nichts von einer solchen Initiation wissen will. Ich sage ihr, daß sie dazu geboren wurde, Priesterin zu sein, und sie erklärt, daß ich mich irre, daß sie zur Kriegerin geboren ist.« Marrah runzelte die Stirn. »Wenn sie mir damit kommt, werde ich immer wütend auf sie und sage Dinge, die ich später bereue. Die Vorstellung, daß sie gegen die Nomaden kämpfen will, macht mich regelrecht krank vor Sorge. Wie könnte ich es ertragen, noch ein Kind zu verlieren? Und dennoch denke ich manchmal, daß sie vielleicht recht hat – nicht mit ihrer Behauptung, sie sei zur Kriegerin geboren. Das werde ich niemals akzeptieren. Sondern damit, daß die Göttin ihr vielleicht nicht die Seele einer Priesterin verliehen hat. Wenn Luma in dem Traumzimmer schläft und die heiligen Kräuter zu sich nimmt, hat sie niemals Visionen. Sie scheint blind zu sein, sowohl gegen die Traumwelt als auch gegen die Künftige Welt. Manchmal – verzeih mir, wenn ich das sage, Hiknak – glaube ich, es ist die Nomadin in ihr.«

»Aber die nomadischen Zauberpriester und Wahrsager sehen die Traumwelt und die Künftige Welt«, wandte Hiknak ein. »Changar hat sie gesehen.«

Bei der Erwähnung von Changar verfinsterte sich Marrahs Gesicht. »Changar hat das Böse gesehen. Diese Nomadenwahrsager töten Tiere und Menschen, um ihre Visionen heraufzubeschwören, und sie sehen nichts als Unheil. Es ist mir lieber, Luma ist sowohl blind als auch taub, als daß sie solche Dinge sieht, wie Changar sie gesehen hat.«

Hiknak beeilte sich, das Thema zu wechseln. »Wie ist das eigentlich, wenn du und Luma euch streitet? Sagt sie dir, was in ihr vorgeht, oder schreit sie dich an und greift nach kleinen Sachen, um sie zu zerschmettern, wie Keshna es tut?« Sie fragte dies, als ob sie stolz auf Keshnas Temperament wäre, was sie tatsächlich auch war. Hiknak war in einen Stamm von Nomadenkriegern hineingeboren worden, und obwohl die Jahre unter den Mutterleuten sie beträchtlich gezähmt hatten, genoß sie noch immer nichts mehr als einen lauten, erbitterten Streit mit einer nahen Verwandten.

Marrah nahm sich noch eine Kirsche. »Luma schreit so gut wie nie. Wenn wir Streit haben, wird sie bockig und schweigsam. Und bevor ich weiß, wie mir geschieht, ist sie auch schon draußen in einem Boot mit Stavan, um Netze auszuwerfen und Fische auszunehmen. Sie erklärt mir, sie liebe die Bewegung der Wellen, weil sie sie an das sanfte Schaukeln auf einem Pferderücken erinnern, obwohl ich mir sicher bin, daß sie noch nie ein Pferd geritten hat. Ich glaube, sie sagt solche Dinge nur, um mich zu provozieren.«

Hiknak seufzte und schüttelte den Kopf. »Wenn sie mit Stavan hinausfährt, weißt du wenigstens, wo sie ist. Keshna im Auge zu behalten ist sehr viel schwieriger. Das ist auch der Grund, warum ich sie zu dir geschickt habe.« Sie verzehrte die letzte Kirsche, verschränkte die Arme vor der Brust und kam zur Sache. »Arang und ich können nicht erlauben, daß Keshna noch länger in Shara lebt, zumindest nicht, bis sie volljährig ist. Diesmal hat sie etwas wirklich Schreckliches angestellt.«

Was Keshna getan hatte, war derart unbesonnen und haarsträubend, daß Marrah bei Hiknaks Schilderung ärgerlich die Stirn runzelte und auf ihrer Unterlippe kaute. Es war eine lange Geschichte, aber der Kern war, daß Keshna heimlich Ranala und einem Verband von Schlangenkriegern gefolgt war, als diese nach Spuren eines Nomadenstoßtrupps gesucht hatten. Da die Nomaden die Stadt in den vergangenen sieben Jahren schon mehrfach angegriffen hatten, war die Bedrohung sehr real, doch Keshna hatte die Gefahr tollkühn mißachtet. Sie hatte sich ein Pferd genommen – »ausgerechnet eines, das noch nicht richtig zugeritten war«, jammerte Hiknak –, und war hinter den Schlangen hergeritten, nur mit einem hölzernen Dolch bewaffnet. Und sie war erstaunlich weit gekommen, bevor einer von Ranalas Kundschaftern sie entdeckt hatte und ihr aus Versehen beinahe einen Pfeil durch die Brust gejagt hätte.

Ranala war natürlich wütend gewesen. Keshna besaß keinerlei Kampfausbildung, und ihr leichtsinniges Verhalten hätte die Nomaden auf die Stellung des Verbandes aufmerksam machen können. Wäre sie nicht noch ein Kind gewesen, das eine Kinderhalskette trug, hätten die Schlangen sie in Fesseln gelegt, unter den Bauch ihres Pferdes festgebunden und so nach Hause verfrachtet, um ihr eine Lektion zu erteilen. Aber da sie noch immer unter dem Schutz der Göttin Erde stand, hatten sie sie nicht angemessen bestrafen können. Keshna war mit einem breiten Grinsen auf dem Gesicht in Shara eingeritten, und als Arang und Hiknak wissen wollten, ob ihr skandalöses Betragen ihr leid tue, hatte ihre Entschuldigung, gelinde gesagt, nicht sonderlich überzeugend geklungen.

»Sie wird es wieder tun«, sagte Hiknak jetzt. »Das weiß ich. Oder sie wird noch etwas sehr viel Schlimmeres anstellen. Paß du für mich auf sie auf, Marrah. Dieses Jahr wirst du nicht nach Shara fahren, um den Vorsitz über den Rat der Ältesten zu übernehmen, deshalb werden du und Stavan den ganzen Sommer und den ganzen nächsten Winter auf Alzac sein, bevor Arang und ich herunterkommen, um mit euch zu tauschen. Ich weiß, du hast deine eigenen Probleme mit Luma, aber auf einer kleinen Insel wie dieser gibt es nicht allzu viele Möglichkeiten für die beiden, Unfug anzustellen. Laß Keshna neben Driknak schlafen, ihre Mahlzeiten mit Driknak einnehmen und dorthin gehen, wo Driknak hingeht. Deine Adoptivtochter ist ein gehorsames Mädchen, zuverlässig und vernünftig. Man braucht sie nicht festzubinden, um zu wissen, wo sie nachts ist. Vielleicht färbt ja etwas von Driknaks ruhiger, besonnener Art auf Keshna ab. Und selbst wenn nicht – bis zum nächsten Frühjahr wird Keshna sicherlich ihre erste Menstruation gehabt haben. Wenn sie erst einmal volljährig ist, kann Ranala sie wie eine Erwachsene bestrafen.«

»Das ist ja gerade das Problem«, erwiderte Marrah. »Die Monate vergehen, und die Göttin hat den Mädchen das Zeichen des

Übergangs vom Kind zur Frau noch immer nicht geschickt. Wer kann Luma und Keshna vorwerfen, daß sie ungeduldig sind? Als wir in ihrem Alter waren, waren wir bereits Frauen. Du warst Vlahans Konkubine, als du... wie alt warst? Zwölf? Und ich war gerade dreizehn, als ich den ganzen weiten Weg vom Meer der Grauen Wogen bis zum Süßwassersee gewandert bin. Unsere Töchter haben den Geist von Frauen, aber den Körper von Kindern. Ist es da ein Wunder, daß sie verwirrt sind?«

Sie saßen lange Zeit zusammen und sprachen über diesen Unterschied und die anderen Unterschiede, die ihre Kinder von anderen abhoben. Sie seufzten oft, und manchmal trommelten sie ungeduldig mit den Fingern auf die geflochtenen Matten, aber insgeheim waren beide Mütter stolz auf ihre Töchter. Trotz der Probleme, die Lumas und Keshnas Erziehung mit sich brachten, wußten Marrah und Hiknak, daß es in allen Mutterländern niemals zwei Kinder wie die beiden gegeben hatte.

Auf ihrem Weg zum Festland hatten Keshna und Luma ihre blattförmigen Paddel ins Meer getaucht und ein Lied über die Göttin der Wogen gesungen. Sie hatten die schmale Wasserfläche in Rekordzeit überquert und es bis zum Strand geschafft, ohne aufzufallen. Nachdem der geliehene Einbaum sicher unter einem Busch versteckt war, wo ihn so schnell keiner entdecken würde, standen sie jetzt einem Händler gegenüber, der erst vor so kurzer Zeit angekommen war, daß sein Raspa voller Waren noch immer in der Bucht schaukelte.

»Wir wollen zwei Pferde kaufen«, erklärte Keshna dem Händler. Er war ein kleiner, rundlicher Mann aus dem Muttervolk, dunkel und behaart, mit einer breiten Brust und einem gemütlichen Spitzbauch, aber er hatte oben im Norden mit einigen der friedlicheren Nomadenstämme Handel getrieben, die sich um Shamban herum niedergelassen hatten, und war so gekleidet, wie sich die Männer im Norden neuerdings zu kleiden pflegten, mit einem Goldarmband am Handgelenk und drei goldenen Ringen in jedem Ohr. In früheren Jahren hatten sowohl Männer als auch Frauen an der gesamten Küste des Süßwassersees Tauschhandel betrieben; da die Nomaden jedoch nur mit Männern Geschäfte machen wollten, unternahmen immer weniger Frauen die Sommerreise von Shara nach Alzac, und die Männer, die kamen, sahen immer mehr aus wie Nomaden.

Der Händler lächelte die beiden großen, drallen jungen Frauen an. Er wollte schon eine witzige Bemerkung über schöne junge Stuten machen, die nach Hengsten lechzten, als er plötzlich ihre Kinderhalsketten bemerkte und der Scherz auf seinen Lippen erstarb. »Was wollt ihr Mädchen denn mit Pferden?« erkundigte er sich höflich.

»Das«, erwiderte Keshna, »ist unsere Sache.«

»Ich kann Kindern keine Pferde verkaufen. Wer sind eure Mütter?«

»Das ist ebenfalls unsere Sache«, erklärte Luma. Sie lernte schnell.

Keshna zog die schwere Goldkette aus ihrem Lederbeutel und ließ sie vor seinem Gesicht baumeln. Die Pferde hüpften und tänzelten im Sonnenlicht, und die Augen des Händlers begannen vor Gier zu glitzern. Im Süden wurde Gold noch immer hauptsächlich für Tempelschmuck und Dekorationen verwendet, aber im Norden gab es nichts Wertvolleres.

»Kein leichtes Unterfangen, Pferde so weit nach Süden zu bringen«, sagte er listig.

»Ich habe nicht angenommen, daß es leicht sein würde«, erwiderte Keshna und schüttelte erneut die Kette, so daß es aussah, als bäumten sich die Pferde auf der Hinterhand auf.

»Es würde sehr lange dauern, wenn es sich überhaupt machen ließe. Ich müßte einen Nomadenhäuptling finden, der bereit wäre, seine überzähligen Tiere zu verkaufen, und dann würde ich sie den ganzen weiten Weg bis hierher reiten müssen, weil es völlig ausgeschlossen ist, sie in ein Raspa oder einen Einbaum zu verladen. Es ist ein sehr langer, beschwerlicher Weg, und soweit ich weiß, ist noch kein Pferd und – Göttin sei Dank – kein Nomade jemals derart weit in den Süden vorgedrungen.

Keshna zog ein goldenes Pferd von der Kette ab und drückte es ihm in die Hand.

»Wie lange?« fragte sie.

»Bis zum nächsten Sommer.«

»Zu spät.« Sie zog ein weiteres Goldpferd ab und reichte es ihm. »Sorg dafür, daß du es bis zu diesem Winter schaffst, bevor die Tage anfangen, wieder länger zu werden.«

»Du erwartest von mir, daß ich durch den Schnee reite!« stieß der Händler empört hervor. So weit südlich gab es gemeinhin nur sehr wenig Schnee, aber es würde eine anstrengende, kalte und gefährliche Reise werden, und er hatte allen Grund, sich davor zu fürchten.

Keshna hielt noch einmal die Kette vor sein Gesicht. »Denk an das hier«, ermahnte sie ihn, »und halt dich warm.« Luma blickte sie bewundernd an. Keshna war eine ausgesprochen gerissene Händlerin; sie konnte feilschen, als ob sie dazu geboren wäre.

Der Händler griff gierig nach dem Gold, doch Keshna zog es weg, so daß er nicht mehr dran kam. Sie drehte drei weitere Pferde von der Kette und ließ sie in seine ausgestreckte Hand fallen. »Bring uns diesen Winter zwei Pferde, dann bekommst du den Rest«, erklärte sie. »Aber achte darauf, daß es gesunde, kräftige Tiere sind. Ich trage vielleicht eine Kinderhalskette, aber glaub mir, ich erkenne ein gutes Pferd, wenn ich eines vor mir habe. Wir wollen Wallache oder zwei stämmige Stuten, aber keine Hengste, sie sind zu unberechenbar.«

Er war natürlich einverstanden, genau wie Luma es vorausgesehen hatte. Wenn Keshna etwas wollte, dann bekam sie es auch. Immer. Das war einer der großen Vorteile – und eine der großen Gefahren –, wenn man ihre Freundin war.

2. Kapitel

Im zehnten Jahr nach der Invasion der Nomaden brachten Händler, die entlang der Westküste des Süßwassersees nach Norden reisten, höchst interessanten Klatsch mit: Auf der Insel Alzac hatte es einen Skandal gegeben, bei dem es um Sex, Ungehorsam und eine schiefgelaufene Volljährigkeitszeremonie ging. Luma, Tochter von Marrah, der Priesterkönigin von Shara, und Keshna, Tochter von Hiknak, der Nomadin, hatten im fortgeschrittenen Alter von fünfzehn Jahren endlich ihre erste Menstruation bekommen, waren feierlich in die Gemeinschaft der Frauen aufgenommen worden, und dann, tja dann ...

An dieser Stelle unterbrachen die Händler gewöhnlich ihre Schilderung und warteten, bis man ihre Weinbecher nachgefüllt hatte. Sie verdienten sich ihre Mahlzeiten und einen warmen Platz zum Schlafen, indem sie Neuigkeiten verbreiteten, und wenn sie etwas so Faszinierendes wie dies hier zu berichten hatten, teilten sie es gerne in kleinen Portionen aus, damit es für den ganzen Abend reichte.

»Und dann ...!« pflegten sie fortzufahren. Wenn es sehr gute Geschichtenerzähler waren, hielten sie an diesem Punkt ein zweites Mal inne, blickten die gespannt wartenden Dorfbewohner durchdringend an, lächelten und sagten dann langsam und mit großem Nachdruck: »Aber zuerst, meine Freunde, möchte ich noch einmal zum Anfang dieser Geschichte zurückkehren, damit ihr versteht, wie alles begonnen hat.«

Lumas und Keshnas Erreichung der Volljährigkeit hatte vollkommen normal begonnen. Die Mädchen hatten innerhalb von zwei Wochen nacheinander ihre erste Regel bekommen, und nachdem Marrah und Stavan ihnen förmlich gratuliert hatten, hatte Stavan einen Boten nach Shara hinaufgeschickt, um Arang und Hiknak die gute Nachricht zu überbringen. Ein paar Wochen später war Hiknak gekommen und hatte ein halbes Dutzend Verwandte und Freunde mitgebracht.

Wenn ein Junge oder ein Mädchen des Muttervolkes volljährig wurde, versammelte sich die ganze Gemeinde, um ein Festgelage zu halten, zu tanzen und ihnen ein langes und glückliches Leben zu wünschen. In Lumas und Keshnas Fall fand sich die Verwandtschaft jedoch auch ein, um einen kollektiven Seufzer der Erleichterung auszustoßen. Soweit irgend jemand zurückdenken konnte, hatte noch nie ein Mädchen so lange gebraucht, um sein Zeichen des Übergangs von der Göttin zu empfangen. Es wäre ein schreckliches Unglück gewesen, wenn sich herausgestellt hätte, daß die beiden unfruchtbar wären – besonders weil in den Dörfern im Norden jetzt so viele Kinder gemischter Abstammung geboren wurden –, und es waren viele Gebete zur Göttin Erde gesandt worden mit der eindringlichen Bitte, den entscheidenden Tag nicht länger hinauszuzögern.

Nach Hiknaks Ankunft waren sämtliche Bewohner von Alzac zwei Wochen lang fieberhaft mit den Vorbereitungen für die Zeremonie beschäftigt, während Luma und Keshna auf dreibeinigen Hockern vor Marrahs Haus saßen und die Glück- und Segenswünsche von Freunden und Nachbarn entgegennahmen, wie es der Brauch war. Ab und zu verschwanden die beiden auf geheimnisvolle Weise, doch zu diesem Zeitpunkt dachte sich niemand etwas dabei. Später, als bekannt wurde, was die Mädchen ausgeheckt hatten, war die mysteriöse Abwesenheit der beiden natürlich in aller Munde.

Wer konnte den Inselbewohnern schon einen Vorwurf daraus machen, daß sie nicht merkten, daß die Mädchen nicht immer dort waren, wo sie eigentlich hätten sein sollen? Schließlich waren es sehr arbeitsreiche Wochen. Zu Ehren der beiden zukünftigen Frauen wurden alle Häuser im Dorf frisch getüncht und mit neuen, farbenfrohen Mustern bemalt. Ganze Körbe weißer Muscheln wurden gesammelt und zerstampft, um die Muschelpfade auszubessern. Sechs Dutzend verschiedenfarbiger Fahnen wurden zugeschnitten, genäht und an den Dachbalken aufgehängt. Mit Pech abgedichtete Körbe, randvoll mit Wasser gefüllt, wurden in die Gärten geschleppt, um den sandigen Boden zu bewässern und ihm noch mehr Blumen zu entlocken. In den Tempeln probten die Trommler und anderen Musikanten ohne Unterlaß, während sich am Strand die jungen Männer einfanden, die darum wetteifern würden, die Nacht mit Luma und Keshna zu verbringen, und sich im Tanz der Rollenden Wogen übten, einem traditionellen Tanz, der an den Küsten zweier Meere berühmt war.

In der Zwischenzeit rannten die jüngeren Kinder durch das Dorf, völlig aus dem Häuschen vor Aufregung steckten sie ihre

Finger in Kochtöpfe, naschten süße Leckereien noch heiß aus den Tempelöfen und stürmten durch Marrahs Tür, um Luma und Keshna als Glücksbringer zu berühren.

Inmitten all dieser Hektik und Aufregung blieben Luma und Keshna bewundernswert ruhig. Später ging Marrah auf, daß sie geradezu verdächtig ruhig waren, doch zu dem Zeitpunkt war sie so in die Erinnerungen an ihren eigenen Volljährigkeitstag versunken, daß sie sich häufig dabei ertappte, wie sie völlig zerstreut und geistesabwesend umherging. Sie blickte auf das glitzernde blaue Wasser hinaus, das Alzac auf allen Seiten umschloß, und dachte an das Meer der Grauen Wogen und an die nebligen Morgen ihrer Kindheit im Westen Jenseits des Westens; sie erinnerte sich an den gewaltigen Sturm, der beinahe ihre Volljährigkeitsfeier verdorben hatte, und an die jungen Männer, die ihr zu Ehren den Reihertanz getanzt hatten.

Jedesmal wenn sie Luma und Keshna bei den Vorbereitungen für ihre Volljährigkeitszeremonie half, erinnerte Marrah sich daran, wie ihre eigene Mutter, Sabalah, die gleichen Dinge für sie getan hatte. Wenn Marrah die Farbpigmente mahlte und vermischte, die sie und Hiknak auf den Körpern ihrer Töchter verteilen würden, dachte sie an jenen Morgen vor so langer, langer Zeit, als Sabalah zu ihren Füßen gekniet hatte, um ihren Körper mit den heiligen Symbolen zu bemalen. Bei dem Gedanken an ihre Mutter füllten sich ihre Augen mit Tränen. Wenn Sabalah doch nur hätte hier sein können, um die Volljährigkeitszeremonie ihrer Enkelin mitzuerleben! Wenn Keru doch nur neben seiner Schwester hätte sitzen können! Der Verlust von Keru und ihrer Mutter schien einfach zu entsetzlich, um ihn ertragen zu können, und Marrah unterbrach ihre Tätigkeit und ließ hilflos die Hände in den Schoß sinken.

Aber sie war nicht der Mensch, der in Selbstmitleid versank. Bald hörte sie das fröhliche Lachen der Kinder oder den Rhythmus der Trommeln am Strand, und der Augenblick der Verzweiflung ging wieder vorüber. Dann riß Marrah sich energisch zusammen, kehrte an ihre Arbeit zurück und ermahnte sich, ausschließlich an das bevorstehende festliche Ereignis zu denken. Ihr eigenes Leben war so voller Gefahren gewesen, daß sie es nur der Gnade der Göttin Erde zu verdanken hatte, daß *sie* überlebt hatte, um Lumas Volljährigkeit zu erleben. Es wäre höchst egoistisch und undankbar, an einem solch glücklichen Tag düsteren Gedanken nachzuhängen.

Der Tag der Zeremonie dämmerte warm und wolkenlos herauf. Lange vor Sonnenaufgang wehte der verlockende Duft backender Leckereien und gegrillten Fleisches aus den Tempelöfen herüber. Bei Tagesanbruch, als die See noch ein glatter, milchig-grauer Spiegel war, kamen Marrah, Hiknak und Stavan in Lumas und Keshnas Schlafraum, um sie zu wecken. Die drei Erwachsenen waren in erdfarbene Tuniken gekleidet, und sie trugen Girlanden aus grünen Blättern und bunten Blumen um den Hals und Kränze mit brennenden Kerzen auf dem Kopf. Anders als bei den sonnenanbetenden Nomaden, die ständig Feuer bei ihren Ritualen benutzten, spielten Flammen bei den Zeremonien der Mutterleute nur eine untergeordnete Rolle. Am Volljährigkeitstag eines Kindes war es jedoch üblich, daß diejenigen, die die Schlafenden weckten, eine Krone aus Flammen trugen. Die Lichterkronen wurden *Feuer des Frühlings* genannt und sollten an die Leidenschaft der Jugend erinnern, an ihre Hoffnungen, ihre Kraft und an ihre strahlende Schönheit.

Luma und Keshna, die in der Nacht nicht viel geschlafen hatten, sprangen sofort von ihren Schlafmatten auf; sie wurden geküßt und umarmt und mit Glückwünschen überhäuft – auch in Arangs Namen, der als Keshnas Aita an diesem besonderen Tag ebenfalls hätte anwesend sein sollen, der aber in Shara hatte bleiben müssen, um dem Rat der Ältesten vorzusitzen und die Stadt vor feindlichen Angriffen zu schützen. So wurde selbst dieser Augenblick der Freude von den Veränderungen überschattet, die über die Mutterländer gekommen waren.

Den Rest des Tages folgte eine Feier der anderen. Zuerst wurden Luma und Keshna zum Wassertempel geführt, wo die Priesterinnen sie in einer großen steinernen Wanne mit heiligem Wasser badeten. Dann wurden sie mit rauhen Leinenhandtüchern abgerubbelt und mit süß duftenden Ölen eingerieben, anschließend bürsteten die Priesterinnen ihnen das Haar und flochten Federn und frische Blumen hinein. Schließlich führten sie die beiden Mädchen in den Hof und präsentierten sie Marrah und Hiknak, die vor ihnen niederknieten und ihre Körper mit den heiligen Mustern und Symbolen bemalten.

Die traditionellen Muster, mit denen Mädchen an ihrem Volljährigkeitstag geschmückt wurden, waren überall in den Mutterländern gleich: neun rote Linien auf den Wangen für die neun Monate der Schwangerschaft; schwarze Hüften und Bäuche als Symbol der Fruchtbarkeit; die Brüste mit heiligen Kreisen und ineinandergreifenden Dreiecken bemalt, die Brustspitzen mit glitzernder Glimmererde bestäubt; ein Fuß grün als Symbol des Lebens, der andere gelb als Sinnbild des Todes – denn selbst an einem solch frohen, festlichen Tag wurde der ewige Zyklus der Entstehung aus der Muttergöttin und der Rückkehr in Ihren Schoß nicht unterbrochen.

Als die Bemalung fertig war, kleideten Hiknak und Marrah die Mädchen in weiche Lederstiefel und kurze Leinenröcke mit blauer Einfassung und behängten sie mit geweihtem Schmuck. In Shara wurden die geweihten Schmuckstücke jetzt größtenteils aus Gold gefertigt – dank Ranala und den Schlangen und den von ihnen besiegten Nomadenkriegern –, aber Marrah duldete kein Gold auf Alzac. Deshalb waren die Halsketten, die sie und Hiknak ihren Töchtern umhängten, noch von der traditionellen Art: aus seltenen polierten Muscheln, blauen Steinen aus dem Westen und ein paar kleinen Kupferperlen.

Nachdem die Mädchen festlich gekleidet und geschmückt waren, führten Hiknak und Marrah sie zu Stavan, der sie bei der Hand nahm und sie voller Stolz durch die jubelnde Menschenmenge führte, während die Trommler einen rasanten Wirbel schlugen und die Kinder Blumen streuten. Als sie den Strand erreichten, küßte er die Mädchen förmlich auf beide Wangen und zerschnitt die Lederschnüre ihrer Kinderhalsketten mit einer kleinen, doppelschneidigen Jaditaxt. Dann hielt er die Halsbänder hoch, so daß alle sie sehen konnten, und rief: »Luma und Keshna sind keine Kinder mehr!«

»Keine Kinder mehr!« brüllten alle, und einige der Älteren schluchzten ergriffen, denn der Übergang vom Mädchen zur Frau war immer ein bewegender Moment.

Stavan drückte ihnen die zerschnittenen Ketten in die Hand, trat einen Schritt zurück und nickte Marrah und Hiknak zu, die daraufhin vortraten, vor Luma und Keshna niederknieten und ihnen Tonschalen mit bitterem, mit Honig gesüßtem Kräutertee reichten. In der Zeitspanne zwischen dem Durchschneiden der Kinderhalsketten und dem Trinken des Tees waren Luma und Keshna weder Kinder noch Frauen, sondern lediglich Geschöpfe der Göttin Erde; und wenn sie laut gesprochen oder die Zeremonie in diesem Augenblick unterbrochen hätten, hätten sie sich für immer dem Dienst an der Göttin verschrieben. Aber das war nicht die Überraschung, die sie vorbereitet hatten, daher empfingen sie die Schalen von ihren Müttern und tranken sie aus, ohne Grimassen zu schneiden, obwohl das Gebräu furchtbar bitter war.

Als sie ausgetrunken hatten, gaben sie die Schalen an Marrah und Hiknak zurück, die sie auf dem Boden zerschlugen.

»Seht die neuen Frauen!« riefen die Mütter, und als die Menge erneut jubelte und die Trommler auf ihre Trommeln schlugen, wirbelten Luma und Keshna ihre Kinderhalsketten hoch über dem Kopf herum und warfen sie aufs Meer hinaus. Luma vollzog diese Zeremonie in respektvollem Schweigen, aber Keshna war durch und durch eine Rebellin.

»Ein Glück, daß ich die los bin!« murmelte sie und schleuderte ihre Kette ins Wasser. Keiner außer Hiknak hörte sie, doch da Hiknak nicht als Kind des Muttervolkes zur Welt gekommen war, war sie eher amüsiert als schockiert.

Sobald die Halsketten die Wasseroberfläche berührten, war der förmliche Teil der Zeremonie vorbei, und das Vergnügen begann.

Den Rest des Nachmittags verbrachte die Gesellschaft mit Singen und Tanzen und einem großen Festmahl, und während der ganzen Zeit benahmen Keshna und Luma sich gesittet und liebenswürdig. Erst bei Einbruch der Nacht begannen die Dinge sich allmählich zu entwirren.

Der Ärger begann, als die jungen Männer von Alzac anfingen zu tanzen. Der Tanz der jungen Burschen war Teil eines uralten Rituals, dessen Ursprung in Vergessenheit geraten war, aber in den Gedenkliedern wurde behauptet, daß zur Zeit des allersten Mutterclans solche Tänze zu Ehren der Göttin Erde aufgeführt worden waren. Wenn ein Mädchen oder Junge volljährig wurde, war sie oder er dem alten Glauben zufolge mit der gleichen heiligen Kraft gesegnet, die auch den Blumen und Bäumen und Tieren innewohnte, die den Wechsel der Jahreszeiten bestimmte und Kinder zeugte. Diese Kraft war zweifellos sexueller Art, denn die Mutterleute waren eines der sinnlichsten Völker, das jemals existiert hatte; aber Sex, so wie sie ihn verstanden, war nicht nur auf die Umarmung von Liebenden beschränkt. Die göttliche Freude, die die Wellen an den Strand branden, die den Weizen aus der Erde sprießen und die Sterne über den Himmel wandern ließ, war die gleiche Freude, die auch das menschliche Herz erfüllte, wenn sich Körper an Körper schmiegte und Lippen miteinander verschmolzen.

Im Gegensatz zu den Nomaden, die Sex als amüsanten Zeitvertreib oder – schlimmer noch – als gewaltsame Eroberung betrachteten, war der Liebesakt für die Mutterleute eine Art Gebet, eine Huldigung an die Muttergöttin, die als Zeichen Ihrer Zuneigung allen Lebewesen sinnliche Lust geschenkt hatte. Daher erwartete man von einem Jungen oder Mädchen am Tag seiner Volljährigkeit, daß er oder sie die erste Nacht des Erwachsenendaseins mit einem Liebespartner verbrachte, um die Göttin Erde auf die alte überlieferte Weise zu verehren. Wurde ein Junge zum Mann, pflegten die jungen Frauen für ihn zu tanzen, und er suchte sich unter ihnen eine Partnerin für die Nacht aus; wurde ein Mädchen zur Frau, dann tanzten die jungen Männer, und sie traf ihre Wahl.

Natürlich gab es Ausnahmen. Die Mutterleute wußten und akzeptierten, daß die Göttin Erde viele verschiedene Arten von Blumen wachsen ließ; deshalb durften diejenigen, die ihr eigenes Geschlecht bevorzugten, unter ihren Geschlechtsgenossen wählen, und diejenigen, die keinerlei sinnliches Verlangen empfanden, durften die erste Nacht ihres Erwachsenenlebens (und so viele darauffolgende Nächte, wie sie wollten) allein verbringen.

Aber bis zu jener Nacht, in der Luma und Keshna volljährig wurden, hatte noch keiner jemals von einer jungen Frau gehört, die Männer mochte und sie zugleich durch ihr brüskes Verhalten ermunterte, sich von ihr abzuwenden. Ein solches Benehmen war mehr als grob, es forderte geradezu Unheil und Katastrophen heraus – Ernteausfälle, Seuchen, Unfruchtbarkeit und schwere Unwetter. Wahrscheinlich gab es nur eine einzige Frau in den Gesegneten Ländern, die die Frechheit besessen hätte, ein solches Sakrileg zu begehen. Diese junge Frau hieß Keshna, und in jener speziellen Nacht war sie – wie so häufig – nicht zu bändigen.

Zunächst schien alles glattzugehen. Als verschiedene würzig duftende Hölzer in die Lagerfeuer geworfen und die Trommeln für den Tanz gestimmt wurden, deutete noch nichts auf den Skandal hin, der sich langsam zusammenbraute. Die fünfzehn jungen Männer, die hofften, von einer der neuen Frauen als Gefährte für die Nacht auserwählt zu werden, nahmen ihre Plätze am Strand vor der Statue der Göttin der Wogen ein. Sie war eine hübsche kleine Göttin, aus Stein gemeißelt, mit langem Haar, das wie Seetang aussah, und einem dicht mit glänzend polierten Muscheln besetzten Fischschwanz. Es hieß, Sie sei der Geist, der die Wellen tanzen ließ und die Netze der Inselbewohner mit Fischen füllte. Die Göttin der Wogen wurde auf Alzac sehr verehrt, und auch an diesem Abend lagen frische Blumen zu Ihren Füßen.

Da die Göttin leidenschaftlich gerne tanzte, verbeugten sich die jungen Männer zuerst vor Ihr, dann vor den Ältesten der Insel und schließlich vor den neuen Frauen, Luma und Keshna. Sie faßten einander bei den Händen, stellten sich in einer wellenförmigen Reihe auf und warteten auf den Beginn der Musik. Die Tänzer waren von ganz unterschiedlicher Größe und Statur; einige hochgewachsen, andere eher klein, einige dünn, andere stämmig; aber sie alle standen stolz und selbstbewußt da, ohne die befangene Haltung ihrer nomadischen Geschlechtsgenossen im Norden. Die Männer des Muttervolkes wuchsen in der Überzeugung auf, daß jeder einzelne von ihnen sexuell anziehend war. Man ging davon aus, daß Frauen sich von einer großen Vielfalt maskuliner Schönheit verlocken ließen, und es gab keinen allgemeingültigen Maßstab für männliche Attraktivität – ebensowenig wie es einen Maßstab für den schönsten Vogel oder den atemberaubendsten Sonnenuntergang gab. Von klein auf lernten sie, »daß das schönste Geschenk eines Mannes an seine Geliebte eine langsame, behutsame Berührung und ein freundliches Herz« war. So hatte jeder der jungen Männer, die jetzt vor Luma und Keshna standen, eine ausreichend hohe Meinung von sich, um zu hoffen, er könnte der Auserwählte sein.

Die älteren Frauen flüsterten einander zu, was für ein hübscher Anblick die jungen Männer seien, und die jüngeren Frauen zogen die Unterlippe zwischen die Zähne und fühlten die Hitze des Verlangens durch ihre Lenden strömen. Nachdem der Tanz vorbei war und Luma und Keshna ihre Wahl getroffen hatten, konnten nach der alten Tradition die jungen Frauen von Alzac und die älteren Frauen ohne festen Partner die übriggebliebenen jungen Männer einladen, mit ihnen in die Wälder zu gehen und sich auf die angenehmste Weise trösten zu lassen.

Die Tänzer, nur in knappe lederne Lendenschurze gekleidet, stellten ihre gut eingeölten Körper zur Schau, die im Feuerschein glänzten. Viele hatten kurze Schnüre mit Muscheln in ihr Haar geflochten, um die Göttin der Wogen zu ehren, und einige hatten ihre Schultern und Schenkel mit einer besonderen Sorte weißem Sand eingestäubt, der bei jeder Bewegung glitzerte. Eine Gruppe gleichaltriger Nomadenmänner hätte durchlöcherte Ohrläppchen und Nasenflügel, und ihre Körper wären mit Tätowierungen und den Narben des Kampfes bedeckt. Aber die jungen Männer von Alzac waren in keiner Weise verunstaltet. Da sie so weit im Süden lebten, hatten sie weder das Bedürfnis noch einen Grund gehabt, sich im bewaffneten Kampf zu üben. Leider sollte sich das bald ändern, doch gegenwärtig waren sie friedliebende Männer, gesund und unversehrt und mit kräftigen Muskeln vom Jagen, Fischen und der Arbeit in den Gärten.

Der Tanz der Rollenden Wogen war eine Spezialität der Insel. Zuerst setzten mit einem süßen Trillern die Flöten ein. Allmählich verwandelte sich das Trillern in ein rhythmisches Pulsieren, und nach einer Weile fielen die Trommeln in die Melodie ein. Die

Trommler von Alzac konnten ihre Instrumente dazu bringen, mit menschlichen Stimmen zu sprechen, wie Lerchen zu singen oder wie verängstigte Kaninchen zu schreien, doch an diesem Abend sollten die Tänzer im Mittelpunkt stehen, deshalb schlugen die Trommler ganz einfach in einem langsamen Rhythmus auf ihre Trommeln, so daß der Klang, den sie erzeugten, an das Plätschern sanfter Wellen erinnerte.

Als die Trommeln und Flöten das Rauschen des Meeres nachahmten, begannen die jungen Männer, sich in einer langen, wellenförmigen Linie zu bewegen, ganz ähnlich wie der Saum der Brandung. Sie stampften mit den Füßen und wiegten sich unablässig vor und zurück. Ein erregtes Pulsieren übertrug sich von Hand zu Hand, und durch die Reihe fast nackter Körper lief ein sinnlicher Schauer. Mit ihren bloßen Füßen auf den Sand stampfend beugten sie in einer langsamen, schlängelnden Bewegung den Kopf von einer Seite zur anderen. Auf ihren Gesichtern erschien ein verzückter, weltentrückter Ausdruck, und ihr Blick schien zu verschwimmen, als blickten sie über eine weite Fläche sturmgepeitschter Wogen hinweg.

Als der Trommelrhythmus schneller wurde, tanzten die jungen Männer mit raschen, leichtfüßigen Schritten. Sie bildeten jetzt eine Reihe, die, einer großen Welle gleich, unablässig vor- und zurückwogte. Sie hoben die Füße höher, schoben herausfordernd den Unterleib vor, wiegten sich verführerisch in den Hüften und begannen zu lächeln. Dies war der beste Teil des Tanzes, der Teil, in dem sie sich besonders vorteilhaft präsentieren konnten. Dies war der Zeitpunkt, wo ein Mann seinen ganzen Körper einsetzen konnte, um zu sagen: Sieh nur, wie attraktiv ich bin. Sieh, wie elegant ich tanze. Sieh, welche Lust ich einer Frau bereiten kann.

Begeistert begannen die Zuschauer, im Takt der Trommeln zu klatschen. Alte Männer riefen den Tänzern Ratschläge zu, und alte Frauen machten so lustige und unmißverständliche Anspielungen, daß alle außer den Tänzern anfingen zu lachen. Die Inselbewohner und ihre sharanischen Gäste waren eine ziemlich freimütige Gesellschaft, und sie sahen nichts lieber als junge Menschen, die sich öffentlich produzierten.

Aber das Beste sollte noch kommen. Plötzlich löste sich die Kette der Tänzer auf, und die jungen Männer griffen nach Pechfackeln, die sie in der Nähe deponiert hatten, und entzündeten sie an den Flammen des großen Lagerfeuers. Dann begannen die Tänzer mit ihren ganz eigenen Darbietungen, bei denen sie sich geschmeidig im Takt der Musik wiegten und über der brennenden Fackel tanzten, sie zwischen ihren Beinen hindurchgleiten ließen, darüber hinwegsprangen, sie in die Luft schleuderten und geschickt wieder auffingen. Einige hielten das Ende einer einzelnen Fackel zwischen den Zähnen und wirbelten den Kopf herum, andere nahmen sich gleich mehrere Fackeln und jonglierten damit. Aus der einzelnen wellenförmigen Reihe der Tänzer wurden fünfzehn verschiedene Wellen von Feuer.

Plötzlich brach die Musik ab, und jeder einzelne Tänzer vollführte einen allerletzten Sprung, rammte das brennende Ende seiner Fackel in den Sand und sank dann erwartungsvoll vor Luma und Keshna auf die Knie. Jetzt herrschte eine so tiefe Stille, daß es einen Moment lang schien, als halte die ganze Insel den Atem an.

Marrah und Hiknak erhoben sich langsam von ihren Plätzen und lächelten den Tänzern zu, aber es war nicht ihr Amt, sich ihnen zuzuwenden. Sie drehten sich zu Luma und Keshna um und bedeuteten ihren Töchtern mit einer wortlosen Geste, aufzustehen und die Wahl zu treffen, auf die alle voller Spannung warteten. Luma erhob sich sofort mit einem gedämpften Rasseln von Perlen und Muscheln. Sie stand hochaufgerichtet da, bleich und wunderschön im Widerschein des Feuers. Als die Flammen in der Seebrise flackerten und die Schatten sich verlagerten, schienen die Schlangen, die Marrah auf ihre Beine gemalt hatte, bis zu ihrem Nabel hinaufzugleiten, um sie mit Kraft zu erfüllen und ihr Glück und ein langes Leben zu bescheren. Sie sah genauso aus, wie eine neue Frau aussehen sollte: stark und schön und bereit, allen Widrigkeiten des Lebens mutig die Stirn zu bieten, und Marrah war niemals so stolz gewesen wie in diesem Moment, ihre Mutter zu sein.

Für die Dauer eines Atemzugs stand Luma im Mittelpunkt der Aufmerksamkeit. Doch bald dämmerte den Leuten, daß da etwas nicht stimmte: Keshna hätte neben Luma stehen sollen, aber Keshna rührte sich nicht. Sie saß noch immer in der vordersten Reihe, die Arme fest vor der Brust verschränkt. In der Annahme, daß sie vielleicht nicht verstanden hatte, was von ihr erwartet wurde, bedeutete Marrah ihr abermals, sich zu erheben, doch Keshna saß nur da und starrte mit finsterer, trotziger Miene auf ihre Mutter. Hiknak kannte diesen Ausdruck nur zu gut. Sie hatte ihn im Laufe der vergangenen fünfzehn Jahre schon viele Male auf Keshnas Gesicht gesehen, und er hatte stets Ärger bedeutet. Den gleichen grimmigen Ausdruck hatte Keshna nach dem ersten Nomadenüberfall auf Shara zur Schau getragen, als sie sich monatelang geweigert hatte, mit irgend jemandem zu reden. Keshna war damals zwar noch ein kleines Kind gewesen, doch selbst im Alter von drei Jahren hatte sie einen eisernen Willen besessen. Und Hiknak wurde klar, daß ihre Tochter aus irgendeinem unerfindlichen Grund beschlossen hatte, die Zeremonie zu sabotieren.

»Steh auf, Keshna«, befahl Hiknak. Beim Klang ihrer Stimme fuhren die Zuschauer erschrocken zusammen, denn bei diesem speziellen Anlaß sollten Mütter eigentlich nicht vor ihren Töchtern sprechen; aber Keshna zuckte nicht einmal mit der Wimper. »Ich habe gesagt, steh auf und triff deine Wahl.«

»Ich werde nicht wählen«, flüsterte Keshna mit gepreßter Stimme und funkelte ihre Mutter böse an. Die Zuschauer keuchten auf, empört über den respektlosen Ton des Mädchens, doch weder Hiknak noch Keshna kümmerten sich um das mißbilligende Zischen, das durch die Menge ging.

»Was hast du gesagt?«

»Ich habe gesagt, ich weigere mich, einen von diesen Arishik-Idioten zu wählen, um mit ihm zu schlafen.« Arishik war ein sehr häßliches Hansi-Schimpfwort für einen Mann, dessen Penis nicht richtig funktionierte, und Keshna sprach es mit Wonne aus.

»Wie bitte?«

»Du hast mich verstanden, Mutter.« Keshna musterte die jungen Männer voller Verachtung. »Ich würde selbst dann keinen von diesen hüftenschwingenden Arishikis in meinem Bett dulden, wenn ich vor Kälte zu Eis erstarrt wäre und einen warmen Körper brauchte, um zu verhindern, daß mir die Füße abfallen! Wenn es mir freisteht zu wählen, dann muß es mir auch freistehen, keinen von ihnen zu wählen. Ich hätte heute aber gerne einen richtigen Mann, aber ich sehe hier keinen.« Wieder ließ sie ihren Blick verächtlich über die Tänzer schweifen. »Ich sehe nur *Jungen,* und keiner dieser *Jungen* verdient es, auch nur an meinem kleinen Finger zu nuckeln!«

Vor dem Tanz hätte Keshna alle Beteiligten ohne weiteres informieren können, daß sie nicht die Absicht hatte, einen Partner zu wählen. Niemand hätte ihr diese Entscheidung übelgenommen, und es hätte keinen Skandal gegeben. Aber eine junge Frau, die gerade volljährig geworden war, ließ nicht die jungen Männer für sich tanzen, um sie anschließend zu beleidigen und brüsk zurückzuweisen.

»Steh auf und triff deine Wahl«, schrie Hiknak, »sonst bist du nicht mehr meine Tochter!«

Das war das letzte, was die Zuschauer von der Unterhaltung verstanden, denn Keshna brüllte ihre Mutter jetzt auf Hansi an und Hiknak brüllte in der gleichen Sprache zurück. Marrah und Luma beherrschten die Sprache der Nomaden ebenfalls, aber beide waren zu schockiert, um zu übersetzen. Bei Marrah war es der Zorn über Keshnas verabscheuungswürdiges Betragen, das ihre Zunge lähmte, bei Luma ein Gefühl des Verrats. Später, als die ganze katastrophale Nacht vorbei war, erfuhr Marrah, daß Keshna und Luma zwar schon seit längerem geplant hatten, bei ihrer Volljährigkeitszeremonie eine Szene zu machen, daß Keshna es aber versäumt hatte, Luma in diesen Teil des Plans einzuweihen, so daß Luma von Keshnas Weigerung, einen Partner für die erste Nacht zu wählen, völlig überrumpelt worden war.

Der erbitterte Streit zwischen Mutter und Tochter ging noch eine ganze Weile weiter. Schließlich riß Hiknak der Geduldsfaden. Sie trat energisch auf Keshna zu, packte ihre Tochter am Handgelenk und zog sie unsanft auf die Füße. Dann beugte sie sich ganz nah zu ihr und flüsterte ihr in gedämpftem, strengem Ton etwas ins Ohr. Keiner hörte, was die Mutter zu ihrer Tochter sagte, doch Keshnas Verhalten änderte sich abrupt. Plötzlich kullerten Tränen über ihre Wangen, und sie drehte sich mit einem Gesicht, blutrot vor Scham und Reue, zu Marrah um.

»Es tut mir leid, Tante Marrah«, murmelte Keshna. »Ich wollte Luma nicht ihren Volljährigkeitstag verderben.«

Marrah wartete darauf, daß Keshna fortfahren würde, aber dies war offenbar sowohl der Anfang als auch das Ende ihrer Entschuldigung. Daß das Mädchen – Marrah war im Moment nicht in Stimmung, Keshna als Frau zu bezeichnen – lediglich sagte, es täte ihr leid, war unter diesen Umständen wohl kaum ausreichend. Keshna hatte nicht nur einen der wichtigsten Augenblicke in Lumas Leben zerstört, sie hatte auch die Tänzer vor den Kopf gestoßen, ihrer Mutter Schande gemacht, Unglück auf sich selbst und alle anderen herabbeschworen und ein Sakrileg begangen. Dennoch sah Marrah keinen Sinn darin, ihr jetzt eine Strafpredigt zu halten und die Zeremonie noch länger hinauszuzögern.

Sie bedachte Keshna mit einem Blick, der besagte: Dich knöpfe ich mir später vor, und fragte sie dann: »Bist du jetzt bereit, einen von diesen jungen Männern auszuwählen, die dir zu Ehren mit solcher Schönheit und Anmut getanzt haben, Keshna?«

Keshna warf einen schnellen Blick auf ihre Mutter, die sie anstarrte wie eine äußerst gereizte Löwin. Marrah konnte die Hitzigkeit von Hiknaks Nomadenhäuptlingsvater in ihrem Gesicht wüten sehen. Hiknak legte all ihren Zorn in einen finsteren Blick, der einen Habicht tot aus der Luft hätte herabstürzen lassen.

Keshna seufzte und musterte die knienden Tänzer mit einem gelangweilten Ausdruck, der die reinste Beleidigung war. »Ja«, sagte sie sanft und sah Marrah mit ihren samtschwarzen Augen an, die ihre wahren Gefühle stets zu verbergen schienen. »Ja, ich bin bereit zu wählen.«

Die falsche Liebenswürdigkeit in Keshnas Stimme ärgerte Marrah noch mehr als ihr unverschämtes Benehmen, aber sie hielt den Mund. Schweigend kehrte sie Keshna den Rücken zu und wandte ihre Aufmerksamkeit den bestürzten Zuschauern, den erschrockenen Kindern und den zutiefst gekränkten Priesterinnen und Priestern der Insel zu. Die Tänzer knieten in einer unregelmäßigen Linie hinter ihren erloschenen Fackeln und sahen so niedergeschlagen und mutlos aus wie ein Schwarm völlig durchnäßter Eulen. Keshna hatte zweifellos ein besonderes Talent, anderen die Freude zu verderben. Als Königin von Shara und Gründerin der Zufluchtsstätte auf Alzac erwartete man von Marrah, daß sie beschwichtigend eingriff und die Dinge wieder in Ordnung brachte, wenn etwas schiefgegangen war. Aber an diesem Abend schien es ihr, als übersteige die Aufgabe, die erhitzten Gemüter zu beruhigen und die Leute wieder in eine festliche Stimmung zu versetzen, ihre Fähigkeiten. Dennoch war es ihre Pflicht, es zumindest zu versuchen.

»Freunde«, sagte sie, »dies ist nicht das erste Mal, daß eine neue Frau am Abend ihrer Volljährigkeit nervös und ungebärdig ist. Keshna hat unbesonnen gesprochen, vielleicht aus Furcht. Ich bin überzeugt, sie bereut ihre Worte zutiefst. Diese jungen Männer hier«, sie wies mit einer weit ausholenden Geste auf die Tänzer, »sind alle so attraktiv und tanzen so gut, daß man leicht verstehen kann, warum es ihr so schwerfällt, unter ihnen zu wählen. Selbst mein lieber Bruder Arang kann nicht besser tanzen als diese liebenswerten jungen Männer aus Alzac.«

Nur gut, daß niemand außer Marrah, Luma und Hiknak verstanden hatte, was Keshna meinte, als sie das Wort Arishik hervorgespien hatte, sonst wäre Marrahs Versuch, die Leute versöhnlich zu stimmen, kläglich gescheitert. Die Tänzer waren hocherfreut, daß ihre Tanzkünste so überschwenglich gelobt wurden. Es war ein seltenes Kompliment, mit Arang aus Shara verglichen zu werden, einem der besten Tänzer, den die Mutterleute jemals hervorgebracht hatten.

Marrah klatschte in die Hände, und die Trommler griffen nach ihren Trommeln und die Flötenspieler hoben ihre Flöten an die Lippen. »Spielt etwas Lautes und Fröhliches«, rief Marrah. »Laßt uns die Traurigkeit mit heiteren Liedern von dieser Insel vertreiben und das Unglück ins Meer verbannen. Heute sind zwei Mädchen als Frauen wiedergeboren worden. Heißen wir sie willkommen!«

Zuerst sangen die Sharaner und Alzacaner nur halbherzig mit, doch Marrah wählte bewußt alte Lieder, Liebeslieder und lustige Lieder, so derb und unflätig, daß die jungen Leute grinsen mußten und die alten in brüllendes Gelächter ausbrachen. Allmählich hob sich die Stimmung der Menge wieder.

Als der richtige Zeitpunkt gekommen war, unterbrach Marrah ihren Gesang und bedeutete auch den Musikanten mit einer Handbewegung aufzuhören. Sie wandte sich zu Keshna und Luma um und forderte sie abermals auf, sich zu erheben. Diesmal standen beide Mädchen auf. Luma lächelte, und Marrah sah zu ihrer großen Erleichterung, daß Keshna ebenfalls lächelte. Keshnas Lächeln hatte zwar noch immer etwas leicht Befremdliches, doch inzwischen war Marrah nicht mehr in der Stimmung, übermäßig kritisch zu sein. Sie wartete und hoffte – wie alle anderen Festteilnehmer – das Beste.

Da Luma vier Monate älter war als Keshna, durfte sie als erste wählen. Einen Moment lang zögerte sie, dann lachte sie fröhlich, stürmte vorwärts und warf die Arme um einen jungen Mann namens Ceathur. Ceathur war ein schwarzhaariger, muskulös gebauter Fischer und bekannt dafür, daß er zwei Dinge außerordentlich gut beherrschte: Wenn er in seinem Einbaum aufs Meer hinauspaddelte, fing er immer etwas, selbst wenn alle anderen mit leeren Netzen zurückkehrten; und er war einer der besten Geschichtenerzähler, den die Insel je hervorgebracht hatte. Luma war natürlich um einiges größer als Ceathur, aber schließlich überragte sie jeden Mann auf der Insel mit Ausnahme ihres Vaters.

»Der Bursche da wird dich die ganze Nacht wachhalten, Luma«, rief jemand aus der Menge, und alle lachten, denn es hieß, wenn eine Frau mit Ceathur sinnliche Freuden teilte, mußte sie sich zuerst mindestens sechs lange Geschichten anhören, bevor er endlich zur Sache kam. Aber vielleicht kannte Luma Ceathur besser, denn als sie die spaßige Bemerkung hörte, lächelte sie, beugte sich zu Ceathur hinunter und küßte ihn lange und innig, und nach der Art zu urteilen, wie er ihren Kuß erwiderte, schien sie eine gute Wahl getroffen zu haben.

Dann faßten sich die beiden an den Händen und schlenderten in Richtung von Marrahs Haus davon, um eine Schlafmatte und einen Krug mit Wein zu holen und sich damit an einen Strandabschnitt in einiger Entfernung vom Dorf zurückzuziehen. Von dem Moment an, als Luma und Ceathur aus dem Lichtkreis des Feuers traten und in der Dunkelheit verschwanden, waren sie offiziell unsichtbar. Der Tradition zufolge würde sie bis zum anderen Morgen niemand »sehen« oder »hören« können.

Jetzt war Keshna an der Reihe, ihre Wahl zu treffen. Zur großen Erleichterung aller Anwesenden wählte sie prompt und anstandslos, ging auf einen jungen Mann namens Breng zu und legte ihm einen Arm um die Schulter. Zwar hätte sie ein bißchen mehr Enthusiasmus und Zuneigung zeigen können, aber sie griff ihm spielerisch unters Kinn und schien sich ihm alles in allem auf freundliche, gutwillige Weise zu nähern.

Keshna war nicht ganz so groß wie Luma, deshalb paßten sie und Breng äußerlich besser zusammen. Als die beiden Liebenden aus dem Lichtkreis des Feuers traten und in die Nacht hinausgingen, hoffte Marrah inständig, daß Keshna inzwischen zur Vernunft gekommen war.

3. Kapitel

Flache Wellen, von einer lauen südlichen Brise getrieben, liefen leise plätschernd an den Strand der Insel und hinterließen weiße Gischtflocken auf dem feuchten Sand. Wenn die Wellen wieder zurückwichen, malten sie glitzernde Linien von Sternenlicht auf den Strand. Es war eine mondlose Nacht, eine Nacht, in der die drei Gestirne des Triangels hoch oben am samtschwarzen Himmel standen; der Sand war warm, und die Schatten glichen dunklen Umhängen, wie geschaffen, um Liebende zu umhüllen.

Luma und Ceathur saßen im Schutz einer Düne. Von einem kleinen Gebüsch in der Nähe wehte der Duft von Rosmarin herüber, würzte die Luft und hielt Insekten ab. Lachend umarmten die beiden einander und tauschten lange, sanfte Küsse. Sie kannten sich schon ihr ganzes Leben lang und hatten einander nackt im Meer baden sehen, aber sie hatten sich nie zuvor berührt.

Ceathur war ein paar Jahre älter als Luma, und sie hatte immer gedacht, er sei größer als sie, obwohl dies schon seit einiger Zeit nicht mehr so war. Jetzt stellte sie zwischen den Küssen fest, daß sie auf seinen Kopf hinuntersah. Es war zwar ein hübscher Kopf, doch sie hätte ihm viel lieber in die Augen geblickt.

»Wir sollten uns hinlegen«, schlug sie vor. »Dann sind wir wenigstens auf gleicher Höhe.«

»In Ordnung«, meinte Ceathur, »aber laß uns zuerst unsere Kleider ablegen.« Da die beiden nicht viel trugen, war das Entkleiden eine Sache von Sekunden. Luma löste die Schnur von Ceathurs Lendenschurz mit einer einzigen geschickten Bewegung, warf ihn beiseite und liebkoste Ceathur behutsam mit einem Finger. Er erschauerte, lächelte, streckte die Hand aus und öffnete Lumas Rock. Der blau-weiße Leinenstoff glitt an ihr herunter und entblößte ihre schmalen Hüften und langgliedrigen Beine. Sie hatte fast kein Schamhaar, und als Ceathur das sah, war er überrascht.

»Hast du das ganze Haar abrasiert?« fragte er und berührte das spärliche Büschel dunklen Flaums zwischen ihren Schenkeln.

Luma lachte. »Nein, ich bin anders als andere Frauen. Ich bin Halbnomadin, erinnerst du dich? Ich sollte dich wahrscheinlich schon im voraus warnen, daß es noch andere Unterschiede gibt.«

Ceathur sah sie genauso fasziniert an, wie sie es erhofft hatte. »Ach, tatsächlich?«

»Ja. Mein zweiter Zeh ist länger als mein großer Zeh, mein rechter Daumen hat Gummigelenke, und ich kann das hier.« Sie streckte die Zunge heraus und rollte sie säuberlich auf.

Ceathur grinste. »Ich habe noch nie eine Frau kennengelernt, die ihre Zunge zusammenrollen kann. Da eröffnen sich ja höchst interessante Möglichkeiten.« Er legte einen Arm um Luma, zog sie an sich und hielt sie umschlungen, während er das warme Gewicht ihrer Brüste an seiner Brust fühlte. Sie tauschten noch eine Reihe weiterer Küsse und sanken dabei langsam immer weiter nach unten, bis sie Seite an Seite auf der Matte lagen. Zärtlich ließ Ceathur seine Zungenspitze über Lumas Lippen gleiten, an ihrem Hals hinunter und über ihre Knospen.

»Ich mag deinen Körper«, murmelte er.

»Wirklich?« Luma war so anders als die Frauen von Alzac, daß sie insgeheim befürchtet hatte, sie würde ihm nicht gefallen.

Wieder leckte Ceathur sanft ihre Brustspitzen, bis sie sich aufrichteten. »O ja, du gefällst mir. Du bist sehr lang, elegant und schön, wie ein perfekt ausbalanciertes Boot.« Luma lächelte und drückte einen Kuß auf seine Schulter. Wenn man einen Fischer in sein Bett nimmt, dachte sie, muß man wohl damit rechnen, von der See zu hören. Ob Ceathur jetzt mit einer seiner berühmten Geschichten anfangen würde?

Aber er fuhr nur fort, sie mit langsamen, zärtlichen Küssen zu liebkosen, bis sie so erregt war, daß sie sich dabei ertappte, wie sie ihre Fingernägel in seinen Rücken grub und leise stöhnte. Wie die meisten Angehörigen des Muttervolkes hatte sie schon als kleines Kind begonnen, Sexspiele zu spielen, aber sie hatte noch nie zuvor bei einem Mann gelegen, und ihr letzter Gedanke, bevor sie sich vollkommen dem sinnlichen Genuß hingab, war, daß es herrlich und ungeheuer aufregend war, eine erwachsene Frau zu sein.

Als sie bereit war, vergrub Ceathur sein Gesicht zwischen ihren Schenkeln und brachte sie zu einem derart geräuschvollen Höhepunkt, daß es nur gut war, daß die beiden in dieser Nacht offiziell »unsichtbar« waren. Luma hatte nicht geahnt, daß sie zu den Frauen gehörte, die vor Wollust laut schrien und stöhnten, und nachdem es vorbei war und sie ermattet in seinen Armen lag, lachte sie so laut, daß Ceathur sie mit weiteren Küssen zum Schweigen bringen mußte.

Danach war sie an der Reihe, ihm Lust zu schenken, was sie zwar ein wenig unbeholfen, aber mit sicherem Gespür tat. Manchmal stellte sie sich vor, sein Körper sei aus ungebranntem Ton, und berührte ihn so zart und vorsichtig, als könnte er zerbrechen. Sie beendete ihre Zärtlichkeiten abrupt und fing dann wieder von neuem an, um ihn aufzureizen und zu verlocken. Als sich Ceathurs Erregung steigerte, küßte sie ihn stürmischer, und sie schaukelten hin und her wie zwei Leute, die auf hoher See dahintrieben. Als Ceathur schließlich den Höhepunkt der Verzückung erreichte, war es, als stürzte er in ein tiefes Wellental hinab, und sein Lächeln war erschöpft und zittrig.

Es war ein derart schönes Spiel, daß sie nach einer kleinen Ruhepause gleich wieder von vorn anfingen. Wie Ceathur bereits vermutet hatte, eröffnete Lumas Talent zum Zungenrollen tatsächlich einige höchst interessante Möglichkeiten, die sie sehr eingehend erforschten.

Als der neue Morgen graute, schliefen sie schließlich ein, eng aneinandergeschmiegt und völlig erschöpft. Nach nomadischen Maßstäben hatten Luma und Ceathur nicht wirklich miteinander geschlafen, obwohl sie sich die ganze Nacht hindurch geliebt hatten. Die Mutterleute waren sehr vorsichtig, um sicherzugehen, daß jedes Kind, das zur Welt kam, auch wirklich erwünscht war. In ihrer Volljährigkeitsnacht forderte eine Frau ihren Partner nur selten dazu auf, in sie einzudringen, es sei denn, sie wollte unbedingt empfangen. Viele Frauen warteten vier Jahre oder länger, bevor sie das hatten, was die Nomaden Sex nannten. Aber kein Volk genoß das Liebesspiel so intensiv wie die Männer und Frauen der Gesegneten Länder, und wenn ihre Hansi-Großmutter urplötzlich erschienen wäre, um Luma davon zu überzeugen, daß sie nach dieser Nacht mit Ceathur noch immer Jungfrau war, hätte sie über die absolute Lächerlichkeit einer solchen Vorstellung nur laut gelacht.

Während Luma und Ceathur den tiefen, friedlichen Schlaf sinnlicher Erfüllung schliefen, gab es einen Mann auf Alzac, der gerade alles über die nomadische Auffassung von Jungfräulichkeit lernte – und zwar auf höchst unangenehme Weise. Sein Name war Breng, und niemals hatte sich ein Mann, der von einer neuen Frau ausgewählt worden war, um das Bett mit ihr zu teilen, in einer so peinlichen Lage befunden.

Keshna war ein schönes Mädchen; Keshna, Tochter von Hiknak, hatte ihn den anderen jungen Männern von Alzac vorgezogen – doch statt Lust mit ihr zu teilen, wie er es erwartet hatte, fand Breng sich jetzt am Ast eines Baumes baumelnd wieder, von seiner Gespielin überrumpelt und hochgehievt, um hilflos mit den Füßen in der Luft zu zappeln, während sie ihm wie eine herrliche ältere Schwester eine Strafpredigt hielt.

Breng wand sich verzweifelt und schwang von einer Seite zur anderen, als er seine Hände zu befreien versuchte, die Keshna rigoros gepackt und hinter seinem Rücken gefesselt hatte. Wenn er diese Katastrophe hätte kommen sehen, hätte er Keshna vielleicht entwischen können. Aber sie war mindestens ebenso stark wie er, und er war zu intensiv damit beschäftigt gewesen, sie zu küssen, so daß er nicht merkte, was sie im Schilde führte, bis es zu spät war. Obendrein hatte sie auch noch seinen ledernen Lendenschurz als Fessel benutzt, er war also nackt.

»Laß mich runter, bitte«, bettelte er, doch Keshna funkelte ihn nur böse an und fuhr mit ihrer Tirade fort. Luma und Ceathur liegen jetzt irgendwo am Strand und lieben sich, dachte der zutiefst gedemütigte Breng, aber ich hatte natürlich das verdammte Pech, von der Verrückten abgeschleppt zu werden. Ob es irgendwelche Höhlen auf Alzac gab, wo ein Mann sich verkriechen und bis ans Ende seiner Tage in Frieden leben konnte? Breng hatte sich immer stark zu Frauen hingezogen gefühlt, doch in diesem Moment verspürte er wenig Lust, jemals wieder mit einer eine Schlafmatte zu teilen.

»Ich bin als Jungfrau zur Welt gekommen, und ich habe die Absicht, auch als Jungfrau zu sterben«, erklärte Keshna grimmig. »Ich dachte, ich könnte mir einen von euch Tänzern schnappen, mit ihm in die Wälder gehen und das tun, was Luma gerade mit Ceathur tut, aber das kannst du vergessen. Männer stoßen mich ab – nicht als Freunde, verstehst du. Ich bin mit vielen Männern befreundet. Aber als Liebhaber ...«

Sie spuckte angeekelt auf den Boden und wischte sich den Mund an ihrem Unterarm ab. »Ich habe ein paarmal probiert, heimlich Sex mit Männern zu haben, als ich noch meine Kinderhalskette trug. Warum nicht? Ich war schließlich alt genug, und es gibt Männer – besonders diejenigen, die mit den Nomaden Handel treiben –, die bereit sind, bei solchen Dingen ein Auge zuzudrücken, wenn ein Mädchen seine Kinderhalskette abnimmt. Mit diesem Haar und diesen Augen hatte ich keine Schwierigkeiten, Männer anzulocken, aber wenn ich dann einen hatte, wußte ich jedesmal, daß ich ihn gar nicht wirklich wollte. Mir gefielen natürlich die Aufmerksamkeit und die Komplimente – welches Mädchen würde so etwas nicht mögen? Aber wenn ein Mann sich mir nähert, um mich zu küssen, erinnern mich seine Lippen immer an einen toten

Fisch und sein Penis an ein Messer. Ich mag auch keinen Sex mit Frauen. Das habe ich nämlich auch schon ausprobiert, es hat ebenfalls nicht funktioniert. Ich habe sinnliche Begierden. Ich bin voller Verlangen; ich brenne und koche innerlich, aber der Gedanke, von irgendeinem Mann oder einer Frau berührt zu werden, macht mich regelrecht krank. Und weißt du, wessen Schuld das ist?«

»Meine?« fragte Breng kläglich.

»Mach dich nicht lächerlich! Die einzige Wirkung, die du auf mich hast, ist Abscheu, und selbst dafür kannst du nichts. Nein, die Schuld liegt bei meiner Mutter. Das erste, woran ich mich erinnern kann, ist diese Geschichte, die sie mir erzählte – wie der Nomadenhäuptling Vlahan das Lager ihres Vaters überfiel, sie vergewaltigte und ihre ganze Familie abschlachtete.«

Keshna marschierte aufgebracht vor Breng hin und her, sie ignorierte seine verzweifelten Befreiungsversuche. Sie wußte, wie man einen festen Knoten band, und sie zweifelte nicht daran, daß Breng blieb, wo er war, bis sie ihn freiließ. Und sie würde ihn erst dann wieder von dem Baum herunterholen, wenn er sie bis zum Ende angehört hatte. Leider war Breng ein sehr ungeeigneter Zuhörer, weil er noch nie von Jungfräulichkeit oder Vergewaltigung gehört hatte und kaum verstand, was sie meinte, als sie sagte, die Familie ihrer Mutter sei brutal abgeschlachtet worden. Hätte Keshna dieselbe Geschichte Marrah, Arang, Stavan oder Hiknak erzählt, hätte man ihr Verständnis und Mitgefühl entgegengebracht; aber Keshna hatte ein unglückseliges Talent, ihre geheimsten Ängste und Befürchtungen ausgerechnet jenen Menschen anzuvertrauen, die am wenigsten in der Lage waren, sie zu verstehen.

»Als ich drei war, habe ich einen Nomadenüberfall überlebt. Ich habe mitansehen müssen, wie ein Hansi-Krieger meine Mutter niederschlug und halbtot liegen ließ. Mit vier habe ich die Belagerung von Shara erlebt. Die anderen Kinder, einschließlich Luma, waren weggeschickt worden; ich war das einzige Kind unter acht Jahren, das bei den Schlachten dabei war. Ich habe Menschen, die ich liebte, sterben sehen. Ich habe gesehen, wie feindliche Krieger Lumas Urgroßmutter mit Pfeilen durchbohrten. Ich habe die Flüchtlinge von Dörfern erzählen hören, wo alle Frauen und Mädchen zu Tode geschändet oder als Sklavinnen geraubt worden waren.«

Mittlerweile starrte Breng sie voller Grauen an. Manchmal kamen Händler nach Alzac und erzählten Geschichten von Nomadenüberfällen; und die Belagerung von Shara war bereits Thema zahlreicher Gedenklieder. Dennoch hatte er noch niemals so viele schreckliche Dinge auf einmal aus dem Mund eines Mädchens kommen gehört. Mehr denn je war er davon überzeugt, daß Keshna wahnsinnig geworden war.

»An dem Tag, als die Nomaden angriffen, versteckte meine Mutter mich in einem großen, tönernen Getreidebehälter und drückte mir ein Messer in die Hand. ›Wenn Vlahans Männer über uns herfallen‹, sagte sie, ›dann bring dich um. Laß nicht zu, daß sie dich lebend bekommen.‹ Ich habe in der Dunkelheit gekauert und gehört, wie Tante Marrah Donner heraufbeschwor, als die Sharaner die Hansi-Krieger mit falscher Magie in Angst und Schrecken versetzten. Am Ende funktionierte der faule Zauber; Vlahan und seine Männer rannten in Panik davon, und wir gewannen die Schlacht. Aber in gewisser Weise bin ich niemals aus dieser Getreidetonne herausgekommen. Verstehst du, was ich damit meine?«

»Ja«, log Breng. Er verstand überhaupt nichts und würde es wohl auch nie verstehen, aber er war ein gutherziger Mann, und seine Mutter hatte ihn dazu erzogen, Verrückte mit Freundlichkeit und Nachsicht zu behandeln. Inzwischen tat Keshna ihm so leid, daß er sie nicht einmal mehr für das haßte, was sie mit ihm angestellt hatte. Was nicht hieß, daß er sie mochte.

Keshna schien mit seiner Antwort zufrieden. Sie stemmte die Hände in die Hüften und blickte ihn zum ersten Mal an, als sehe sie ein menschliches Wesen in ihm. »Bevor ich dich gehen lasse, mußt du mir allerdings zwei Dinge versprechen.«

»Ich versprech's«, beeilte Breng sich zu versichern. »Natürlich versprech ich's.«

»He, nicht so schnell. Du kannst nichts versprechen, ohne zu wissen, was du versprichst. Erstens mußt du mir bei der Göttin der Wogen, der Göttin Erde, bei Batal, deiner eigenen Mutter und bei allem, was dir lieb und teuer ist, versprechen, daß du mich nicht anfaßt, wenn ich dich losbinde.«

»Das ist leicht«, erklärte Breng bitter. »Ich hätte dich überhaupt niemals berührt, wenn du mir von Anfang an gesagt hättest, daß du nicht berührt werden willst. Die Männer von Alzac versuchen niemals, mit einer Frau gegen ihren Willen Liebe zu machen, genausowenig, wie die Frauen von Alzac versuchen würden...«

Keshna brachte ihn mit einer ungeduldigen Handbewegung zum Schweigen. »Und zweitens«, fuhr sie fort, »mußt du mir schwören, jedem zu erzählen, daß wir die ganze Nacht lang Lust miteinander geteilt haben. Tatsächlich mußt du allen erzählen, daß es die wundervollste Liebesnacht war, die du jemals erlebt hast.«

Breng war von dieser Forderung völlig überrumpelt. Doch ein nackter Mann, der hilflos an einem Baum hing, war kaum in der Lage, mit einer Verrückten zu verhandeln, und so erklärte er sich damit einverstanden. »Aber warum lügen?« fragte er verwundert. »Wozu das Theater?«

Keshna lachte verbittert. »Das ist ganz einfach: Als ich mich geweigert habe, mir unter den Tänzern einen Partner auszusuchen, hat meine Mutter mir erklärt, Han werde mich bis in alle Ewigkeit verfluchen und es werde ein schlimmes Ende mit mir nehmen, wenn ich Lumas Volljährigkeitszeremonie verderben würde, indem ich Unglück auf ihre Freunde und Familie herabbeschwöre.«

»Han?« fragte Breng verständnislos. Der Name des nomadischen Himmelsgottes sagte ihm überhaupt nichts.

»Egal. Sagen wir einfach, daß meine Mutter eine Art Schamanin ist – zumindest nach Auffassung der Hansi –, und daß ich keinen gesteigerten Wert darauf lege, es mir mit ihr zu verderben. Sie glaubt, Tante Marrah hätte ihr das Leben gerettet, als sie Vlahans Konkubine war – obwohl ich den Eindruck habe, es war eher umgekehrt. Jedenfalls, wenn meine Mutter jemals dahinterkommt, daß wir beide heute nacht nicht zu Ehren der Göttin Erde wie wild miteinander gerammelt haben, werde ich das noch bis in alle Ewigkeit zu hören kriegen. Ganz zu schweigen davon, daß ihr Alzacaner mir die Schuld an sämtlichen Mißernten, Seuchen und sonstigen Katastrophen geben werdet, die diese blöde Insel während der nächsten fünf Generationen heimsuchen.«

»Ich schwöre, ich werde jedem erzählen, daß wir uns bis zur völligen Erschöpfung geliebt haben«, erklärte Breng. »Und jetzt laß mich endlich runter. Mein Rücken tut weh, und meine Hände sind schon ganz taub.«

Keshna zog ein kleines Messer aus ihrem Stiefel, trat auf Breng zu und drückte die Klinge gegen seinen Schenkel. Er zuckte erschrocken zusammen. Die Steinklinge war kalt und viel zu nahe an einem Teil seines Körpers, der ihm beträchtliches Vergnügen bereitete. »Dann haben wir also eine Abmachung?« sagte sie.

»Ja.« Er versuchte, nicht zu dem Messer hinunterzublicken.

»Schwöre noch ein zweites Mal. Ich höre dich so gerne schwören.«

Und so schwor Breng ein zweites Mal bei der Göttin der Wogen, der Göttin Erde, bei Batal und bei seiner Mutter, daß er nicht versuchen würde, Lust mit Keshna zu teilen, aber am nächsten Morgen allen erzählen würde, er habe eine atemberaubende Liebesnacht mit ihr verbracht.

Als er fertig war, lächelte Keshna. »Ich mag Männer am liebsten, wenn sie vernünftig sind.« Damit hob sie das Messer von seinem Schenkel zu seinen Handgelenken und befreite ihn von seinen Fesseln.

Breng hielt sein Versprechen – und die Händler, die die Neuigkeit von dem skandalösen Volljährigkeitstag an der Westküste des Süßwassersees verbreiteten, ahnten nicht, welch saftiger Klatsch ihnen entgangen war. Der nächste Teil der Skandalgeschichte war kein Geheimnis, da er sich in aller Öffentlichkeit und vor den Augen sämtlicher Inselbewohner abspielte. Dies war natürlich genau das, was Luma und Keshna geplant hatten, aber selbst sie hatten unterschätzt, wie schockiert die Leute sein würden.

An dem Morgen nach einer Volljährigkeitsfeier kehrten die neuen Frauen gewöhnlich mit den jungen Männern ihrer Wahl zum Haus ihrer Mutter zurück. Die Verwandten der jungen Frau bereiteten ein köstliches Mahl vor, und Familienangehörige und

Freunde kamen vorbei, um ihre Glück- und Segenswünsche auszusprechen. An dem Morgen nach Lumas und Keshnas Volljährigkeitsfeier hatten Driknak und Marrah mit Hiknaks Hilfe ein delikates Festmahl aus Ziegenkäse, knusprigem Fladenbrot, Honigkuchen und gedünsteten Äpfeln mit Sahne zubereitet, aber niemand kam, um die Köstlichkeiten zu essen. Als die Sonne über den Horizont gestiegen war, machten Marrah und Hiknak sich allmählich Sorgen; und als zuerst Ceathur und dann Breng allein ins Dorf zurückkehrten, liefen sie den jungen Männern entgegen, um zu erfahren, wo ihre Töchter blieben.

Es gab nicht viel zu erfahren. Ceathur erklärte, Luma sei aufgestanden, während er noch schlief, und er habe keine Ahnung, wo sie hingegangen sei. Und Breng wiederholte immer nur, er habe mit Keshna die wundervollste Liebesnacht seines Lebens verbracht und es sei ihre Privatangelegenheit, wo immer sie jetzt auch sein mochte.

»Ich bin sicher, die beiden führen wieder irgend etwas im Schilde«, sagte Hiknak.

»Sei nicht albern«, erwiderte Marrah. »Was könnten sie denn auf Alzac schon groß anstellen?« Das war eine verhängnisvolle Frage, denn sie gab beiden Müttern zu denken, und je länger sie darüber nachdachten, desto größer schien ihnen die Anzahl der Möglichkeiten, Unfug anzustellen. Inzwischen hatte sich die Nachricht, daß Luma und Keshna nicht zurückgekehrt waren, herumgesprochen, und die Dorfbewohner versammelten sich in besorgten Grüppchen vor Marrahs Haus. Als Stavan hinausging, um seine Morgenmahlzeit einzunehmen, geriet Marrah, die den Verlust ihres Sohnes niemals ganz verwunden hatte, allmählich in Panik.

»Beruhige dich«, sagte Stavan beschwichtigend. »Es gibt keine wilden Tiere auf der Insel. Die See ist heute morgen so glatt und ruhig, daß selbst ein Zweijähriger nicht darin ertrinken könnte, und Luma und Keshna sind gute Schwimmerinnen. Und was Nomaden angeht – falls es irgendwelche Stoßtrupps südlich von Shara gäbe, dann hätten die Schlangen sie entdeckt, und Arang hätte uns eine Nachricht zukommen lassen.«

»Aber ich höre Pferde«, erwiderte Marrah beharrlich. »Hör doch!«

Stavan war die längste Zeit seines Lebens Krieger gewesen. Hätte Marrah die Bemerkung, sie höre Hufschlag, irgendwo gemacht, wo ein Nomadenüberfall auch nur entfernt im Bereich des Möglichen lag, hätte er sofort reagiert und blitzschnell seinen Dolch aus der Scheide gezogen. Statt dessen seufzte er nur und küßte sie auf die Wange. »Das bildest du dir nur ein, mein Liebling. In den Gesegneten Ländern gibt es keine Pferde, und hat es auch nie welche gegeben. Wir sind nicht in Shara, sondern auf der Insel Alzac, ringsum von schützendem Wasser umgeben. Kein Pferd könnte bis hierher schwimmen.«

Er hatte seine beruhigenden Worte noch kaum ausgesprochen, da ertönte plötzlich ein Krachen, und sämtliche Anwesenden erstarrten vor Schreck. Irgendwo trommelten die Hufe großer, schwerer Tiere auf den Erdboden, und diese Tiere näherten sich in schnellem Trab.

»Und wie nennst du das?« rief Marrah alarmiert. »Hört sich das vielleicht nach Wild an?«

Driknak umklammerte Marrahs Hände und lachte nervös. »Das ist doch nur ein Jux, Mutter!« rief sie. »Gleich werden Luma und Keshna aus dem Wald kommen und hohle Steine gegeneinanderschlagen.«

»Das ist kein Jux!« brüllte Stavan und zog seinen Dolch. »Das ist ein Überfall! Greift zu allem, was sich als Waffe verwenden läßt! Geht in Deckung!« Driknak, Marrah, Hiknak und die anderen Sharaner in der Menge vor dem Haus rannten davon und flüchteten in jede Ecke, die ihnen vielleicht Schutz bot, aber die Inselbewohner, die niemals die ungeheure Brutalität eines Nomadenüberfalls erlebt hatten, standen einfach nur da und lauschten auf den näherkommenden Hufschlag – wie Vogeljunge, die reglos darauf warteten, von einem Habicht gepackt zu werden. Wenn es sich wirklich um einen feindlichen Überfall gehandelt hätte, wären die Alzacaner auf der Stelle massakriert worden.

Das rhythmische Stampfen kam unaufhaltsam näher. Plötzlich sprengten zwei Pferde aus dem Wald, prächtige Stuten, die eine fast weiß, die andere von einem hellen Braun. Grüne Perlen und Streifen von rotem Leinen waren in ihre Mähnen und Schweife geflochten, ihr Fell war gestriegelt worden, bis es glänzte, ihre Hufe mit Bienenwachs poliert. Die Pferde galoppierten, eine dicke Staubwolke aufwirbelnd, geradewegs auf Marrahs Haus zu, während Dorfhunde hysterisch bellten und die Inselbewohner vor Angst und Verwunderung aufschrien.

Marrah schrie ebenfalls, aber nicht wegen der Pferde. Sie brüllte die beiden Reiterinnen an. Die jungen Frauen waren ihr sehr vertraut – nur allzu vertraut –, und sobald Marrah sie erblickte, wußte sie, daß man sich über sie hinweggesetzt hatte. »Was im Namen der Göttin Erde denkt ihr euch eigentlich dabei!« schrie sie. »Was fällt euch Mädchen ein, Pferde auf diese Insel zu bringen!«

Weder Luma noch Keshna hörten sie – oder sie hörten sie sehr wohl und stellten sich taub. Sie saßen entspannt und selbstsicher auf dem Rücken der Stuten und ritten sie mit einer Geschicklichkeit, die vom monatelangen heimlichen Üben kam. Die beiden waren wie Schlangenkrieger gekleidet, zumindest soweit Keshna sich erinnern konnte und es die Möglichkeiten auf der Insel erlaubten. Ihre Beinlinge waren aus Leder, um zu verhindern, daß spitze Dornen ihre Haut aufrissen, wenn sie Nomadenüberfallkommandos zu Pferd verfolgten; ihre Stiefel waren robust und dick besohlt für den Fall, daß sie absitzen und sich im Nahkampf verteidigen mußten. Wie alle Frauen, die mit dem Verband der Schlangen ritten, hatten sie ihre Brüste umwickelt, um sie zu schützen, ihr Haar zurückgekämmt und zu einem festen Zopf geflochten, damit es nicht in die Augen fiel, und ihr Gesicht und die Schultern mit den heiligen roten Dreiecken von Batal bemalt. Sie trugen beide einen Dolch an der Taille und hielten einen langen Speer in der Hand, sie hatten sich Köcher mit Pfeilen so umgebunden, daß sie ihn leicht erreichen konnten, und trugen einen Bogen quer über der Brust.

In den Augen der unerfahrenen Alzacaner mochten die Bögen vielleicht beeindruckend aussehen, aber Keshna und Luma waren alles andere als glücklich damit. Die Schlangen kämpften gewöhnlich mit Verbundbögen in der lippenartigen Form, die die Nomaden zum Töten und Abschlachten perfektioniert hatten. Die meisten dieser Rukhaks oder »sirrenden Bögen« hatte man unter großen Gefahren dem Feind gestohlen, obwohl jetzt auch in einigen Dörfern Bögen dieser Art hergestellt wurden. Die sirrenden Bögen der Nomaden waren eine sehr viel tödlichere Waffe als die einfachen Bögen, die den Mutterleuten zur Jagd auf Wild dienten. Jemand, der mit der Waffe richtig umgehen konnte, konnte einen feindlichen Krieger mit einem Pfeil durchbohren, ohne sich aus der Deckung des Waldes hervorwagen zu müssen. Aber südlich von Shara gab es keine sirrenden Bögen, und jedesmal wenn Luma und Keshna versucht hatten, einen zu bauen, war das Ergebnis ein ziemlich seltsam anmutendes, verdrehtes Ding gewesen, mit dem man nicht einmal einen Spatzen hätte töten können. So kam es, daß – als sie jetzt aus dem Wald herausgaloppierten und in Alzac einritten, um ihren Müttern zu trotzen und das ganze Dorf zu schockieren – der Stolz der beiden jungen Frauen ein wenig unter der Tatsache litt, daß sie notgedrungen mit gewöhnlichen Jagdbögen bewaffnet waren.

In einem Anfall von Draufgängertum ritten sie viel zu nah an die Menschenmenge heran und zügelten ihre Stuten erst im allerletzten Moment. Muscheln flogen in alle Richtungen, und Lumas Pferd bäumte sich laut schnaubend auf. Die Inselbewohner rannten in Panik auseinander, doch Marrah, Hiknak und Stavan rührten sich nicht von der Stelle. Einen Moment lang herrschte Schweigen, während Luma und Keshna trotzig die drei Menschen anstarrten, die sie aufgezogen hatten und ihnen seit dem Tag, als sie zur Welt gekommen waren, nichts als Liebe entgegengebracht hatten.

Schließlich brach Luma das angespannte Schweigen. »Mutter«, begann sie, »jetzt, wo Keshna und ich Frauen sind, werden wir in den Norden gehen, um gegen die Nomaden zu kämpfen. Wir haben vor, uns Ranala und den Schlangen anzuschließen, wenn sie uns haben wollen, und wir möchten deinen und Hiknaks Segen, weil Frauen, die nicht von ihren Müttern gesegnet wurden, kein Glück im Kampf haben, und wir werden alles Glück brauchen, das wir kriegen können.« Sie fragte Marrah nicht, ob sie nach Shara gehen dürfe, und sie entschuldigte sich auch nicht dafür, daß sie Pferde auf die heilige Insel gebracht hatte, obwohl Marrah dies ausdrücklich verboten hatte, aber sie bat um den Segen ihrer Mutter. Als Marrah hörte, daß ihre Tochter um den Kuß bat, der ihr Glück bringen würde, verrauchte ihr Zorn, und die wütenden Worte, die sie gerade hatte sagen wollen, erstarben auf ihren Lippen. Sie blickte Luma an und sah das Baby, das sie gestillt hatte, und das Kind, das sie mit aller Macht zu schützen versucht hatte, und Stolz und Verzweiflung wallten in ihr auf. Stolz, weil Luma so überzeugt und zuversichtlich wirkte, und Verzweiflung, weil sie alles gegeben hätte, um ihre Tochter nicht als Kriegerin gekleidet sehen zu müssen.

»Luma, bitte tu das nicht! Wirf dein Leben nicht weg! Ich habe mir immer gewünscht, daß du Priesterin wirst.«

»Es ist nicht meine Bestimmung, Priesterin zu werden, Mutter«, erwiderte Luma mit großer Förmlichkeit.

»Meine auch nicht«, fügte Keshna hinzu und sah Marrah mit einem triumphierenden Lächeln an.

Die Arroganz dieses Lächelns brachte Marrah sofort wieder in Rage. Sie wandte sich Keshna zu. »Das war deine Idee, stimmt's? Dies ist wieder einer von deinen verrückten Plänen. Seit du drei warst, hast du meine Kinder zu lebensgefährlichen Abenteuern angestiftet, und jetzt versuchst du, Luma zu etwas zu überreden, was ihr sicherer Tod sein wird!«

Keshna zuckte mit einer Gleichgültigkeit, die an Unverschämtheit grenzte, die Achseln. »Luma ist ihr eigener Herr«, erklärte sie. »Und was mich betrifft, Tante Marrah, ich bin zur Kriegerin geboren. Wenn du mir nicht glaubst, frag meine Mutter. Frag sie, was sie mir ins Ohr geflüstert hat, als ich ein Kind war. Frag sie, ob sie stolz auf mich ist, wenn sie mich heute hier so sieht, bewaffnet und bereit, nach Norden zu reiten, um mit den Schlangen zu kämpfen.«

Marrah wirbelte herum, um Hiknak anzusehen. »Sagt Keshna die Wahrheit? Bist du an diesem Morgen stolz auf deine Tochter? Ist es das, was du dir für sie gewünscht hast, als du sie geboren und genährt hast und zur Frau hast heranwachsen sehen?«

Hiknak blickte zu Keshna auf, ihr Gesicht war von einem Leuchten erfüllt. Lange Jahre hatte Hiknak sich wie die Mutterleute gekleidet, hatte ihre Sprache gesprochen und ihre Sitten und Gebräuche übernommen. Jetzt schienen all diese Jahre urplötzlich von ihr abzufallen, und sie war wieder die Tochter des wilden Tcvali-Häuptlings, die ihr Leben lang auf Rache sann. »Ja«, sagte sie. »Ja, ich bin stolz.« Sie trat zu Keshna und legte eine Hand auf die Flanke der Stute. Ihre Berührung war liebevoll, fast wie eine Liebkosung.

»Du gibst mir das Gefühl, alt zu sein, Keshna. Mein ganzes Leben lang habe ich mich danach gesehnt, zu Pferd gegen die Nomaden zu kämpfen, aber ich habe nie die Chance gehabt, und jetzt wirst du es für mich tun.«

»Du hast mindestens einen Nomaden getötet, Mutter«, erwiderte Keshna. »Du hast Vlahan umgebracht.«

»Ein toter Hansi-Häuptling ist nicht genug.« Hiknak lächelte, und Marrah sah zu ihrem Erstaunen, daß sie tatsächlich glücklich war. »Beug dich jetzt herunter, und laß dich von mir segnen.«

Keshna beugte sich zu ihrer Mutter hinab, und Hiknak nahm das Gesicht ihrer Tochter zwischen beide Hände und küßte sie auf die Wangen. »Dies ist der Segenswunsch deiner Mutter: Zieh hinaus und kämpfe! Sei mutig und furchtlos! Laß deine Pfeile die Herzen der Feinde durchbohren und nimm Rache für die Tcvali-Kinder, die von den Hansi-Feiglingen abgeschlachtet wurden!«

»Es kann sein, daß ich auch gegen Tcvali-Krieger kämpfen muß, Mutter«, erwiderte Keshna. »Luma und ich werden gegen jeden Nomaden kämpfen, der sich Shara nähert. Trotzdem danke ich dir für deinen Segen.«

Das Leuchten in Hiknaks Augen erlosch. Sie ließ Keshna los und trat einen Schritt zurück. »Es ist alles so schrecklich verworren«, murmelte sie. »Mein kleines Mädchen wird zur Frau; die Frau wird zur Kriegerin. Früher hätte man einer Frau nicht erlaubt, in den Kampf zu reiten, und deshalb bin ich stolz auf Keshna. Aber was meint sie damit, wenn sie sagt, sie müsse vielleicht gegen ihr eigenes Volk kämpfen? Die Enkelin eines Tcvali-Häuptlings würde niemals Tcvali-Blut vergießen. Dennoch gebe ich ihr meinen Segen. Was kann eine Mutter anderes tun?«

»Wirst du mir auch deinen Segen geben?« fragte Luma Marrah. »Wirst du mich küssen, wie Hiknak Keshna geküßt hat, und mich in den Kampf schicken?«

»Nein«, erwiderte Marrah störrisch. »Ich werde dir niemals meinen Segen geben, um zu töten. Töten ist niemals etwas Gesegnetes, selbst wenn man dazu gezwungen wird. Ich habe während der Belagerung von Shara viele Nomaden getötet, das weißt du. Wir mußten sie töten, um nicht selbst getötet zu werden, aber ich war nie stolz auf das, was ich notgedrungen tun mußte, und danach habe ich Batal angefleht, mir zu verzeihen.«

»Dann wirst du mich also ohne deinen Segen fortschicken.« Luma packte die Zügel so fest, daß ihre Fingerknöchel weiß hervortraten. Sie kniff die Augen zusammen. »Willst du mir das damit sagen, Mutter?«

Marrah sah Luma und Keshna an, die so stolz auf dem Rücken ihrer Pferde saßen, und plötzlich fühlte sie einen Schmerz in ihrer Brust, als verdichte sich all ihr mütterlicher Kummer an dieser einen Stelle. Sie waren so selbstsicher und von ihrer Mission überzeugt, so begierig und voller Ungeduld, so voll jugendlicher Ignoranz. Sie wußte, wenn sie ihre Tochter jetzt nicht segnete, würde sie sie vielleicht für immer verlieren. Aber wenn sie Luma tatsächlich ihren Segen erteilte, schickte sie ihr Kind dann nicht sehenden Auges in den Tod? Plötzlich bemerkte sie, daß Lumas Augen feucht waren. Der grimmige Ausdruck – den Luma einstudiert haben mußte – löste sich in Tränen der Enttäuschung und Demütigung auf.

Marrah rannte zu Luma, ergriff ihre Hand und zog sie halb zu sich herunter, um sie zu küssen. »Ich segne dich!« rief sie laut. »Ich segne dich, nur dann zu kämpfen, wenn du einen Kampf nicht vermeiden kannst, und nur dann zu töten, wenn du unbedingt töten mußt. Ich segne dich und wünsche mir, daß du dir ein mitfühlendes Herz bewahrst. Ich segne dich, deine Feinde zu lieben, wann immer du kannst. Ich segne dich, unser Volk und unsere Lebensweise zu verteidigen, denn das Volk zu verteidigen, das man liebt, ist eine edle Sache, Luma – eine edle Sache. Aber ich wünsche mir auch, daß du des Krieges überdrüssig wirst, daß dir der Geruch von Blut unerträglich wird, daß du niemals vergißt, daß die Göttin Erde eine Friedensgöttin ist. Ich wünsche mir, daß du eines Tages sicher nach Hause zurückkehrst – wohlauf und heil –, deshalb segne ich dich mit Vernunft und gesundem Menschenverstand. Dies ist mein Gebet: daß du niemals die Gewalt lieben wirst, ganz gleich, was für eine große Kriegerin aus dir werden mag. Und deshalb segne ich dich mit dem Kuß einer Mutter.«

Als Luma diese bewegenden Worte hörte, begann sie zu schluchzen. Einen Moment lang klammerten sie und Marrah sich aneinander, doch ihre Tränen versiegten bald.

Stavan war derjenige, der das letzte Wort hatte. Er ging zu Luma und Keshna, trat zwischen sie und legte den Stuten je eine Hand auf den Hals. »Dieses ganze Segnen und Tränenvergießen ist äußerst rührend«, sagte er, »aber die Wahrheit ist, daß ihr beide nicht die geringste Ahnung von Krieg habt.« Plötzlich packte er beide Mädchen an den Knöcheln und riß sie beinahe von ihren Pferden herunter. »Seht ihr«, sagte er lachend. »Der erste Nomadenkrieger, der euch über den Weg liefe, würde euch mühelos vom Pferd holen. Sobald ihr auf dem Boden landet, würde er euch so schnell den Kopf abhacken, daß ihr Futter für die Krähen wärt, noch bevor ihr wüßtet, wie euch geschieht.«

»Das war ein gemeiner Trick«, fauchte Keshna. »Du meinst, du kannst dich über uns lustig machen, weil du früher einmal gegen Vlahan und seine Krieger gekämpft hast, aber jetzt bist du alt und lahm und …« Die Zuschauer schnappten nach Luft, als sie ihn »lahm« nannte, doch Stavan lachte nur noch lauter.

»Ich mag vielleicht alt und lahm sein«, erwiderte er, »aber ich weiß trotzdem sehr viel mehr über das Kriegerleben als jeder Mann und jede Frau südlich des Rauchflusses. Um also zu verhindern, daß ein blutrünstiger nomadischer Pöbelhaufen über meine beiden Lieblingsmädchen herfällt und ihnen die Köpfe abhackt, bleibt mir wohl nichts anderes übrig, als ihnen beizubringen, wie man kämpft.«

»Es wird höchste Zeit, daß du dir einen warmen Platz am Feuer suchst und Leute unseres Alters die Schlachten kämpfen läßt, die du niemals gewinnen konntest. Es wird höchste Zeit, daß …«

»Sei doch endlich still!« schrie Luma. »Verstehst du denn nicht? Aita Stavan will uns als Kriegerinnen ausbilden!«

»Nein«, erklärte Stavan. »Ich will euch beibringen, wie lahme alte Männer zu kämpfen. Wenn ihr mir aufmerksam zuhört, lebt ihr vielleicht lange genug, um euren sechzehnten Geburtstag zu erleben. Im Moment würde ich nicht einmal drei Spielpfänder darauf verwetten, daß ihr einen Zusammenstoß mit einem echten Überfallkommando überlebt. Ich glaube, ihr werdet euch noch wundern, wieviel Geschicklichkeit und Klugheit es erfordert, um mein fortgeschrittenes Alter zu erreichen.«

4. Kapitel

An einem brütendheißen Sommertag, als die Sonne hoch am Himmel stand und der Süßwassersee so flach und öde war wie das Herz eines Nomadenkriegers, zog Luma aus, um Keshna aufzuspüren und sie zu töten. Natürlich würde Luma Keshna nicht wirklich töten, sondern nur mit blauem Farbstoff markieren, wenn sie sie überrumpelt hatte, denn dies war ein Spiel, das Stavan erfunden hatte, um die beiden jungen Frauen in der Kriegskunst zu unterweisen. Es war ein ernstes Spiel, ein Spiel um Leben und Tod und Überleben; und als Luma, einen schweren alzacanischen Jagdbogen und einen Köcher voller stumpfer Pfeile mit ausgehöhlten Spitzen schleppend, barfuß durch den heißen Sand lief, wurde ihr Durchhaltevermögen auf eine harte Probe gestellt.

Die Spielregeln waren simpel und brutal, und laut Stavan kannte sie jeder zehnjährige Nomadenjunge. Es gab immer mindestens zwei Spieler: den Jäger und den Gejagten. Die Gejagte – Keshna – war bereits eine ganze Weile vor Sonnenaufgang aufgebrochen, um so viel Vorsprung vor Luma zu gewinnen, wie sie konnte. Alle Tricks anwendend, die Stavan ihr beigebracht hatte, sollte sie ihr Bestes geben, um keine Spuren zu hinterlassen.

Als die Sonne aufging, hatte sich Luma – die Jägerin – auf den Weg gemacht, um Keshna aufzuspüren. Irgendwann – Luma würde unmöglich vorausberechnen können, wann –, würde Keshna ihre Flucht abbrechen, kehrtmachen und zurücklaufen, um sich an Luma anzuschleichen. Um das Spiel noch interessanter zu machen, hatte Stavan spezielle Regeln aufgestellt. Die beiden jungen Frauen hatten an diesem Morgen nichts essen dürfen, und obwohl sie sich durch dornenbewehrtes Unterholz und über steiniges Gelände jagen würden, war es ihnen verboten, Sandalen zu tragen.

Als Luma jetzt in großen Sprüngen über den brennendheißen Sand jagte, sich die Füße an scharfkantigen Muscheln und Dornen aufschnitt und Keshna dafür verfluchte, daß sie sich eine solch unwegsame Route ausgesucht hatte, schwitzte sie in Strömen. Doch ihr Schweiß hatte keinen menschlichen Geruch, weil sie sich vorher mit speziellen Kräutern eingerieben hatte, um ihren Körpergeruch zu neutralisieren. Im Mund hatte sie einen Kieselstein, um den Speichelfluß zu verstärken, damit sie nicht so oft eine Pause zum Trinken machen mußte. Selbst die Bogensehne zwischen ihren Brüsten war frisch eingeölt, damit sie geschmeidig war und sich mit ihr bewegte, statt ihre Haut wundzureiben.

Luma war nicht mehr die gleiche wie an dem Tag, als sie volljährig geworden war, sich ihren ersten Liebhaber genommen hatte und ins Dorf geritten war, um allen zu verkünden, daß sie beschlossen hatte, Kriegerin zu werden. Ihr Körper hatte all seine jungmädchenhafte Weichheit verloren. Ihr Bauch war flach und straff vom Fasten, ihre Beine stark vom Schwimmen, ihre Arme muskulös vom Speerwerfen, Bogenschießen und Holzhacken. Aber die wichtigsten Veränderungen waren unsichtbar. Bevor Stavan angefangen hatte, sie zur Kriegerin auszubilden, hatte Luma geglaubt, die Mutterländer zu verteidigen sei ein großartiges Abenteuer. Inzwischen sah sie den Krieg gegen die Nomaden als einen brutalen Kampf, den nur die Klügsten und Geschicktesten überlebten. Sie würde niemals eine harte Frau sein – dafür war sie zu sehr Marrahs Tochter, und zudem besaß sie eine grundlegende Freundlichkeit, an der sich niemals etwas ändern würde –, doch Stavan hatte ihr in den vergangenen zwei Monaten eine Unerschrockenheit eingeimpft, die sie für immer prägen würde. Niemand würde sie jemals mißbrauchen und ungeschoren davonkommen. Niemand würde sie jemals verärgern, ohne dafür zur Rechenschaft gezogen zu werden. Den Rest ihres Lebens würde sie loyal, gerecht und fast übertrieben großzügig sein; aber wenn sie angegriffen wurde, würde sie sich mit der Heftigkeit einer kampferprobten Kriegerin zur Wehr setzen.

Sie hatte diesen Geisteszustand nicht mühelos erreicht. Um stolz zu werden, war sie zunächst gedemütigt worden. Diese Demütigung hatte gleich am ersten Tag ihrer Ausbildung begonnen, als Stavan sie und Keshna davon in Kenntnis gesetzt hatte, daß sie ihre geliebten Stuten den Rest des Sommers nicht reiten würden, und Luma den Fehler gemacht hatte, dagegen zu protestieren. Stavan hatte sie angesehen, als sei sie eine Fremde, als habe er sie niemals in seinen Armen gewiegt oder ihr vorgesungen oder sie damit geneckt, wie hübsch sie war.

»Zuerst werdet ihr die alte Art des Kampfes lernen – die Art, wie mein Volk in früheren Zeiten Krieg geführt hat, bevor sie Pferde zähmten«, hatte er erklärt. Seine Stimme war beherrscht und kalt gewesen, und er hatte sie angestarrt, als seien sie etwas Kümmerliches und Abstoßendes, kaum wert, angesprochen zu werden. »Ein Pferd kann jederzeit unter euch getötet werden. Aber solange ihr kräftige Beine habt und Klugheit besitzt, könnt ihr euch an euren Feind anschleichen wie eine Löwin an ihr Wild. Zu Pferd bietet ihr eine ideale Zielscheibe: leicht zu verfolgen, leicht zu sehen und leicht zu töten. Zu Fuß seid ihr lautlos und fast unsichtbar.«

Voller Verachtung hatte er auf die beiden Stuten gezeigt – jene prachtvollen Stuten, die sie gekauft hatten und überschwenglich liebten, die sie den ganzen Winter über geritten und auf Flößen nach Alzac gebracht hatten. »Diese Tiere sind genau wie ihr: schön, aber nutzlos. Ihr habt keine Schlachtrösser gekauft, Mädchen. Dieser Händler hat euch Reitpferde für Frauen angedreht. Ein Nomade läßt vielleicht seine Ehefrauen oder Konkubinen auf so einem Tier reiten, oder er benutzt es als Packpferd; aber er würde sich hüten, auf einem dieser müden Klepper in die Schlacht zu reiten, wenn er mit seinem Kopf auf den Schultern ins Lager zurückkehren möchte.«

»Aber ich habe diese Pferde mit gutem Gold bezahlt!« rief Keshna empört, und sie wollte noch mehr sagen, doch Stavan brachte sie mit einem Blick zum Schweigen.

»Hört mir zu, und hört mir gut zu, ihr Frauen, die ihr Kriegerinnen werden wollt: Die eine Stute ist fast weiß, und die andere ist von einer hellen Braunschattierung, ihre Reiter heben sich deutlich gegen jeden Hintergrund ab. Auf diesen Tieren seid ihr ein leichtes Ziel. Aus diesem Grund reiten nur Nomadenhäuptlinge weiße Pferde – ein weißes Pferd zu reiten ist so gefährlich, daß nur ein großer Krieger oder ein Dummkopf auf einem solchen Tier in die Schlacht stürmen würde.

Ein gutes Schlachtroß ist dunkel: kupferfarben, dunkelbraun oder kastanienbraun. Ein Pferd mit einem graubraunen Fell verschmilzt ebenfalls gut mit dem Hintergrund, besonders in wüstenreichen Gegenden. Schwarz ist gut bei Nacht, kann aber bei Tag zum Problem werden, deshalb nimmt man schwarze Pferde hauptsächlich für Stoßtrupps. Wenn ihr ein Pferd in der richtigen Farbe gefunden habt, müßt ihr es selbst zureiten, bevor ihr mit ihm in die Schlacht reiten könnt. Ihr müßt ihm beibringen, nicht vor euch zurückzuschrecken, wenn ihr Kriegsbemalung angelegt habt; nicht zu scheuen und durchzugehen, wenn der Feind auf ihn zustürmt und gellende Schlachtrufe die Luft erfüllen. Ihr müßt ihm beibringen, ruhig zu bleiben, wenn er Rauch und Blut wittert, und nicht in Panik zu geraten, wenn Menschen und Pferde um ihn herum sterben. Wenn ihr absitzt, um einen Angreifer im Nahkampf zu überwältigen, sollte euer Pferd stehenbleiben und auf euch warten, denn jemand, der mitten in einer Schlacht hinter seinem Pferd herlaufen und es einfangen muß, ist schon so gut wie tot. Ein wirklich gutes Schlachtroß wird sogar selbst kämpfen, indem es sich auf der Hinterhand aufbäumt, um einen Angreifer kampfunfähig zu machen oder das Pferd eines Feindes mit seinen Vorderhufen abzuwehren.«

»Du sprichst die ganze Zeit von ›er‹«, sagte Keshna. In ihrer Stimme schwang zum ersten Mal echter Respekt mit. »Heißt das, daß nur Hengste gute Schlachtrösser abgeben?«

»Ob Hengst, Stute oder Wallach ist völlig egal. Es ist schwer genug, ein gutes Schlachtroß zu finden, ohne daß man sich Gedanken über sein Geschlecht macht. Du brauchst ein intelligentes, zähes, dunkles Pferd, das schnell und schlau ist. Ein Pferd, das dich liebt und sich von niemand anderem reiten läßt. Du brauchst ein Pferd, das du mit und ohne Sattel reiten kannst; ein Pferd, das auf den leichtesten Druck deiner Schenkel reagiert; ein Pferd, das dich so sehr liebt, daß es nur deine Stimme zu hören braucht, um zu tun, was du ihm sagst, so daß du beide Hände zum Kämpfen frei hast.«

»Gibt es solche Pferde überhaupt?« wollte Luma wissen.

»Ja, ich hatte sechs solcher Tiere.«

»Was ist aus ihnen geworden?«

»Sie sind alle unter mir im Kampf gestorben – bis auf das letzte, das von einem Feigling namens Puhan gestohlen wurde, als ich besinnungslos auf dem Schlachtfeld lag. Später hat Changar – Vlahans Schamane und Wahrsager – dieses Pferd Gott Han geopfert, indem er ihm die Kehle aufschlitzte und sein Blut trank.«

Keshna gab ein würgendes Geräusch von sich, und Stavan lächelte. »Deine Cousine scheint einen schwachen Magen zu haben«, sagte er zu Luma. »Aber dagegen läßt sich schnell etwas tun.«

Am nächsten Morgen war Stavan mit Luma und Keshna zum Festland hinübergerudert, um ein Lager auf einer felsigen Landspitze aufzuschlagen, wo ein so unablässiger Wind herrschte, daß er selbst den Dornenbüschen zusetzte. »Hier werdet ihr den Rest des Sommers über schlafen«, hatte er befohlen und dabei auf den steinigen Boden gezeigt. »Und zwar ohne Moos oder Blätter als Unterlage und ohne Decken zum Schutz gegen die Kälte. Ihr werdet in dem kältesten Bach baden, den ich finden kann; ihr werdet rohe Wurzeln, Beeren, Nüsse und rohes Fleisch essen – von Tieren, die ihr selbst erlegt habt –, weil Rauch zu leicht zu riechen und Feuer zu leicht zu sehen ist. Ich werde euch so zäh und widerstandsfähig machen, daß ihr es mit jedem Krieger aufnehmen könnt. Ihr werdet mich beide hassen, bevor das hier vorbei ist – und wenn ihr mich nicht haßt, kann das nur bedeuten, daß ich euch nicht hart genug rangenommen habe. Aber wenn ihr dann das erste Mal gegen Nomaden kämpft, werdet ihr meinen Namen preisen.«

Luma hatte wichtigere Dinge zu tun, als Aita Stavans Namen zu preisen, während sie Keshna hinterherjagte, doch sie mußte zugeben, daß er sie in den vergangenen zwei Monaten bis zur völligen Erschöpfung getrieben hatte. Infolgedessen war sie sich ihrer eigenen Kraft deutlicher bewußt als je zuvor. Manchmal war Keshnas Fährte deutlich zu erkennen, manchmal mußte Luma stehenbleiben, um den Strand nach Spuren abzusuchen. Keshna war bei ihrer Flucht über den Strand häufig durch die Wellen gelaufen. Jedesmal wenn ihre Spur im Wasser verschwand, blieb Luma keine andere Wahl, als aufs Geratewohl weiterzugehen und einer imaginären Fährte zu folgen, bis sie wieder irgendeinen Hinweis fand.

Als die Sonne den Zenit überschritten hatte und langsam gen Westen wanderte, brannte der Atem in Lumas Lungen. Ihre Füße waren fast taub vor Schmerz, und ihre Beine pochten so heftig, als hätte ihr jemand mit einem Stock dagegen geschlagen. Die alte Luma hätte unter diesen Bedingungen kampflos aufgegeben. Sie hätte sich mit dem Gesicht voran in den Schatten eines Busches geworfen und keuchend vor Erschöpfung alle viere von sich gestreckt, doch die neue Luma lief unbeirrt weiter.

Schließlich bog Keshnas Spur landeinwärts ab auf den Wald zu. Erleichtert über die Aussicht, vielleicht endlich der Hitze zu entrinnen, folgte Luma den Spuren Richtung Westen. Es war eine günstige Tageszeit, um das zu tun: Denn mit der Sonne im Rücken hoben sich kleine Abdrücke und Einbuchtungen, die sonst unsichtbar gewesen wären, jetzt deutlich vom Untergrund ab. Und Luma konnte nicht umhin zu denken, daß Keshna einen schweren Fehler gemacht hatte, als sie es versäumte, den Stand der Sonne in Betracht zu ziehen. Ein höchst aufmunternder Gedanke. Dennoch gab es hier, weit weg vom Strand, noch weniger, woran sie sich halten konnte; und manchmal, wenn sie den Waldboden nach Hinweisen absuchte, war sie überzeugt, Fußabdrücke zu sehen, wo in Wirklichkeit gar keine waren.

Sie kam an einen schlammigen Teich und sah eine trockene Seeschildkröte, die sich auf einem umgestürzten Baumstamm sonnte, und das gab ihr zu denken. Eine trockene Seeschildkröte war ein Anzeichen dafür, daß an dieser Stelle schon seit längerem niemand vorbeigekommen war, während eine nasse Schildkröte immer eine Warnung war. Die Schildkröte krabbelte hastig von dem Baumstamm und ließ sich mit einem Plumps in den Teich fallen, und Luma eilte weiter, wachsam nach Vögeln Ausschau haltend, die plötzlich aufflogen; nach Büschen, die verdächtig zitterten, obwohl sich kein Lüftchen regte, oder nach sonstigen Anzeichen, die Keshnas Anwesenheit verraten konnten. Sie spitzte die Ohren und bemühte sich angestrengt, über das Geräusch ihrer eigenen Schritte hinweg den Warnruf von Eichelhähern zu hören, das aufgeregte Keckern von Eichhörnchen oder die plötzliche Stille, die einem Angriff vorausging. Schließlich hielt sie inne, spuckte den Kieselstein in ihre Hand und stand einen Moment lang reglos da, den Mund leicht geöffnet, damit sie besser hören konnte. Dies war einer der Tricks, die Stavan ihr beigebracht hatte, aber bis auf das Rauschen des Windes in den Bäumen hörte sie nichts.

Ein Stück weiter vorne wartete Keshna schon auf sie. Zunächst war sie in einem kleinen Weidenhain am Ufer eines Baches in Deckung gegangen und hatte sich hinter den langen, tief herabhängenden Zweigen versteckt. Ihr Plan war einfach gewesen: Da Luma so erpicht darauf war, sie zu finden, würde sie versucht sein, jeder Spur zu folgen, ganz gleich, wohin sie führte. Deshalb hatte Keshna einfach eine Reihe verschmierter Fußabdrücke an dem schlammigen Bachufer hinterlassen und war dann ins Wasser gegangen, um stromabwärts neben ihrer eigenen Spur herzuwaten, wobei sie sorgfältig darauf geachtet hatte, kein Wasser auf Steine am Ufer zu spritzen, die eigentlich trocken hätten sein sollen.

Als sie das Weidenwäldchen erreichte, hatte sie sich auf den ersten Baum hinaufgezogen, der am Ufer stand, und sich in den tiefhängenden Ästen versteckt. Die Deckung war perfekt: dicht belaubt, um sich dahinter verbergen zu können, aber wiederum nicht so dicht, daß sie nicht hätte hindurchspähen können, und in unmittelbarer Nähe der Spuren, denen Luma folgen würde.

Dort hockte sie lange Zeit, ohne einen Muskel zu bewegen, die Hand auf ihren Bogen gelegt, und beobachtete das Geschehen um sich herum aus zu Schlitzen verengten Augen, wie Stavan es ihr beigebracht hatte. Bald begannen die Vögel wieder zu zwitschern, und die kleinen Tiere wagten sich wieder aus ihrem Unterschlupf hervor. Ein Reh kam aus dem Wald, um aus dem Bach zu trinken, und sprang davon, ohne sie bemerkt zu haben. Keshna horchte angespannt, und manchmal blähte sie die Nasenflügel und legte den Kopf zurück, um prüfend den Wind durch die Nase einzuziehen. Ein Krieger, der vor einer Schlacht fastete, konnte manchmal das Herannahen des Feindes riechen, aber alles, was Keshna roch, war Wasser und ein unvertrauter moschusartiger Geruch, der von einem Fuchs hätte stammen können.

Die Weiden waren der perfekte Ort für einen Hinterhalt, doch nach einer Weile wurde Keshna ungeduldig. Die Schatten wurden allmählich länger, und Luma war noch immer nicht in Sicht. Wo blieb sie nur so lange? Hatte sie die Regeln des Spiels verletzt und eine Ruhepause eingelegt? Hatte sie die Fährte verloren, die Keshna unter so vielen Mühen für sie gelegt hatte?

So langsam, wie es menschenmöglich war, teilte Keshna die Weidenzweige, doch alles, was sie sehen konnte, waren der Bach, der Wald und ein kleiner braunköpfiger Spatz, der an einer verfaulten Eichel herumpickte. Dann werde ich also doch wieder aus meinem Versteck hervorkommen und Luma jagen müssen, dachte Keshna, hocherfreut über diese Vorstellung, weil sie es stets vorzog, aktiv zu werden, selbst wenn es klüger war, stillzusitzen.

Sie glitt wieder ins Wasser, watete zum gegenüberliegenden Ufer, schwang sich in einen Baum hinauf und auf der anderen Seite wieder hinunter. Sie bewegte sich, während sie ihren eigenen Spuren zurück zum Lager folgte, so lautlos wie möglich. Sie blieb auf der anderen Seite des Baches, so lange sie konnte, doch als ihre Spuren vom Ufer wegführten, war sie gezwungen, ihnen nachzugehen, wobei sie kaum einen Grashalm knickte oder einen Stein aufscharrte. Lange Zeit bewegte sie sich wie ein Schatten. Als sie auf moosbewachsenen Untergrund kam, trat sie bei jedem Schritt zuerst mit der Ferse auf, und als der Boden wieder fester wurde, übersät mit Steinen, Zweigen und Blättern, tastete sie sich mit den Zehen voran. Wenn sie etwas Verdächtiges zu hören glaubte, ließ sie sich auf Hände und Knie fallen und kroch auf allen vieren weiter, vorsichtig Blätter und Zweige teilend, um geräuschlos durch die Lücke zu gleiten. Sie hob niemals den Kopf, um über einen Felsblock, Baumstamm oder Stumpf hinwegzublicken, sondern sah sich nur wachsam um und hielt den Kopf so dicht wie möglich am Boden; und sie achtete stets sorgfältig darauf, sich niemals als scharfumrissene Silhouette gegen einen hellen Hintergrund abzuheben, wie zum Beispiel gegen einen Baumstamm oder – als sie auf eine Lichtung gelangte – gegen den Himmel. Ihre Bewegungen waren so fließend und geschmeidig wie die einer Schlange, und sie dachte voller Stolz, daß selbst Stavan sie wahrscheinlich nicht hätte entdecken können, wenn er nach ihr gesucht hätte. Aber sie hätte sich ihre raffinierten Manöver ebensogut sparen können, denn von Luma war weit und breit keine Spur zu sehen: nicht ein einziger Fußabdruck neben ihren eigenen; nicht einmal ein schmutziges Blatt.

Als Fährtensucherin taugt sie wirklich nicht viel, dachte Keshna und bewegte sich etwas weniger vorsichtig, denn wenn Luma es in der Zwischenzeit noch nicht einmal bis hierher geschafft hatte, dann mußte sie Keshnas Fährte bereits vor längerer Zeit verloren haben, möglicherweise schon am Strand. Vielleicht hatte die Flut eingesetzt, oder Luma hatte eine falsche Abzweigung genommen. Das war nun wirklich ein erfreulicher Gedanke. Keshna sonnte sich in der Vorstellung, ihre Cousine überlistet zu haben. Obwohl das Spiel offensichtlich damit enden würde, daß niemand gefangen und niemand mit blauer Farbe markiert wurde, entschied Keshna, daß sie und nicht Luma die Siegerin war.

Um absolut sicherzugehen, daß sie nichts übersehen hatte, folgte Keshna ihren eigenen Spuren noch eine Weile, aber das war eine langweilige Beschäftigung. Sie war drauf und dran, aufzugeben und ins Lager zurückzulaufen, als plötzlich etwas ihre Aufmerksamkeit erregte.

Sobald ihr Blick auf das weiße Etwas fiel, wußte sie, daß es nicht hierhergehörte. Mitten in der Bewegung erstarrt, lauschte sie angespannt und wartete, gut verborgen, aber die Geräusche des Waldes um sie herum hielten unvermindert an. Überzeugt, daß sie allein war, glitt Keshna vorsichtig aus dem Gebüsch, um das weiße Etwas genauer zu betrachten. Als sie es inspizierte, breitete sich ein triumphierendes Lächeln auf ihrem Gesicht aus. Was für ein glücklicher Zufall! Es war ein Stück Muschel von einem Armband, das nur Luma gehören konnte. Wie dumm Luma war! Stavan hatte ihnen ausdrücklich befohlen, alles abzulegen, was sie verraten könnte, aber Luma war offensichtlich zu eitel gewesen, um auf ihn zu hören. Ein Armband aus weißen Muscheln. Warum nicht gleich aus voller Kehle schreien, um seine Anwesenheit kundzutun? Nun, da Keshna wußte, daß Luma sie bis hierher verfolgt hatte, konnte sie Lumas Spur aufnehmen, sie aufspüren, ihr Hinterteil mit blauer Farbe bemalen und das Spiel bestimmt gewinnen. Und es gab nichts, was Keshna lieber tat als gewinnen.

Sie drehte sich gerade um, um nach Lumas Fährte zu suchen, als das Farnbüschel zu ihrer Linken urplötzlich explodierte. Bevor sie begriff, was geschah, erhob sich etwas Großes und Schlammbespritztes vor ihr aus dem Boden, und eine Sekunde später fühlte sie, wie ein Pfeil mit voller Wucht gegen ihre Brust prallte, ihr den Atem aus den Lungen preßte und sie mit blauer Farbe vollspritzte. Sie brauchte einen Moment, um sich von dem Schreck zu erholen, und als sie sich wieder einigermaßen gefaßt hatte, stand die gedemütigte Keshna einer freudestrahlenden Luma gegenüber, die einen Siegestanz aufführte und triumphierend ihren Bogen schwenkte.

»Ich habe gewonnen!« jubelte sie. »Du bist tot! Du hast den Köder geschluckt! Ich wußte doch, daß du nicht die Geduld haben würdest, auf mich zu warten und mich aus dem Hinterhalt zu überfallen! Ich wußte einfach, daß du zu neugierig sein würdest, um der Muschel zu widerstehen!«

Keshna funkelte Luma wütend an. »Du hast geschummelt.« Sie zeigte empört auf den Schlamm und die zerzausten Farnbüschel. »Du hast dich verkleidet.«

»Ich habe nicht geschummelt. Ich habe nur meinen Verstand benutzt. Wenn du ein Büschel Farn nicht von einem Feind unterscheiden kannst, ist das dein Problem.«

Dies war nicht die Art von Unterhaltung, die zu einem befriedigenden Ergebnis führte. Wütend wischte Keshna sich die blaue Farbe von der Brust und starrte Luma, die sich von oben bis unten mit Schlamm eingerieben hatte, wütend an. »Das nächste Mal kriege ich dich«, fauchte sie. Keshna hätte es viel lieber gehabt, wenn Luma zurückgefaucht hätte, aber Luma war in viel zu guter Stimmung, um zu streiten. Den ganzen Weg zurück zum Lager summte sie glücklich vor sich hin, bis Keshna derart in Rage war, daß sie sich am liebsten auf sie gestürzt und ihr Gesicht in den Sand gedrückt hätte. Als sie schließlich an der Stelle ankamen, wo Stavan auf sie wartete, sprachen sie nicht mehr miteinander.

»Blaubrust ist in ziemlich mieser Laune«, sagte Luma, als sie sich neben Stavan setzte. Sie griff nach einem großen Stück des rohen Fischs, den er während ihrer Abwesenheit netterweise für sie gefangen hatte, und riß einen Bissen mit den Schneidezähnen ab. An rohen Fisch hatte sie sich mittlerweile gewöhnt, aber wenn Stavan ihnen rohe Mäuse oder andere Nagetiere brachte, ging sie lieber hungrig schlafen. »Ich habe ehrlich gewonnen, aber sie ist eine so schlechte Verliererin, daß sie nicht einmal den Anstand hat zuzugeben, daß ich sie überlistet habe.«

Zu ihrer Verblüffung warf Stavan Keshna einen beifälligen Blick zu. »Genauso sollte sie auch reagieren«, erklärte er. »Die Mutterleute sind der Ansicht, daß man mit Anstand verlieren sollte, aber bei den Nomaden gibt es so etwas wie einen ›schlechten Verlierer‹ nicht. Dies hier war nur ein Spiel, aber wenn du Keshna wirklich aus dem Hinterhalt überfallen hättest, wäre sie jetzt tot, deshalb ist es vollkommen richtig, daß sie wütend ist.« Er wandte sich an Keshna: »Die Frage ist: Was wirst du das nächste Mal tun, um zu verhindern, daß du mit blauer Farbe auf der Brust zurückkehrst?«

»Luma schnappen, bevor sie mich schnappen kann«, fauchte Keshna, biß den Schwanz ihres Fisches ab und spuckte ihn auf den Boden.

»Das ist nicht die richtige Antwort. Hör mir zu, Keshna. Du bist vorschnell und unbesonnen, und du gehst unnötig Risiken ein. Wenn ich Ranala wäre, würde ich dich niemals mit den Schlangen reiten lassen, weil du jeden Mann und jede Frau in dem Verband in Gefahr bringen würdest. Bevor ich dich und Luma nach Shara mitnehme, wirst du Geduld lernen müssen. Du bist mutig, daran besteht gar kein Zweifel, aber du bist auch eine Närrin. Und mutige Narren stellen nicht nur für sich selbst eine tödliche Gefahr dar, sondern auch für ihre Freunde und Kampfgenossen. Verstehst du, was ich meine?«

»Ja«, erwiderte Keshna und biß erneut in den Fisch, aber ihre Augen waren störrisch zu Schlitzen verengt, und in ihrem Ausdruck war etwas, das Luma verriet, daß Keshna nicht verstand, was Stavan ihr sagte, und es auch niemals verstehen würde.

Während des darauffolgenden Monats trieb Stavan die Mädchen unbarmherzig an, das war alles, was er angesichts der begrenzten Möglichkeiten in den Gesegneten Ländern tun konnte, um Kriegerinnen aus ihnen zu machen. Deshalb kehrten er, Marrah und Hiknak am letzten Tag des Sommers, lange bevor die Winterstürme einsetzten, nach Shara zurück und nahmen Luma und Keshna mit.

Für Keshna war dies eine ganz gewöhnliche Reise – eine, die sie von frühester Jugend an jedes zweite Jahr gemacht hatte –, doch für Luma war es etwas völlig anderes. Vor acht Jahren war Luma mit ihrer Mutter von Shara nach Alzac gefahren, aber das einzige, woran sie sich von jener Reise noch erinnern konnte, war ein schwerer Sturm, von dem sie seekrank geworden war. Seither hatte sie in einer sicheren kleinen Welt gelebt, auf allen Seiten von schützendem Wasser umgeben. Jetzt war diese Welt im Begriff auseinanderzubrechen.

Sie verließen Alzac in zwei Raspas und segelten in nördlicher Richtung an der Küste entlang, und von dem Moment an, als sie die erste Landspitze umrundeten, war Luma von fieberhafter Erregung erfüllt. Während die anderen ein Nickerchen machten und über die Hitze und die Windstille schimpften, saß sie am Bug des Bootes und starrte auf die vorbeigleitende Uferlinie.

Zunächst passierte nicht viel. Das Wetter war schön, und sie kamen langsam, aber stetig voran. Jeden Morgen stachen sie in See. Die Matrosen pflegten ein paar Angeln auszuwerfen, in der Hoffnung, genügend Fisch für das Mittagessen zu fangen, und Luma und Keshna machten es sich auf den mit Grasmatten abgedeckten Weinkrügen bequem, die sie mit nach Shara nahmen. Keshnas Lieblingsbeschäftigung bestand darin, Mutmaßungen darüber anzustellen, mit welchem Verband von Schlangenkriegern sie und Luma kämpfen würden.

»Was glaubst du, in welche Truppe Ranala uns stecken wird? Zu den Rattenschlangen, den Giftzähnen oder den Vipern?« fragte sie, während sie träge auf die vorbeigleitende Küstenlinie blickte. Insgesamt gab es etwa fünfzig Schlangen, eingeteilt in fünf Verbände. Jeder Verband hatte seinen eigenen Namen und seinen Anführer, aber Ranala war die Oberbefehlshaberin über sie alle.

»Ich wette, sie wird uns zu den Nattern stecken«, erwiderte Luma darauf.

»Warum nicht zu den Peitschenschlangen? Warum nicht in Ranalas eigene Truppe? Wir sind ziemlich gut.«

»Nein, das sind wir nicht. Du hast noch nie gegen einen Nomadenkrieger gekämpft, und ich habe außer Aita Stavan noch nie einen zu Gesicht bekommen.«

Oft verging der größte Teil des Morgens über dieser »In welchen Verband wird Ranala uns wohl aufnehmen«-Debatte. Sie pflegten die verschiedenen Anführer miteinander zu vergleichen und ihre diversen Abenteuer und Heldentaten durchzukauen. Ihre erste Wahl fiel immer auf Ranala, aber da selbst Keshna zugeben mußte, daß Ranala wohl kaum zwei unerfahrene Fünfzehnjährige in ihre Elitetruppe aufnehmen würde, gingen sie schnell zu den anderen Anführern über. Keshna bevorzugte Prammah von den Rattenschlangen, während Luma eher für Kandar war, der die Nattern befehligte.

»Kandar ist klüger und gewitzter als Prammah«, sagte Luma, als wüßte sie dies aus erster Hand und hätte es nicht von Keshna erzählt bekommen. »Er ist ein besserer Kundschafter, er kann die Nomaden ausmanövrieren, und er bringt seine Krieger lebend zurück. Außerdem ist er Ranalas Bruder.«

»Kandar ist mir zu friedlich«, erklärte Keshna. »Ich will kämpfen. Sieh dir Ranala an. Sie ist nicht durch Abwarten und Däumchendrehen Anführerin der Schlangen geworden. Die meisten Sharaner sind im Grunde ihres Herzens zahme Tauben. Alles, was sie wollen, ist Frieden – und wenn sie keinen Frieden haben können, dann kämpfen sie nur, um sich zu verteidigen. Ranala ist anders. Sie ist ungeheuer klug und geschickt, und sie ist aggressiv wie eine Peitschenschlange. Deshalb hat Stavan ihr auch das Kommando über sämtliche Verbände übertragen. Ranala ist zwar ein Kind des Muttervolkes, aber sie denkt wie eine Nomadin. Wir sind uns sehr ähnlich, Ranala und ich.«

In diesem Stil pflegte die Diskussion weiterzugehen, während sie ein Argument gegen das andere ins Feld führten. Am Nachmittag, wenn die Sonne nur noch knapp eine Handbreit über dem Horizont stand, wendeten die Matrosen die Boote in Richtung Küste. Manchmal waren sie gezwungen, am Strand zu kampieren, doch gewöhnlich kamen sie in einem Dorf unter, wo man sie gastfreundlich begrüßte, ihnen eine warme Mahlzeit vorsetzte und einen behaglichen Platz zum Schlafen anbot. In jenen Nächten blieb Luma oft noch lange, nachdem Keshna und die anderen zu Bett gegangen waren, auf, um still im Schatten zu sitzen und den Dorfbewohnern zuzuhören, während diese sich unterhielten und auf das Wohl der Gäste tranken, die weder Freunde noch Verwandte waren.

In diesem Herbst verliebte Luma sich in jeden: in zahnlose Dorfmütter, schreiende Babys, in Priesterinnen und Fischer, Mädchen und Jungen, die kaum alt genug waren, um ihren Namen zu lispeln, und in junge Männer, mit denen sie niemals gesprochen hatte und die sie niemals wiedersehen würde. Die Blumen des Nordens schienen feiner und zartduftender, das Essen köstlicher, der Wein süßer, und wenn sie beim Aufstehen dem Gesang fremder Vögel lauschte, empfand sie eine Art Ekstase, die sie nicht in Worte fassen konnte.

Allmählich schlich sich jedoch ein düsterer Unterton ein. Die See verlor nicht die Fähigkeit, sie zu faszinieren, und sie wachte auch weiterhin jeden Morgen mit dem erregenden Gefühl auf, daß sie einem großen Abenteuer entgegenfuhr, aber zehn Jahre nach der Belagerung von Shara breitete sich ein dunkler Schatten nach Süden aus, und wie jeder, der in diesen unruhigen Zeiten gen Norden reiste, begann auch Luma ihn zu spüren. Jedesmal, wenn sie an Land gingen, waren die Dorfbewohner ein wenig furchtsamer und besorgter, und die Gefahr von Nomadenüberfällen schien zunehmend realer. Kaum eine Wochenreise von Alzac entfernt trafen sie auf die ersten befestigten Siedlungen, und bald darauf sahen sie ganze Gemeinden, von hölzernen Palisaden oder Lehmwällen umschlossen. Bislang war so weit südlich noch kein Nomadenkrieger gesichtet worden, aber es gab keine Dorfmutter und keinen Ältestenrat, der nicht von der Belagerung von Shara gehört hatte, und die meisten waren überzeugt, daß es nicht mehr lange dauern konnte, bis die »Tiermenschen« angriffen. So wurden die Nomaden von Leuten genannt, die noch nie Pferde gesehen hatten – »Tiermenschen« –, als seien Tier und Reiter ein und dasselbe Geschöpf. Ein- oder zweimal versuchte Luma, den Leuten begreiflich zu machen, daß Pferde sanftmütige, schuldlose Tiere waren, aber sie traf auf soviel Unglauben und erntete derart feindselige Blicke, daß sie es bald aufgab.

Der Wendepunkt der Reise kam, als ein alter Mann ärgerlich wissen wollte, ob Luma Nomadin sei. »Du siehst seltsam aus«, sagte er, »und deine Reisebegleiter sehen noch merkwürdiger aus. Vielleicht ist diese Frau, die sich Marrah aus Shara nennt, ja die Tochter der alten Königin Lalah, vielleicht auch nicht. Aber dieser gelbhaarige Mann ist eindeutig nicht in den Mutterländern geboren worden, und diese rothaarige Frau sieht aus wie ein gottloses, unnatürliches Wesen.« Er beugte sich zu Luma vor und klopfte ihr hart mit einem knochigen Finger gegen das Knie. »Weißt du, was ich glaube? Ich glaube, du und deine Freunde könntet Nomadenspione sein.«

Luma war noch nie einem derart mißtrauischen Zeitgenossen begegnet, doch sie mußte zugeben, daß der alte Mann allen Grund hatte, sich Sorgen zu machen. Die Schutzwälle um die Siedlungen wurden immer höher, und als sie nur noch drei Tagesreisen von Shara entfernt waren, hatten die Dorfbewohner begonnen, breite Gräben auszuheben und dichte Reihen von angespitzten Pfählen in den Grund zu rammen, um feindliche Reiter abzuhalten. Obwohl keine dieser Gemeinden niedergebrannt oder geplündert worden war, berichteten die Dorfältesten, daß schon des öfteren Nomadenstoßtrupps aus dem Norden gekommen waren, um Vieh zu stehlen.

Einige Dörfer, die unzählige Generationen lang bewohnt gewesen waren, lagen jetzt vollkommen verlassen da. Und wenn Luma über die leerstehenden Häuser hinwegblickte, konnte sie hoch oben auf Hügelkuppen, wo man sie leichter verteidigen konnte, häufig neue Siedlungen erkennen.

Am letzten Tag ihrer Reise passierten sie ein Dorf, das in Schutt und Asche gelegt worden war. Das Bild der eingestürzten Dachbalken und verkohlten Trümmer blieb Luma noch lange Zeit im Gedächtnis haften. Man brauchte ihr nicht erst zu sagen, was mit den Menschen passiert war, die einst in jenen Mutterhäusern gewohnt hatten. Sie hatte Keshnas Erzählung von der Belagerung Sharas gehört, und sie hatte den Geschichten der Händler gelauscht, aber über Krieg zu hören und mit eigenen Augen seine verheerenden Auswirkungen zu sehen, waren zwei völlig verschiedene Dinge.

Der Anblick des zerstörten Dorfes bedrückte sie zutiefst. An jenem Nachmittag wurde Lumas Bestimmung, Kriegerin zu werden, so stark, daß sie vollkommen von ihr Besitz ergriff. Sie konnte sich einfach nicht vorstellen, irgendeine andere Art von Leben zu führen, und als sie neben Keshna im Heck des Raspa saß und nach den ersten Häusern von Shara Ausschau hielt, hatte sie das Gefühl, mit Macht ihrem Schicksal entgegengetrieben zu werden.

Bei Sonnenuntergang näherten sich die Raspas Shara, getragen von einer steifen südlichen Brise, die die Segel blähte und die Boote über die dunkle Wasserfläche gleiten ließ. Das erste, was sie erblickten, waren die Granitklippen, wo die Sharaner während der großen Belagerung Zuflucht gesucht hatten. Da sie sich von Süden her näherten, konnten sie nicht die heißen Quellen und den Tempel der Kinderträume sehen, wo Batal, die Schlangengöttin, in heiliger Pracht saß und die Stadt beschützte, aber auch die Klippen waren ein beeindruckender Anblick. In dem matten Dämmerlicht sah der honigbraune Granit weich aus, belebt von Schatten und wechselnden Perspektiven.

Dies waren die Klippen von Lumas Kindheit. Als sie die schroffen Felsen vorbeigleiten sah, war sie von einem seltsamen Gefühl erfüllt. Einen Moment lang war ihr zumute, als wäre sie wieder sechs Jahre alt und Keru säße neben ihr. Sie streckte unwillkürlich den Arm aus, um seine Hand zu ergreifen, doch nicht seine Hand war da, sondern nur die Keshnas.

Keshna umschloß Lumas Finger und drückte sie fest. »Jetzt sind wir bald zu Hause!« jubelte sie, denn sie wußte, wann sie am Ziel angelangt sein würden, da sie die Reise von Alzac nach Shara schon so viele Male gemacht hatte.

Als die Raspas um die Klippen herumgefahren waren, tauchte Shara in ihrem Blickfeld auf. Inzwischen war die Sonne untergegangen und erfüllte den gesamten westlichen Himmel mit breiten Streifen von Orange, Rosa und feurigem Scharlachrot. Unter dieser Kuppel aus leuchtenden Farben hatten die Häuser und Tempel von Shara eine blaßrosa Färbung angenommen, in der sie schimmerten wie eine Halskette aus Rosenquarz.

Bevor die Nomaden Shara niedergebrannt hatten, war die Stadt zu den Feldern und zum Meer hin offen gewesen; nach der Belagerung waren die Mutterhäuser jedoch Wand an Wand wieder aufgebaut worden, so daß sie einen geschlossenen Kreis bildeten. Auf die äußeren Mauern des neuen Shara hatten die Mutterclans eine Große Schlange zu Ehren von Batal gemalt. Die Schlange hatte grüne und gelbe Schuppen, und als die Raspas sich näherten, schien sie vor Freude zu tanzen.

Luma blickte auf die rosig glitzernde Stadt und die tanzende Schlange, und eine Mischung aus süßen und bitteren Erinnerungen schnürte ihr die Kehle zu. Aber sie hatte keine Zeit zu grübeln, denn das Raspa steuerte geradewegs auf den Strand zu.

»Achtung, wir drehen bei!« riefen die Matrosen, während sie hastig ihre Paddel ins Wasser tauchten, um das Boot in den Wind zu drehen. Die Spiere schwenkte herum und fegte über das Deck des Raspa hinweg, so daß Luma und Keshna sich flach auf die Grasmatten pressen mußten, die die Ladung schützten. Die Segel erschlafften augenblicklich, und alle mußten über Bord springen und helfen, das Boot durch die Brandung zum Strand zu dirigieren.

Von dem Moment an, als Luma durch die Wellen auf sharanischen Boden watete, war sie viel zu beschäftigt, um traurig zu sein. Ihr Onkel Arang war zu ihrer Begrüßung an den Strand gekommen und hatte einen ganzen Schwarm von Freunden und Verwandten mitgebracht. Es war ein überaus herzlicher Empfang, begleitet von unzähligen Umarmungen und Küssen. Als die Begrüßung vorbei war, machten sich alle an die Arbeit, die Ladung zu löschen. Anschließend gingen sie in die Stadt, um ein Festgelage zu halten, gefolgt von Musik und Tanz, die bis tief in die Nacht dauern sollten.

Sehr viel später, nachdem das Fest vorbei war und alle zu Bett gegangen waren, fand Luma sich in demselben Schlafraum wieder, den sie und Keru als Kinder geteilt hatten. Es war ein kleines abgeteiltes Schlafkämmerchen mit einem hohen Fenster, einem schlichten braunen Fliesenfußboden und frischgetünchten Wänden, und zweifellos hatten im Laufe der Jahre viele Leute darin geschlafen; dennoch konnte sie Kerus Gegenwart noch immer spüren. Das letzte Mal, als sie und Keru diese Kammer geteilt hatten, hatten sie vor Aufregung kaum ein Auge zugetan. Damals hatten ihre neuen Drachen an der Wand gelehnt – ihr rotgrüner Frosch und Kerus schwarzer Wolf –, und sie hatten den größten Teil der Nacht damit verbracht, sich darüber zu streiten, welcher der beiden höher fliegen würde.

Eine Weile lag Luma still da und fühlte den Geist ihres verschollenen Bruders auf einer imaginären Schlafmatte neben ihr liegen. Schließlich drehte sie ihr Gesicht zur Wand und versuchte zu weinen, aber Stavan hatte sie zu gut ausgebildet.

5. Kapitel

Am nächsten Morgen weckte Stavan Luma und Keshna noch vor Sonnenaufgang und schickte sie hinaus, um beim Füttern der sharanischen Pferde zu helfen, die wegen eines kürzlich stattgefundenen Überfalls in unmittelbarer Nähe der Stadt gehalten wurden. Als die Pferde gefüttert und getränkt waren, führte er sie auf direktem Weg zu Ranalas Mutterhaus, ohne ihnen Zeit zu geben, sich die Hände zu waschen oder das Heu aus dem Haar zu zupfen. Luma und Keshna hatten erwartet, voll bewaffnet und wie Schlangenkrieger gekleidet vor Ranala zu erscheinen, daher waren sie ziemlich enttäuscht; doch inzwischen wußten sie, daß es besser war, nicht zu widersprechen.

Obwohl Ranala Lumas Cousine zweiten Grades war (und auch Keshnas, wenn man die Verwandtschaft nach Art der Nomaden auf die väterliche Linie zurückführte), konnte Luma sich nicht besonders gut an sie erinnern. Bei Lumas Geburt war Ranala bereits eine erwachsene Frau gewesen, und nach der Belagerung von Shara hatte Ranala den größten Teil ihrer Zeit zu Pferd verbracht, um dafür zu sorgen, daß die Nomaden so weit wie möglich in den Norden zurückgetrieben wurden. Luma waren nur ein paar vage Erinnerungen an eine große Frau geblieben, die ihr gelegentlich seltsame kleine Schmuckgegenstände geschenkt hatte. Einmal war Ranala mit einer kupfernen Anstecknadel in Form eines Blitzes erschienen.

Erst viele Jahre später war Luma klargeworden, daß die Anstecknadel Beutegut aus einem Nomadenlager war – vielleicht auch aus einem Nomadengrab. Ranala haßte die Nomaden aus tiefster Seele. Während der Belagerung waren sowohl ihr Liebhaber als auch ihr ältester Bruder ermordet worden, und sie und ihr überlebender Bruder hatten schwere Verletzungen davongetragen. All dieses Leid hatte Ranala mit einem schwelenden Zorn erfüllt, den auch die Zeit nicht hatte auslöschen können. Als die Nomaden aus Shara geflohen waren, hatte sie sich geschworen, eines Tages Jagd auf sie zu machen und Rache zu nehmen. Und sie hatte ihren Schwur gehalten. Ranala und Kandar waren unter den ersten gewesen, die Stavan nach seiner Rückkehr aus der Gefangenschaft zu Kriegern ausgebildet hatte. Anfangs hatten sie sich ausschließlich damit befaßt, Shara zu verteidigen. Als jedoch immer mehr Nomaden in die Mutterländer einfielen, begriffen die Sharaner, daß es nicht genügte, sich nur zu verteidigen.

In den vergangenen fünf Jahren hatte Ranala die Schlangen bei einem Überfall nach dem anderen angeführt. Ihre Abenteuer und Heldentaten hatten Stoff für zahlreiche Sagen und Legenden geliefert, und ihr Schlachtruf – »Batal!« – war so berühmt, daß selbst die Kinder in den Gesegneten Ländern, die noch nie in ihrem Leben ein Pferd oder einen Nomaden zu Gesicht bekommen hatten, sich ihn bei ihren Spielen zuriefen.

Sie trafen Ranala zu Hause an, doch sollte sich die Begegnung als zweifelhaftes Vergnügen entpuppen. Ranala erholte sich nämlich gerade von einer schweren Verwundung und hatte eine scheußliche Laune. Ihr Arm lag bandagiert auf einem Kissen, und sie beeilte sich, Stavan zu erzählen, daß sie von einem vergifteten Pfeil getroffen worden war, als sie versucht hatte, irgendein namenloses kleines Dorf nördlich von Shara zu verteidigen.

»Natterngift, menschliches Blut und Dung«, fauchte sie, »damit präparieren die Nomaden neuerdings ihre Pfeile. Das Scheißzeug hat eine höllische Wirkung. Hätte wegen der verfluchten Wundfäule beinahe meinen Arm verloren, bevor ich nach Shara zurückkehren konnte. Komm morgen wieder, Stavan, und sieh nach, ob es den verdammten Bastarden gelungen ist, mich umzubringen, oder nicht.«

Keshna grinste, offensichtlich beeindruckt von Ranalas Flüchen. Auch Luma war beeindruckt. Ranala benutzte so viele Nomadenflüche, daß es sich manchmal anhörte, als spreche sie eine ganz neue Sprache. Das wäre vielleicht nicht sonderlich überraschend gewesen, wenn sie die große, stattliche Frau gewesen wäre, an die Luma sich erinnerte; tatsächlich war sie jedoch klein und drahtig, hatte einen großen, kindlich anmutenden Kopf, langes schwarzes Haar und tiefliegende, runde Augen. Wenn sie den

Mund nicht aufmachte, hätte man sie leicht für eine sehr viel jüngere Frau halten können, die fast ein wenig kindlich wirkte. Aber Ranalas Stimme hatte ganz und gar nichts Junges oder Kindliches. Sie dröhnte aus ihrem hübsch geformten Mund – tief, laut und ungeduldig. Sie redete sehr schnell, in Satzbrocken und halb ausgesprochenen Gedanken, wie jemand, der entschlossen ist, keine Zeit zu vergeuden; und obwohl sie sich gegenüber Stavan, der sie ebenso ausgebildet hatte wie alle anderen Schlangenkrieger, respektvoll verhielt, konnte Luma deutlich merken, daß Ranala es gewohnt war, Leute herumzukommandieren.

Nachdem sie Stavan ausführlich Bericht über den Überfall erstattet hatte, bei dem sie verletzt worden war, erzählte Ranala ihm, was seit seinem letzten Aufenthalt in Shara vorgefallen war.

»Die Nomaden strömen immer noch in Scharen aus der Steppe. Dank der Gnade der Göttin gibt es kaum noch große Stämme, Armeen oder große Häuptlinge, aber seit deiner Abreise nach Alzac sind viele kleine Stämme von rund einem Dutzend Familien oder weniger in die Mutterländer gekommen.

In diesem Frühjahr sind sechs neue Verbände so weit nach Süden gezogen, daß auch die Dörfer nördlich von Shamban davon erfahren haben. Bisher waren sie relativ friedlich. Die Händler berichten, daß einige dieser Verbände sogar direkt neben Dörfern kampieren, um Fleisch gegen Brot einzutauschen und die Wolle ihrer langhaarigen Schafe gegen gewebtes Tuch. Die Priesterinnen und Dorfmütter sind alles andere als glücklich, jeden Morgen beim Aufwachen Dutzende von Nomadenzelten am Rande ihrer Felder zu sehen. Keiner traut den Nomaden, keiner mag sie – Anwesende natürlich ausgenommen –, aber wenn sie in friedlicher Absicht kommen, was kann man dann schon groß gegen sie tun?«

Sie runzelte die Stirn und trommelte ungeduldig mit den Fingern. »Ich sage dir, Stavan, das Ganze ist ein einziges Chaos. Auf jeden friedlichen Stamm, der übersiedelt, kommt ein weiterer Verband mordender Bastarde, die hier zum Plündern und Brandschatzen einfallen. Seit du nach Alzac gereist bist, sind noch mehr Dörfer niedergebrannt und noch mehr Vieh gestohlen worden. Die Nomaden haben mittlerweile erkannt, daß in den Ländern, wo die

Göttin Erde angebetet wird, Frauen geehrt und respektiert werden, deshalb haben sie angefangen, die Tempel zu zerstören und die Priesterinnen zu ermorden.

Als ob das alles nicht schon schlimm genug wäre, ist uns zu Ohren gekommen, daß in einigen Dörfern im Norden Frauen nicht mehr das Recht haben zu entscheiden, wann sie mit einem Mann Sex haben. Erst im letzten Monat haben wir von zwei von Nomaden betriebenen Sklavenlagern erfahren. Das eine ist eine Art Bergbaulager, obwohl keiner sagen konnte, ob die Sklaven gezwungen werden, Kupfer oder Gold abzubauen. Das andere ist ein Lager mit Kunsthandwerkern – Metallarbeiter, Keramiker, Holzschnitzer und Tischler, sogar ein paar webende Priesterinnen, die aus den Tempeln entführt wurden. Die Nomaden lassen die Sklaven Waren produzieren, die sie gegen Gold eintauschen können. Sie hatten noch nicht einmal Metall, bevor wir ihnen gezeigt haben, was das ist, aber jetzt haben sie irgendeine neue Sorte Kupfer erfunden, gemischt mit einem geheimen Zusatz. Es ist härter als gewöhnliches Kupfer, aber die Kupferschmiede erleiden bei der Herstellung Vergiftungen.«

»Genug über den Norden«, sagte Stavan. »Erzähl mir lieber, was in Shara passiert ist, während ich fort war.«

Ranala stieß einen seltsamen Zischlaut durch die Zähne, den Luma später noch viele Male hören sollte. Es war ein nomadischer Ausdruck des Mißfallens. »Wir können froh sein, daß wir so weit im Süden leben, aber der Rauchfluß ist keine so schützende Barriere mehr wie früher. Inzwischen kennen die Nomaden sämtliche Übergänge, und jedes Jahr verblaßt die Erinnerung an Vlahans Niederlage ein wenig mehr. Früher brauchte nur einer von ihnen das Wort ›Shara‹ auszusprechen, und schon erbleichten die anderen und schlotterten vor Angst in ihren Stiefeln, aber jetzt fürchten sie sich kaum noch vor unserer Magie. Ein paar der jüngeren Krieger haben noch nie etwas von dem Fluch des Schlangenvogels oder von dem Donner gehört, den Marrah damals vom Himmel herabbeschworen hatte.

In dem Sommer, in dem du nach Alzac aufgebrochen bist, hat es hier einen Überfall gegeben, im letzten Sommer zwei und in diesem Sommer bereits drei. Wenn wir in die Wälder gehen, um zu jagen oder Brennholz zu sammeln, nehmen wir jedesmal Wachen mit. Wir lassen die Kinder niemals unbeaufsichtigt herumlaufen, behalten das Vieh im Auge und beten um einen frühen Winter, weil die Nomaden noch immer die Angewohnheit haben, nach Einsetzen des Schneefalls nicht mehr anzugreifen. In der Zwischenzeit halten die Schlangen Wache. Du hast uns gut ausgebildet. Wir reiten so hart und kämpfen so mutig wie eh und je, aber wir können nicht überall gleichzeitig sein.«

»Und Arang?« fragte Stavan.

»Arang ist der beste Kriegskönig, den eine Stadt je gehabt hat«, erklärte Ranala grimmig, als wollte sie alle Anwesenden warnen, sich nur nicht zu erdreisten, dies abzustreiten, »aber wir sind immer froh, wenn du und Marrah wieder in Shara seid. Du wirst ein paar vertraute Gesichter vermissen. Vier Schlangen sind von den Bastarden getötet worden: Shuna, Grivar, Watma und Pangar – möge die süße Göttin ihnen Frieden schenken. Aber genug davon. Schlechte Nachrichten sind eine erbärmliche Art, Gäste willkommen zu heißen.«

Sie lehnte sich zurück und wies eine ihrer Töchter an, eine kleine Erfrischung zu bringen. Obwohl Ranala soviel Zeit im Sattel verbrachte, hatte sie es geschafft, drei Kinder in die Welt zu setzen, alles Mädchen, und als das älteste – ein Kind von sieben oder acht Jahren – mit einem Krug Wasser und einem Korb mit Fladenbrot und kleinen, in Blätter eingewickelten Stückchen Ziegenkäse ins Zimmer kam, wunderte Luma sich, wie selbstsicher die Kleine war. Als Ranala sie unwirsch anfuhr, den Korb abzustellen und wieder zu verschwinden, grinste das kleine Mädchen nur und setzte sich in eine Ecke des Raums, von wo sie die Unterhaltung der Erwachsenen mitverfolgen konnte.

Vielleicht hat Cousine Ranala ja eine zärtliche Seite, dachte Luma. Wenn dem so war, dann war an diesem Morgen nicht viel davon zu spüren. Ranala nahm ein Stückchen Ziegenkäse, wickelte es mit ihrer linken Hand aus und schob es sich geschickt in den Mund. Während sie kaute, musterte sie Luma und Keshna, als bemerke sie erst jetzt ihre Anwesenheit.

»Und wen haben wir hier?« sagte sie zu Luma. »Du bist Luma, nicht? Ich hätte doch glatt an dir vorbeigehen können, ohne dich zu erkennen. Als ich dich das letzte Mal gesehen habe, Cousine, warst du kaum größer als ein kleines Hündchen. Und jetzt bist du so groß wie ein Storch.« Sie wandte sich an Stavan. »Sie sieht Marrah sehr ähnlich, aber sie hat auch viel von einer Nomadin.«

»Richtig«, pflichtete Stavan ihr bei. Er lächelte Luma zu. »Mein Beitrag.«

»Wie kommt sie mit einem Speer zurecht?«

»Einigermaßen gut. Sie ist stark, aber ihre Arme und ihr Oberkörper werden niemals so kräftig sein wie die eines Mannes. Andererseits ist sie mit einem Bogen von tödlicher Zielsicherheit.«

Ranala gab ein Grunzen von sich, das ein Ausdruck der Befriedigung zu sein schien, obwohl das schwer zu sagen war, da sie den Mund voller Käse hatte. Luma wurde klar, daß Stavan schon vorher mit ihr darüber gesprochen haben mußte, daß sie beide Schlangenkriegerinnen werden wollten. Sie blickte Ranala gespannt an.

Ranala wandte sich Keshna zu, und ihre Augen verengten sich zu Schlitzen. »Was dich angeht«, sagte sie, »so war es ein Vergnügen, dich auf Alzac zu wissen. Besteht irgendeine Aussicht, daß du im letzten Jahr ein kleines bißchen Vernunft angenommen hast, oder bist du noch immer das rotznäsige, unzuverlässige kleine Stück Ziegenscheiße, das du warst, als deine Mutter dich mit in den Süden genommen hat?«

»Ich bin sehr viel vernünftiger geworden, Cousine Ranala«, erklärte Keshna liebenswürdig – was natürlich eine Lüge war, aber eine gut formulierte.

Ranala ließ sich nicht täuschen. »Rede nicht in diesem honigsüßen Ton mit mir«, fauchte sie. »Ich bin nicht irgendein armer Tölpel, den du in dein Bett zu locken versuchst. Wie ich sehe, hast du deine Kinderhalskette abgelegt.«

»Ja.« Keshna errötete und blickte verlegen auf ihre Füße. »Ich bin volljährig geworden.«

»Gut.« Ranalas Lippen verzogen sich zu einem flüchtigen, gehässigen Lächeln. »Ich habe darauf gewartet, daß du volljährig wirst und nicht mehr unter dem Schutz der Göttin stehst, um dir folgendes zu sagen: Wenn du mir auch nur den geringsten Ärger machst, Keshna – das klitzekleinste bißchen Ärger –, dann werde ich dich persönlich unter den Bauch eines Pferdes binden und dich durch die Straßen dieser Stadt jagen. Und ich werde dich so festbinden, daß deine Nase unter dem Schwanz ist. Hast du mich verstanden?«

Ranala machte sich nicht erst die Mühe, auf Keshnas Antwort zu warten, sondern wandte sich wieder an Stavan. »Die beiden wollen also Schlangen werden«, sagte sie schroff. Lumas Herz machte einen Satz, sie ballte die Hände zu Fäusten. Würde Stavan ihre Kenntnisse und Fertigkeiten aufzählen? Ranala schildern, wie er sie ausgebildet hatte? Ihr sagen, wie mutig und aufrichtig sie waren? Er nickte nur.

»Willst du damit sagen, ich soll sie beide aufnehmen?« fragte Ranala. »Denn wenn du das sagst, Stavan, werde ich es tun. Du bist der erfahrenste Krieger, den die Mutterleute je hatten. Du hast mir und dem Rest der Schlangen alles beigebracht, was wir wissen; und obwohl du, seit du verwundet wurdest, nicht mehr imstande bist, in die Schlacht zu reiten, hast du Shara schon so oft gerettet, daß ich gar nicht mehr mitzählen kann.«

Stavan versuchte abzuwinken, aber wenn Ranala erst einmal in Fahrt kam, war sie nicht mehr zu bremsen.

»Du bist Veteran von mehr Kriegen, als ich jemals erleben werde. Du bist – nein, bitte hör mir zu! – ein Held, jawohl. Wenn du nicht gewesen wärest, wäre Arang jetzt tot, und Shara wäre wahrscheinlich nicht mehr als ein Haufen Asche. Deshalb sage ich es noch einmal: Wenn du möchtest, daß ich beide Mädchen in den Schlangenverband aufnehme« – sie wies auf Luma und Keshna – »dann werde ich das tun.«

Stavan ließ seinen Blick von Keshna zu Luma schweifen und wieder zurück. »Die Entscheidung liegt einzig und allein bei dir«, sagte er schließlich zu Ranala. »Ich schreibe dir nicht vor, was du tun sollst. Du bist die Anführerin der Schlangen. Du entscheidest, wer mit dir kämpft und wer nicht.«

»Gut.« Ranala zeigte plötzlich auf Luma. »Dann werde ich sie nehmen.« Dann wies sie auf Keshna. »Und sie werde ich *nicht* nehmen.«

»Was!« schrie Keshna empört.

»Raus mit dir!« Ranala zeigte zur Tür. »Mit dir bin ich fertig. Nach dem üblen Trick, den du letztes Jahr abgezogen hast, würde ich dich selbst dann nicht mit den Schlangen reiten lassen, wenn du die Göttin Batal in Menschengestalt wärst!«

»Aber...«

»Mach daß du rauskommst!«

Bis jetzt hatte Keshna mit in die Hüften gestemmten Händen trotzig dagestanden, doch als Ranala ihr zum zweiten Mal befahl, den Raum zu verlassen, löste sich ihre Überheblichkeit in nichts auf, und sie verlegte sich aufs Bitten. Es war ein sehr wortgewandter Appell – wenn Keshna sich etwas in den Kopf gesetzt hatte, konnte sie mit ihrem Charme die Vögel vom Himmel lokken –, aber Ranala stellte sich taub, und Keshna konnte betteln, soviel sie wollte.

Es sprach für Keshna, daß sie niemals weinte. Als sie schließlich aufgab, marschierte sie mit hoch erhobenem Kopf aus dem Gemeinschaftsraum und nahm sich im Vorbeigehen sogar noch ein Stück Brot aus dem Korb. Aber Luma wußte, daß ihr herausforderndes Benehmen nur Schau war.

Nach Keshnas Abgang kam Ranala ohne Umschweife zum Thema. Sie befahl Luma, näher zu kommen, und sagte ihr, daß sie mit Kandars Nattern reiten würde, sobald ein geeignetes Pferd für sie beschafft sei. Wegen der jüngsten Nomadenüberfälle fehlte einiges.

»In der Tat«, fuhr sie fort, »haben wir, obwohl wir zur Zeit nicht einmal die volle Stärke haben, nicht ein einziges Schlachtroß und keinen einzigen Bogen übrig. Es gibt also zwei Möglichkeiten: Entweder du wartest in Shara, bis es den Schlangen gelingt, einem Nomadenstoßtrupp Schlachtrösser und Waffen zu stehlen – was sicherlich die sichere Alternative ist –, oder du wirst mit einem gewöhnlichen Jagdbogen und einem Packpferd vorlieb nehmen müssen, wenn du zu deiner ersten Begegnung mit dem Feind reitest.

Da du ohnehin den berittenen Kampf erst noch erlernen mußt, schlage ich vor, du wartest. Ein Packpferd eignet sich nicht besonders gut, um damit in den Krieg zu reiten, aber du kannst sie zum

Galopp antreiben und üben, aus dem Sattel mit Pfeilen auf einen Sack mit Heu zu schießen, bis sich etwas Besseres bietet. Schwer zu sagen, wie lange wir brauchen, um dir ein geeignetes Pferd zu bringen, aber wenn wir eines gefunden haben, kannst du es selbst zureiten und trainieren. Wenn du mit einem gewöhnlichen Jagdbogen bewaffnet gegen die Nomaden reitest, bist du tot, bevor die Blätter von den Bäumen fallen, und ein toter Krieger nützt niemandem etwas.« Ranala blickte Luma an, als ob sie sie taxierte, und das, was sie sah, schien ihr zu gefallen. »Die erste Pflicht eines Kriegers«, schloß sie, »ist es, am Leben zu bleiben.«

»Danke für den Rat, Cousine Ranala«, erwiderte Luma. »Und vielen Dank, daß du mir die Chance gibst, mit den Nattern zu reiten. Aber ich ...« Ihr war zumute, als hätte sie einen Knoten in der Zunge.

»Sprich laut und deutlich!« sagte Ranala ungeduldig. »Eine Schlange spricht so laut, daß man sie verstehen kann.«

Luma blickte Ranala trotzig an. Ihr war klar, daß das, was sie sagen wollte, dumm und störrisch war, und daß sie es vielleicht ihr Leben lang bereuen würde; aber die Worte lagen ihr bereits auf der Zunge, und sie war zu wütend und durcheinander, um sie zurückzuhalten. »In Ordnung«, erwiderte sie, und diesmal war es *ihre* Stimme, die von den Wänden widerhallte. »In Ordnung, Cousine Ranala. Ich werde laut sprechen, und ich werde mich verständlich ausdrücken. Ich möchte nicht mit den Nattern reiten – nicht, wenn Keshna nicht dabei ist. Keshna und ich sind wie Zwillinge. Wenn du eine von uns nimmst, mußt du auch die andere nehmen.«

Ranala blickte Luma lange und durchdringend an, und in ihren Augen erschien ein Ausdruck der Verachtung.

»Wenn Keshna keine Schlangenkriegerin sein darf, dann willst du also auch keine sein? Habe ich das richtig verstanden?«

»Ja.« Luma war sich bewußt, daß sie eine große Chance verschenkte, doch sie war zu wütend, um sich darum zu kümmern. Ihre Wangen brannten. Sie kam sich hochmütig, lächerlich und kindisch vor, aber sie würde nicht mit den Schlangen kämpfen, wenn Keshna nicht ebenfalls kämpfen durfte. Alles andere wäre Verrat, und die Tochter von Marrah aus Shara verriet ihre Freunde nicht.

Ranala wandte sich an Stavan. »Tja, das nenne ich eine beeindruckende Demonstration von Loyalität. Ich denke, das müssen wir anerkennen, was meinst du?«

»Luma ist eine erwachsene Frau«, erwiderte Stavan. »Ich spreche nicht mehr für sie und Marrah ebenfalls nicht. Ich liebe sie, aber ich spreche nicht in ihrem Namen. Die Entscheidung liegt bei euch.«

»Nun, ich liebe sie nicht«, erklärte Ranala. »Ich bin mir nicht einmal sicher, ob ich sie mag.« Sie wandte sich wieder zu Luma um. »Ich sehe jetzt, daß ich mich geirrt habe. Ich dachte, du könntest eine ganz passable Kriegerin abgeben, aber du hast nicht den Verstand, den man braucht, um eine Schlange zu sein. Wenn du nicht gegen die Nomaden kämpfen willst, weil du Keshna gegenüber zu loyal bist, um ohne sie zu reiten, dann bin ich fertig mit dir.« Sie zeigte auf die Tür. »Geh, Cousine, und hör auf, meine Zeit zu vergeuden. Und wenn du Keshna siehst, richte ihr aus ...«

Der Rest von Ranalas Nachricht war so obszön, daß selbst Stavan beeindruckt war.

Luma marschierte von heftigem Zorn und bitterer Enttäuschung erfüllt aus Ranalas Mutterhaus. Erbost vor sich hin murmelnd stürmte sie über die glasierten Fliesen der Eingangshalle und stieß um ein Haar mit einem dunkelhaarigen Mann zusammen, der gerade das Haus betrat.

»Wohin so eilig?« fragte er und trat einen Schritt zur Seite.

»Ins Reich der Hölle!« fauchte sie auf Hansi. Wie stets war Hansi die einzig geeignete Sprache für einen ordentlichen Fluch. Luma rannte an dem Mann vorbei und zur Tür hinaus.

»Na dann viel Vergnügen«, rief er ihr nach. »Und grüß Choatk herzlich von mir.«

Verdutzt darüber, daß der Fremde sie nicht nur verstanden hatte, sondern auch den Namen des Nomadengottes kannte, der über das Reich der Hölle herrschte, blickte Luma zurück und sah, daß er lachte. Sie sah auch, daß er die Lederbeinlinge und hohen Stiefel der Schlangenkrieger trug. Kein Wunder, daß er das Wort für Hölle kannte. Ranala sorgte wahrscheinlich dafür, daß er schon auf Erden darin lebte.

Hätte sie an Bord eines Schiffes gehen und nach Alzac zurücksegeln können, Luma hätte nicht gezögert, aber ein Blick auf die weißen Schaumkronen in der Bucht sagte ihr, daß heute kein Raspa auslaufen würde. So machte sie sich statt dessen auf die Suche nach Keshna. Sie fand sie am Strand, damit beschäftigt, mit Steinen nach Seemöwen zu werfen. Sie versuchte nicht wirklich, die Möwen zu treffen, aber es schien ihr Spaß zu machen, Panik unter ihnen zu verbreiten.

»Das war Kandar!« rief Keshna, als Luma ihr von der Begegnung mit dem Fremden erzählte. »Du hättest beinahe Kandar über den Haufen gerannt! Ich erkenne ihn an deiner Beschreibung!« Zu Lumas Verwunderung brach Keshna in schallendes Gelächter aus. »Kandar! Ausgerechnet Kandar!« prustete sie und wurde ganz rot im Gesicht.

»Wie schön, daß du so gut gelaunt bist«, stieß Luma giftig zwischen zusammengebissenen Zähnen hervor. »Ich bin froh, daß ich mein Teil dazu beitragen kann, dich vergessen zu lassen, daß wir deinetwegen nicht bei den Schlangen aufgenommen werden. Ich bin überzeugt, wir werden ein großartiges Leben haben, du und ich. Während die Nomaden nördlich des Rauchflusses alles in Schutt und Asche legen, werden wir hier herumsitzen und Däumchen drehen. Ich komme hierher, um dich zu trösten. Ich komme hierher, um dir zu sagen, daß ich um unserer Freundschaft willen darauf verzichtet habe, Kriegerin zu werden, und was tust du? Du lachst mich aus ...«

»Hör auf, hör auf«, kicherte Keshna.

»Ich denke gar nicht daran! Bist du übergeschnappt? Hör sofort auf zu lachen, oder ich werde nie wieder ein Wort mit dir sprechen, das schwöre ich dir!«

Keshna hörte so abrupt zu lachen auf, daß es fast unheimlich war. »Wie du meinst«, sagte sie. »Ist es so besser?«

»Ja«, knurrte Luma. »Aber ich möchte trotzdem wissen, warum du nicht außer dir bist.«

Keshna seufzte und sah Luma an, als ob sie ihr leid tue. Es war ein Blick, der einen rasend machen konnte; die Art von Blick, die in Luma das Bedürfnis weckte, ihre Cousine zu packen und ins Meer zu werfen. »Du verstehst wirklich nicht, oder?«

»Nein. Ich verstehe dich nicht. Hätte Ranala *mich* ein rotznäsiges, unzuverlässiges kleines Stück Ziegenscheiße genannt, würde ich mir das zu Herzen nehmen. Und wenn meine beste Freundin gerade mir zuliebe auf die Erfüllung ihres größten Traums verzichtet hätte, würde ich ein klein wenig Dankbarkeit zeigen. Und wenn sie mir erzählte, daß sie gerade beinahe den Anführer der Nattern über den Haufen gerannt hätte, würde ich sie bestimmt nicht auslachen. Ich würde zu ihr sagen …«

Plötzlich zog Keshna Luma an sich und umarmte sie fest. »Na komm«, murmelte sie beruhigend. »Reg dich nicht gleich so auf. Ich habe dich nicht ausgelacht. Du bist die treueste Freundin, die man sich nur wünschen kann. Und ich habe mich nicht bei dir bedankt, weil ich nie auf den Gedanken gekommen wäre, du würdest ohne mich mit den Schlangen reiten. Wir haben immer treu zusammengehalten, und so wird es auch bleiben. Aber siehst du denn nicht, welchen Gefallen Ranala uns getan hat?«

»Gefallen?« Luma wich zurück und starrte Keshna ungläubig an. »Was redest du denn da? Ranala hat uns keinen Gefallen getan. Hast du nicht gehört, was sie gesagt hat? Sie hat uns für immer aus dem Schlangenverband geworfen!«

»Aber das ist es doch gerade! Begreifst du denn nicht? Wenn wir mit den Nattern geritten wären, hätten wir sowohl von Ranala als auch von Kandar Befehle entgegennehmen müssen. Ich bin froh, daß du ihr eine Absage erteilt hast. Ich bin froh, daß du Kandar beinahe über den Haufen gerannt hättest. Jetzt können wir so gegen die Nomaden kämpfen, wie *wir* es wollen. Es steht uns frei zu tun, was wir wollen!«

Luma spürte einen unangenehmen Kloß, der sich in ihrer Kehle bildete. Sie blickte Keshna verzweifelt an. »Willst du mir allen Ernstes sagen, daß wir beide allein gegen die Nomaden kämpfen sollen? Ohne Waffen? Ohne jede Unterstützung?«

»Ja!« Keshnas Augen leuchteten, und selbst die Haare auf ihrem

Kopf schienen sich vor lauter Begeisterung doppelt so dicht zu locken. »Ich habe einen Plan ...«

Hastig preßte Luma Keshna die Hand auf den Mund. »Ich will ihn gar nicht hören. Ich liebe dich wie eine Schwester, aber du hast nicht einmal so viel Verstand, wie die Göttin einer Stechmücke gegeben hat. Ich bin im Moment nicht gerade glücklich, aber ich habe keine Lust, vor meiner Zeit zu sterben. Hör mir zu, und hör mir gut zu: Zwei fünfzehnjährige Frauen, die in ihrem ganzen Leben noch nie in eine Schlacht geritten sind, können nicht – ich wiederhole, *können nicht* – allein gegen bewaffnete Nomadenkrieger kämpfen und es überleben.«

Keshna packte Lumas Handgelenk und zog ihre Hand weg. »O doch, das können sie!« Und dann, bevor Luma sie aufhalten konnte, schilderte Keshna ihren Plan.

Später am Nachmittag saß Luma allein an einem verlassenen Strandabschnitt in der Nähe der Mündung des Reiherflusses. Der Reiherfluß, der gleich nördlich von Shara ins Meer floß, war ein guter Platz, um allein zu sein, und Luma brauchte dringend Einsamkeit. Sie mußte über etwas sehr Wichtiges nachdenken, und dabei wollte sie nicht gestört werden.

Sie hob ein paar Kieselsteine auf, starrte sie einen Moment lang nachdenklich an und legte dann ein paar auf die linke Seite und ein paar auf die rechte. Ein zufälliger Beobachter hätte sich wahrscheinlich gefragt, wieso sie die einen Steine auf die eine und die anderen Steine auf die andere Seite legte, da beide Haufen Steine aller Farben und Größen enthielten. Aber es war nicht der einzelne Stein, der zählte, sondern der Gedanke, der ihn begleitete.

Luma hatte in ihrem Leben einen Punkt erreicht, an dem sie eine schwierige Entscheidung zu treffen hatte. Die Kieselsteine links von ihr standen für eine mögliche Zukunft, die rechts von ihr für eine andere. Jedesmal, wenn sie einen Stein aufhob, umschloß sie ihn fest mit ihren Fingern und dachte lange und angestrengt nach, bevor sie ihn weglegte. Das Aussortieren dauerte so lange, daß die Ebbe eingesetzt hatte, bevor sie damit fertig war. Als der Wind abflaute, wurden die Wellen flacher. Strandläufer und orangebeinige Stelzenläufer trippelten am Saum des Wassers entlang und bohrten mit ihren schlanken Schnäbeln Löcher in den feuchten Sand, während draußen auf dem Meer große Schwärme schwarzer Sturmtaucher über den grauen Wellen kreisten.

Schließlich warf Luma den letzten Kieselstein, schlang die Arme um die Knie, inspizierte die beiden Steinhäufchen und runzelte verwirrt die Stirn. Sie waren genau gleich groß: dreizehn Steine auf der einen und dreizehn Steine auf der anderen Seite. Sie betrachtete die beiden möglichen Wege, wohl wissend, welchen ihre Mutter für sie gewählt hätte; dann versuchte sie, in ihr eigenes Herz zu sehen, aber alles, was sie fand, war Verwirrung und Ratlosigkeit. Ihre Mutter war eine große Hellseherin. Eingeweiht in die Geheimnisse der Dunklen Mutter in der heiligen Stadt Kataka, konnte Marrah sowohl die Traumwelt als auch die Künftige Welt sehen, aber leider hatte sie diese Fähigkeiten nicht an Luma weitergegeben. Wenn Luma so wie jetzt versuchte, über das Hier und Jetzt hinauszublicken, schien sich jedesmal eine dunkle Mauer vor ihr zu erheben, und ihre Gefühle ähnelten den Sturmtauchern: Sie flogen wild über dunkles Wasser auf ein ungewisses Schicksal zu.

Als sich die Göttin Erde auf Ihren Winterschlaf vorbereitete, wurde das Wetter kalt, die Tage wurden kürzer, und große Scharen weißbäuchiger Enten kamen nach Shara, um in der Marsch an der Mündung des Reiherflusses zu überwintern. Den ganzen Herbst hindurch waren Luma und Keshna so gefällig und gehorsam, daß Marrah allmählich Verdacht schöpfte und Stavan beschloß, ein Auge auf die beiden zu haben, aber wenn die beiden jungen Frauen irgend etwas im Schilde führten, so behielten sie es wohlweislich für sich. Jeden Morgen begleitete Luma ihre Mutter in den Brottempel, wo sie den Tag über Schalen und Krüge töpferten und sie in dem großen, bienenkorbförmigen Brotbackofen, der auch als Brennofen diente, brannten. Keshna bot sich bereitwillig an, Feuerholz zu schlagen, und verbrachte ihre Tage im Wald, wo sie Bäume zerhackte, bis die Holzlager sämtlicher Mutterhäuser Sharas bis zum Rand mit Scheiten gefüllt waren. Häufig sah man die beiden abseits von allen anderen stehen und leise miteinander tuscheln, aber sie verschwanden nicht mehr auf so mysteriöse Weise wie vor ihrer Volljährigkeitszeremonie, und schließlich hatten erwachsene Frauen ein Recht darauf, private Freundschaften zu pflegen.

Manchmal, wenn die Hirten hinausgingen, um den Pferden Heu hinzuwerfen, hatten sie das vage Gefühl, daß mit der Herde irgend etwas nicht ganz in Ordnung war; und hin und wieder hatte Marrah den deutlichen Eindruck, daß bestimmte Hauptnahrungsmittel schneller als gewöhnlich aus den Vorratsbehältern in der Küche verschwanden – getrocknete Früchte zum Beispiel –, aber sie hatte nie genau über all diese Dinge Buch geführt, und außerdem schien es angesichts der Tatsache, daß das Wintersonnenwendefest unmittelbar bevorstand und so viel Besuch in ihrem Haus ein- und ausging, nur logisch, daß die Vorräte schneller als sonst verzehrt wurden.

Dann, knapp zwei Wochen vor der längsten Nacht des Jahres, als die Stadt bereits festlich mit Fahnen geschmückt war und eine glatte Eisschicht die blauen und orangefarbenen Fliesen des großen Marktplatzes bedeckte, stellten die Sharaner plötzlich fest, daß Luma und Keshna verschwunden waren.

Zweites Buch

Wilder Honig

»Und der Gott des Leuchtenden Himmels kam auf die Erde herab und heiratete die Königin der Nacht...«

Inschrift auf einem shambanischen Trinkbecher
Ende des fünften Jahrtausends v. Chr.

6. Kapitel

Was nützt es, Fährtenleser zu sein, wenn es keine Fährten gibt? Warum ist das Wort Keshna wie Musik? Warum klingt der Name einer Frau in den Ohren eines Mannes wie Musik? Beantworte mir diese Fragen, Batal, und wenn du damit fertig bist, beantworte mir folgende: Wie kommt es, daß die Liebe in einem Herzen ein Zuhause findet und in einem anderen nicht?

Dies waren Kandars Gedanken, als er am Strand entlangritt und nach der Stelle suchte, wo Luma und Keshna ihre Pferde vom Wasser weggelenkt hatten. Der Wind wehte in eisigen Böen von der See her, doch er zog sich die wollene Kapuze nicht über den Kopf, weil eine Kapuze das Blickfeld eines Kundschafters einengte. Langsam ritt er in den kalten Regen hinein, der sich bald in Schneeregen verwandelte und schließlich in Schnee, und untersuchte sorgfältig jede blankpolierte Muschel und jede Vogelspur. Seine mit Schaffell gefütterten Handschuhe waren eisüberkrustet, und die Nüstern seines braunen Wallachs dampften in der grimmigen Kälte, die über Nacht von Norden heruntergezogen war, aber seine Augen brannten wie Feuer, und sein ganzer Körper fühlte sich an, als stünde er in Flammen. Es mußte doch irgend etwas zu finden sein: irgendeine Spur der schönen, tollkühnen jungen Frau und ihrer Cousine, die – wie Ranala es so grausam formuliert hatte – in den sicheren Tod ritten.

Aber Kandar fand nichts.

Zuerst war er zu der Furt geritten, doch der vom Regen aufgeweichte Boden zu beiden Seiten des Flusses war glitschig. Dann war er den ganzen weiten Weg nach Süden zu der Landspitze geritten, weil Luma und Keshna raffiniert waren und vielleicht einen

Bogen in südlicher Richtung geschlagen hatten, um ihre Verfolger abzuschütteln. Aber alles, was er sah, waren Sand, Treibholz und Salzwasserpfützen, die an den Rändern zu Eis erstarrten. Kandar machte kehrt und galoppierte wieder gen Norden. Als er die Mündung des Reihers erreichte, schneite es so heftig, daß er kaum noch den Hals seines Pferdes sehen konnte. Schließlich saß er ab, band den Wallach an und legte ihm seinen dicken Umhang über, um ihn warm zu halten, denn er hatte das Tier in Schweiß geritten, und man setzte ein schwitzendes Pferd nicht dem eisigen Wind aus; selbst dann nicht, wenn man die Frau suchte, die man liebte.

Kandar suchte unermüdlich weiter nach Spuren, bis seine Augen von dem heftigen Wind tränten und er in der herabsinkenden Dunkelheit nichts mehr sehen konnte. Er hielt nach den Hufabdrücken ihrer Pferde Ausschau, bis es zwecklos war, noch weiter zu suchen, und am nächsten Morgen brach er erneut auf und ritt nach Norden, Süden, Osten und Westen, um die Waldpfade nach einem Hinweis darauf abzusuchen, daß die beiden diesen Weg gewählt hatten.

Nachts, wenn die Dunkelheit ihn zum Anhalten zwang, lag er schlaflos da und überlegte krampfhaft, wo die beiden wohl hingegangen waren. Er erinnerte sich an seine Gespräche mit Keshna. Sie hatte ihn aufgesucht, um ihm Fragen über seine Kindheit zu stellen, über seine Liebe zur Musik und seine Mutter, die seit vielen Jahren tot war. Sie hatte ihn inständig gebeten, ihr von seinen Träumen zu erzählen, und ihre eigenen Träume mit ihm geteilt. Zu jener Zeit hatte er noch gehofft, ihr plötzliches Interesse an ihm bedeutete, daß sie anfinge, seine innigen Gefühle für sie zu erwidern, doch jetzt wurde ihm klar, daß sich hinter ihren Fragen etwas ganz anderes verborgen hatte. »Wo sind die Winterlager der Nomaden?« hatte sie wissen wollen. »Wie viele Wachen postieren sie gewöhnlich? Wo binden sie normalerweise ihre Schlachtrösser an? Wo lagern sie ihre Waffen?«

Fast eine ganze Woche lang suchte Kandar verzweifelt weiter, getrieben von den Antworten, die er ihr gegeben hatte. Er hatte Keshna ermutigt, hatte ihr versichert, sie könne es mit jedem Nomaden aufnehmen, wenn Ranala nur endlich nachgeben und sie mit den Nattern reiten lassen würde. Warum hatte er ihr nicht abschreckende Geschichten erzählt, Geschichten über Schlangenkrieger, die in nomadische Gefangenschaft geraten und auf unsäglich grausame Art gefoltert worden waren?

Am Ende blieb ihm nichts anderes übrig, als aufzugeben. Erbittert ritt Kandar zum letzten Mal nach Shara zurück, um Ranala von seinem Mißerfolg zu berichten. Als die Stadt im matten Licht des frühen Morgens vor ihm lag, in sich zusammengerollt wie eine große weiße Schlange, mußte er wieder an Keshna denken, an ihr rotes Haar, ihre samtschwarzen Augen und ihre Hitzigkeit. Inständig betete er zu Batal, es möge den Nomaden ebensowenig wie ihm gelingen, sie zu finden.

Während Kandar zu Batal betete, hockten Luma und Keshna in ihrem Unterschlupf und lauschten dem Heulen des Windes, der den Schnee durch die Bäume trieb. Sie waren mehrere Tagesreisen nordwestlich von Shara und hatten ihr Lager in einem Gebiet mit dichtem Baumbestand aufgeschlagen. Es war früher Morgen und bereits hell genug, um Farben unterscheiden zu können, aber sie machten keine Anstalten, aus ihrer provisorischen Schutzhütte herauszukriechen und ihre Pferde zu satteln. Die kleine Zuflucht war behaglich und warm. Sie hatten sie am Spätnachmittag des vergangenen Tages errichtet, um ein kurzes, dreibeiniges Gestell aus Ästen herum hatten sie einen zweiten Kreis aus Stangen gesteckt und das Innere üppig mit Gestrüpp, Blättern, Baumrinde, vermodertem Holz, Kiefernzweigen und Erde abgedichtet. Das Ergebnis war eine niedrige, runde, fast winddichte Hütte, die obendrein noch den Vorteil hatte, wie ein Haufen abgestorbenes Strauchwerk auszusehen. Wenn es weiter so stark schneite, würden sie kurz hinausgehen, um eine warme Mahlzeit zu kochen und die Pferde zu versorgen, und dann wieder in den Unterschlupf kriechen und den Rest des Tages damit verbringen, zu dösen und ihren Plan zu perfektionieren. Bis der Sturm vorbei war, konnten sie es nicht riskieren weiterzureiten.

»Was glaubst du, wie lange wir wohl noch brauchen werden, um zu dem Nomadenlager zu gelangen?« fragte Luma, während sie müßig an ein paar Grasbüscheln zupfte, die zwischen den Holzstangen herausgerutscht waren.

Keshna gähnte und nahm sich einen Streifen Dörrfleisch. »Wenn das Schneetreiben nachläßt und wir noch vor heute mittag aufbrechen können, müßten wir morgen gegen Nachmittag den Rauch ihrer Feuer sehen können«, murmelte sie kauend. Sie schluckte den letzten Rest Dörrfleisch hinunter, nahm einen Pfeil aus ihrem Köcher und ritzte damit eine Landkarte in den Erdboden. Sie zog eine wellenförmige Linie für den Reiherfluß, und eine zweite, etwas dickere Linie für den ersten Fluß im Norden, bei den Sharanern als der Grüne Strom bekannt. Zwischen diesen beiden Linien zeichnete sie eine Reihe von Kreuzen und Dreiecken, die Bäume beziehungsweise Dörfer symbolisieren sollten. Schließlich legte Keshna eine dramatische Pause ein, blickte sich um und rammte ihren Pfeil mit der Spitze in den Erdboden, um einen Kreis am Nordufer des Grünen Stroms herauszubohren.

»Das Lager ist genau hier, direkt unterhalb der zweiten Flußbiegung. Und wir« – sie ritzte zwei kleine Strichmännchen in die Erde – »befinden uns ungefähr hier.«

Luma inspizierte die Strichmännchen und den Kreis und runzelte skeptisch die Stirn. »Bist du sicher, daß alles genau an der Stelle ist, wo du es hingemalt hast?«

»Natürlich bin ich mir sicher.« Keshna warf den Pfeil beiseite und nahm noch einen Streifen Dörrfleisch aus dem Proviantsack. »Warum fragst du mich das eigentlich dauernd? Deine Fragerei wird allmählich langweilig. Hast du etwa gedacht, ich hätte nur zum Spaß soviel Zeit mit Kandar verbracht?«

Tatsächlich hatte Luma genau das gedacht, aber sie hielt wohlweislich den Mund. Keshna bohrte ihre Fingerspitze in den Mittelpunkt des Kreises. »Das Nomadenlager ist genau an dieser Stelle. Kandar hat es mir selbst erzählt. Die Nattern sind durch Zufall darauf gestoßen, kurz bevor die Blätter anfingen zu fallen. Sie waren auf dem Rückweg nach Shara. Kandar sagte, sie hätten lange genug angehalten, um das gesamte Lager auszukundschaften, und wären zu dem Schluß gekommen, der Stamm, der sich für den Winter am Ufer des Grünen Stroms niedergelassen hatte –

wenn man eine kümmerliche Ansammlung von rund einem halben Dutzend Familien überhaupt einen Stamm nennen kann –, sei keine Bedrohung für Shara, zumindest nicht bis zum Frühling.«

»Aber wenn die Nomaden am Grünen Strom keine Bedrohung für Shara sind, dann haben sie vielleicht keine Waffen oder Schlachtrösser«, wandte Luma ein.

Keshna stieß einen Zischlaut des Mißfallens aus, eine Angewohnheit, die sie Ranala abgeguckt hatte. »Du mußt dir immer gleich das Schlimmste ausmalen, nicht? Natürlich haben die Nomaden am Grünen Strom Schlachtrösser. Natürlich haben sie Waffen. Was glaubst du, was das ist – eine Gruppe tätowierter Priesterinnen, die den Winter über in einem Zeltlager hausen?«

»Aber bist du dir wirklich sicher? Hat Kandar dir tatsächlich *gesagt,* daß diese Nomaden genau das haben, was wir brauchen?«

»Reg dich ab. Mein ergebener kleiner Kandar hat sehr präzise Angaben gemacht. Er hat gesagt, er hätte mindestens vier Schlachtrösser gesehen.« Keshna lachte. »Du glaubst, ich denke mir das alles nur aus, nicht wahr?«

»Nein. Aber ich fürchte, du neigst dazu, das zu glauben, was du glauben willst, ob es nun wahr ist oder nicht. Ich hoffe nur, wir stoßen nicht auf dieses Lager, nur um festzustellen, daß wir unser Leben für eine Herde Ziegen und lahmer Packpferde riskiert haben.«

»Vielleicht hätte ich Kandar Sex gewähren sollen, statt ihm nur zu erlauben, wie ein liebeskrankes Hündchen hinter mir herzulaufen«, unterbrach Keshna sie. »Wenn ich den Dummkopf in mein Bett gelassen hätte, würdest du mir vielleicht glauben.«

»Das ist übrigens noch etwas, was ich dich fragen wollte: Warum sprichst du immer so verächtlich über Kandar? Was hat er denn falsch gemacht, außer daß er sich in dich verliebt hat? Den ganzen Herbst hast du den armen Kerl mit Andeutungen gequält, daß du vielleicht bereit wärst, Lust mit ihm zu teilen, nur um es dir dann im letzten Moment wieder anders zu überlegen. Zuletzt hat er förmlich an deinen Lippen gehangen. Ihr habt den Eindruck eines Liebespaares gemacht, aber du hast unmißverständlich durchblicken lassen, daß du nicht mit ihm geschlafen hast. Du kannst leicht über Kandar spotten und sagen, er habe ausgesehen wie ein liebeskrankes Hündchen, aber wenn er liebeskrank, traurig und verwirrt war, dann hast *du* ihn dazu gemacht! Er ist ein gutaussehender Mann – liebevoll und freundlich –, und wenn du ihn in dein Bett genommen hättest, hätte er dir bestimmt große Lust bereitet, statt dessen hast du ihm den Kopf verdreht, obwohl du dir überhaupt nichts aus ihm machst. Ich habe noch keine Frau jemals ein so grausames Spiel mit einem Mann treiben sehen. Wozu das Ganze?«

»Na, na, na«, erwiderte Keshna mit spöttischem Zungenschnalzen, »was höre ich denn da? Das klingt ja, als wäre eine gewisse Cousine von mir scharf darauf, Kandar in ihrem eigenen Bett zu haben.«

»Mach dich nicht lächerlich«, fauchte Luma. »Ich fühle mich nicht im geringsten zu ihm hingezogen. Ich stelle dir nur eine naheliegende Frage, die du offenbar nicht beantworten willst. Aber ich frage dich trotzdem noch einmal: Was sollte das Ganze?«

»Die Sache ist die, daß ich es nun mal genieße, Männern den Kopf zu verdrehen.« Keshna lachte, doch hinter ihrem Lachen verbarg sich etwas Düsteres und Trauriges. Sie hatte kein schlechtes Gewissen, weil sie Kandar an der Nase herumgeführt hatte, aber Lumas Vorwürfe hatten sie an einer empfindlichen Stelle getroffen. Die Tricks, die Luma beschrieben hatte, hatte Keshna von Hiknak gelernt. Es waren die Schlichen einer ehemaligen Konkubine, die gezwungen gewesen war, in einer Welt zu leben, in der Frauen keinerlei Macht besaßen außer der sexuellen Macht, die sie über Männer ausübten. In der Steppe waren Macht, Gewalt und Liebe untrennbar miteinander verbunden, und Männer und Frauen hatten seit Generationen Krieg gegeneinander geführt. Hiknak hatte diese feindselige Einstellung mit in den Süden gebracht und an Keshna weitergegeben. Es war ein finsterer Krieg, der im verborgenen stattfand, ein Krieg, den zu führen Keshna nicht zuzugeben bereit war.

»Ich betrachte mein Spiel mit Kandar ganz einfach als Übung, wie Bogenschießen oder Ringen«, fuhr sie in betont unbekümmertem Tonfall fort.

»Das ist gemein.«

»Gemein oder nicht, wenn Kandar vor Begierde halb verrückt ist, redet er so viel, daß ich alles, was ich über die Nattern wissen will, herausbekomme, ohne auch nur zu fragen. Ganz zu schweigen davon, daß ich, wenn ich ihn umgarne, nicht aus der Übung komme, so daß ich – falls ich wirklich jemals daran interessiert sein sollte, einen Mann in mein Bett zu locken –, noch weiß, wie man so was macht. Außerdem mußte ich irgendwas zu tun haben, während wir darauf warteten, daß der Boden friert.«

Luma seufzte. »Ich geb's auf.« Sie versetzte Keshna einen leichten Schlag gegen die Brust. »Ich dachte immer, du hättest ein Herz da drin, aber ich habe mich geirrt.«

»Ich habe durchaus ein Herz«, erwiderte Keshna, »aber es ist Freundschaft darin, nicht Liebe. Wo wir gerade von Freundschaft sprechen, wir beide haben noch eine kleine Aufgabe zu erledigen. Morgen um diese Zeit werden wir schon zu nahe am Nomadenlager sein, um noch Feuer machen zu können, deswegen müssen wir den Leim heute noch schmelzen, bevor wir weiterziehen.«

An dem Abend nach Lumas und Keshnas Unterhaltung saßen fünf Jungen und elf Nomadenkrieger um ein großes Feuer und wärmten die Sohlen ihrer Stiefel, während sie schimmeligen Käse und eine Art steifen Pudding aus gekochtem Blut und zu Pulver zerstoßener Minze verzehrten. Die Jagd war zur Abwechslung einmal erfolgreich gewesen, und das Blut für den Pudding stammte nicht von ihren eigenen klapperdürren Rindern, sondern von einem Bären, den sie eine Woche zuvor in seiner Winterhöhle in die Enge getrieben hatten. Tagelang hatten sich sämtliche Lagerbewohner an Bärenfleisch und frischer Leber gütlich getan, und die jüngeren Kinder waren herumgelaufen und hatten zufrieden an kleinen Stücken Bärenspeck gelutscht. Bald würden die Krieger auch noch um Halsketten aus Bärenklauen und einen warmen Umhang aus Bärenpelz spielen können, wenn die Frauen erst einmal damit fertig waren, die lederne Unterseite des Fells zu gerben und mit Pferdeurin zu präparieren.

Der Abschuß des Bären war das Beste, was den Nomaden vom Grünen Strom seit langem passiert war. Einst waren die sieben Familien, die am Nordufer des Grünen Stroms kampierten, stolze Mitglieder eines großen Stammes der Zaxtus gewesen, angeführt von einem berühmten Häuptling namens Turthan. Aber Turthan und die meisten seiner Krieger waren bei der Belagerung von Shara ums Leben gekommen, getötet von dem Fluch des Schlangenvogels, und die überlebenden Zaxtusi waren in Panik geflohen und in alle Himmelsrichtungen auseinandergelaufen. Die alte Blutlinie war so gründlich ausgelöscht worden, daß kein Mann mehr einen rechtsgültigen Anspruch auf die Häuptlingswürde der Zaxtusi erheben konnte. Für die Nomaden vom Grünen Strom spielte das jedoch keine Rolle, da der Stamm der Zaxtusi schon seit gut zehn Jahren nicht mehr existierte.

Auch die Nomaden vom Grünen Strom kämpften um ihre Existenz. Wären sie in die Steppe zurückgekehrt, wären sie von größeren, mächtigeren Stämmen vernichtet worden; aber selbst hier in den Mutterländern überlebten sie nur mit knapper Not. Die elf Krieger fochten untereinander erbitterte Kämpfe aus und waren ständig im Begriff, sich in noch kleinere Gruppen zu spalten. Im Moment erfreuten sie sich zwar einer gewissen Eintracht unter der Führung eines dreißigjährigen, einäugigen Kriegers namens Lrankhan, aber wie lange dieser Frieden anhalten würde, ließ sich unmöglich voraussagen. Lrankhans Anspruch auf die Häuptlingswürde gründete sich hauptsächlich auf seine Geschicklichkeit im Umgang mit der Garotte, einer alten Zaxtusi-Waffe, die zur Zeit nicht besonders beliebt war. Um eine Garotte richtig zu gebrauchen, mußte ein Mann Mut und Schnelligkeit besitzen, weil er dicht an den Feind heranreiten mußte, um ihm die Würgeschlinge um den Hals zu werfen. Lrankhan war sowohl mutig als auch schnell, doch darüber hinaus reichte seine Intelligenz lediglich für unausgegorene Pläne, zum Beispiel viele Rinder aus einer großen Stadt wie Shara zu stehlen (der er sich zu nähern gewagt hatte) oder ein reiches Dorf zu plündern und sich ein Dutzend hübscher Konkubinen zu kaufen.

Die Nomaden vom Grünen Strom hätten wahrlich einen tüchtigeren Anführer gebrauchen können: Viele von ihnen litten an einer neuen Hustenkrankheit, die sie sich bei den Mutterleuten geholt hatten; ihr Vieh verkümmerte in den Wäldern, wo nur spärlich Gras wuchs; und sie mußten sich ständig gegen Angriffe der Sumpfnomaden schützen, die ein Stück weiter flußabwärts überwinterten, ganz zu schweigen von den Bemalte-Gesichter-Nomaden, die sich in einem der von ihnen überfallenen Dörfer eingenistet hatten und jetzt in den warmen Häusern genau der Mutterleute lebten, die sie so brutal niedergemetzelt hatten.

Doch während der Belagerung von Shara waren viele Häuptlinge und Unterhäuptlinge umgekommen, und die Krieger wußten, daß sie wahrscheinlich keinen besseren Anführer als Lrankhan bekommen würden. Daher ließen sie ihn als ersten sprechen, wenn sie so wie an diesem Abend um das Feuer der Männer versammelt saßen; und wenn er – wie so häufig – nervtötend eintönige Monologe hielt, hörten die jüngeren Männer zu, statt über ihn herzufallen und ihn zu töten, wie sie es mit ihrem letzten Häuptling getan hatten, einem wirklichen Schwachkopf und unfähig, eine Herde Ziegen zu hüten.

In dieser Nacht, der längsten Nacht des Jahres, hielt Lrankhan die weitschweifigste Rede, die er jemals gehalten hatte. Während seine Krieger vor Langeweile glasige Augen bekamen, sprach er endlos lange über die alten Zeiten, als die Zaxtusi noch in der Steppe gelebt hatten und ein großes Volk gewesen waren. In jener Zeit, als Vlahan der Große über die Zwanzig Stämme geherrscht hatte, hatten die Zaxtusi-Schamanen seinen Worten zufolge zum Wintersonnenwendefest fünfzig Pferde getötet, um die Sonne zurückzulocken. Bei diesen Zeremonien war auch stets ein kleines Mädchen geopfert worden, um Choatk, den Gott des Höllenreichs, gnädig zu stimmen; und manchmal, wenn der Winter besonders streng war, hatte man Han, dem Herrn des Leuchtenden Himmels, sogar ein kostbares Kind männlichen Geschlechts geopfert – immer ein Neugeborenes und eines, das wahrscheinlich ohnehin nicht lange überlebt hätte.

Die jüngeren Krieger mochten Lrankhans Erzählungen von Opferungen, Blut, das aus Schädeln getrunken wurde, und Umhängen, genäht aus den Häuten von Feinden; da aber keiner von ihnen alt genug war, um sich an Vlahan oder die Zwanzig Stämme erinnern zu können, erschien ihnen die Vorstellung von einem Volk, das reich genug war, um fünfzig Pferde zu opfern, so absurd, daß sie hinter Lrankhans Rücken die Augen verdrehten. Die älteren Krieger, die die Wintersonnenwende-Riten noch miterlebt hatten, reagierten dagegen verdrießlich auf Lrankhans Geschichten. Sie dachten nicht gerne an ihre ruhmreiche Vergangenheit zurück. Als Lrankhan von den fünfzig Pferden sprach, die im Schnee geschlachtet worden waren, und schilderte, wie die Frauen den Siegesgesang der Zaxtusi angestimmt hatten und vorwärtsgestürmt waren, um die Tiere auszuweiden und die Innereien für einen köstlichen Eintopf zu verwenden, lief den alten Kriegern das Wasser im Mund zusammen. Sie ärgerten sich über Lrankhan, weil er sie daran erinnerte, daß sie jetzt arme, fast führerlose Männer waren, die von schimmeligem Käse und ranzigem Bärenfleisch lebten.

»Und so kam es«, fuhr Lrankhan mit monotoner Stimme fort, ohne auf seine Zuhörer zu achten, »daß in jener Mittwinternacht …« Er verstummte abrupt, unterbrochen von einem seltsamen Geräusch, das an das hohe Trillern einer Flöte erinnerte. Alarmiert sprangen die Krieger auf die Füße und zogen ihre Dolche, während sie angestrengt in die Dunkelheit auf der anderen Seite des Flusses spähten.

»Was war das?« flüsterte einer der Jungen und starrte furchtsam auf den Wald. Die kahlen Bäume wirkten gespenstisch im matten Licht der Sterne, und überall türmten sich in grotesken Formen über Gebüsch und Sträuchern Schneeverwehungen auf.

»Wahrscheinlich ein Nachtvogel«, erklärte Lrankhan. Was er jedoch wirklich dachte – und was auch alle anderen Männer und Jungen vermuteten –, war, daß das Trillern ein Angriffssignal der Sumpfnomaden sein mußte. Schweigend bedeutete Lrankhan einem seiner Männer, den Wasserschlauch zu nehmen und das Lagerfeuer zu löschen. Die Flammen verlöschten mit einem Zischen aus Dampf und Rauch, da aber das Feuer der Frauen auf der anderen Seite des Lagers noch immer brannte, boten die elf Krieger eine perfekt beleuchtete Zielscheibe für die Pfeile der Sumpfnomaden. Es waren Versehen wie dieses, die Lrankhan zu einem so mittelmäßigen Häuptling machten.

»Macht euer Feuer aus!« schrie er die Frauen an. »Und verzieht euch in die Zelte und bleibt dort!« Gewöhnt an die Gefahr plötzlicher Angriffe, hatten die Frauen das Feuer erstickt, bevor er zu brüllen aufgehört hatte. Sie flüchteten, ihre Kinder hinter sich herzerrend, zu den Zelten, warfen die Kleinsten auf den Boden und häuften Teppiche über sie, um sie vor verirrten Pfeilen zu schützen.

Einen Moment lang war es im Lager so still, daß die Krieger das Knistern der Asche in dem erloschenen Feuer hören konnten. Dann drangen von der gegenüberliegenden Seite des Flusses die lieblichen Klänge einer Flöte aus der Dunkelheit herüber. Ganz plötzlich hörte man Kupferglöckchen klingeln, und in den Tiefen des Waldes leuchtete ein Licht auf. Sobald die Glöckchen klingelten und das Licht erschien, begannen sämtliche Hunde im Lager zu bellen.

»Geister«, murmelte einer der Krieger und machte mit Daumen und Zeigefinger das Sonnenzeichen, um Unheil abzuwehren.

»Red keinen Unsinn!« knurrte Lrankhan. Er hatte die Belagerung von Shara überlebt und den schrecklichen Schlangenvogel gesehen, er konnte echte Geister von falschen unterscheiden. Dort draußen war irgendein ganz gewöhnlicher Mensch mit einer brennenden Fackel.

Der Nachtwind trug die an- und abschwellenden Klänge der Flötenmusik herüber.

»Holt die Pferde«, befahl er. Die fünf Jungen rannten davon und kehrten wenig später, die Schlachtrösser am Zügel mit sich führend, zurück. Lrankhan schwang sich auf sein Pferd – einen temperamentvollen rotbraunen Wallach mit schwarz angelohten Ohren – und bedeutete seinen Männern, das gleiche zu tun.

Inzwischen war offensichtlich, daß sich jemand dem Lager näherte. Das Licht bewegte sich langsam zwischen den Bäumen hindurch und warf im Näherkommen ein gitterförmiges Muster sich bewegender Schatten auf den Boden. Wieder ertönte das gedämpfte Klirren von Kupferglöckchen, und gleich darauf kam der Reiter aus dem Wald. Er zügelte seine Stute am Ufer des Flusses, erhob sich geschmeidig auf die Füße und stand aufrecht im Sattel, während er die Fackel hoch über den Kopf hielt.

Die Krieger schnappten überrascht nach Luft. Der fremde Reiter war eine Frau! Und was für eine Frau! Trotz der Kälte war sie vollkommen nackt – bis auf einen dünnen weißen Umhang, der offen hinter ihr flatterte, und einen Rock aus Perlenschnüren, der provozierend um ihre bloßen Hüften schwang. Sie trug silberne Armbänder und silberne Halsketten, die im Fackelschein glitzerten, und auch ihr Haar glitzerte, gestärkt wie das Haar einer Nomadenbraut und mit schimmerndem Silberpuder bestäubt. Aber sie war keine Braut. Diese Frau war für Wildheit erschaffen: drall und rundlich wie eine Taube, mit kleinen Händen und Füßen und hochangesetzten, vollen Brüsten, die zu liebkosen jeder Mann bereitwillig zwanzig Pferde gegeben hätte. Es gab nicht einen unter den Kriegern, der bei ihrem Anblick nicht gefühlt hätte, wie die Glut des Verlangens in seinen Lenden pulsierte, doch sie bot ein solch seltsames Bild, wie sie dort nackt im Fackelschein stand, daß die Männer im ersten Moment nur reglos auf ihren Pferden saßen und sie angafften wie grüne Jungen.

»Tapfere Krieger«, rief sie in perfektem Hansi, und ihre Stimme war ebenso süß und melodisch wie die Flötenmusik, die ihren Ritt begleitet hatte. »Ich bin gekommen, um einen richtigen Mann zu finden. Ich verzehre mich nach einem Mann, der die Kraft eines Stieres hat, einem Mann, der wie ein Hengst gebaut ist, einem Mann, der mich …« Sie sagte derart obszöne Dinge, daß die Krieger kaum ihren Ohren trauten. Keine ihrer eigenen Frauen hätte es gewagt, solche Worte in den Mund zu nehmen. »… gibt es unter euch einen Mann, der glaubt, er kann mich befriedigen?«

»Ja, ich!« brüllten mehrere der Krieger.

»Komm näher!« riefen andere.

Die Frau lächelte nur verführerisch und warf ihnen eine Kußhand zu. »Kommt her und holt mich, wenn ihr mich wollt!« rief sie. Dann warf sie ihre Fackel in den Fluß, ließ sich in den Sattel fallen, zog ihre Stute Richtung Wald herum und galoppierte davon.

»Ihr nach!« brüllte Lrankhan. Es war ein Befehl, den niemand verweigerte. Lachend und unter obszönen Rufen stürmten sie in den Fluß – eine wilde, lüsterne Horde Krieger, die miteinander um die Wette ritten, weil jeder der erste sein wollte, der die Frau einholte.

Wumm! Der erste Mann stürzte mit einem zornigen und überraschten Schrei vom Pferd. *Wumm!* Schon ging ein zweiter Krieger zu Boden und gleich darauf ein dritter. Als Lrankhan das Seil an seinem Hals fühlte, wußte er, daß sie in die Falle gelockt worden waren. Er hatte jedoch keine Zeit, über den Verrat nachzudenken, denn gleich darauf flog er wie die anderen in hohem Bogen durch die Luft und landete so hart auf dem Boden, daß es ihm den Atem aus den Lungen preßte.

Fluchend rappelten sich die Krieger wieder auf und begutachteten den Schaden, während die, die nicht in das straff gespannte Seil geritten waren, umkehrten und zurückritten, bereit, ihre Kameraden gegen den Überfall aus dem Hinterhalt zu verteidigen, der zweifellos folgen würde. Doch nichts deutete auf einen Angriff hin. Die Schlachtrösser, darauf dressiert, sofort stehenzubleiben, wenn ihre Reiter abgeworfen wurden, grasten friedlich mit gesenkten Köpfen. Abgesehen von dem lästerlichen Gefluche und Gehuste der so unsanft aus dem Sattel beförderten Krieger, war alles wieder so still wie zu dem Zeitpunkt, bevor die Frau aufgetaucht war.

Lrankhan stand auf. Auf seinem Hals war ein breiter blutiger Striemen, und sein Gesicht war schrecklich anzusehen. Dieses elende Miststück hatte ihn vor all seinen Männern gedemütigt. Sie hatte ihn zum Gespött gemacht, und es gab nichts, was er mehr haßte, als verspottet zu werden. Er packte die lose herabhängenden Zügel, riß den Kopf des Wallachs hoch und versetzte ihm einen harten Klaps, weil er mitten in einer Schlacht graste. Dann schwang er sich wieder in den Sattel und wandte sich zu seinen Männern um.

»Zeigen wir ihr, was mit verlogenen Huren passiert!« knurrte er. Das gefiel den Kriegern. Auch sie waren wütend und fühlten sich gedemütigt. Sie brannten darauf, die Frau in die Finger zu kriegen, und sie waren überzeugt, sie zu erwischen, selbst wenn sie noch so schnell reiten mochte.

In dem Moment kam der Mond hinter den Wolken hervor, als

habe er beschlossen, den Kriegern zu helfen. Das fahle Mondlicht, das durch die kahlen Äste der Bäume drang, enthüllte die schlammigen Hufspuren, die ihr Pferd hinterlassen hatte, als sie davongaloppiert war. Beim Anblick der Hufabdrücke warf Lrankhan den Kopf in den Nacken und stieß den alten Schlachtruf der Zaxtusi aus. Die anderen Männer fielen ein. Ihre Stimmen hallten derart schauerlich durch die Nacht, daß sich selbst einem Wolf vor Angst das Nackenfell gesträubt hätte. Doch gleich darauf verwandelten sich ihre Schlachtrufe in Schreie voller Furcht und Bestürzung. Was ging hier vor? Die Pferde, die sie gerade wieder bestiegen hatten, fingen auf einmal an, wie Betrunkene zu torkeln. Gut die Hälfte der Tiere keuchten plötzlich erbärmlich, strauchelten, knickten in den Beinen ein und brachen schließlich kraftlos unter ihren Reitern zusammen.

Lrankhans Wallach fiel als erster, sackte langsam in sich zusammen und stürzte zu Boden, während Lrankhan noch wie wild an den Zügeln zog und erbittert fluchte. Schon ging ein weiteres Pferd zu Boden und dann noch eines. Ringsherum brachen Pferde zusammen und lagen ermattet im Schnee, und ihre Flanken hoben und senkten sich schwer, während sie mühsam nach Atem rangen.

»Eine Seuche!« schrie einer der Krieger und ließ sich neben seinem Tier auf die Knie fallen.

»Ein Fluch!« brüllte ein anderer.

»Nein«, rief ein dritter, »Choatk ist gekommen, um seine Mittwinteropfer einzufordern!«

Diese Erklärung schien so gut wie jede andere, so daß die Krieger später ihren Frauen und Kindern folgende Geschichte erzählten: Die Gemahlin des Herrschers der Hölle war erschienen und hatte sie aufgefordert, ihr zu folgen; und als sie auf ihren Befehl hin in den Wald geritten waren, hatte Gott Choatk persönlich die Hälfte ihrer Pferde getötet.

Doch selbst wenn Choatk tatsächlich aus dem Reich der Finsternis heraufgestiegen wäre und mit seinen blutigen Wolfszähnen geknirscht hätte, hätten sie ihm ihre kostbaren Schlachtrösser nicht kampflos überlassen. Diese Tiere hatten sie eigenhändig zugeritten, dressiert und geritten, und in kalten Winternächten schliefen sie neben ihnen. Obwohl die Krieger inzwischen halb verrückt waren vor Angst, sie seien von einem schrecklichen Fluch getroffen worden, taten sie alles, was in ihrer Macht stand, um ihre Pferde wiederzubeleben. Sie hatten keine Medizin zur Hand – ihre Arzneimittel befanden sich alle im Lager –, aber sie tasteten die Vorderbeine ihrer Tiere ab, um nach dem Puls zu fühlen, der von Minute zu Minute schwächer wurde; sie strichen mit ihren Händen über die schweißfeuchten Hälse und suchten nach harten, eiförmigen Schwellungen; preßten ihre Ohren gegen den Bauch der Tiere, um auf das unheilverkündende Grollen in den Eingeweiden zu horchen; massierten ihre Bäuche, inspizierten ihre Zungen und Gaumen, rochen ihren Atem, tätschelten sie sanft und flehten sie an, wieder auf die Beine zu kommen. Aber nichts von dem, was sie taten, bewirkte irgend etwas. Ein Schlachtroß nach dem anderen verfiel in eine todesähnliche Starre. Bei einem nach dem anderen setzte der Herzschlag aus, und sie hörten auf zu atmen und wurden steif.

Als sie diese sicheren Todeszeichen sahen, verzweifelten die Krieger. Einige stöhnten laut und rissen an ihren Kleidern, als seien ihre eigenen Väter und Brüder gestorben; andere – darunter auch Lrankhan – schrien und jammerten, als seien ihre Herzen von Pfeilen durchbohrt worden.

In jener Nacht kehrten elf Krieger auf fünf Pferden ins Lager zurück. Als die Frauen den kleinen Trupp näherkommen sahen – zwei Männer auf jedem Pferd und einer zu Fuß –, schrien sie alarmiert auf.

»Brecht die Zelte ab!« brüllte Lrankhan. »Packt die Satteltaschen und treibt die Packpferde und das Vieh zusammen. Die Hälfte unserer Schlachtrösser ist tot! Die Hälfte, habt ihr mich gehört! Wir verschwinden von hier, bevor wir den Rest auch noch verlieren!«

Sein Befehl löste eine panische Hektik aus. Junge Frauen mit schreienden Babys auf dem Rücken stopften in aller Eile Decken, Grabstöcke und Teppiche in Satteltaschen. Hastig rissen sie die Zeltpflöcke aus dem Boden, traten die Schnüre mit den Füßen los und zogen die Zelte so schnell herunter, daß die Stangen polternd umfielen und beinahe die Kinder erschlagen hätten. Die Krieger lösten die Fußfesseln der Milchstuten und Packpferde und trieben sie ins Lager, wo die älteren Frauen sie sattelten und mit Kochgeschirr, Waffen, Schilden, gedörrtem Bärenfleisch und den anderen Besitztümern der Nomaden vom Grünen Strom beluden. Die Mädchen wurden ausgeschickt, um Schafe und Ziegen zusammenzutreiben, während die Jungen in den nahegelegenen Wald rannten, um das Vieh aus dem Korral zu holen, den die Frauen erst am Tag zuvor mit Dornenranken eingezäunt hatten.

Als der Mond hoch oben am Himmel stand, gab es das Nomadenlager am Nordufer des Grünen Stroms nicht mehr.

Draußen im Wald erwachten die Schlachtrösser langsam wieder zum Leben. Ein Vorderhuf zuckte, eine Nüster blähte sich. Lrankhans rotbrauner Wallach wieherte leise, und eine junge Stute antwortete. Hätten die Nomaden dies gesehen, hätten sie wahrscheinlich geglaubt, Gott Choatk persönlich wandere unsichtbar durch den Wald und erwecke Geisterpferde, um seine Herden zu vergrößern. Aber die Pferde waren nicht tot und waren es auch niemals gewesen. Sie waren lediglich mit Drogen betäubt. Jedes Pferd hatte eine oder mehrere der kleinen Kugeln aus gedörrten Äpfeln gefressen, die Luma und Keshna auf dem Boden unter dem gespannten Seil verstreut hatten, und sie waren in den gleichen komaähnlichen Zustand kataleptischer Starre gefallen, in den auch die Priesterinnen von Shara manchmal fielen, wenn sie die Künftige Welt zu sehen versuchten.

Welches Pferd hätte einer solchen Süße, einem so köstlichen Duft, so weichem, zartem Fruchtfleisch schon widerstehen können? Selbst wenn das Innere der Kugeln mit bitter schmeckendem Trancepulver präpariert war. Bis die Pferde den bitteren Geschmack gespürt hatten, waren die getrockneten Äpfel schon halb ihre Kehlen hinuntergerutscht.

Langsam erhoben sich die Tiere wieder unsicher auf die Beine. Sie schlugen mit den Schweifen, beschnupperten sich ängstlich und sahen sich um. Sie hatten lange Zeit geschlafen und seltsame Träume geträumt, und jetzt waren ihre Reiter nirgendwo zu sehen;

aber sie waren dazu abgerichtet, nicht davonzulaufen, und so warteten sie geduldig.

Nach einer Weile kamen zwei Frauen aus dem Wald. Sie bewegten sich vorsichtig und blickten immer wieder besorgt über ihre Schulter zurück, was die Pferde nervös machte. Aber da sie oft von Frauen gefüttert wurden und unter dem Schnee keine getrockneten Äpfel mehr zu finden waren, stampften sie nur mit den Hufen und ließen ihren Atem in der frostkalten Luft dampfen.

Die Pferde rochen die Furcht der Frauen, aber ihre Stimmen und ihre Berührungen waren sanft. Sie näherten sich Lrankhans Wallach und sprachen leise und beruhigend auf ihn ein; sie tätschelten die Stuten und streichelten die Nasen der anderen Tiere. Bevor die Krieger geflohen waren, hatten sie ihren Pferden sämtliches Geschirr abgenommen. Nicht ein einziger Sattel oder Zügel war zurückgeblieben. Aber die Frauen waren darauf vorbereitet. Sie griffen in ihre Ledertaschen und holten neue Halfter hervor. Die Halfter waren simple Gebilde aus geflochtenem Hanf, doch die Pferde erkannten sie als das, was sie waren, und blieben ruhig stehen, als die Frauen sie ihnen über die Köpfe streiften. Sie mochten Halfter, weil sie keine harten Backenriemen hatten, die kratzten und scheuerten, und kein knöchernes Gebiß, das an ihrem empfindlichen Maul zerrte.

Man sollte eigentlich meinen, zwei junge Frauen, die es gerade geschafft hatten, einem nomadischen Kriegerverband sechs perfekt abgerichtete Schlachtrösser zu stehlen – und zwar direkt vor der Nase ihrer Besitzer –, würden auf kürzestem Weg nach Shara zurückreiten, um die Tiere im Triumph durch die Straßen zu führen, aber Luma und Keshna wandten sich nach Norden und bahnten sich einen Weg durch ein Labyrinth kleiner Pfade. Der unbesiedelte Zustand der Landschaft machte es zu gefährlich, den alten Handelsstraßen zu folgen. Es wäre doch wirklich traurig gewesen, wie Luma betonte, wenn Keshnas brillanter Plan damit geendet hätte, daß sie die Pferde – und obendrein ihr eigenes Leben – verloren, nur weil sie es zu eilig hatten, um den langen Umweg zu nehmen.

Es war Luma, die für eine langsame und vorsichtige Rückkehr nach Shara plädierte; Luma, die verlangte, daß sie die Pferde gut versteckt zurückließen und die Pfade zuerst zu Fuß auskundschafteten, sobald sie ein Geräusch hörten, das sie nicht identifizieren konnten. Obwohl Keshna anfangs über Lumas Vorsicht spottete, lernte sie sie bald schätzen. Dank Luma gelangten sie sicher durch den Wald. Zweimal sahen sie in einiger Entfernung Nomadenstoßtrupps vorbeireiten, aber die Nomaden bemerkten sie nicht – was ein Glück war, wenn man bedachte, wie unzureichend sie bewaffnet waren.

Sie hatten Shara in dem Entschluß verlassen, mit Schlachtrössern und Waffen zurückzukehren. Schlachtrösser hatten sie jetzt, aber sie trugen immer noch die Jagdbögen, die sie aus dem Lagerraum in Marrahs Mutterhaus entwendet hatten. Die kleinen Äxte, die in ihren Gürteln steckten, waren dafür konstruiert, Feuerholz zu zerhacken, und ihre Steinmesser – völlig sinnlos, auch nur so zu tun, als ob es »Dolche« wären – waren eher zum Zerschneiden von Seilen und zum Öffnen von Muschelschalen zu gebrauchen als zum Kämpfen.

Keshnas ursprünglichem Plan zufolge hätten sie sich mitten in der Nacht in ein Nomadenlager geschlichen und heimlich die benötigten Waffen gestohlen; aber Luma hatte Keshna davon überzeugen können, daß ein solcher Überfall der reinste Selbstmord wäre. Sie erklärte ihr, sie habe einen viel besseren Plan: einen, der idiotensicher war und absolut gefahrlos. Als Keshna ihn hörte, grinste sie und schlug Luma anerkennend auf den Rücken.

»Natürlich«, hatte sie gesagt. »Natürlich. Das ist eine großartige Idee!« Danach war sie jedoch leicht eingeschnappt gewesen. Keshna liebte Luma, aber eigentlich war *sie* doch diejenige, die die Pläne entwickelte, und sie mochte es einfach nicht, wenn Luma sie ausstach.

Bei Lumas Plan mußten sie unter anderem eine Stelle im Wald finden, die bestimmte Bedingungen erfüllte. Man konnte unmöglich im voraus wissen, wo sie eine solche Stelle finden würden, aber irgendwo entlang der Route, auf der Vlahans Männer nach der Belagerung von Shara zurück in die Steppe geflohen waren, mußte es eine solche Stelle geben. Vlahans zu Tode verängstigte Krieger waren weder den häufig benutzten Wegen gefolgt, noch hatten sie es gewagt, offen am Strand entlangzureiten. Sie waren in Deckung geblieben und über ein Netz von schmalen Nebenpfaden nach Norden geflohen, einige davon nicht breiter als Kaninchenfährten. Deshalb ritten Luma und Keshna in nördlicher Richtung und suchten nach irgendeinem Hinweis auf jene Wochen der Panik, die auf den Fluch des Schlangenvogels gefolgt waren. Zweimal trafen sie auf Stellen, die vielversprechend aussahen, wo es aber bei näherem Hinsehen nur Steine und Schlamm gab. An einem milden Tag, als die Sonne schon fast frühlingshaft durch die kahlen Bäume schien, kamen sie schließlich zu einer großen Lichtung.

Große Lichtungen waren mitten im tiefsten Wald eher selten, und diese war gleich in mehrfacher Hinsicht ungewöhnlich. Sie war verdächtig rund, und obwohl riesige alte Eichen sie umstanden, wuchsen auf ihr nur einige wenige jüngere Bäume und ein halbes Dutzend verkümmerter Büsche. Der Boden war mit Steinen übersät, die offensichtlich von irgendwoanders herstammten, und es gab einen Hügel an einer Stelle, wo eigentlich kein Hügel hätte sein sollen. In der Tat war es gar kein richtiger Hügel, sondern eher ein Erdwall.

Beim Anblick des Erdwalls sprangen Luma und Keshna aus dem Sattel und inspizierten ihn voller Hoffnung. Sie knieten nieder und wühlten mit bloßen Händen in der Erde, rochen daran und kosteten sogar davon.

»Knochen!« rief Luma.

»Reste von verbranntem Holz!« schrie Keshna.

»Ein Grab?«

»Ich glaube schon.«

»Wo sollen wir anfangen zu graben?«

»Dort drüben.«

Aufgeregt rannten sie zu den Pferden zurück, zogen Holzschaufeln aus ihren Satteltaschen und begannen wie wild zu graben. Sie kratzten die oberste Erdschicht weg, lösten feuchte Klumpen und warfen sie über ihre Schultern. Bald waren ihre Stiefel von frischem Schmutz verkrustet und ihre Hände schwarz vom Waldlehm. Sie hatten Glück, daß das Wetter für die Jahreszeit ungewöhnlich warm war. Der Boden war ein wenig aufgetaut, und so konnten sie die halbgefrorene Kruste durchbrechen und dabei die kurzstieligen Spitzhacken benutzen, die sie auf Lumas Rat aus Shara mitgenommen hatten.

Der Nomadenkrieger, in dessen Grab sie scharrten, war offensichtlich in aller Eile beerdigt worden. Vielleicht war er bei der Belagerung umgekommen, vielleicht hatte ihn auch der Fluch des Schlangenvogels eingeholt, als er mit seiner Familie in Richtung Steppe geflohen war. Auf jeden Fall war er eine bedeutende Persönlichkeit gewesen, deren Leichnam man nicht einfach in einem Dickicht abladen konnte. Seine Stammesangehörigen hatten sogar einen halbherzigen Versuch unternommen, sein Grab mit einer Schicht von Steinen abzudecken, um die wilden Tiere abzuhalten, aber die Steine lagen nicht dicht an dicht, und Luma und Keshna konnten sie mit bloßen Händen entfernen.

Unter den Steinen kam eine dunkle, halbkreisförmige Grube zum Vorschein, die nach Schimmel und Moder roch. Hastig lösten sie weitere Steine, um schließlich das Skelett eines Mannes freizulegen. Die Mutterleute begruben ihre Toten immer in zusammengekrümmter Haltung, so daß sie wie ungeborene Kinder im Mutterschoß der Göttin Erde ruhen konnten; der Krieger war jedoch nach Nomadenart bestattet worden: flach auf dem Rücken ausgestreckt, damit er das Paradies sehen konnte. Es waren keine Pferde für ihn geopfert worden, was ungewöhnlich war, aber in dem Grab fanden sich sowohl Ziegenknochen als auch die Knochen anderer Tiere, so auch die der Jagdhunde des Kriegers. Luma, die Hunde besonders mochte, war von dem Anblick der Hundeskelette nicht gerade begeistert, doch angesichts der Tatsache, daß die Nomaden manchmal auch Frauen und kleine Kinder erdrosselten und mit dem Toten bestatteten, stellte sie erleichtert fest, daß dieser Krieger nur seine Hunde mit ins Grab genommen hatte.

Er mußte einer von Vlahans Unterhäuptlingen gewesen sein, denn er trug eine lange Kette aus geschnitzten Wolfszähnen um den Hals, und sein fleischloser Schädel war mit einem kleinen, ungefähr zwei Finger breiten Kupferring geschmückt. Aber es waren nicht seine Krone oder seine Halskette, nach der sie suchten. Ein verstorbener Nomadenhäuptling wurde immer mit seinen Waffen beerdigt.

»Sieh doch!« rief Keshna. »Der Hurensohn hält einen Dolch in der Hand!« Triumphierend zog sie ein Messer mit einer scharfen Obsidianklinge aus den knochigen Fingern des Kriegers. Das Knochenheft des Messers war mit Sonnen und Clansymbolen verziert.

»Ist das eine Streitaxt?« fragte Luma und begann, die Erde von einem unförmigen Gegenstand wegzuscharren, den sie entdeckt hatte. Er entpuppte sich tatsächlich als Streitaxt, nur daß es lediglich der Kopf war. Der Anblick einer Steinaxt ohne den dazugehörigen hölzernen Stiel war ziemlich deprimierend. Wenn der Stiel vermodert war, mußte Wasser in das Grab gesickert sein.

Keshna fluchte und warf den Axtkopf beiseite. Sie würden ihn natürlich mit nach Shara nehmen, doch bis er mit einem neuen Stiel versehen war, war er völlig nutzlos. Sie fuhren fort zu graben und entdeckten eine Speerspitze – ebenso nutzlos – und Teile von verfaulten Körben, die einst voller Opfergaben gewesen sein mußten. Dann fanden sie lange Zeit gar nichts. Als sie schon drauf und dran waren, endgültig aufzugeben, traf Lumas Schaufel plötzlich auf einen Widerstand. Sorgfältig schoben sie die lose Erde mit den Händen fort und legten ein langes, schmutziges Lederbündel frei. Sie versuchten, sich keine allzu großen Hoffnungen zu machen, als sie das Bündel aus dem Grab hoben und den Schmutz abwischten. Auf dem Leder entdeckten sie schwache Spuren von rotem Ocker, doch die Muster waren schon vor langer Zeit abgeblättert, und das Leder selbst war mürbe und rissig.

»Pest und Hölle«, schimpfte Keshna erbittert. »Ich fasse einfach nicht, wieviel Pech wir haben! Wenn in dem Bündel ein Bogen ist, wird er gleich beim ersten Mal zerbrechen, wenn eine von uns versucht damit zu schießen.«

»Vielleicht«, erwiderte Luma. »Vielleicht aber auch nicht.« Sie begann, die Schnüre aufzuknöpfen, die das Bündel zusammenhielten, doch sie rissen unter ihren Händen entzwei. Das Leder fiel auseinander, um eine weitere Schicht Leder zu enthüllen. Darunter kam noch eine Schicht zum Vorschein, die mit Pech versiegelt war. Luma grub ihre Fingernägel in das Pech und rollte langsam die letzte Umhüllung auseinander. In ihrem Inneren lag der prachtvollste sirrende Bogen, den sie und Keshna jemals gesehen hatten. Er war perfekt: geschwungen wie Lippen, das Holz in tadellosem Zustand und nicht verzogen.

»Man braucht Monate, um so einen Bogen herzustellen«, flüsterte Keshna. Sie streckte den Arm aus, berührte die Waffe und ließ ihre Finger behutsam über das polierte Holz gleiten. Dann hob sie ihn hoch und tat, als wolle sie damit schießen. »Hier, fühl mal sein Gewicht. Fühl nur, wie perfekt er ausbalanciert ist.« Sie reichte Luma den Bogen und grinste spitzbübisch. »Jetzt«, meinte sie, »müssen wir nur noch ein Problem lösen: Wer von uns beiden bekommt ihn? Du oder ich?«

An diesem Abend spielten sie wie zwei alte Nomadenkrieger um den sirrenden Bogen und warfen die Steinwürfel mit inständigen Gebeten und Flüchen. Keshna gewann natürlich. Luma war zwar enttäuscht, aber nicht weiter überrascht. So war es eben. Wenn es etwas Besonderes zu gewinnen gab, schaffte Keshna es jedesmal, es zu bekommen.

Keshna griff nach dem Bogen und betrachtete ihn, als sei er der Liebhaber, den sie noch niemals in ihr Bett genommen hatte. Dann handelte sie auf die spontane und unberechenbare Art, die sie zu einer so wunderbaren Freundin machte.

»Nimm du ihn«, sagte sie und drückte Luma den Bogen in die Hand. Luma wollte ihn nicht annehmen und wies darauf hin, daß Keshna den sirrenden Bogen gerecht gewonnen hatte und daß er ihr gehören sollte, doch Keshna ließ nicht locker. »Du bist diejenige, die auf die Idee gekommen ist, in Nomadengräbern nach Waffen zu graben. Dies ist dein Bogen. Ich kann ihn dir nicht wegnehmen.«

»Und wenn ich mich weigere?«

Keshna warf einen nachdenklichen Blick auf den Bogen. »Tja«, sagte sie, »wenn du ihn um keinen Preis haben willst, dann werde ich ihn wohl oder übel zu Kleinholz zerhacken und im Feuer verbrennen müssen.« Luma glaubte zwar keine Sekunde, daß Keshna wirklich imstande wäre, eine so prächtige Waffe zu zerstören, aber sie nahm den Bogen trotzdem.

»Wir werden einen anderen für dich finden«, versprach sie Keshna, doch obwohl sie noch drei Tage lang suchten, fanden sie keine weiteren Nomadengräber mehr.

An einem bitterkalten Nachmittag ungefähr eine Woche später versammelten sich die Sharaner hoch oben auf den Klippen zum letzten feierlichen Ereignis des Wintersonnenwendefestes: der Heilung der Kranken. Die Heilungszeremonie, die an der heiligen heißen Quelle stattfand, war der Hauptgrund, warum so viele Pilger in die Stadt kamen, und sie wurde immer in vollkommenem Schweigen vollzogen. Schweigend gingen die Kranken die steilen Stufen zum höchsten Punkt der Klippen hinauf oder wurden hinaufgetragen; schweigend half man ihnen ins Wasser; schweigend wurden sie gewaschen und massiert, während stumme Gebete über ihnen gesprochen wurden. Obwohl sich an diesem Morgen rund zweihundert Menschen auf den Klippen eingefunden hatten, war diese Regel des Schweigens unumstößlich. So war nur das Heulen des Windes zu hören und ein gelegentliches Husten oder – hin und wieder – das jämmerliche Geschrei eines kranken Babys, wenn es in das heilige Quellwasser getaucht und dann hastig wieder herausgeholt und in eine der warmen Decken gehüllt wurde, die griffbereit danebenlagen.

Auf dem Hügel oberhalb der Quelle saßen auf einer langen Holzbank vor dem Tempel der Kinderträume die schwangeren Frauen von Shara, um den Kranken ihren Segen zu erteilen. Auf einer zweiten Bank vor ihnen, eingehüllt in dicke Umhänge, drängten sich die Alten um glühende Kohlenbecken, um ihre Füße zu wärmen und süßen Weihrauch zu verbrennen, der zu Batal hinaufstieg und sich mit dem Dampf der heißen Quelle vermischte.

Die Kinder der Stadt nahmen ebenfalls an der Zeremonie teil; sie rannten hin und her, um weitere Decken zu holen und dabei zu helfen, die Kranken zu einem der wärmenden Feuer zu führen, wo man ihnen einen Becher mit heißem Wein anbot. Aber die Kinder sollten nicht zu Königin Marrah laufen und am Saum ihres Umhangs zupfen, deshalb war Marrah verdutzt und leicht verärgert, als ein kleiner Junge namens Sharnar genau das tat.

Da es bei der Heilungszeremonie häufig Wunderheilungen gab, nahm sie zuerst an, ein Gelähmter sei plötzlich gesund und unversehrt aus der heiligen Quelle herausgestiegen und Sharnar sei deswegen so erregt. *Geh weg und benimm dich,* bedeutete Marrah ihm, aber Sharnar zog weiter an ihrem Umhang und zeigte aufgeregt in die Ferne. Als Marrah über ihn hinwegblickte, sah sie, daß auch andere Leute in dieselbe Richtung zeigten, sogar die Kranken, von denen einige tatsächlich aufrecht in der Quelle standen und über den Rand der Klippen hinwegspähten.

Sieh doch! sagte Arang in Gebärdensprache.

Sieh doch nur! gestikulierten die schwangeren Frauen und die Alten, die ein Stück über Marrah saßen und einen besseren Ausblick hatten.

Stavan, der die Zeichensprache der Hansi beherrschte, fuchtelte mit den Händen, um Worte zu bilden, die Marrah nicht verstand; und Hiknak hüpfte in heller Aufregung, aber vor Freude schweigend von einem Fuß auf den anderen. Von der plötzlichen Furcht gepackt, Batal habe die ganze Versammlung mit Tollheit gestraft, eilte Marrah zum Rand der Klippen und blickte auf die Stadt hinunter. Zwei Reiter waren aus dem Wald gekommen, die eine Reihe von Pferden am Zügel hinter sich herführten. Marrah erkannte sie auf Anhieb.

»Es sind Luma und Keshna!« rief sie, bevor sie erschrocken die Hand vor den Mund schlug, weil ihr zu ihrer großen Bestürzung bewußt wurde, daß sie das Schweigen gebrochen hatte. Aber Batal – die selbst vielfache Mutter war – nahm keinen Anstoß daran. Lachend ließ die Göttin einen Schwarm Seemöwen kreischend in die Luft steigen, dann sammelte Sie den Dampf der heiligen Quelle zu dichten Schwaden und fuhr fort, die Kranken zu heilen.

Als die Heilungszeremonie beendet war, wanderten die Sharaner und die Pilger wieder den Klippenpfad hinunter und sangen mit lauter Stimme Dankeslieder. Es war eine feierliche Prozession, die sich aber dank Luma und Keshna sehr schnell in ein Chaos verwandelte. Lahme hinkten auf sie zu, um ihnen zu gratulieren; Kranke drängten sich um sie, um ihnen zu sagen, daß ihr bloßer Anblick fast so gut war wie eine Heilung in der heiligen Quelle. Kinder rannten wild umher, duckten sich unter den Bäuchen der Pferde hindurch und kreischten vor Freude, während ihre Verwandten sie besorgt ermahnten, sich vor den Hufen in acht zu nehmen. Wenn es Lob war, worauf Luma und Keshna aus waren, dann bekamen sie es an diesem Tag überreichlich. Sie wurden von Leuten umlagert, die darauf bestanden, sie zu umarmen und zu küssen und ihnen immer wieder zu versichern, wie mutig, klug und wundervoll es war, daß sie ganz allein ausgezogen und mit sechs prachtvollen Schlachtrössern zurückgekehrt waren. Die Bögen, Pfeile, Packpferde und Vorräte, die sie ohne Erlaubnis mitgenommen hatten, waren vergessen.

Es war Brauch, daß Marrah und Arang nach der Zeremonie zurückblieben, um die Quelle mit heiligen Kräutern zu reinigen, deshalb waren die beiden die letzten, die den Klippenpfad herunterkamen. Marrah hatte eine lange Rede über die Torheit verantwortungsloser junger Frauen vorbereitet, die wie Närrinnen davonrannten, um sich abschlachten zu lassen. Es war eine großartige Rede, einer besorgten Mutter würdig, die gleichzeitig die Priesterkönigin von Shara war, eine Rede voller vernichtender Bemerkungen über Keshnas Ungestüm und Lumas Mangel an Weitblick. Sie hatte sie ausgefeilt, während sie Nacht für Nacht wachgelegen hatte, halb wahnsinnig vor Angst um ihre Tochter und das Kind ihres Bruders; doch als sie jetzt sah, wie glücklich und stolz Luma und Keshna waren, erstarben die strengen Worte auf ihren Lippen, und sie breitete nur lächelnd die Arme aus.

»Batal sei Dank, daß Sie euch wohlbehalten zurückgebracht hat«, sagte sie, als sie zuerst Keshna und dann Luma umarmte. Sie vergoß sogar einige Tränen, teils aus Freude, teils weil sie fühlte, wie hart und muskulös Lumas Arme geworden waren. Marrah begriff, daß Luma jetzt eine Kriegerin war und daß sie alle anderen Träume, die sie gehabt hatte – etwa den, ihre Tochter möge Priesterin werden –, nun endgültig würde begraben müssen.

Selbst Ranala war versöhnlicher Stimmung. Sie öffnete die Mäuler der Schlachtrösser und inspizierte ihre Zähne, spähte ihnen in die Ohren, hob die Beine an, betrachtete ihre Hufe und tätschelte sie liebevoll am Rumpf. Dann nahm sie Luma den sirrenden Bogen aus der Hand, spannte einen Pfeil ein und ließ ihn geradewegs in die Sonne hinaufsausen. Als er wieder auf die Erde herunterfiel – dunkel, schnell und in der Ferne fast unsichtbar –, wandte sie sich zu Luma und Keshna um.

»Willkommen im Verband der Schlangen«, sagte sie.

7. Kapitel

In der ukrainischen Steppe

Die Gefilde des Himmelsreiches, die sich über der schneebedeckten Steppe ausdehnten, waren so blau und riesig und grenzenlos, daß der Sonnengott selbst in ihrer leuchtenden Einförmigkeit verloren schien. Langsam ritt Gott Han auf Seinem weißen Pferd aus weißem Feuer über den Himmel gen Westen, während Er auf die Zelte seines Volkes herabblickte und erbarmungslos über seine Geschöpfe richtete. Im Osten, wo Er jeden Tag damit begann, das Sternenvieh in seinen Korral zurückzutreiben, lagerten noch immer große Stämme an den Ufern der vereisten Flüsse. Ihre Häuptlinge waren mächtig und grausam, ihre Frauen unterwürfig, ihre Herden so zahllos wie Sandkörner. Wenn die mächtigen Stämme im Osten Han, den Gott des Leuchtenden Himmels, verehrten, färbte sich der Schnee rot vom Blut der getöteten Stuten und Hengste. Sie opferten Ihm gefangengenommene Feinde, ungehorsame Konkubinen, treulose Ehefrauen, und manchmal – in trockenen Jahren, wenn das Gras verdorrte und die Flüsse fast versiegten –, brachten sie Ihm sogar ihre neugeborenen Söhne als Opfer dar.

Aber wenn Gott Han nach Westen blickte, umwölkte sich Seine Stirn, und er fühlte das dumpfe Brodeln gerechten Zorns, das stets darin gipfelte, daß Er heulende Schneestürme entfesselte. Die früher so mächtigen alten Stämme im Westen waren zerstört worden, ihre großen Häuptlinge waren tot, ihre Krieger in alle Himmelsrichtungen zerstreut. Die Zelte der Hansi, der Xarkabai und der Zaxtusi, einst wie eine Kette aus Wolfszähnen über die gesamte Ebene verstreut, duckten sich jetzt im Schnee wie erbärmliche Häufchen verschrumpelter Pilze. Kleine Verbände von Kriegern, angeführt von starken Männern, die sich großspurig Häuptlinge nannten, lieferten sich erbitterte Kämpfe um die Überreste der großen Herden oder ritten nach Süden in die Mutterländer, um wie Aasgeier zu plündern und Beute zu machen. Einige bauten befestigte Lager im Wald und versteckten sich unter dem dunklen Dach der Bäume vor dem zornigen Blick ihres Gottes. Andere fingen an, die Lebensgewohnheiten der Mutterleute zu übernehmen, wurden schlaff und weibisch, wühlten in der Erde nach Nahrung, statt darüber hinwegzugaloppieren und ruhmreiche Schlachten zu schlagen, und verloren sowohl ihre Mannhaftigkeit als auch den Geschmack am Krieg. Einige knieten sogar vor Statuen der Göttin Erde und brachten ihr Opfergaben dar, und wenn Han Seine Krieger goldene Ketten auf die Altäre von Chilana oder Batal legen sah, erfaßte ihn ein solcher Zorn, daß Er sich vollends von seinem Volk abwandte und es mit heftigen Stürmen strafte, die wie eine kreischende Horde wahnsinniger Geister aus dem Norden herunterbrausten.

Als Changar in seinem Zelt saß und auf das Heulen des Windes horchte, fühlte er eine übelkeiterregende Bitterkeit in seiner Kehle aufsteigen. Mit jedem Tag wurde er älter, und mit jedem Tag sah er – dank der weinerlichen Feigheit seines Volkes – seine Hoffnung, Shara zu zerstören, weiter dahinschwinden. Hustend zog er die Decke aus Kaninchenfell fester um seine Schultern und spuckte einen Klecks braunen, giftigen Schleim ins Feuer. Seine Halskette aus Fuchszähnen und Kupferperlen rasselte geräuschvoll, als er sein Gewicht von einer welken Gesäßbacke auf die andere verlagerte, und die Bitterkeit in seiner Kehle stieg immer höher, bis er glaubte, jeden Moment daran zu ersticken.

Acht Jahre zuvor war er in die Steppe zurückgekehrt, um Keru aufzuziehen und ihn zum Großen Häuptling der Zwanzig Stämme zu machen, doch als er aus den Wäldern der Mutterländer in das Grasmeer geritten war, hatte er feststellen müssen, daß es die Zwanzig Stämme nicht mehr gab. Und als er den Jungen den Häuptlingen präsentiert hatte, die noch übriggeblieben waren – jenen jämmerlichen Gestalten, die es noch nicht einmal wert waren, die Stiefel der großen alten Häuptlinge zu lecken –, als er ihnen erklärt hatte, daß Keru Vlahans Sohn war, waren die Feiglinge kreidebleich geworden und hatten hastig das Sonnenzeichen gemacht, um böse Geister abzuwehren.

»Vlahan ist durch den Fluch des Schlangenvogels gestorben!« hatten sie gerufen. Ein paar von ihnen hatten sogar vorgeschlagen, dem Jungen die Kehle durchzuschneiden und ihn Gott Han zu opfern, weil jeder wußte, daß sich Flüche vom Vater auf den Sohn übertrugen. Aber Changar war ein mächtiger Zauberpriester, dessen Ruf die Nomaden noch immer vor Angst erzittern ließ, und so hatten sie es nicht gewagt, Keru anzurühren oder ihn oder Changar darben zu lassen.

Das war Changars einziges Glück gewesen: Da die Häuptlinge die bösen Geister fürchteten, die er herbeibeschwören konnte, wenn er beleidigt war, hatte Changar das Leben des Jungen retten können und es sogar geschafft, ein paar unzufriedene Krieger dazu zu überreden, ihm Treue zu schwören. Seit acht Jahren zogen sie von Lager zu Lager – ein kleiner Trupp, der zwar nicht willkommen war, aber auch nie abgewiesen wurde. Wenn es etwas zu essen gab, überließ man ihnen die besten Stücke; wenn es Kersek aus gegorener Stutenmilch gab, setzte man sie ihnen vor. Die Häuptlinge schickten ihnen stets Konkubinen, um ihre Mahlzeiten zu kochen und ihr Bett zu wärmen – sogar das Bett des Jungen, der mit zehn seine erste Frau gehabt hatte.

Keru hatte Changar einmal anvertraut, daß er zuerst kaum gewußt hatte, was er eigentlich mit einer Frau anfangen sollte, außer wie ein Baby an ihren Brüsten zu nuckeln. Doch seit damals hatte Keru eine Menge über Frauen gelernt. Hauptsächlich hatte er gelernt, sie einfach zu nehmen und sie hinterher fallenzulassen. Aber er hatte es nie so recht über sich gebracht, Frauen zu verachten, wie es sich für einen Krieger gehörte, und diese Schwäche des Jungen beunruhigte Changar, weil sie darauf schließen ließ, daß noch immer ein Stückchen von Marrah um Kerus Herz geflochten war.

Jeden Morgen – ob der Himmel nun klar und wolkenlos war, wenn er die Augen aufschlug, oder ob so wie jetzt ein Schneesturm um sein Zelt heulte – malte Changar sich sehnsüchtig aus, wie er an der Spitze eines riesigen Kriegerverbandes in die Mutterländer ritt; er stellte sich vor, daß Keru ihm wie ein gut dressierter Hund gehorchte; er sah die Stadt Shara in Flammen, die Sharaner auf Pfähle aufgespießt und Marrah und Stavan mit blauverfärbten Gesichtern und hervorquellenden Augen, wie sie verzweifelt an den Würgeschlingen zerrten, die er, Changar, ihnen endlich um den Hals geknotet hatte. Aber im Laufe des Tages wurden diese Wunschträume von Rache und Triumph hart wie erkaltendes Fett, und wenn die Sonne unterging, stieg stets wieder die Bitterkeit in seiner Kehle auf und vergiftete sein Abendessen. Dank Keru und der Furcht der Häuptlinge hatte er jetzt fast alles, was er sich je gewünscht hatte – bis auf das eine, das ihm wirklich Befriedigung verschafft hätte.

Fröstelnd ballte Changar die Hände zu Fäusten, schloß die Augen und versuchte, das Heulen des Sturms von Gott Hans Mißfallen aus seinem Bewußtsein zu verdrängen. Aber der Sturm tobte unvermindert weiter, schüttelte sein Zelt und drang in eisigen Böen durch sämtliche Ritzen, bis die Flammen des Feuers zu gefrieren schienen. Seine verkrüppelten Beine taten in der Kälte derart weh, daß es sich anfühlte, als nagten Ratten an seinen Knochen, und ein schrecklicher Schmerz nagte an seiner Leber.

Es war ein neuer Schmerz, einer, der Changar Angst einjagte, weil er keine Zauberformel hatte, um ihn zu heilen, und keinen Trank, um ihn zu lindern. In letzter Zeit hatte er zu fürchten begonnen, Gott Han habe ihn geprüft, für unzulänglich befunden und beschlossen, ihn zu bestrafen. Wenn er an den Schmerz dachte, stellte Changar sich einen riesigen weißen Bären vor, groß wie zwei Männer. Der Bär war Gott Hans Bote, und wenn er nachts zu Changar kam, um seine Krallen in seine Seite zu schlagen, schreckte dieser oft schreiend aus dem Schlaf hoch. Tagsüber, wenn er wach war, gelang es ihm jedoch gewöhnlich, den Bären zu bezwingen.

Changar kniff die Augen noch fester zusammen und malte sich aus, wie er die gewaltige Schnauze des Bären mit seinen bloßen Händen packte und seine Kinnladen auseinanderzwang. Der Bär wehrte sich erbittert, spuckte Speichel, der auf Changars Haut brannte, doch Changar zog unablässig, bis die Muskeln zerrissen wie morsche Fäden und der Bär erzitterte und tot zu seinen Füßen zusammenbrach.

Als der Bär starb, fühlte Changar einen bitterkalten Luftzug durch sein Zelt wehen und auch noch das letzte bißchen Wärme vertreiben. Er öffnete die Augen und stellte fest, daß Keru gekommen war, er stand im offenen Zelteingang, über und über mit Schnee bedeckt und gesund und kraftvoll wie ein junger Hengst. Jeder andere Krieger in Kerus Alter wäre zu dieser späten Stunde längst auf dem Weg zu seinem Zelt gewesen, um die Wärme des Feuers und der Frauen zu genießen; aber Keru sah immer zuerst nach seinem Onkel Changar, bevor er sein Abendessen verzehrte oder mit seiner neuesten Konkubine schlief.

»Komm rein und schließ die Zeltklappe«, befahl Changar, »bevor wir beide zu Eis erstarren.« Keru tat, wie ihm geheißen, und wandte sich ab, um die Lederschnüre zuzubinden und das Holzbrett vorzuschieben, das die kalte Zugluft abhielt. Kerus Anblick war stets ein gutes Gegenmittel gegen Bitterkeit und Verzweiflung, und als Changar ihn jetzt beobachtete, wie er die Zeltklappe abdichtete, empfand er eine seltsame, verworrene Zärtlichkeit. Es war nicht Liebe – zumindest nicht das, was die Bewohner der Mutterländer als Liebe bezeichnet hätten –, und dennoch war es ein starkes und durchaus aufrichtiges Gefühl. Changar hätte Keru ohne zu zögern die Kehle aufgeschlitzt und ihn Han geopfert, wenn er durch ein solches Opfer eine Armee hätte aufstellen und in Shara hätte einfallen können; aber Keru war eine Art Ersatz für den Sohn, den er nie gehabt hatte, er genoß die Gesellschaft des Jungen, und er hatte im Laufe der Jahre eine gewisse Zuneigung für ihn entwickelt.

Changar schätzte ansehnliche Männer, und Keru war von einem

hübschen Jungen zu einem großen, gutaussehenden Krieger herangewachsen. Sein Haar hatte die goldgelbe Farbe des Herbstgrases, er trug es lang und im Nacken mit einer Lederschnur zusammengebunden. Seine Augen waren dunkelbraun und von so langen, dichten Wimpern umkränzt, daß sie Changar manchmal an die Augen einer Frau erinnerten. Sonst jedoch hatte Keru ganz und gar nichts Feminines. Sein Kinn war energisch und leicht eckig, sein Bart dicht, seine Hände voller Schwielen und seine Beine so kräftig und muskulös wie die eines Schlachtrosses.

Für Changars Geschmack sah Keru Stavan ein bißchen zu ähnlich, aber selbst das hatte seine Vorteile. Stavan war ein großer Krieger gewesen, weitaus klüger als Vlahan und kühn genug, um sogar seinen ärgsten Feinden widerwilligen Respekt abzunötigen. Keru mochte vielleicht Stavans Sohn sein und in den Augen der Hansi ein Bastard, hätte man die Wahrheit gekannt, aber in seinen Adern floß das Blut von zehn Generationen Großer Häuptlinge. Er trug die goldenen Ringe in seinen Ohren und die tätowierten Blitze auf seinen Wangen mit Stolz, und er bewegte sich wie ein Mann, der zum Anführer geboren war.

Als Changar Keru beobachtete, breitete sich ein Ausdruck der Zufriedenheit auf seinem Gesicht aus. Er hob den Arm und holte einen Wasserschlauch von einem der knöchernen Haken, die die Zeltstangen zierten. Im Inneren des Schlauchs war eine Flüssigkeit von der Farbe des Nachthimmels, dunkel, sternenlos und mit Anis gewürzt.

»Setz dich und trink einen Schluck«, sagte Changar einladend.

Keru hatte einen Lederbeutel mitgebracht, den er jetzt ohne große Umstände auf den Boden fallen ließ. Er zog seinen Hut und seine Handschuhe aus, warf seinen Umhang aus Wolfsfell ab, hockte sich neben das Feuer und begann sich die Hände zu wärmen, indem er sie kräftig rieb, um die Blutzirkulation in den halb erfrorenen Fingerspitzen anzuregen. Seine wollenen Beinlinge und die Tunika waren vom geschmolzenen Schnee durchnäßt, und winzige Wasserperlen rannen wie Tränen über seine Wangen, aber sein Mund war wie gewöhnlich zu einem Lächeln verzogen.

Changar hob mit seiner freien Hand einen Stock vom Boden auf und stocherte ärgerlich im Feuer. Die Miene eines Kriegers sollte undurchdringlich sein – grimmig, ausdruckslos, finster –, aber Keru grinste so häufig, daß es ein Wunder war, daß ihn seine eigenen Männer nicht für schwachsinnig hielten. Obwohl Changar es unzählige Male versucht hatte, war es ihm nie gelungen, dem Jungen diese übermäßige Heiterkeit auszutreiben.

Keru lehnte den angebotenen Trinkschlauch mit einer Handbewegung ab und erklärte Changar, er wolle ihm zuerst etwas ganz Besonderes zeigen, bevor er trinken würde – wobei der springende Punkt natürlich der war, daß er, nachdem er getrunken hatte, nicht mehr in der Verfassung sein würde, irgend jemandem irgend etwas zu zeigen.

»Was denn?« fragte Changar. Der Junge war den ganzen Tag mit seinen Kriegern unterwegs gewesen und brachte, wenn seine Streifzüge erfolgreich gewesen waren, oft Geschenke mit. »Hast du mir endlich eine goldene Halskette mitgebracht, um diese kümmerliche Kette aus Fuchszähnen und Kupferperlen zu ersetzen?«

Keru lachte, setzte sich, streckte seine Füße Richtung Feuer und begann, seine Zehen zu wärmen. »Nein, Onkel Changar, ich habe dir kein Gold mitgebracht, sondern etwas sehr viel Selteneres.« Seine Stimme war freundlich, und er sprach Hansi wie seine Muttersprache. Manchmal, wenn Keru zu reichlich von dem mit Anis gewürzten Gebräu getrunken hatte, wurden seine Pupillen ganz weit, und er fiel in die Sprache seiner Kindheit zurück, die er ebenfalls perfekt beherrschte. Changar wäre es eigentlich lieber gewesen, Keru hätte das Sharanische vergessen, eine alberne, singende Sprache, die Changar immer an das Zwitschern von Vögeln erinnerte. Womöglich würde sich jedoch ein solches Talent eines Tages als nützlich erweisen, deshalb hatte er die Muttersprache nicht aus dem Gedächtnis des Jungen ausgelöscht wie so viele andere Dinge.

»Seltener als Gold, sagst du?«

»Ja, Onkel, sehr viel seltener.«

Da Changar sich nichts Selteneres als Gold vorstellen konnte, bedeutete er Keru endlich mit seiner Überraschung herauszurücken. Keru hob seinen Lederbeutel auf, zog ihn zu sich heran und löste die Schnur. Er griff hinein, hielt für einen Moment dramatisch inne, zog dann den Pelz eines großen weißen Tieres heraus und warf ihn Changar in den Schoß. Changar blickte hinunter auf den Kopf eines weißen Bären mit geöffneter Schnauze und scharfen Fangzähnen. Die Schnauze des Bären ruhte an Changars Hüfte, und seine Zähne glänzten im Licht des Feuers, als wären sie im Begriff, sich durch seine Haut zu graben und seine Leber herauszureißen. Mit einem panischen Aufschrei stieß Changar das weiße Bärenfell beiseite und wich hastig mit Hilfe seiner Arme zurück, um sich in Sicherheit zu bringen.

»Schaff den verfluchten Pelz hier raus!« brüllte er. »Nimm ihn weg! Schaff ihn sofort aus meinem Zelt!«

Keru hatte seinem Onkel mit dem Geschenk eine Freude machen wollen, er war erschrocken und verwirrt über dessen Reaktion. Er sprang auf die Füße, schnappte sich das Bärenfell, riß die Zeltklappe auf und warf den kostbaren Pelz in den Schnee. Nachdem er die Zeltklappe wieder gesichert hatte, wandte er sich zu Changar um und sah, daß dieser blau im Gesicht war und am ganzen Körper zitterte wie ein Mann, dessen Herz ausgesetzt hatte.

»Onkel!« rief er alarmiert. Er rannte zu dem alten Mann, um ihn näher an das wärmende Feuer zu ziehen, aber Changar stieß ihn weg.

»Laß mich in Ruhe! Faß mich nicht an!«

»Aber, Onkel ...«

»Geh weg, oder ich schwöre bei Choatk und allen Dämonen des Höllenreichs, daß ich dich in eine hirnlose Fledermaus verwandeln werde!«

Keru glaubte zwar nicht, daß Changar ihn in eine Fledermaus verwandeln konnte, aber er begriff, daß er unbeabsichtigt etwas Schlimmes angerichtet hatte, deshalb wich er ein paar Schritte zurück und wartete ängstlich auf eine Erklärung. Nach einer Weile hörte Changar endlich auf zu zittern. »Kersek«, befahl er.

Keru nahm einen zweiten Schlauch von der Zeltstange, der prall gefüllt mit Kersek war, und reichte ihn seinem Onkel. Changar zog den Stöpsel aus dem Schlauch, trank einen großen Schluck, kroch wieder zum Feuer zurück und trank erneut. Er wischte sich den weißen Schaum von den Lippen und blickte Keru lange Zeit schweigend an, bevor er etwas sagte. Es war kein freundlicher Blick: Die grünen Augen des alten Mannes waren noch nie so wölfisch gewesen und sein Mund noch nie derart grausam.

»Wo hast du dieses verfluchte Bärenfell her?«

»Von einem kleinen Stamm, der sich das Schneevolk nennt«, erwiderte Keru, eifrig darauf bedacht, zu erklären, daß er es nicht böse gemeint hatte. »Sie sind aus dem Norden gekommen, weil sie das Gerücht gehört hatten, es gebe nun, da sich die großen Stämme alle aufgelöst haben, in der Steppe reichlich Weideland für alle. Als meine Männer und ich ihre Packpferde und Frauen sahen, machten wir uns wie gewöhnlich zum Angriff bereit, doch als wir gerade unsere Pfeile in die Bögen spannten, kam mir plötzlich eine Idee. ›Wozu sollten wir uns die Mühe machen, sie zu töten, und dabei riskieren, daß unsere Pferde im Kampf verletzt werden‹ habe ich zu Craikhan gesagt, ›wenn wir sie wie Kühe melken können, und zwar ohne jede Gefahr für uns?‹ Und Craikhan, der bekanntlich ein sehr vernünftiger Mann ist, meinte: ›Wozu ein Risiko eingehen?‹ Deshalb haben wir sie nicht angegriffen, sondern sie einfach nur umzingelt, ein bißchen mit unseren Waffen herumgefuchtelt und sie in Angst und Schrecken versetzt. Wir waren nämlich fünfzehn Krieger und sie nur fünf.«

Wie gewöhnlich sprudelten viel zu viele Worte über Kerus Lippen, doch Changar unterbrach ihn ausnahmsweise einmal nicht.

»›Was habt ihr für uns?‹ habe ich die Jammergestalt von einem Häuptling gefragt. ›Welchen Preis zahlt ihr für euer erbärmliches Leben?‹ Also, dieses Schneevolk hatte kein Gold, deshalb bot mir der Häuptling als erstes seine jungfräuliche Tochter an – häßlicher als Ziegen –, dann seine Ehefrauen – abstoßende alte Weiber, alle miteinander –, dann versuchte er, uns seinen schreienden Sohn aufzudrängen. Schließlich, als ich Craikhan befahl, ihm seinen Dolch an die Kehle zu setzen, erinnerte sich der Häuptling an das Bärenfell. Zuerst hat ihm keiner von uns geglaubt, als er es erwähnte, denn schließlich weiß jeder, daß Bären braun oder schwarz sind, rotbraun und manchmal auch gelblichbraun, aber der Häuptling erklärte beharrlich, hoch oben im Norden durchstreiften große weiße Bären das Land. Sie liefen so schnell wie Hirsche, sagte er, und sie könnten schwimmen und wären so riesig, daß sie ein Pferd mit einem einzigen Prankenhieb töten könnten.

Der Häuptling behauptete, der Geist von Gott Han bewohne die weißen Bären, und als er mir das Bärenfell gab, sagte er, es enthielte einen mächtigen Zauber. Ehrlich gesagt, ich habe ihm seine Geschichte nicht so ganz abgekauft, aber da sie sonst nichts Wertvolles besaßen und es meinen Kriegern keine Ehre eingebracht hätte, mit den Köpfen eines so verlausten Haufens halbverhungerter Männer heimzukehren, nahm ich den Pelz und brachte ihn dir, Onkel. Ich dachte, wenn er wirklich irgendeinen Zauber enthält, könntest du ihn vielleicht finden. Jetzt ist mir klar, daß ich dich mit meinem Geschenk beleidigt habe, und es tut mir aufrichtig leid, daß ...«

Changar tat die lange Entschuldigung, die unweigerlich folgen würde, mit einer ungeduldigen Handbewegung ab. »Genug von deinem weibischen Geschwätz. Halt den Mund und hör mir zu: Wenn du dieses Zelt verläßt, will ich, daß du das Bärenfell aus dem Lager schaffst, es in kleine Stücke zerschneidest und verbrennst. Es darf nichts davon übrig bleiben, hast du mich verstanden? Nichts, gar nichts, nicht einmal ein winziger Fetzen von der Größe eines Grassamens. Du hast mir kein Geschenk gebracht. Du hast mir meinen Tod gebracht.«

Keru erbleichte vor Schreck. »Deinen Tod, Onkel? Aber wie ...?«

»Wie? Das ist eine gute Frage. Das frage ich mich auch gerade. Ich weiß, du hattest nicht die Absicht, einen Fluch in mein Zelt zu bringen. Du bist immer ein guter Junge gewesen. Aber wenn ich dein Gesicht betrachte, kann ich etwas sehen, was mir nicht behagt. Ich kann die Augen deiner Mutter sehen.«

»Ich kann doch nichts für meine Augen, Onkel Changar. Ich hätte auch gerne blaue Augen, aber ich habe gemischtes Blut. Du hast immer gesagt, die Mutterländer stünden mir förmlich ins Gesicht geschrieben. Ich kann nichts daran ändern.«

»Natürlich kannst du das nicht. Aber denk mal über folgendes nach: Nachts träume ich von einem weißen Bären, der meine Leber frißt, und am nächsten Abend bringst du mir ein weißes Bärenfell. Das kann doch kein Zufall sein. Es muß deine hinterhältige Hexe von einer Mutter sein, die versucht, dich als Werkzeug zu benutzen, um mich umzubringen. Sag mir, erscheint sie dir immer noch in deinen Träumen?«

Keru blinzelte und wandte den Blick ab. »Nein«, erwiderte er tonlos.

»Du würdest mich doch nicht belügen, oder?«

»Nein, Onkel Changar. Mutter kommt nicht mehr zu mir, wenn ich schlafe.«

»Und deine Zwillingsschwester? Geht sie durch deine Traumwelt?«

»Nein. Luma war nicht oft im Traum bei mir. Und jetzt kommt sie überhaupt nicht mehr.«

»Du weißt, daß die beiden sich wünschen, du wärst tot?«

»Ja, ich weiß, Onkel.«

»Du weißt, daß dein Miststück von Mutter gerade im Begriff war, dich diesem abscheulichen Dämon von Schlangengöttin zu opfern, als ich kam, um dich zu retten?«

»Ja, Onkel.«

»Du weißt, daß alle Mutterleute Männer hassen. Daß überall dort, wo Frauen herrschen, Männer wie Sklaven behandelt werden, nur dazu da, Kinder zu zeugen, zu dienen und Frauen Lust zu bereiten. Du weißt, daß, wenn deine Mutter stirbt, deine Schwester Häuptling von Shara werden und auf dem Ehrenplatz sitzen wird, auf dem du eigentlich sitzen solltest; und du weißt, daß, wenn eine von ihnen jemals erfährt, daß du noch lebst, sie Kriegerinnen ausschicken werden, um unerbittlich Jagd auf dich zu machen und deinen Kopf und deine Eier als Trophäen zurückzubringen.«

»Aber welche Bedrohung stellen diese Kriegerinnen für uns dar, Onkel?« fragte Keru störrisch. »Ich habe nie so ganz verstanden, warum wir Frauen fürchten müssen.«

»Weil«, erwiderte Changar, »wie ich dir schon unzählige Male erklärt habe, die Kriegerinnen von Shara keine Frauen sind, wie wir sie kennen. Diese Frauen sind von Dämonen besessen. Es sind Frauen, die wie Männer auf Schlachtrössern reiten; Frauen, die mit Bögen schießen und Speere schleudern können. Bevor sie in eine Schlacht reiten, trinken sie irgendeinen verfluchten Trank, der ihr Haar in Schlangen verwandelt und ihre Augen in Stein. Sie stürmen durch den Wald, fallen über Tiere her und essen sie bei lebendigem Leib. Und wenn sie in ihrer Raserei auf einen Mann stoßen, verschlingen sie ihn ebenfalls.«

Keru überlief ein Schauder. »Ich kann mich an solche Frauen in Shara nicht erinnern. Alle, an die ich mich erinnere, waren freundlich.«

»Auch das, mein Junge, habe ich dir schon so oft erklärt, daß ich es allmählich leid bin. Du kannst dich nicht mehr daran erinnern, weil deine Mutter dich mit dem Fluch des Vergessens belegt hat. Aber mit meiner Hilfe wirst du dich an die Grausamkeit der Frauen von Shara erinnern, wirst dich daran erinnern, wie deine Mutter dich verachtete, als du ein Kind warst, und wie all ihre Liebe deiner Schwester galt.« Changar griff nach dem Schlauch mit dem schwarzen, mit Anis gewürzten Gebräu, zog den Stöpsel heraus und bot Keru den Schlauch an.

»Vergessen wir den Fehler, den du gemacht hast, als du mir den weißen Bärenpelz brachtest. Ich weiß, du hast dir nichts Böses dabei gedacht, und es wird höchste Zeit für unser gemeinsames abendliches Vergnügen. Hier, trink!«

Keru griff eifrig nach dem Schlauch, legte den Kopf in den Nacken und trank einen großen Schluck. Der Anisgeschmack explodierte in seinem Mund. Tief im Zentrum des Trankes war etwas, das wie die sanfte, beruhigende Stimme einer schönen Frau wirkte. Fast augenblicklich schien das Licht des Feuers weicher zu werden, und ein warmes, prickelndes Gefühl breitete sich von seiner Kehle bis hinunter in seine Zehenspitzen aus. Keru seufzte, wischte sich den Mund ab und setzte den Schlauch ab in der Absicht, ihn wieder zu verstöpseln, aber er griff nur widerstrebend nach dem Stöpsel. Er liebte die süße Trägheit, die seinen Körper erfüllte, wenn er von dem Zaubertrank getrunken hatte. Hätte Changar ihm das Gebräu vorenthalten – wie er es häufig tat, wenn er verärgert über ihn war – hätte Keru nicht einschlafen können.

»Trink ruhig noch mehr«, sagte Changar mit ungewöhnlicher

Großzügigkeit. Nachdem Keru ein zweites Mal getrunken hatte, bot Changar ihm sogar noch einen dritten Schluck an und lehnte sich dann zurück, um abzuwarten.

Wer war dein Vater?

»Mein Vater ist Stavan.«

Dein Vater war Vlahan. Wiederhole die Worte!

»Vlahan war mein Vater. Mein Vater war Vlahan.«

Gut. Wer ist deine Mutter?«

»Marrah aus Shara.«

Liebt deine Mutter dich?

»Ja, Onkel Changar.«

Nein, sie haßt dich.

»Meine Mutter haßt mich.«

Sie will deinen Tod.

»Sie will meinen Tod.«

Hör auf zu weinen. Weinen ist was für Frauen. Männer weinen nicht. Du bist ein Krieger, und dein Herz ist hart und voller Haß. Du haßt Marrah, deine elende Hexe von einer Mutter; du haßt die Mutterleute; du willst, daß Shara in Flammen aufgeht. Was hast du da in der Hand?

»Nichts.«

Doch, es ist ein Dolch. Sieh dir die Klinge an. Sieh dir das Heft an. Kannst du ihn jetzt sehen, Keru?

»Ja, Onkel Changar.«

Kannst du deine Mutter vor dir stehen sehen?

»Ja, Onkel Changar.«

Was tut sie gerade?

»Sie weint vor Einsamkeit.«

Ihre Tränen sind Gift. Es sind die Tränen einer hinterhältigen Schlange. Stoß ihr den Dolch ins Herz.

»Ich kann nicht.«

Tu es!

»Nein. Ich nehme ihre Hand. Ich küsse sie auf die Wange. Ich sage: ›Mutter, ich habe dich lieb. Mutter, ich vermisse dich.‹«

Sei kein Narr. Sie ist kein menschliches Wesen. Ihre Haut ist so kalt wie die Haut einer Schlange. Schneide ihr das Herz heraus und gib es mir!

»Nein!«

Ich werde deinen Willen brechen, Keru. Mit der Zeit wirst du alles tun, was ich dir sage.

»Aber nicht das hier.«

Auch das hier. Du wirst ihr das Herz aus der Brust schneiden. Und sogar noch Schlimmeres tun.

»Was könnte noch schlimmer sein als ein Sohn, der seiner Mutter das Herz aus der Brust schneidet?«

Schau genau hin. Siehst du diesen schwarzen Beutel in meiner Hand?

»Ja.«

Weißt du, was in dem Beutel ist?

»Nein.«

Deine Seele, Keru. Ich halte deine Seele in diesem schwarzen Beutel gefangen.

»Gib mir meine Seele zurück, Onkel Changar. Bitte. Es macht mir angst, ohne Seele zu leben.«

Nein, Keru. Deine Seele ist mein. Sie gehört mir. Ich werde sie dir niemals zurückgeben. Und jetzt wach auf, und wenn du die Augen öffnest, wirst du dich an all dies hier nicht mehr erinnern.

Keru gähnte und schlug die Augen auf. Das Feuer war zu einem Häufchen glühender Kohlen heruntergebrannt, und der Sturm war abgeflaut. Keru streckte sich und ließ seine Fingerknöchel knacken. »Ich muß eingedöst sein«, sagte er.

»Das bist du«, erwiderte Changar. Er griff nach einem Stock und stocherte in den Kohlen, um das Feuer neu zu entfachen. »Der Sturm scheint sich gelegt zu haben, während du die halbe Nacht geschnarcht hast. Höchste Zeit, in dein Zelt zurückzukehren und die Füße deiner Konkubinen zu wärmen.«

»Warum haben Frauen eigentlich immer so kalte Füße, Onkel Changar?« fragte Keru scherzhaft, als er seinen Umhang umlegte und die Handschuhe überstreifte.

Changar lächelte. »Das ist eines von Gott Hans großen Mysterien«, erklärte er.

Gegen Tagesanbruch, als Keru schon seit Stunden behaglich zwischen seinen beiden Konkubinen schlief, war Changar noch immer wach. Er starrte in das Feuer und ging im Geist noch einmal die Antworten durch, die Keru ihm gegeben hatte. In all den Jahren hatte sich der Junge stets geweigert, seiner Mutter den imaginären Dolch ins Herz zu stoßen, wenn er unter dem Einfluß des berauschenden Trankes stand, und seine Halsstarrigkeit machte Changar rasend; an diesem Abend hatte Keru jedoch etwas gesagt, das Changar mit neuer Hoffnung erfüllte: er hatte ihn angefleht, ihm seine Seele zurückzugeben. Diese Wende der Ereignisse freute Changar ganz besonders, denn wenn Keru seine Seele zurückverlangte, bedeutete das, daß er endlich daran glaubte, überhaupt eine zu besitzen.

Die Vorstellung von einer Seele stammte nicht von Changar. Die Hansi hatten immer schon geglaubt, daß es einen unsichtbaren Teil des Menschen gebe, der nach seinem Tod weiterlebte – in Gott Hans paradiesischen Gefilden, wenn der Verstorbene ein tapferer Krieger war, oder in Choatks finsterem Höllenreich, wenn er ein Feigling war. Die Vorstellung von einer persönlichen Seele war eine der größten Erfindungen der Nomaden, bedeutender noch als die Zähmung des Pferdes. Doch Changar war noch einen Schritt weitergegangen. Er hatte gefolgert, daß, wenn ein Mann eine Seele besäße, ein anderer Mann womöglich imstande sein könnte, sie ihm zu stehlen und als Geisel zu behalten. Ein Zauberpriester wie Changar könnte viele Seelen besitzen, so, wie ein mächtiger Häuptling viele Sklaven besaß; und ähnlich wie ein solcher Häuptling könnte Changar jene Seelen seinem Willen unterwerfen.

Seit dem Augenblick, als Vlahan ihm den vierjährigen Keru in die Arme gedrückt und ihm befohlen hatte, gut auf ihn aufzupassen, hatte Changar beharrlich darauf hingearbeitet, die Seele des Jungen zu besitzen. Er hatte herumexperimentiert, bis es ihm gelungen war, den Trank zu brauen, der Keru in tiefe Trance versetzen würde; er hatte gelernt, seine Gedanken in Kerus Ohr zu flüstern, und er hatte eine Methode ersonnen, Keru Dinge vergessen zu lassen, die er niemals hätte vergessen dürfen, und ihn dazu zu bringen, sich an Dinge zu erinnern, die nie geschehen waren.

Es war ein hartes Stück Arbeit gewesen, und es hatte viele Rückschläge gegeben, weil die Mutterleute nicht einmal ein Wort für »Seele« hatten. Als Changar Keru entführt hatte, glaubte der Junge fest daran, daß der weibliche Dämon, den die Sharaner die Göttin Erde nannten, die Menschen bei ihrem Tod in ihren Schoß aufnahm, sie veränderte und sie in neuer Gestalt auf die Erde zurückschickte. Laut Auskunft der Gefangenen, die Changar verhört hatte, glaubten die Bewohner der Mutterländer daran, daß die Verstorbenen als Vögel, Säugetiere, Insekten oder Fische – oder sogar als menschliche Babys – wiedergeboren wurden, sich aber nicht mehr daran erinnern konnten, wer sie einst gewesen waren oder was sie getan hatten, als sie auf Erden wandelten.

Die Vorstellung, all der Ruhm eines Mannes und all sein Erinnerungsvermögen sterbe mit ihm zusammen, wirkte auf Changar höchst abstoßend. Aber sie war tief in dem Jungen verwurzelt, der offensichtlich Zeuge von Bestattungszeremonien geworden war, bei denen man die Leichen der Verstorbenen den Vögeln überließ, damit sie das Fleisch von ihren Knochen pickten, und die Knochen dann in ein der Form eines Mutterleibes nachempfundenes Grab legte.

An diesem Abend hatte Keru jedoch wie ein Nomade gesprochen. Er hatte den imaginären schwarzen Beutel gesehen und begriffen, was er enthielt. *Gib mir meine Seele zurück, Onkel Changar,* hatte er gebettelt. *Es macht mir angst, ohne Seele zu leben.*

Changar lächelte bei der Erinnerung daran, wie zu Tode verängstigt Keru bei diesen Worten geklungen hatte. Furcht ist eine großartige Waffe, dachte er, besser und treffsicherer als jeder Speer. Ein Speer traf einen Mann in den Arm oder ins Bein oder er verfehlte ihn sogar, aber Furcht traf ihn immer mitten ins Herz.

8. Kapitel

In den Mutterländern

Es war Spätsommer, und die riesigen Wälder, die sich von der Steppe bis zum Süßwassersee erstreckten, hatten die vielfältige Farbenpracht des herannahenden Herbstes angenommen. An einem heißen Tag des Monats, den wir September genannt hätten, saß Luma auf Shalru, ihrem rotbraunen Wallach, gut versteckt hinter einem schützenden Schirm wilder Weinstöcke und wartete darauf, einen Stoßtrupp von Nomadenkriegern zu überfallen, die gerade Vieh aus einem nahegelegenen Dorf gestohlen hatten. Luma war nicht allein – die Nattern lagen überall um sie herum im Hinterhalt –, doch als sie reglos im Schatten der Büsche wartete und beobachtete, wie die Fliegen um Shalrus Ohren summten, fühlte sie sich einsam und verwundbar.

Keine vierzig Schritte von ihr entfernt waren acht Nattern im Gestrüpp verborgen, aber sie verhielten sich so still, daß eine Schar kleiner brauner Vögel herbeigeflogen kam, um die Ameisen aufzupicken, die den Pfad hinaufkrabbelten. Das einzige menschliche Geräusch, das Luma hören konnte, war das Klopfen ihres eigenen Herzens und manchmal ein leises Klatschen, wenn Keshna eine Fliege vom Hals ihrer kastanienbraunen Stute verscheuchte. Ab und zu blickte Luma zu Keshna hinüber, um sich zu vergewissern, daß sie noch da war. Keshna zwinkerte ihr jedesmal zu, wenn sie ihren Blick auffing, und grinste, als wollte sie sagen: *Nomaden aus dem Hinterhalt zu überfallen macht Spaß, nicht?* Luma war zwar nicht davon überzeugt, daß Keshna so mutig war, wie sie sich zu geben versuchte, aber selbst wenn ihre Tapferkeit nur vorgetäuscht war, war es doch tröstlich, sie in der Nähe zu wissen.

Nervös nahm Luma Shalrus Zügel zwischen die Zähne, um die Hände frei zu haben, wenn es zum Kampf kam, dann nahm sie sie wieder heraus, weil sie sich doch etwas lächerlich vorkam. Sie überprüfte ihre Bogensehne, tastete nach ihrem Dolch, zählte ihre Pfeile, kratzte sich im Nacken und blickte den Pfad hinunter zu dem Dickicht, wo sich Ursha, Melang, Trithar und Lelsang versteckten. Ein Stück weiter voraus, wo der Pfad abbog und auf den Bach stieß, lagen Endah, Garang, Clarah und Kandar auf der Lauer, obwohl sich nicht einmal ein Blatt bewegte, das ihre Anwesenheit verraten hätte.

Sobald die Nomaden in Sicht kamen, würden Ursha, Melang, Trithar und Lelsang sie angreifen und auf Kandars Gruppe zutreiben. Die würden sie sofort umzingeln und ihnen keine Gelegenheit zur Flucht geben. Luma mußte zugeben, daß sich der Plan durchaus vernünftig anhörte, obwohl sie keine Ahnung hatte, ob er funktionierte. Nicht nur, daß sie noch nie gegen Nomaden gekämpft hatte, sie hatte auch, seit sie und Keshna sich den Nattern angeschlossen hatten, keine feindlichen Krieger mehr zu Gesicht bekommen. Der Sommer war ungewöhnlich friedlich gewesen, und soweit es Luma und Keshna betraf, würde er auch friedlich bleiben. Denn obwohl sie bis an die Zähne bewaffnet waren, würden sie heute nicht kämpfen. Kandar – der sie noch für zu unerfahren hielt – hatte ihnen befohlen, den Überfall nur zu beobachten. Luma war sehr enttäuscht gewesen, als sie erfuhr, daß sie bei ihrer allerersten Schlacht untätig in einem Versteck kauern sollte, statt zu kämpfen, und Keshna war furchtbar wütend gewesen; aber seit sie mit den Nattern ritten, hatten sie Kandars Befehle stets widerspruchslos befolgt – was nur gut war, denn hätten sie das nicht getan, hätte Kandar sie kurzerhand aus dem Verband geworfen. Er mochte zwar derart in Keshna verliebt sein, daß er kaum den Blick von ihr abwenden konnte, doch er ließ ihr niemals irgend etwas durchgehen.

Luma wedelte eine Fliege von Shalrus linkem Ohr und dachte an die diversen, höchst raffinierten Dinge, die Keshna tat, um den armen Mann zu quälen. Nachts ging sie auf Kandars Seite des Feuers, breitete ihre Schlafdecke neben ihm aus und flüsterte ihm mit süßer Stimme Worte zu, bis seine Stimme barsch wurde vor hoffnungsloser Leidenschaft. Jeder wußte, daß sie keine Lust miteinander teilten, denn wenn zehn Leute in einem engen Kreis um das Feuer schliefen, gab es keine Geheimnisse; aber Kandar versuchte Keshna immer wieder dazu zu bewegen, ihn zu lieben. Wenn Luma manchmal mitten in der Nacht aufwachte, konnte sie ihn eindringlich flüstern hören, und dann hörte sie Keshnas Lachen, so leicht und kalt wie frisch gefallener Schnee. Doch bei Tag behandelte Kandar Keshna wie alle anderen. Dafür achtete Luma ihn um so mehr. Denn es erforderte große Charakterstärke, Keshna zu lieben und nicht ihren Launen und Marotten nachzugeben.

Luma wedelte abermals eine Fliege von Shalrus Hals und beobachtete, wie die Vögel die letzten Ameisen aufpickten. Sie hätte es Keshna gegenüber niemals zugegeben, doch allmählich war sie Kandar dankbar, daß er ihnen befohlen hatte, sich aus dem Überfall herauszuhalten. Er hatte recht: Sie und Keshna mochten vielleicht lederne Beinlinge anziehen, ihr Haar zurückbinden und sich mit den Symbolen der Göttin bemalen, aber Tatsache war, daß sie, was das Kämpfen betraf, Babys waren. Je länger Luma in ihrem Versteck saß und auf die Nomaden wartete, desto mehr Zeit hatte sie, darüber nachzudenken, wie wenig sie tatsächlich wußten. Die Nomaden vom Grünen Strom hereinzulegen und ihnen ihre Pferde zu stehlen war das eine. Etwas völlig anderes war es, sich gegen Männer zu behaupten, die andere Menschen mit Pfeilen durchbohrten, seit sie alt genug waren, um eine Bogensehne straff zu ziehen. Luma war sich noch immer nicht ganz sicher, ob sie nicht in Panik geraten oder einen tödlichen Fehler machen würde, wenn sie zum ersten Mal in ihrem Leben auf einen feindlichen Krieger stieß. Sie hoffte verzweifelt, daß sie tapfer sein und sich nicht blamieren würde.

Die Zeit verging quälend langsam. Einmal raschelte etwas im Gebüsch, und Luma fuhr erschrocken zusammen, aber es war nur ein Eichhörnchen. Sie leckte ihre Lippen und versuchte zu schlucken, doch ihr Herz hämmerte aufgeregt, ihre Kehle war staubtrocken, und alles schien ein bißchen zu hell. *Laß die Nomaden bald kommen!* betete sie und beugte sich instinktiv im Sattel vor, als wolle sie gegen Kandars Befehl vorwärtsstürmen, obwohl sie keineswegs die Absicht hatte, irgend etwas dergleichen zu tun. Shalru, der ihre Unruhe spürte, stampfte plötzlich mit dem Huf auf. Luma zuckte bei dem Geräusch zusammen und blickte zu Keshna hinüber, die sie mißbilligend anfunkelte.

Beruhige dein Pferd, bedeutete Keshna ihr.

Luma fühlte, wie sie vor Verlegenheit rot anlief. Kandar hatte allen strikte Anweisung erteilt, absolute Ruhe zu bewahren, und jetzt das! Sie hoffte inständig, Kandar hatte das Stampfen nicht gehört, aber wahrscheinlich hatte er es mitbekommen, was bedeutete, daß er ihr nach dem Überfall eine ordentliche Standpauke halten würde.

Sie nickte Keshna entschuldigend zu und tätschelte beschwichtigend Shalrus Hals, während sie innerlich flehte, er möge nicht noch einmal mit dem Huf stampfen. Gewöhnlich gehorchte Shalru auf das geringste Kommando, doch aus irgendeinem unerfindlichen Grund wurde er zunehmend unruhiger. Der Wallach hob den Kopf und schien auf etwas zu horchen, obwohl es, soweit Luma es beurteilen konnte, bis auf ein paar ferne Vogelrufe nichts zu hören gab. Die weichen Nüstern seiner samtigen schwarzen Nase blähten sich, über seinen Widerrist lief ein Zucken, und er legte die Ohren zurück. Keine sonderlich ermutigenden Anzeichen. Er war offensichtlich kurz davor, wieder mit dem Huf zu stampfen oder sogar zu wiehern. Luma beugte sich tief über seinen Hals und begann, mit leiser, beruhigender Stimme zu flüstern.

»Ruhig, mein Schatz«, murmelte sie besänftigend. »Ganz ruhig, mein kleiner Liebling, mein süßer Schatz.« Keshna neckte sie immer, weil sie mit Shalru sprach wie mit einem Liebhaber, doch Luma hatte schon vor langer Zeit herausgefunden, daß Koseworte ihn beruhigten. »Shalru, meine Meereswelle; Shalru, der mich wie ein Boot auf seinem schönen breiten Rücken schaukelt; Shalru, der mir Freude bereitet und mich auf unsichtbaren Flügeln durch den Wald fliegen läßt: Sei still, mein Liebster, sei ganz ruhig.«

Sie hatte bisher noch nie erlebt, daß ihr Flüstern nicht die gewünschte Wirkung erzielte, aber heute nützte alles nichts. Shalru hob den linken Vorderhuf und senkte ihn mit einem dumpfen Aufschlag. Zum Glück war es nur ein leises Stampfen, nicht annähernd so laut wie das erste Mal, aber er bewegte sich dabei ein kleines Stück zur Seite, so daß Lumas Bein den Rumpf von Keshnas Stute streifte und das Tier ein paar Schritte seitwärts tänzelte.

»Sieh zu, daß du dieses blöde Vieh unter Kontrolle bekommst!« zischte Keshna.

»Ich versuche es ja!« zischte Luma zurück. Sie zog Shalru von Keshnas Stute weg und überlegte verzweifelt, was sie noch tun konnte, um ihn zu beruhigen. Offensichtlich war der Wallach wegen irgend etwas nervös, aber weswegen? Spürte er ihre Furcht und Unsicherheit, oder reagierte er auf etwas anderes, etwas, das er hören und wittern konnte, sie aber nicht? Als Luma sich erneut über seinen Hals beugte, um ihm ins Ohr zu flüstern, ging ihr plötzlich auf, was ihn vielleicht so unruhig machte. Bevor er in ihren Besitz gelangt war, hatte Shalru dem Häuptling der Nomaden vom Grünen Strom gehört. Er war eigentlich ein Nomadenschlachtroß, und so, wie er die Nüstern blähte, wäre sie jede Wette eingegangen, daß er den vertrauten Geruch anderer Nomadenschlachtrösser witterte.

Aber wo waren sie? Sie hielt reglos inne, schmiegte ihre Wange an Shalrus Hals, horchte angestrengt und hörte nichts. Dann richtete sie sich im Sattel auf und spähte durch den Schirm von Weidenstöcken, und wieder sah sie nichts außer dem Pfad, dem Wald und einem kleinen braunen Vogel, der noch immer optimistisch Jagd auf Ameisen machte.

Dann geschah etwas ganz Seltsames, etwas, das sie sich nie richtig erklären konnte. Sie hatte nicht etwa eine Vision – Batal gewährte ihr nie Visionen –, aber ganz plötzlich spürte sie hinter sich die Anwesenheit einer bösen, bedrohlichen Macht. Sie war finster und häßlich, und sie erzeugte eine Art tonloses Summen, als hätten sich Hunderte von Fliegen in einem dichten Schwarm erhoben.

Luma drehte sich halb um, blickte über Shalrus Rumpf hinweg und sah das Nomadenüberfallkommando. Vier schwerbewaffnete Krieger, gekleidet in dunkle Filzbeinlinge und schlammverkrustete Tuniken, ritten schweigend durch den Wald. Sie verschmolzen so perfekt mit ihrer Umgebung, daß sie nicht zu sehen gewesen wären, hätten sie sich nicht bewegt. Sie waren nicht den Pfad heraufgekommen, wie Kandar erwartet hatte, sondern den kleinen Bach entlang, der hinter den Weinstöcken verlief. Das gestohlene Vieh, das sie eigentlich hätten treiben sollen, war nicht zu sehen, aber sie führten drei Packpferde am Zügel, beladen mit blutdurchtränkten Ledersäcken, die höchstwahrscheinlich frischgeschlachtetes Fleisch enthielten.

Eine Woge panischer Angst schlug über Luma zusammen. Die Krieger hatte kahlrasierte Köpfe und abscheuliche Tätowierungen. Pfeile ragten wie Stacheln aus den Köchern, ihre sirrenden Bögen waren vollkommen, ihre Speere tödlich. Der Krieger an der Spitze des Trupps, der ihr Anführer zu sein schien, hielt einen dicken Lederriemen in der Hand, an dessen Ende eine Steinkugel baumelte, offensichtlich dazu da, seinen Feinden den Schädel zu zertrümmern. Sein Schild war, ebenso wie die Schilde von zwei der übrigen Männer, mit einem menschlichen Totenschädel geschmückt. Der vierte Mann hatte nur einen aufgemalten blutroten Sonnenaufgang auf seinem Schild, aber er trug eine Lederweste, die mit menschlichem Haar geschmückt zu sein schien. Es war nicht das blonde Haar der Nomaden, sondern das dunkle, lockige Haar der Mutterleute, zumindest zum größten Teil. Der Rest war grau, wie Luma mit einem Schauder des Grauens erkannte. Ihr Entsetzen wuchs, als ihr aufging, daß seine Weste nicht etwa aus Leder war, wie sie zuerst geglaubt hatte, sondern aus menschlichen Skalps zusammengestückelt war.

Einen Moment lang konnte sie nichts als Ekel empfinden und eine lähmende, übelkeiterregende Angst, die wie ein schwerer Stein in ihrem Magen lag. Dann legte sich die Panik ganz plötzlich. Vielleicht flößte Batal ihr Mut ein, wenn sie ihn am dringendsten brauchte, vielleicht hatte Stavan sie gut trainiert, vielleicht war sie auch einfach nur tapferer, als sie es jemals für möglich gehalten hatte. Auf einmal hörten ihre Hände auf zu zittern, ihr rasender Puls verlangsamte sich, ihr Atem ging wieder regelmäßig, und der Klumpen in ihrem Magen löste sich auf. *Ich* bin diejenige, die *ihnen* auflauert, dachte sie.

Ihre Sinne wurden schärfer, und ihr Verstand begann präzise und schnell zu arbeiten. Das erste, was sie registrierte, war, daß die Weinstöcke durch einen glücklichen Zufall bis an das Ufer des Baches hinunterhingen und eine weitere blickdichte Wand bildeten. Bis jetzt hatten die Krieger sie und Keshna noch nicht entdeckt – ganz zu schweigen von dem Rest der Nattern, die alle in die falsche

Richtung spähten und nichts von der Anwesenheit des Feindes ahnten. Wenn es ihr nicht gelang, einen ihrer Kampfgenossen auf den Nomadenstoßtrupp aufmerksam zu machen, würden sie diesen Vorteil bald verlieren. Die Nomaden näherten sich in raschem Tempo; nur noch wenige Augenblicke, und sie würden Urshas Gruppe sehen können, und wenn das passierte, würden die im Hinterhalt Liegenden plötzlich aus dem Hinterhalt überfallen werden.

Wortlos streckte Luma den Arm aus und klopfte Keshna auf die Schulter. *Sieh hinter dich!* signalisierte sie ihr, doch Keshna warf ihr nur einen ärgerlichen Blick zu. Sie konnte keine Zeit mit Erklärungen vergeuden, und die Nomaden waren jetzt so nah, daß Luma nicht wagte zu flüstern. Sie packte Keshnas Arm und zwang sie, sich im Sattel umzudrehen. Als Keshna die Nomadenkrieger sah, riß sie die Augen auf und schnappte keuchend nach Luft. Luma legte ihr blitzschnell die Hand auf den Mund, doch ihre Befürchtungen waren grundlos: Keshna mochte zwar wild und hitzköpfig sein, aber in einer Krise war immer Verlaß auf sie.

Sie starrten einander schweigend an und überlegten krampfhaft, was sie tun sollten. Sie hatten keine Möglichkeit, die anderen zu warnen. Die Nomaden waren zu nahe und zu erfahren, um nicht das leiseste Geräusch zu hören. Und wenn sie gar nichts unternahmen, würde der Rest der Nattern ohne Vorwarnung von hinten überwältigt werden.

Du könntest versuchen, einen Kieselstein nach Ursha zu werfen, um ihre Aufmerksamkeit zu erregen, gab Keshna ihr wortlos zu verstehen. Luma machte das Zeichen für *»Ursha ist zu weit weg«* und schüttelte den Kopf, um anzudeuten, daß sie bereits selbst auf diese Idee gekommen war und sie wieder verworfen hatte.

Keshna nickte widerwillig zustimmend und machte eine obszöne Geste. *Scheiß auf Ursha und die anderen,* sagte sie in Zeichensprache. *Es hängt jetzt alles von uns ab.*

Wir haben nur eine Wahl, signalisierte Luma zurück.

Ja, pflichtete Keshna ihr bei.

Wir greifen sie an.

Wir greifen sie an. Trotz ihres herausfordernden Benehmens konnte Luma sehen, daß Keshnas Hände zitterten, aber ihr blieb keine Zeit, darüber nachzudenken. Hastig griff sie nach ihrem sirrenden Bogen und spannte einen Pfeil ein. Und Keshna neben ihr tat genau das gleiche. Sie brauchten kein Signal, um ihren Angriff zu koordinieren, was gut war, denn sie hatten keine Möglichkeit, eines zu geben. In ihre erste Schlacht ritten sie mit jener perfekten, fast mystischen Eintracht, die den Rest ihrer gemeinsamen Jahre kennzeichnen sollte. In exakt demselben Moment, in dem Luma Shalru durch Schenkeldruck auf der Stelle wendete, drückte Keshna ihrer Stute die Fersen in die Flanken und zog sie herum. Die Weinstöcke teilten sich, und sie stürmten Seite an Seite hinaus und schrien, auf die Nomadenkrieger zugaloppierend, aus voller Kehle.

»Batal!« brüllte Luma.

»Batal und Sieg!« schrie Keshna.

Das Problem mit Überraschungsangriffen auf Nomaden war, daß sie ihr ganzes Leben lang damit rechneten, plötzlich aus dem Hinterhalt überfallen zu werden. Die vier Krieger waren vielleicht im ersten Moment überrascht, erholten sich jedoch viel zu schnell von dem Schreck, als daß ein Sturmangriff besonders erfolgversprechend gewesen wäre. Sie ließen die Zügel der Packpferde fallen und griffen so schnell nach ihren Waffen, daß jeder von ihnen vier Arme zu haben schien. Dennoch gab es einen Moment – einen sehr kurzen Augenblick –, als sie ruckartig den Kopf hoben, um ihre Angreifer zu beobachten, und mit der Hand noch nicht ganz ihre Speere erreicht hatten. In diesem Moment schoß Luma ihren Pfeil ab und jagte ihn geradewegs durch den Hals des Kriegers in der Skalpweste. Es war natürlich ein Zufallstreffer. Sie hätte niemals genau genug zielen können, um ihn zu treffen, nicht vom Rücken eines galoppierenden Pferdes aus, nicht in der nervösen, aufgeregten Verfassung, in der sie war. Aber Batal führte ihren Arm, der Pfeil flog direkt auf sein Ziel zu, und sie hörte den dumpfen Aufprall, als die Pfeilspitze die Luftröhre des Mannes durchbohrte.

Der Krieger ließ den Speer fallen, den er gerade nach ihr hatte schleudern wollen, und starrte sie aus weitaufgerissenen Augen wütend an, als wolle er wissen, wie sie es wagen konnte, ihn zu erschießen. Langsam hob er eine Hand, schlug nach dem Pfeilschaft, verfehlte ihn, kippte nach vorn und stürzte vom Pferd. Es war kein Blut zu sehen, nicht ein einziger Tropfen, aber er lag so reglos da, daß Luma begriff, daß sie ihn getötet haben mußte.

Sie hatte jedoch keine Zeit, darüber nachzudenken, was es bedeutete, einen Menschen getötet zu haben. Inzwischen kam, alarmiert durch die Kampfgeräusche, auch der Rest der Nattern herbeigaloppiert, um sich an dem Sturmangriff zu beteiligen, doch Luma und Keshna waren viel zu weit voraus, als daß ihnen die Verstärkung etwas genützt hätte. Die drei verbleibenden Krieger stürzten sich mit gewaltigem Zorn auf die beiden Frauen, die es gewagt hatten, einen der Ihren zu töten. Sie schrien schreckliche Hansi-Flüche, schleuderten ihre tödlichen, mit Feuersteinspitzen bewehrten Speere und ließen ihre Pfeile zischend durch die Luft sausen. Diese Männer verfehlten ihr Ziel nicht, und wären die Packpferde nicht gewesen, wären Luma und Keshna mit Sicherheit niedergemetzelt worden. Aber die Packpferde brachen, völlig verstört durch die gellenden Schlachtrufe, in Panik aus und galoppierten geradewegs auf Luma und Keshna zu. So bildeten sie eine lebende Barrikade und hinderten die Krieger daran, ihr Ziel zu treffen.

Tobend vor Wut schossen die Nomaden auf ihre eigenen Packpferde, um sie aus dem Weg zu treiben, doch es war zu spät. Angeführt von Kandar waren die übrigen Nattern inzwischen eingetroffen. Schneller, als Luma die ganze Szene in sich aufnehmen konnte, fielen zwei weitere Nomadenkrieger, und als der Überlebende erkannte, daß er den Angreifern hoffnungslos unterlegen war, machte er kehrt und ergriff die Flucht.

»Ihm nach!« brüllte Kandar. Die zehn Nattern stürmten in den Bach, trieben ihre Pferde das schlammige Ufer hoch und preschten in den Wald. Als Luma sich an Shalrus Mähne festklammerte und ihn drängte, noch schneller zu galoppieren, peitschten ihr Zweige ins Gesicht. Shalru streckte sich und wurde ganz Rhythmus und Tempo.

»Batal!« schrien die Nattern. »Batal! Batal!« Und der Name der

Göttin und das Trommeln der Pferdehufe verschmolzen miteinander und vibrierten durch die Luft, während sie den fliehenden Nomaden verfolgten.

Luma wußte nicht, wie lange die Jagd so weiterging, doch nach einer Weile zügelte Kandar seinen Wallach und bedeutete den anderen, es ihm nachzutun. Es war gut, daß er die wilde Verfolgungsjagd abbrach, denn inzwischen waren die Pferde völlig außer Atem und über und über mit Schweiß bedeckt.

»Ich fürchte, wir haben ihn verloren«, sagte Kandar. Die anderen stöhnten enttäuscht auf. Kandar und Trithar, der zweitbeste Fährtensucher der Gruppe, saßen ab und suchten nach Spuren des Nomaden, während die übrigen Nattern ihre Pferde zum Abkühlen in einen nahegelegenen Bach führten. Der Bach war schmal und am Grund mit kleinen Kieselsteinen übersät. Das Wasser floß über die Hufe der Pferde und benetzte ihre Fesselgelenke. Luma bespritzte Shalrus Beine mit Wasser, ließ ihn jedoch nur wenig trinken, weil zu viel Wasser nach einem solchen Galopp nicht gut war. Während sie Wasser mit den hohlen Händen schöpfte, um seinen Hals zu befeuchten, dachte sie darüber nach, wie seltsam es war, die Fährte eines Mannes zu verlieren, obwohl man ihm direkt auf den Fersen war. Als sie das Endah gegenüber erwähnte, räumte diese ein, daß es tatsächlich merkwürdig sei.

»Ich habe das bisher nur selten erlebt«, erklärte Endah. Sie war eine vollbusige Frau mit einer großen Nase, dichtem, glattem Haar und einer Lücke zwischen den Schneidezähnen, breit genug, um einen Eichenzweig dazwischenzuschieben. Obwohl sie seit sieben Jahren mit den Nattern ritt, sah sie meistens ziemlich vergnügt aus, als würde sie gerne ein Baby in den Armen wiegen oder bei einem Fest tanzen. Doch sie war durch und durch Kriegerin, und als sie von dem entwischten Nomaden sprach, verengten sich ihre Augen zu Schlitzen, und auf ihrem Gesicht erschien ein grimmiger Ausdruck. »Ich glaube, wir werden feststellen, daß er uns mit dem Klettentrick hereingelegt hat.«

»Der Klettentrick? Was ist das denn?« wollte Luma wissen.

»Das wirst du bald erfahren«, versprach Endah.

Als Luma und die anderen ihre Pferde aus dem Bach führten,

kehrten Kandar und Trithar mit dem braunen Wallach des Nomaden zurück. Sie hatten ihn in einem Dickicht gefunden, wo er sich am Stamm einer Weide gescheuert hatte, um seinen Sattel loszuwerden. Das arme Tier sah schrecklich aus: naß vor Schweiß, mit wild rollenden Augen und so erschöpft, daß es sich kaum noch auf den Beinen halten konnte. Die Männer hatten keine Spur von dem Nomaden gefunden, sondern nur sein Pferd. Sie waren – genau wie Endah es vorausgesagt hatte – hereingelegt worden. Auf seiner Flucht vor den Nattern hatte der Nomade eine Handvoll stacheliger Kletten gepackt und unter seinen Sattel geschoben. Dann hatte er sich mit einem kühnen Sprung von seinem galoppierenden Pferd gestürzt und sich im Unterholz versteckt. Währenddessen war das völlig verängstigte Pferd weiter durch den Wald gestürmt. Mit anderen Worten, die Nattern hatten ein reiterloses Pferd verfolgt, während der Nomadenkrieger unbehelligt hatte fliehen können, ein ganz simpler und zugleich höchst raffinierter Trick. Luma ertappte sich dabei, daß sie unwillkürlich die Schläue des Kriegers bewunderte.

Langsam ritten sie den Weg zurück, den sie gekommen waren, und hielten nach einer Spur des Kriegers Ausschau, aber er mußte ein alter Hase sein, was den Klettentrick anging, denn nicht einmal Kandar konnte die Stelle entdecken, wo er sich von seinem Pferd getrennt hatte. Als sie wieder den Bach erreichten und zum Schauplatz des Kampfes kamen, lagen die drei Leichen noch immer an genau derselben Stelle, wo sie gefallen waren.

Beim Anblick der toten Krieger – von denen einer durch ihren Pfeil den Tod gefunden hatte –, überlief Luma ein Frösteln, und sie fühlte sich plötzlich ganz seltsam und sehr alt, als sei ihre Kindheit nun endgültig und unwiederbringlich vorbei. Ein Teil von ihr wollte absitzen, den Toten herumdrehen und sein Gesicht betrachten; und ein anderer Teil von ihr wollte so schnell wie möglich wegreiten und ihn für immer aus ihrer Erinnerung verbannen. Bevor sie jedoch das eine oder das andere tun konnte, war Keshna bereits aus dem Sattel gesprungen und rannte zu den Toten, schnappte sich einen ihrer sirrenden Bögen und schwenkte ihn mit einem triumphierenden Schrei über dem Kopf.

»Möge dieser Bogen, der einst friedliebende Sharaner tötete, jetzt Nomaden töten!« verkündete sie. Es war ein hehrer Gedanke, ein Ausspruch, dem sich die Nattern bedenkenlos anschließen konnten; doch was Keshna als nächstes tat, war dermaßen untragbar, daß es um ein Haar ihren Rauswurf aus dem Verband bedeutet hätte. Sie warf Luma den sirrenden Bogen zu und zog den Dolch, den sie aus dem Grab des Häuptlings geraubt hatte, aus ihrem Gütel. »Tod den Invasoren!« schrie Keshna, ließ sich auf die Knie fallen und machte sich daran, einem der gefallenen Nomaden den Kopf abzutrennen.

»Nein!« brüllten die Nattern entsetzt, als Keshna die scharfe Dolchklinge über die Kehle des Kriegers zog. »Nein, nicht!« Mehrere Männer und Frauen sprangen vom Rücken ihrer Pferde, um sie von ihrem schrecklichen Vorhaben abzubringen, doch Kandar war als erster bei ihr. Wütend packte er Keshna unter den Armen, riß sie mit einem Ruck auf die Füße und schlug ihr den Dolch aus der Hand.

»Was denkst du dir eigentlich dabei?« brüllte er.

»Ich will den Kopf dieses Bastards haben!« brüllte Keshna zurück.

»Nein!« schrie Kandar. »Nein! So etwas tun wir nicht! Einen Kopf zu erbeuten ist Blasphemie, eine Sünde gegen die Göttin Erde. Es ist pervers, unrecht und barbarisch!«

»Du schimpfst *mich* barbarisch? Und was ist mit ihnen?« Sie spuckte auf die Leiche des Mannes, dessen Kopf sie hatte abtrennen wollen. »Sie haben meine Mutter vergewaltigt und ihre ganze Familie abgeschlachtet!«

»Wer? Diese Männer? *Diese* Männer hier haben die Familie deiner Mutter ermordet?«

»Nicht diese hier, aber andere Männer wie sie. Tritt zur Seite, Kandar, und laß mich meiner Mutter etwas mitbringen, worüber sie sich freuen kann.«

Statt sie gewähren zu lassen, umklammerte er ihre Arme mit schraubstockartigem Griff und zwang sie, zum Bach hinüber zu gehen. »Ins Wasser mit dir!« befahl er. Er sprach mit gedämpfter, von kalter Wut erfüllter Stimme. »Geh ins Wasser und kühl dich ab, Keshna, sonst werde ich dich eigenhändig in Fesseln legen, nach Shara zurückverfrachten und Ranala vor die Füße werfen. Du wirst dann nie wieder – und ich meine wirklich *nie wieder* – in deinem Leben mit den Nattern oder irgendeinem anderen Verband der Schlangen reiten.«

Etwas in Kandars Stimme mußte Keshna verraten haben, daß es ihm mit jedem Wort, das er sagte, bitterernst war. Mürrisch befreite sie sich aus seinem Griff und watete in den Bach.

»Setz dich hin«, befahl Kandar. »Bespritz dich mit Wasser. Wasch die böse und unverzeihliche Halsstarrigkeit aus deinem Herzen, die dich auf die irrige Idee gebracht hat, eine Natter könnte jemals auch nur mit dem Gedanken spielen, den Kopf eines Feindes als Trophäe zu nehmen.«

Keshna setzte sich nieder und bespritzte sich mit Wasser.

»Und jetzt steh wieder auf.«

Sie erhob sich.

»Wie fühlst du dich jetzt?«

»Ich hasse die Bastarde noch immer.«

»Ich verlange nicht von dir, daß du sie liebst. Ich sage dir nur, daß du meine Befehle befolgen wirst, solange du mit mir reitest; und ein Befehl, dem keiner meiner Krieger ungestraft zuwiderhandelt, lautet, keine Köpfe zu erbeuten.«

Seine Stimme wurde ein klein wenig sanfter. Nicht versöhnlich – Luma konnte sehen, daß er nicht in der Stimmung war zu verzeihen –, doch Kandar liebte Keshna, und im gleichen Maße, wie er über ihre Tat empört und schockiert war, mußte er auch Mitleid mit ihr empfunden haben. »Wenn wir anfangen, die Köpfe unserer Feinde zu erbeuten, werden wir bald nicht besser als die Nomaden sein. Kannst du das nicht verstehen? Was hat es für einen Sinn, die Mutterländer zu verteidigen, wenn wir ebenso brutal und grausam werden wie unsere Feinde? Diese Krieger hier haben zwar versucht, uns umzubringen, aber sie wurden als Kinder der Göttin Erde geboren, genau wie wir. Sie haben sich vielleicht von ihr abgewandt, ihr abgeschworen oder sogar gelobt, sie zu vernichten; aber wir werden diese Toten heil und in einem Stück in ihren Schoß zurückkehren lassen.«

Wieder fragte er Keshna, ob sie verstehe, und wieder nickte sie. Zufrieden streckte Kandar ihr die Hand hin, um ihr das schlammige Bachufer hinaufzuhelfen. Sie nahm zwar seine Hand, weigerte sich aber, ihm ins Gesicht zu sehen. Als sie das Ufer hinaufkletterte, tropfte Wasser von ihren Beinlingen und aus ihrem Haar und rann über ihre Wangen. Während die Nattern schweigend zuschauten, hob sie ihren Dolch vom Boden auf und schob ihn wieder in ihren Gürtel.

»Hier, nimm deinen neuen Bogen«, sagte Luma sanft, doch Keshna war nicht in Stimmung für Freundlichkeit, nicht einmal von Luma; und die Miene, mit der sie ihre Freundin ansah, als sie ihren Bogen entgegennahm, war so finster wie eine Gewitterwolke.

Als Keshna sich wieder auf den Rücken ihrer Stute geschwungen hatte, saß Luma ab und ging zu den drei toten Kriegern. Sie blieb neben dem Mann in der Skalpweste stehen, blickte auf ihn hinunter und versuchte sich vorzustellen, wer er gewesen war und was für ein Leben er wohl geführt hatte.

»Ich habe vorher noch nie einen Menschen getötet«, sagte sie zu niemand Besonderem, aber eine Stimme, die sie als Trithars erkannte, erwiderte: »Nein, das hast du vermutlich nicht.« Und eine andere Stimme fügte hinzu: »Es gibt für alles ein erstes Mal.«

Luma wußte, die Stimmen waren mitfühlend, aber ihre Wärme erreichte sie nicht. Sie ließ sich auf die Knie fallen, packte den Krieger bei den Schultern und drehte ihn herum. Der Mann hatte grobe Züge, einen rötlichen Bart und eine pockennarbige Nase. Sein Haar war mit dem roten Ocker versteift, den die Nomaden im Kampf oft benutzten, und seine starren, leblosen Augen sahen blaß und kalt aus. Es war nur ein klein wenig Blut an seinem Hals und ein winziger, verkrusteter Tropfen in seinem Mundwinkel, und doch war er zweifellos tot. Luma fragte sich, ob er wohl Frauen und Kinder hatte und wie ihnen wohl zumute war, wenn sie vergeblich auf seine Rückkehr warteten.

»Es tut mir leid«, flüsterte sie, und dennoch konnte sie keine Reue über ihre Tat empfinden, nur eine lähmende, niederdrückende Dumpfheit, als wäre die Welt plötzlich aller Farbe beraubt worden. Sie schloß die Augen, erhob sich auf die Füße und wandte sich zu Kandar um.

»Ist das hier nicht im Grunde das gleiche wie Mord?« Es war kein Vorwurf; sie wollte es wirklich wissen.

Ranala hätte ihr energisch befohlen, sich wieder in den Sattel zu schwingen und aufzuhören, dummes Zeug zu reden, aber Kandar war nicht deswegen der Anführer der Nattern geworden, weil man ihn fürchtete, sondern weil er verstand, was seine Krieger tief im Innersten bewegte.

»Du hast ihn nicht ermordet«, sagte er ruhig. »Du hast ihn in einem fairen Kampf getötet. Sieh dir seine Weste an: Du siehst, wie viele Menschenleben er auf dem Gewissen hat.«

»Aber ich habe ihn nicht wegen all dieser Menschenleben getötet. Ich habe ihn getötet, weil er ein paar Rinder gestohlen hat. Sag mir, Kandar, wie kommst du mit dir selbst ins reine, nachdem du einen Mann getötet hast, dessen einziges Verbrechen darin bestand, daß er hungrig war?«

Kandar sah überrascht aus. »Glaubst du, daß du das getan hast? Denkst du, du hättest ihn wegen eines Diebstahls getötet?«

Luma nickte.

Inzwischen waren die Nattern bis auf Keshna abgesessen und hatten sich um Luma und Kandar versammelt. Die Nattern waren eine eng miteinander verbundene Gemeinschaft; wenn einem von ihnen etwas zustieß, waren alle davon betroffen. Sie ritten zusammen, aßen zusammen und schliefen Seite an Seite. Wenn einer von ihnen starb, trugen die anderen schmale Armbänder aus geflochtenen Leinenstreifen um die Handgelenke. Diese Trauerarmbänder waren mit dem Symbol der Göttin Erde versehen und von den Priesterinnen von Shara gesegnet, sie wurden niemals abgelegt, bis sie morsch wurden und von selbst abfielen. Die Nattern wußten alles über den Tod, und sie wußten, wie es Luma bei der Vorstellung, einen Menschen getötet zu haben, ums Herz sein mußte.

»Wenn diese Krieger nur Vieh gestohlen hätten«, sagte Endah ruhig, »hätten wir sie einfach gejagt, bis wir das Vieh zurückbekommen hätten. Wir hätten uns natürlich verteidigt, aber wenn sie geflohen wären, hätten wir sie nicht weiter verfolgt. Und wenn wir es hätten vermeiden können, sie zu töten, dann hätten wir das getan.«

»Aber diese Krieger hier haben etwas sehr viel Schlimmeres getan«, fügte Melang hinzu. Melang war ein kleiner, dunkelhaariger, liebenswürdiger Mann, der Luma oft an ihren Onkel Arang erinnerte, aber als er von den Nomaden sprach, schwang in seiner Stimme ganz und gar nichts Liebenswürdiges mit und er blickte die Toten mit einer Bitterkeit an, die allen Glanz aus seinen Augen vertrieb.

»Was haben sie denn getan, was so schlimm war?« fragte Luma.

»Du warst nicht dabei, als die Kundschafter kamen, um von den Viehdiebstählen zu berichten, nicht?« fragte Kandar.

»Nein. Du hattest mich und Keshna in den Wald geschickt, um Feuerholz zu sammeln.«

»Dann hast du also nie die ganze Geschichte gehört?«

Luma, die gar nicht gewußt hatte, daß es eine »ganze Geschichte« gab, schüttelte den Kopf.

»Schon mal von einem Dorf namens Ver Sha La gehört?«

»Natürlich. Das ist doch der Ort, wo der wilde Honig herstammt – der spezielle Honig, den die Priesterinnen manchmal nehmen, wenn sie in Trance versinken. Ich war einmal mit meiner Mutter und meinem Bruder dort, als ich noch ein kleines Mädchen war. Wir haben den Honig in zwei großen Tonkrügen zurücktransportiert, und Mutter wollte Keru und mich nicht davon kosten lassen, obwohl ich noch genau weiß, daß wir sie anflehten, uns doch wenigstens einmal einen Finger hineinstippen zu lassen. Sie warnte uns sehr eindringlich davor, daß die Bewohner von Ver Sha La ihre Bienen den Nektar von Rhododendren, Azaleen, Oleander und anderen giftigen Pflanzen sammeln ließen und daß der Honig so stark sei, daß zuviel davon tödlich sein könnte. Ich kann mich sogar noch daran erinnern, wie sie sagte, es wäre ihr sehr viel lieber gewesen, sie hätte den Nomaden bei der Belagerung von Shara statt des giftigen Muschelragouts wilden Honig vorsetzen können.«

»Wenn du dich noch an so vieles erinnern kannst«, meinte Kandar, »dann weißt du vielleicht auch noch, wie Ver Sha La ausgesehen hat.«

»Ich weiß noch, daß die meisten Mutterhäuser die Form von Bienenkörben hatten. Die Dorfbewohner hatten sie alle in einer anderen Farbe angestrichen. Einige waren sogar mit blauen und roten Streifen verziert. Im Zentrum des Dorfes stand eine große Statue von Susshaz, der Bienengöttin, und überall blühten Unmengen von Blumen. Die alten Männer und Frauen machten andauernd Musik, weil sie glaubten, der Klang der Flöten mache die Bienen glücklich und sie würden mehr Honig sammeln, wenn sie glücklich wären. Ver Sha La war wirklich ein hübsches Dorf.«

Die Nattern tauschten vielsagende Blicke, und eine Weile herrschte bedrücktes Schweigen. Schließlich sprach Endah. »Jetzt ist Ver Sha La nicht mehr so hübsch«, sagte sie.

Bevor sie den Schauplatz der Schlacht verließen, nahmen die Nattern den toten Nomaden alle Waffen ab, und Kandar verteilte die Messer, Bögen und Speere an diejenigen, die sie dringend brauchten. Sie zogen den Leichen jedoch nicht die goldenen Ringe aus den Ohren oder rissen ihnen die schmalen goldenen Armbänder von den Handgelenken, obwohl das weiche gelbe Metall auch in den Mutterländern zunehmend wertvoller wurde. Die Nattern waren keine Leichenschänder oder Diebe. Sie kämpften nur, um Shara und die umliegenden Dörfer zu verteidigen; und da die Nomaden glaubten, es sei wichtig für sie, reich geschmückt vor ihren Himmelsgott zu treten, war es nur anständig, sie ihren Schmuck mit ins Grab nehmen zu lassen. Ein Teil des Goldschmucks, den die Nomaden trugen, war jedoch eindeutig nicht dazu bestimmt, ins Paradies mitgenommen zu werden. Einer hatte einen Ring mit dem Abbild von Susshaz, der Bienengöttin, am Finger, und ein anderer – der Mann, den Luma erschossen hatte – trug eine kunstvoll gearbeitete, zwei Finger breite goldene Halskette. Sieben Priesterinnen tanzten über die gesamte Länge der Kette, ihre Hände segnend erhoben. Zwischen ihnen schwebten sieben heilige Bienen über sieben voll erblühten Oleanderblüten. Da sowohl der Ring als auch die Kette offensichtlich erbeuteter Tempelschmuck aus Ver Sha La waren, nahmen die Nattern die Stücke an sich, aber ansonsten nahmen sie nichts. Sie bestatteten ihre Feinde sogar in flachen Gräbern, indem sie sie auf Nomadenart flach auf dem Rükken liegend begruben und Erdhügel über ihnen aufschichteten.

Nachdem die Toten begraben waren, machten sie sich daran, die verschwundenen Pferde zu suchen. Die Packpferde aufzuspüren, erwies sich als relativ einfach. Eines der Tiere war leicht verletzt, und die anderen beiden waren in seiner Nähe geblieben; aber die Schlachtrösser waren sehr viel schwieriger auszumachen. Schließlich kehrte Trithar mit dem Braunen zurück, und eine Weile später kamen Endah und Melang mit dem Wallach mit dem weißen Stirnfleck am Zügel. Doch das vierte Pferd schien sich in Luft aufgelöst zu haben. Das war eigenartig, denn einer der Hufe des Wallachs wies eine deutliche Deformierung auf, die es eigentlich hätte leichtmachen müssen, seiner Spur zu folgen. Aber seine Hufabdrücke endeten am Ufer des Baches unmittelbar hinter dem Weidenwäldchen, und selbst Kandar konnte seine Fährte nicht weiterverfolgen.

Luma beobachtete, wie Kandar in die Hocke ging und die Tiefe der Hufabdrücke mit den Fingern maß. Dann kehrte er zu der Stelle zurück, wo die Schlacht stattgefunden hatte, und maß auch dort die Abdrücke des Wallachs. »Das Pferd hat einen Reiter getragen, als es in den Bach gegangen ist«, erklärte er schließlich. Die Nattern, die im Kreis um ihn herum standen, nahmen diese Information mit Mißfallen auf.

»Dieser Krieger muß wieder hierher zurückgekommen sein.«

»Die Pest über seine Kletten und seine Gerissenheit!«

»Inzwischen ist er wahrscheinlich schon auf halbem Weg zum Rauchfluß.«

»Oder auf halbem Weg zum Süßwassersee.« Kandar stand wieder auf und wischte sich die feuchte Erde von den Händen. »Unmöglich zu sagen, in welche Richtung er geritten ist.« Einen kurzen Moment lang herrschte Schweigen.

»He, worauf wartet ihr eigentlich noch?« rief Keshna plötzlich. »Los, laßt uns aufsitzen, in alle Richtungen ausschwärmen und versuchen, diesen Bastard zur Strecke zu bringen!«

Nach dem, was Keshna getan hatte, war Kandar nicht dazu aufgelegt, sich von ihr Befehle erteilen zu lassen. Er starrte sie an, und seine Miene wurde finster und abweisend. Luma konnte förmlich spüren, wie er sich zwang, seine Liebe zu Keshna aus seinem Herzen zu verbannen. Als er sprach, ließ nichts in seiner Stimme darauf schließen, daß er auch nur die geringste Zuneigung zu ihr empfand. »Nein«, erwiderte er.

Keshna schien ehrlich überrascht. »Was meinst du mit ›nein‹?« Ihr Mund war zwar zu einem Lächeln verzogen, aber Luma konnte sehen, daß es ein kaltes Lächeln war, erfüllt von Aufsässigkeit. »Das heißt doch wohl nicht, daß du uns tatsächlich befiehlst, untätig herumzustehen und Däumchen zu drehen, während ein feindlicher Krieger entkommt?«

»Doch, genau das meine ich. Es hat keinen Sinn, tagelang einen einzelnen Mann aufzuspüren, nur um die Genugtuung zu haben, ihn zu töten. Wenn du ausnahmsweise einmal gründlich nachdenken würdest, Keshna, würdest du erkennen, daß es weitaus besser ist, den Mann zu seinem Lager zurückreiten zu lassen, damit er seinen Kameraden erzählen kann, was die Nattern mit Nomaden tun, die schutzlose Dörfer angreifen.«

Aus der Truppe erhob sich zustimmendes Gemurmel.

»Ja, laßt diesen Krieger unseren Ruhm verbreiten!« sagte Ursah.

»Laßt ihn diesen Feiglingen erzählen, daß unsere Pfeile tödlich sind.«

»... daß wir die Unschuldigen rächen.«

»... daß wir für Batal und für die Gerechtigkeit reiten!«

Keshnas Lippen wurden weiß. »Batal und Gerechtigkeit«, äffte sie die anderen nach. »Ihr sprecht wahrhaftig große Worte, meine lieben, tapferen Nattern, aber was ist das für eine Gerechtigkeit, die Falle aufzureißen und das Nomadenpack entwischen zu lassen?« Sie wandte sich an Kandar. »Ich glaube, du befiehlst uns nur deshalb, ihn laufen zu lassen, weil du denkst, wir schaffen es nicht, ihn zu finden. Du glaubst, der Bastard hat einen viel zu großen Vorsprung, richtig? Aber du irrst dich, Kandar. Ich könnte ihn aufspüren und töten, wenn du mich nur lassen würdest ...«

Sie hätte vielleicht noch mehr gesagt, aber sie wurde von schallendem Gelächter unterbrochen. Jeder wußte, daß Kandar ein zehnmal besserer Fährtensucher war als sie. Als sie das spöttische

Lachen der Nattern hörte, wurden Keshnas Augen ganz schmal, und sie funkelte die anderen mit der Wut und Empörung einer Frau an, die zutiefst beleidigt worden war. »Ihr seid Idioten, alle miteinander«, stieß sie zwischen zusammengebissenen Zähnen hervor. Sie klang so sehr wie Hiknak, daß es geradezu unheimlich war. »Und Kandar ist der größte Idiot von euch allen. Ich kann diesen Krieger finden. Und ich kann ...«

»Still«, befahl Kandar barsch. »Halt den Mund! Du hast schon reichlich genug Schwierigkeiten für einen Tag gemacht. Ich lasse mir das nicht länger bieten. Deine Pflicht ist es, Befehle zu befolgen, und nicht, sie anzuzweifeln.«

Keshna maß ihn mit einem langen, zornigen Blick. Das zweite Mal an diesem Tag hatte er sie gedemütigt: zuerst, als sie den Kopf des Kriegers hatte erbeuten wollen, und jetzt wegen dieser Sache hier. Aber er war der Anführer der Nattern, und selbst in ihrer Wut war sie vernünftig genug zu erkennen, daß sie aufhören mußte, vor allen anderen mit ihm zu streiten. Sie war jedoch auch Halbnomadin, und sie wußte, daß es andere Methoden gab, um sich für die erlittene Demütigung zu rächen. Sie richtete sich zu ihrer vollen Größe auf und verbeugte sich so tief vor Kandar, daß ihr Zopf den Boden streifte. »Jawohl, Rahan«, sagte sie mit spöttischer, trotziger Stimme. Einen Moment lang waren alle so schockiert und empört darüber, daß sie das Hansi-Wort für »Häuptling« benutzt hatte, daß sie Keshna nur sprachlos anstarrten.

»Keshna!« schrie Luma sie an. »Hast du völlig den Verstand verloren? Wie kannst du Kandar derart beleidigen? Du hast ihn gerade einen Wolf genannt, einen Verräter und Tyrannen. Entschuldige dich bei ihm!«

Hätte irgend jemand anderer eine solche Forderung an sie gestellt, hätte Keshna sich geweigert, aber der Klang von Lumas Stimme schien sie wieder zur Vernunft zu bringen. Sie blickte auf, sah in die grimmigen Mienen der Nattern und begriff, daß sie zu weit gegangen war und daß jetzt niemand mehr auf ihrer Seite stand, nicht einmal mehr Luma. Ihr Mund öffnete sich zu einem verdutzten »O«, und ihre Augen füllten sich mit Tränen.

»Es tut mir leid«, sagte sie. Ihre Stimme bebte. Sie drehte sich zu Kandar um und legte die Handflächen zusammen, so wie es die Mutterleute taten, wenn sie Reue bekunden wollten. »Es tut mir wirklich schrecklich leid. Wie konnte ich nur so etwas Gemeines sagen? Ich habe es nicht so gemeint. Bitte verzeih mir.« Ihre Entschuldigung wirkte aufrichtig, und vielleicht war sie es ja auch; aber genau wissen konnte man das nie. Sie mußte sich bewußt sein, wie bezaubernd sie aussah, während sie dort stand und ihr Gesicht flehend zu Kandar erhob. Ihre dunklen Augen glänzten vor Tränen, und an ihren langen, schwarzen Wimpern hingen winzige Tröpfchen. Die Sonne, die hinter ihr stand, schien durch ihr Haar und verwandelte es in eine üppige Masse rot-goldenen Feuers, ihre Wangen waren rosig überhaucht vor Scham.

Er wird ihr auch diesmal wieder verzeihen, dachte Luma. Na ja, wer könnte es ihm verübeln? Welcher Mann könnte einer solchen Schönheit widerstehen? Und für einen Moment war sie eifersüchtig auf Keshna, die immer bekam, was sie wollte, indem sie ganz einfach hübsch aussah.

Aber sie hatte Kandar unterschätzt. Er mochte Keshna vielleicht lieben, doch seine Krieger liebte er noch mehr, und er würde es nicht dulden, daß jemand einen Keil zwischen sie trieb. »Steig auf dein Pferd«, sagte er kalt. »Ich will kein Wort mehr von dir hören, bis wir nach Ver Sha La kommen. Morgen reiten wir zurück nach Shara und übergeben dich Ranala.«

Plötzlich wich alle Farbe aus Keshnas Gesicht. »Du kannst mich doch nicht aus dem Nattern-Verband werfen!« rief sie. »Das kannst du nicht! Bitte tu das nicht, Kandar! Bitte!«

Kandar weigerte sich, mit ihr darüber zu diskutieren. »Sitz auf«, wiederholte er, und ausnahmsweise gehorchte Keshna ohne ein weiteres Widerwort.

9. Kapitel

Schweigend ritten sie nach Ver Sha La, wobei sie die erbeuteten Pferde in einer langen Reihe mit sich führten. Sie erreichten ihr Ziel am späten Nachmittag, als das verblassende Sonnenlicht die Baumkronen mit goldenen Tupfen sprenkelte. Luma hatte Ver Sha La als ein hübsches kleines Dorf in Erinnerung, umringt von Oleanderbüschen, Rhododendren und Azaleen, doch als sie aus dem Wald herausritten, sah sie nichts von alledem. Ver Sha La war nach der Belagerung von Shara gegen Nomadenangriffe befestigt worden, so daß jeder, der sich nun dem Dorf näherte, zuerst nur einen hohen Wall aus festgestampfter Erde sah, gekrönt von zugespitzten Pfählen und dornenbewehrten Brombeerranken. Die einzige Öffnung in dem Wall war ein schmaler Durchgang, gerade breit genug, daß eine Person seitlich hindurchschlüpfen konnte.

Luma mußte zugeben, daß dies eine kluge Methode war, um Nomadenkrieger davon abzuhalten, das Dorf auf Pferden zu stürmen; doch für die Bewohner von Ver Sha La mußte die enge Öffnung in dem Wall sehr unbequem sein, besonders wenn sie sich mit schweren Wasserkrügen oder sperrigen Feuerholzbündeln beladen hindurchzuzwängen versuchten. Andererseits wurden sie auf diese Weise Dutzende Male am Tag daran erinnert, daß sie in Gefahr waren, und das war wahrscheinlich gut so.

Die Nattern saßen ab, banden ihre Pferde an mehrere größere Pfähle und näherten sich dem Tor. Sie riefen laut, daß sie Krieger aus Shara seien und in friedlicher Absicht kämen, um das Dorf zu verteidigen, aber niemand reagierte auf ihr Rufen oder kam an das Tor, um sie hereinzubitten. Es war ein seltsames Gefühl, die eigenen Worte in der Stille widerhallen zu hören. Als sie ihre Ankündigungsversuche schließlich aufgaben, dämmerte ihnen die Erkenntnis, daß Ver Sha La – während sie gegen die Nomaden gekämpft hatten – vielleicht ein zweites Mal von einem noch größeren Kriegerverband überfallen und alle seine Bewohner niedergemetzelt worden waren.

Luma wappnete sich innerlich gegen den Anblick eines grauenhaften Blutbades, doch als sie durch die Öffnung in dem Wall schlüpfte, stellte sie zu ihrer Erleichterung fest, daß alles noch genauso war, wie sie es in Erinnerung hatte. Die bienenkorbförmigen Mutterhäuser standen noch immer in einem Kreis, einige mit roten und blauen Spiralen, andere mit leuchtendbunten Blumen bemalt. Die Blumen auf den Häusern von Ver Sha La waren Blumen aus Träumen und Phantasien: Ihre Blütenblätter waren so riesig wie die Segel der Raspas, ihre Stempel leuchtend orangerote und goldene Bälle. Blütenstaub von der Farbe des Sonnenlichts haftete an ihren Staubgefäßen, und sie waren so täuschend echt, daß es einen fast wunderte, daß sie sich nicht auf ihren Stengeln wiegten, als die erste Abendbrise durch das Dorf wehte.

Über den Blüten schwebten Bienen, so groß wie kleine Hunde, aber auch die Bienen waren Geschöpfe aus der Traumwelt, herbeigezaubert von Priesterinnen, die wilden Honig gegessen haben mußten. Sie trugen menschliche Gesichter: lächelnde Münder, von langen Wimpern umkränzte Augen und Zungen, die aussahen, als wären sie in etwas Süßes und Klebriges getaucht. Die steinerne Statue von Susshaz, der Bienengöttin, die in der Mitte des Dorfes stand, hatte das Gesicht einer schönen älteren Frau mit Augen in Form von Honigwaben und Haar aus winzigen Bienen. Die sechs Bienenbeine der Göttin endeten in Händen, die einen Topf mit süßem Honig hielten. Echte Bienen schwärmten summend um die Töpfe und bedienten sich.

Luma konnte sich nicht erinnern, daß früher derart viele Bienen um Susshaz' Statue geschwirrt waren, aber sie erkannte bald, daß die Bienenschwärme dort waren, weil sich noch etwas anderes verändert hatte: die Reihen kegelförmiger Bienenkörbe, die früher außerhalb des Dorfes gestanden hatten, standen jetzt in der Dorfmitte, aufgebaut auf langen Holzborden und geschützt durch den Erdwall. Vielleicht hatten die Nomadenüberfallkommandos eine Vorliebe für wilden Honig entwickelt, doch Luma glaubte nicht so ganz daran. Eine einleuchtendere Erklärung war, daß heutzutage alles Wertvolle geschützt werden mußte.

Da sie in Ver Sha La keine Menschenseele antrafen, schlüpften die Nattern wieder zum Tor hinaus und machten sich auf die Suche nach den Dörflern. Kandar erklärte, bei den Bewohnern der Siedlungen nördlich von Shara sei es üblich, sich im Wald zu verstecken, sobald sie Hufgetrappel sich nähern hörten. Er hatte jedoch keine Idee, warum die Leute von Ver Sha La geflohen sein könnten, besonders da sie sich die Mühe gemacht hatten, einen so starken Befestigungswall zu bauen.

Luma erinnerte sich noch vage daran, daß es östlich der Stadt eine Art heilige Quelle gab, deshalb ritten sie zuerst in diese Richtung, allerdings ohne Erfolg. Sie kehrten nach Ver Sha La zurück und strebten von dort aus nach Westen, und bald trafen sie tatsächlich auf die Dörfler, die sich jedoch nicht vor feindlichen Kriegern versteckten, sondern sich im Wald versammelt hatten, um ihren Toten die letzte Ehre zu erweisen. Es waren insgesamt vielleicht fünfzig Dorfbewohner, alle in Weiß gekleidet, das überall in den Mutterländern als Farbe der Trauer galt. Als Kandar mit ihnen sprach, erfuhr Luma, daß bei dem Nomadenüberfall vier Bewohner von Ver Sha La ums Leben gekommen waren. Die Leichen der vier Opfer waren bereits gewaschen und auf Plattformen in den Baumkronen hinaufgeschafft worden, damit die Vögel sie zur Muttergöttin zurückbringen konnten, aber die letzten Bestattungstänze waren noch nicht beendet und die letzten Bissen des Trauermahls noch nicht verzehrt.

Die Nattern wurden als Retter umarmt und bewirtet, und obwohl die Dorfbewohner einhellig der Meinung waren, daß der Gerechtigkeit Genüge getan worden war, konnte nichts die Toten wieder zum Leben erwecken. Die Männer und Frauen weinten, als die Nattern ihnen die Packpferde und das Fleisch von ihrem geschlachteten Vieh übergaben. Sie reichten die goldene Halskette mit den tanzenden Priesterinnen von Hand zu Hand weiter und küßten sie ehrfurchtsvoll.

Die Halskette, so schien es, hatte ihrer Dorfmutter gehört, die den Fehler gemacht hatte, hinter dem Schutzwall hervorzukommen, um mit den feindlichen Kriegern zu verhandeln und zum Dank dafür von einem Pfeil ins rechte Auge getroffen worden war. Die Dorfbewohner nahmen die Nattern bei den Händen und führten sie von einem Baum zum anderen, zeigten zu den Plattformen hinauf und nannten die Namen derjenigen, die dort oben den ewigen Schlaf schliefen. So erfuhr Luma, daß drei der vier Toten Kinder unter sieben Jahren waren. Die Kinder hatten das Vieh gehütet, als die Nomaden angriffen. Die Krieger hatten sie wie Hasen gehetzt und sie aus purem Spaß niedergestreckt, obwohl von ihnen keinerlei Bedrohung ausging. Deswegen waren drei der vier Plattformen so klein, und deshalb hatte die Dorfmutter – in der Annahme, daß die Kinder vielleicht noch lebten – den verhängnisvollen Fehler gemacht, hinter dem Schutzwall hervorzukommen und den Angreifern ihre goldene Halskette als Lösegeld anzubieten.

Später, als die Bestattungsfeierlichkeiten vorbei waren, nahm Trithar Luma beiseite. »Bereust du es immer noch, daß du den Nomaden getötet hast?« fragte er.

Als sie darüber nachdachte, stellte Luma zu ihrer Überraschung fest, daß sie tatsächlich noch immer Reue fühlte. Ihr wurde bewußt, daß sie niemals ohne Reue würde töten können, und daß sie zweifellos immer, wenn sie gezwungen war, einen feindlichen Krieger in den Tod zu schicken, wünschen würde, sie hätte es irgendwie vermeiden können. Aber sie konnte Trithar sagen, daß sie sich nicht länger schuldig fühlte. Beim Anblick jener kleinen Plattformen so hoch oben in den Baumkronen war ein großer, unsichtbarer Vogel der Vergeltung vom Himmel geflattert und hatte die Schuldgefühle aus ihrem Herzen gepickt.

Die Nattern blieben drei Tage in Ver Sha La, um ihren Pferden eine Ruhepause zu gönnen und sicherzugehen, daß keine weiteren Nomadenüberfallkommandos im Anmarsch waren. Am Morgen des letzten Tages, als sie sich gerade zum Aufbruch bereitmachten, traf ein Händler aus dem Westen ein – ein kleiner, nervöser Mann, dem zwei Schneidezähne fehlten und der einen Korb voller seltener Kräuter auf dem Rücken trug. Es war ein leichter Korb – oft waren sie mit Muscheln und steinernen Äxten gefüllt –, aber es schien, als würde er von seinem Gewicht niedergedrückt. Er ließ ihn mit einem matten Lächeln auf den Boden fallen, als sei er kurz davor, unter seiner Last zusammenzubrechen. Wie es bei ihnen

Brauch war, boten die Dorfbewohner ihm einen Becher mit kühlem Fruchtsaft an und luden ihn ein, ins Dorf zu kommen und seine Waren auszubreiten, doch er lehnte sowohl den Fruchtsaft als auch die Einladung ab und strebte geradewegs auf die Nattern zu.

»Möge die Göttin Erde euch segnen«, sagte er zu Kandar, den er zu Recht für ihren Anführer hielt. Beim Sprechen pfiffen die Worte durch die Lücke zwischen seinen Zähnen, aber an dem Ausdruck in seinen Augen war ganz und gar nichts Komisches. Noch bevor er zu erzählen begann, merkten sie, daß er völlig verstört und verängstigt war.

»Und möge Sie auch dich segnen«, erwiderte Kandar höflich.

Der Mann kaute auf seiner Unterlippe herum und musterte die übrigen Mitglieder des Verbandes, die damit beschäftigt waren, ihre Satteltaschen zu packen und die Sattelgurte zu überprüfen. »Ich habe Nomaden gesehen«, erklärte er unvermittelt.

Das war eine schlimme Nachricht. Die Männer und Frauen hielten mitten in ihrer Tätigkeit inne und wandten sich zu ihm um, um zu hören, was er zu berichten hatte.

»Wo?«

»Nordwestlich von hier, vor ungefähr fünf Tagen. Eines Morgens hockte ich hinter einem Baum und verrichtete still mein Geschäft, da sind sie an mir vorbeigeritten, ohne mich zu sehen. Ich hatte fürchterliche Angst, das kann ich euch sagen – so entsetzliche Angst, daß ich blieb, wo ich war, und mich den Rest des Tages nicht mehr von der Stelle rührte.«

»Wie viele waren es?«

»Acht, glaube ich, vielleicht auch neun oder zehn. Ich war zu erschrocken, um sie zu zählen. Sie sahen schrecklich aus: fast so nackt, wie die Göttin sie erschuf, mit roten und schwarzen Gesichtern und abscheulichen Tätowierungen, und mit genug Waffen für zwanzig Männer.«

»Führten sie ein überzähliges Pferd am Zügel?«

»Nein.«

»Dann waren es wahrscheinlich nicht die Nomaden, die Ver Sha La angegriffen haben.« Kandar blickte Lelsang an, der zustimmend nickte. Lelsang war das älteste Mitglied des Verbandes – ein großer Mann mit einer bläulich verfärbten Narbe im Gesicht, die ihn grimmiger aussehen ließ, als er tatsächlich war. Er war bei der Belagerung von Shara von einem Nomadenpfeil getroffen worden, als er mit den Bogenschützen gekämpft hatte, um die Stadt zu retten, und obwohl er tot oder lebendig keine Zuneigung für die Nomaden empfand, war er im Laufe der Jahre so etwas wie ein Nomadenexperte geworden. Kandar verließ sich oft auf seinen Rat.

»Diese rote und schwarze Farbe in ihren Gesichtern ist ein schlechtes Zeichen«, erklärte Lelsang.

»Inwiefern?« wollte der Händler wissen.

Lelsang blickte nachdenklich drein. »Nach dem, was du mir erzählt hast, würde ich sagen, daß du nahe daran warst, von einem Kriegerverband gefangengenommen zu werden, der auf Kopfjagd war.«

»Grundgütiger Himmel!« rief der Händler entsetzt, und aus seinem Gesicht wich alle Farbe. Luma befürchtete schon, er könne in Ohnmacht fallen. Sie hatte noch keinen Mann derart zu Tode erschrocken dreinblicken sehen – nicht, daß er keinen Grund dazu gehabt hätte.

Kandar dankte Lelsang und wandte sich dem Rest der Nattern zu. »Wir werden sie verfolgen müssen. Nordwestlich von hier gibt es mehrere Dörfer. Dieser Kriegerverband war vielleicht nur auf der Suche nach Vieh, um es zu stehlen, aber da sie sich die Zeit genommen haben, Kriegsbemalung anzulegen, können wir nicht sicher sein. Ich persönlich habe reichlich genug Beerdigungen für einen Sommer miterlebt.«

Keiner außer Keshna (die schon mit Schrecken an die Rückkehr nach Shara gedacht hatte) war erfreut, das zu hören, doch Kandar hatte zweifellos recht: Sie hatten gar keine andere Wahl, als die Nomaden zu verfolgen. Nach dem, was gerade passiert war, mußten sie jedem Hinweis auf mögliche Angriffe nachgehen.

Da sie jetzt vorhatten, nach Nordwesten zu reiten und nicht zurück nach Shara, schickte Kandar Trithar und Melang nach Ver Sha La zurück, um die Dorfbewohner um Dörrfleisch, getrocknete

Früchte und anderen Proviant zu bitten. Während sie fort waren, erzählte der Händler dem Rest der Nattern ein wenig über sich selbst. Sein Name, so erklärte er, war Brusang Sohn von Lampasha, und den größten Teil seines Erwachsenenlebens hatte er damit verbracht, die Handelsstraßen zwischen dem Rauchfluß und Shara abzuwandern. Oft reisten auch seine Mutter und seine beiden Neffen mit ihm, denn sie waren ein Händlerclan, aber nun, da überall Nomadenstoßtrupps die Gegend unsicher machten, war er sich nicht sicher, ob sie ihr Geschäft noch länger weiterführen konnten.

Die Vorstellung, nur um Haaresbreite dem Tode entronnen zu sein, regte ihn derart auf, daß Luma schließlich Mitleid mit ihm bekam. Sie bürstete die letzten verfilzten Stellen aus Shalrus Schwanz, dann legte sie die Kardätsche nieder und setzte sich neben den armen Mann, um ihm zu versichern, daß die Gefahr vorüber war – zumindest soweit es ihn betraf. Wie sie gehofft hatte, wurde er auch schnell warm mit ihr.

»Dein Pferd da ist wirklich ein schönes Tier«, sagte er.

»Ja«, erwiderte Luma. »Er hat eine so ruhige Gangart, daß man sanft hin- und hergeschaukelt wird, wenn er im Schritt geht, und sich fühlt wie ein Baby in einem Tragetuch auf dem Rücken seiner Mutter.«

»Seinem Aussehen nach zu urteilen, würde ich sagen, daß er ursprünglich von Nomaden zugeritten wurde.«

»Du hast einen guten Blick für solche Dinge.« Sie war überrascht, ihn so fachmännisch über Pferde sprechen zu hören. »Woran hast du das erkannt?«

»War nur so eine Vermutung.«

»Die Narben auf Shalrus Flanken verraten seine Herkunft. Nur die Nomaden benutzen Sporen.«

»Sporen?«

»Spitze Stäbe aus Knochen. Die Nomaden binden sie an die Fersen ihrer Stiefel.« Sie fragte sich, wie er so viel wissen konnte und zugleich so wenig.

»Wie heißt du eigentlich?« fragte er.

»Luma, Tochter von Marrah aus Shara.« Er hatte die Frage eher beiläufig gestellt, und sie beantwortete sie ebenso beiläufig, doch als der Händler ihren Namen hörte, schnappte er durch seine Zahnlücke hörbar nach Luft.

»Königin Marrah, die Vlahan besiegt hat?« fragte er. »*Sie* ist deine Mutter?«

»Ja«, meinte Luma. »Königin Marrah. Aber mit der Regierung der Stadt habe ich nichts zu tun. Ich bin zwar ihre Tochter, aber ich reite mit den Nattern.«

Luma vergaß diese kurze Unterhaltung schnell wieder, aber der Händler war derart bestürzt über das, was sie ihm erzählt hatte, daß er, nachdem sie gegangen war, aufstand und in heller Aufregung zum Bachufer hinuntereilte. Sein sonderbares Benehmen hätte sicherlich Aufmerksamkeit erregt, wären die Nattern nicht zu beschäftigt gewesen, um auf ihn zu achten. Er schöpfte eine Handvoll kaltes Wasser aus dem Bach und tat, als wolle er trinken, sah sich verstohlen nach allen Seiten um, um sich zu vergewissern, daß er nicht beobachtet wurde. Als er sicher war, daß keiner der Nattern in seine Richtung blickte, machte er kehrt und floh in den Wald; den Korb mit den seltenen Kräutern ließ er einfach zurück.

Die Nattern bemerkten sein Verschwinden nicht. Trithar und Melsang kehrten mit den Vorräten zurück, und sobald die Satteltaschen gepackt waren, brach die Gruppe geschlossen auf, um sich auf die Suche nach dem nomadischen Kriegerverband zu machen. Fünf Tage lang ritten sie so schnell sie konnten, ohne ihre Pferde zu sehr zu ermüden, und legten nur dann Rast ein, wenn es zu dunkel wurde, um noch etwas zu sehen. Sie trafen auf friedlich grasende Schaf-, Ziegen- und Rinderherden; begegneten Dörflern, die Linsen und Weizen ernteten, und Jägern auf der Jagd nach Wild; und einmal unterbrachen sie sogar versehentlich eine Gruppe von Priesterinnen und Priestern, die im Wald eine Art Zeremonie vollzogen; doch sie fanden keine Spur der feindlichen Krieger mit den rot und schwarz bemalten Gesichtern, die Brusang derart in Angst und Schrecken versetzt hatten.

Die ganze Sache war ziemlich rätselhaft, doch schließlich – als sie sicher waren, daß die Nomaden, wenn sie überhaupt jemals dagewesen waren, längst wieder verschwunden sein mußten – gaben sie ihre Suche auf, schlugen ein richtiges Lager auf, zündeten ein Feuer an und aßen zum ersten Mal seit fast einer Woche wieder gekochte Nahrung.

Befreit von den Sorgen des Krieges, wandte Luma ihre volle Aufmerksamkeit wieder Keshna zu und fand eine ganze Reihe neuer Gründe, um sich Sorgen zu machen. Für jemanden, der im Begriff war, aus dem Nattern-Verband ausgeschlossen zu werden, war Keshna viel zu gut gelaunt. Sie stand früh am Morgen auf, nahm geräuschvolle, mit viel Spritzen und Planschen verbundene Bäder in den Bächen, summte beim Reiten fröhlich vor sich hin und verbrachte den größten Teil ihrer freien Zeit im Lager, um ihre Geschicklichkeit im Umgang mit ihrem neuen sirrenden Bogen zu verbessern – was nach Lumas Ansicht für jemanden, der bald dazu verdammt sein würde, den Rest seines Lebens mit dem Schlagen von Feuerholz zu verbringen, eine ziemliche Zeitvergeudung war. Als sie Keshna in die Enge zu treiben und auszuhorchen versuchte, um endlich zu erfahren, wie sie so vergnügt sein konnte, obwohl Kandar doch damit gedroht hatte, sie nach Shara zurückzuverfrachten und Ranala vor die Füße zu werfen, lächelte Keshna nur geheimnisvoll und weigerte sich, darüber zu reden. Das war nicht nur seltsam, sondern auch höchst verdächtig.

Eines Nachmittags, als die beiden im Schatten einer großen Eiche saßen und Pfeile reparierten, entschied Luma, es sei höchste Zeit herauszufinden, was für einen verrückten Plan Keshna wieder ausheckte.

»Wenn du die Nattern verläßt ...« begann sie, aber weiter kam sie nicht.

»Ich verlasse die Nattern nicht«, erklärte sie.

»Was soll das heißen, du verläßt die Nattern nicht? Kandar läßt dir doch gar keine andere Wahl. Du hast doch gehört, was er gesagt hat. Er wird dich aus dem Verband werfen, sobald wir nach Shara kommen. Das macht mir großen Kummer, Keshna. Denn wenn du gehst, werde ich ebenfalls gehen müssen. Wir haben einander vor langer Zeit versprochen, uns niemals zu trennen. Und jetzt ist unsere Zukunft wieder mal zerstört, und zwar dank dir. Und kümmert dich das vielleicht? Ich habe nicht gerade den Eindruck. Es wird nicht so leicht sein, Ranala zum zweiten Mal dazu zu bewegen, uns wieder in Gnaden aufzunehmen – es sei denn natürlich, du hast einen unfehlbaren Plan ausgeheckt, alle Nomaden dazu zu überreden, ihre Waffen niederzulegen und statt dessen Flötespielen zu lernen...«

»He, beruhige dich!«

»Ich bin vollkommen ruhig. Zumindest war ich das bis eben noch. Nichts bringt mich mehr in Rage, als wenn du mir sagst, ich soll mich beruhigen. Besonders wenn du diejenige bist, die mich...«

»Keine von uns beiden wird die Nattern verlassen. Kandar wird seine Drohung nicht wahrmachen, verlaß dich drauf.« Keshna blies die Backen auf. »Das ist nichts weiter als eine Menge heißer Luft.«

Luma warf den Pfeil, den sie gerade reparierte, auf den Boden und funkelte Keshna wütend an. »Würde es dir etwas ausmachen, mir diese erstaunliche Feststellung näher zu erklären?«

»Ich kann nicht.«

»Warum nicht?«

»Weil es Unglück bringt, über einen Fisch zu reden, den man noch nicht an der Angel hat.«

Das war zuviel. Luma sprang von ihrem Platz auf. »Ich bitte vielmals um Verzeihung. Ich dachte, ich würde mit meiner besten Freundin sprechen. Offenbar habe ich mit einer Priesterin in Trance geredet. Wenn du deine Portion wilden Honig verdaut hast, komm aus der Traumwelt heraus und hör auf, in Rätseln zu sprechen; vielleicht können wir dann ja eine Unterhaltung führen, die einigermaßen Sinn ergibt!«

Zwei Tage lang sprach Luma kaum ein Wort mit Keshna, aber entweder merkte Keshna es nicht, oder sie nahm ganz bewußt keine Notiz davon. Sie fuhr unbekümmert fort, laut zu singen, vor sich hin zu summen und wie ein Flußotter im Bach herumzuplantschen. Dann wachte Luma eines Morgens früher auf als gewöhnlich, steckte den Kopf unter der Decke hervor und begriff augenblicklich, was Keshna die ganze Zeit über ausgebrütet hatte. Auf der anderen Seite des Feuers schliefen zwei Gestalten Seite an Seite unter einem einzigen großen Umhang aus Schafsfell. Die kleinere der beiden Gestalten hatte wildgelocktes braunes Haar mit rötlichen Lichtern, die andere einen Haarschopf von der Farbe eines Rabenflügels. Die Satteltaschen, die sie als Kopfkissen benutzten, gehörten Keshna, der Umhang, den sie teilten, war Kandars.

Endah wachte als nächste auf, und als sie die beiden dicht aneinandergeschmiegt unter dem Schaffell schlafen sah, beugte sie sich zu Luma. »Sieht ganz so aus, als wären Keshna und Kandar zu einer Art Einigung gekommen«, flüsterte sie.

An dem Nachmittag, als die Nattern zu ihrem langen Ritt nach Nordwesten aufbrachen, um einen Nomadenkriegerverband aufzuspüren, den es in Wirklichkeit gar nicht gab, war Brusang, der Händler, in südöstlicher Richtung zu dem Ort gelaufen, wo die Nomaden tatsächlich kampierten. Er rannte wie ein von panischem Schrecken erfaßtes Kaninchen, wie ein Mann, der dem Tod davonzulaufen versuchte. Einmal stolperte er und stürzte in ein schlammiges Erdloch, aber er kämpfte sich wieder auf die Füße, wischte sich den Schlamm aus den Augen und rannte weiter.

Ein Stück weiter voraus in dem Nomadenlager wurde seine Mutter, Lampasha, von einem einäugigen Häuptling, dessen Namen Brusang nicht aussprechen konnte, als Geisel gefangengehalten. Vielleicht war er auch gar kein richtiger Häuptling, denn er und seine Männer gehorchten einem anderen, sehr viel mächtigeren Mann, der sie herumkommandierte wie Sklaven. Aber ganz gleich, ob Häuptling oder nicht – er besaß eine schreckliche Waffe. Dabei wirkte sie auf den ersten Blick eigentlich ziemlich harmlos: Es war nur ein Stück Schnur aus rohem Leder, ungefähr so lang wie der Arm eines Mannes und so dick wie sein kleiner Finger; aber um den Hals eines lebenden menschlichen Wesens geschlungen, strangulierte sie ihr Opfer in Sekundenschnelle und führte zum sicheren Tod. Als der Häuptling ihm zum ersten Mal seine Schnur gezeigt hatte, die er »Garotte« nannte, hatte Brusang nicht begriffen, wie gefährlich sie war, doch dann war einer seiner Neffen durch die Würgeschlinge gestorben und wenig später ein zweiter. Jetzt lebte nur noch seine Mutter, und der Häuptling hatte gedroht, auch sie würde sterben müssen, wenn Brusang es nicht schaffte, vor Sonnenuntergang wieder in dem Nomadenlager zu sein.

Er dachte ununterbrochen an sie, während er keuchend durch den Wald rannte: seine liebe Mutter, die nie in ihrem Leben irgend jemanden absichtlich verletzt hatte. Ihre Mutter – seine Großmutter – war eine berühmte Jägerin gewesen, aber Lampasha war zu weichherzig gewesen, um Rehen und Hirschen ihre Pfeile in die Brust zu schießen. Ihre drei Kinder hatten sich stets darüber lustig gemacht, daß sie, wenn sie Wildgulasch kochte, das Fleisch mit ihren Tränen salzte. Lampasha hatte sich auf Tauschhandel verlegt, weil sie die Jagd verabscheute, und jetzt hatte dieser einäugige Häuptling – dieses feige, elende Stück Ziegenscheiße von einem Häuptling – sie in Fesseln gelegt wie ein Schwein, das geschlachtet werden sollte. Zweifellos vertrieb er sich noch immer die Zeit damit, ihr die Garotte über den Hals zu ziehen, um sie in Angst und Schrecken zu versetzen. Als Brusang daran dachte, welche Todesängste seine arme Mutter ausstehen mußte, fing er an zu weinen, und die Tränen vermischten sich mit dem Schlamm in seinem Gesicht und bildeten bräunliche Streifen wie bei einer Trauermaske. »Liebe Batal«, betete er inständig, »liebe Batal«, doch er war so außer Atem, daß sein Gebet nie über diese beiden Worte hinauskam.

Während er durch den Wald lief, wanderte die Sonne unablässig weiter über den Himmel. Er blinzelte gerade zu ihr hinauf und versuchte zu berechnen, wieviel Zeit ihm noch blieb, als plötzlich eine Hand aus einem Gebüsch herausschoß, ihn an den Haaren packte, ihn grob schüttelte und ihm dann einen kräftigen Stoß versetzte, so daß er zu Boden stürzte.

»Du hast ziemlich lange gebraucht, du elender kleiner Bastard«, knurrte eine Männerstimme in gebrochener Alter Sprache. Die Alte Sprache war einst die Sprache des Handels und des Gottesdienstes gewesen, im Laufe des letzten Jahrzehnts jedoch war sie zur allgemein gebräuchlichen Sprache des Krieges geworden.

Brusang blickte hoch und sah einen großen Nomadenkrieger

über ihm stehen. Seine Eckzähne waren säuberlich zu Spitzen abgefeilt, und der rote Ocker, der sein Haar versteifte, schien kürzlich erneuert worden zu sein. Auf seine linke Wange hatte irgendein Künstler – nach Brusangs Maßstäben ein ziemlicher Stümper – einen Geier tätowiert. Wären die Nattern dabeigewesen, hätten sie ihn wahrscheinlich als den Krieger wiedererkannt, der das Vieh von Ver Sha La gestohlen hatte und entkommen war, indem er Kletten unter den Sattel seines Pferdes geschoben hatte.

»Ich bin so schnell gekommen, wie ich konnte, Rahan«, sagte Brusang, als er sich vom Boden aufgerappelt hatte und seine Glieder nach gebrochenen Knochen abtastete. Die Bezeichnung »Rahan«, die Keshna benutzt hatte, um Kandar zu beleidigen, gefiel dem Nomadenkrieger. Das Wort bedeutete »Atem des Wolfes« oder »Sohn von Han«, und in den alten Zeiten war es nur als Anrede für den Großen Häuptling der Zwanzig Stämme gebraucht worden; doch mit der Zeit hatte der einst so ehrenvolle Titel seinen Glanz verloren, ähnlich einem Stück Silber, das durch unzählige Hände ging. Heutzutage gebrauchten Sklaven diese Anrede, wenn sie mit ihren Nomadeneigentümern sprachen, und inzwischen bedeutete sie nur noch soviel wie »Herr« oder »Gebieter«.

Der Krieger betrachtete Brusang und runzelte die Stirn. »Du siehst ja katastrophal aus. Wie eine Ratte, die von Hunden durch den Dreck geschleift wurde.«

»Lebt meine Mutter noch?«

»Wer weiß? Vielleicht hat Lrankhan sie inzwischen stranguliert. Es gibt nichts Nutzloseres als ein altes Weib, das nichts anderes tut, als um seine toten Verwandten zu flennen.«

»Er hat doch gesagt, er würde sie bis Sonnenuntergang leben lassen!« jammerte Brusang.

»Mein Bruder hat gesagt, er würde sie leben lassen, *wenn* du herausfändest, wer diese beiden Kriegerinnen waren, aber der Anblick deines ausgemergelten, schlammbespritzten Kadavers verrät mir, daß du kläglich versagt hast.«

»Aber ich habe doch gar nicht versagt!« protestierte Brusang. »Ich habe herausgefunden, wie sie heißen. Die eine, die das männliche Pferd mit dem roten Fell reitet ...«

»Den braunroten Wallach«, korrigierte der Krieger ihn.

»... die den braunroten Wallach reitet, heißt ...«

»Sag mir bloß nicht ihren Namen! Wenn ich ihren Namen vor Lrankhan erfahre, wird er mich strangulieren, mir bei lebendigem Leib die Haut abziehen und meinen Kopf als Futter für die Raben auf eine Stange aufspießen, obwohl ich sein einziger Bruder bin.« Er stieß Brusang mit dem stumpfen Ende seines Speeres gegen die Brust. »Los, beweg dich. Heute ist dein Glückstag. Mein Pferd ist in dem Weidenwäldchen dort drüben. Ich werde dich auf meinem Pferd ins Lager zurückbringen, damit du Lrankhan persönlich erzählen kannst, wer seine Schlachtrösser gestohlen hat. Mit etwas Glück schaffen wir es vielleicht sogar noch vor Sonnenuntergang.«

Lrankhan saß auf einem umgestürzten Baumstamm, beobachtete die Sonne und verfluchte sich selbst dafür, daß er so dumm gewesen war, sich von diesem kleinen Schlitzohr von Händler überlisten zu lassen. Die Mutterleute verehrten ihre Mütter – zumindest behaupteten das alle –, aber dieser kleine Gauner hatte sich eindeutig aus dem Staub gemacht und seine Mutter ihrem Schicksal überlassen. An sich wäre das nicht schlimm gewesen, denn Lrankhan hatte es noch nie etwas ausgemacht, eine feindliche Geisel zu opfern. Seine Geschicklichkeit im Umgang mit der Garotte war das einzige wirkliche Talent, das er besaß, und es machte ihm Spaß, Eindruck damit zu schinden. Aber wenn dieser Händler nicht bald aufkreuzte, dachte Lrankhan finster, kann ich meinen eigenen Dolch gegen einen Baum lehnen und mich in die Klinge stürzen.

Er war bereits als der schwachköpfige einäugige Häuptling, der gut die Hälfte der Schlachtrösser seines Stammes an zwei Frauen verloren hatte, zu trauriger Berühmtheit gelangt. Jetzt würde er seinen Ruhm dadurch vermehren, daß er sich von einem zahnlosen Zwerg hereinlegen ließ. Natürlich war der Händler kein Zwerg – nur klein und zierlich wie fast alle Mutterleute; und ihm fehlten auch nur deshalb ein paar Schneidezähne, weil Lrankhan sie ihm in einem Augenblick durchaus gerechtfertigter Ungeduld eigenhändig ausgeschlagen hatte; aber Lrankhan war im Moment nicht in der Stimmung, gerecht zu sein. Er fühlte sich zutiefst erniedrigt, verbittert und rachsüchtig, wie es einem ehemaligen Häuptling anstand, der in jedem Lager, das er betrat, zur Zielscheibe des Spotts wurde. Der einzige Grund, warum er noch immer Krieger zu befehligen hatte, war der, daß kein anderer Häuptling sie haben wollte. Deshalb folgten ihm die Nomaden vom Grünen Strom – oder das, was von ihnen noch übrig war – wie ein Rudel mißmutiger Hunde auf dem Rücken von Packpferden und trächtigen Stuten; und jedesmal, wenn Lrankhan vor einem richtigen Häuptling stand und ihn bat, ihm ein halbes Dutzend Schlachtrösser zu leihen, fühlte er, wie die haßerfüllten Blicke seiner eigenen Männer ihm ein Loch in den Hinterkopf bohrten.

Diesen Monat lebten die Krieger vom Grünen Strom und ihre halbverhungerten Familien von den Almosen eines Häuptlings namens Tanshan. Tanshan war ein fetter, selbstgefälliger Narr mit einem Gesicht wie ein kastrierter Schafbock und Augen wie ein Mädchen, aber er war nicht ein solcher Weichling oder ein solcher Narr, daß er sich seine Schlachtrösser von Frauen stehlen ließ, und er ließ keine Gelegenheit aus, um Lrankhan dies unter die Nase zu reiben. Als Lrankhan jetzt beobachtete, wie die Sonne unterging und der Himmel sich rötlich zu verfärben begann, wurde ihm bei dem Gedanken daran, wie erfreut Tanshan darüber sein würde, daß der Händler nicht zurückgekehrt war, regelrecht übel vor Demütigung.

Er war gerade aufgestanden, um zu seinem Zelt zu gehen und seine Garotte zu holen, als ein Reiter aus dem Wald galoppiert kam. Es war kein geringerer als sein einziger Bruder, Mershan, und hinter Mershan – auf- und abhüpfend wie ein Stein, der über eine Wasseroberfläche springt – hockte doch tatsächlich der elende kleine Bastard von einem Händler, auf den Lrankhan den ganzen Tag über gewartet hatte. Seine Stimmung schlug in Sekundenschnelle von völliger Verzweiflung in selbstgerechten Zorn um. Lrankhan marschierte zu Mershans (geliehenem) Pferd, zerrte den Händler an den Haaren aus dem Sattel und schüttelte ihn so heftig, daß seine Zähne klappernd aufeinanderschlugen. Dann stieß er ihn zu Boden.

»Wie heißen die beiden?« herrschte er den Händler an. »Wie heißen sie, du erbärmlicher kleiner Wicht, du Abschaum, du kümmerlicher Rattenpimmel von einem Mann?«

Brusang blickte Lrankhan mit glasigen Augen an und flehte innerlich, daß der Krieger ihn nicht noch einmal durchschüttelte. Zweimal an einem Tag an den Haaren gepackt zu werden war einfach zuviel für einen Mann, ein drittes Mal würde sicherlich tödlich sein. »Keshna, Tochter von Hiknak, und Luma, Tochter von Marrah, Königin von Shara!« keuchte er. »So lauten ihre Namen, Rahan. Das kann ich beschwören. Hier, sieh her.« Er kniete sich hin und legte seine Hände flach auf den Boden. »Ich schwöre es bei Ihrem geheiligten Körper.«

»Steh auf«, befahl Lrankhan und versetzte Brusang einen leichten Stoß mit seiner Stiefelspitze. Seine Stimme klang plötzlich fast liebenswürdig. »Ein Mann sollte nicht auf Dreck schwören, aber du hast deine Sache wirklich gut gemacht – so gut, daß ich nicht nur dein elendes kleines Leben verschonen werde, sondern dir auch deine Mutter zurückgebe. Keshna, sagst du? Hab' noch nie von ihr gehört. Aber Luma, Tochter von Marrah aus Shara, das ist natürlich etwas völlig anderes. Hat diese Luma meinen rotbraunen Wallach geritten, mein schwarzohriges Prachtstück?«

»Ja, Rahan.« Brusangs Stimme bebte vor Freude bei dem Gedanken, endlich wieder mit seiner Mutter vereint zu sein. »Luma, Tochter von Marrah, kämpft mit einem Verband von Sharanern, die sich ›Die Nattern‹ nennen. Die Nattern werden von einem Mann namens Kandar angeführt. Das sind diejenigen, die diese Krieger getötet haben, die Ver Sha La überfielen.« Er warf Mershan einen nervösen Blick zu. »Alle bis auf deinen heldenhaften Bruder, natürlich, der durch einen überaus glücklichen Umstand …«

»Ver Sha La?« unterbrach Lrankhan ihn verwirrt.

»Das Dorf, wo wir das verdammte Vieh gestohlen haben.« Mershan spuckte auf den Boden, um die Nattern zu verfluchen und das Andenken seiner drei Kameraden zu ehren, die wegen ein paar lumpiger Beutel Fleisch hatten sterben müssen. »Ich habe dir doch gesagt, daß diese beiden Frauen unsere Schlachtrösser ritten, Bruder. Keiner außer dir hat jemals solch einen prachtvollen Wallach besessen. Und ich sage dir noch was: die eine, die meine Stute ritt, war die Frau, die uns damals verkleidet als die Gemahlin von Choatk im Wald erschien.«

»Diese elenden Schlampen!« schrie Lrankhan. Er griff nach seinem Gürtel, als ob er eine Garotte wäre. »Wir werden unsere Schlachtrösser zurückholen und uns diese sharanischen Huren vornehmen, bis sie sich wünschen, sie wären niemals geboren worden.«

Als sie jedoch zu Tanshans Zelt gingen, um ihm die Neuigkeiten zu erzählen und sich ein paar seiner Schlachtrösser zu leihen, damit sie ihre eigenen zurückholen konnten, lehnte Tanshan glattweg ab.

»Nicht so hastig«, sagte er herablassend. »Es gibt da noch jemanden, der Rache an der Tochter von Marrah aus Shara nehmen will, jemanden, der sehr viel bedeutsamer ist als ihr beide.« Er nagte an einer saftigen Fleischrippe, während er sprach. Das Fleisch roch so köstlich, daß Lrankhan bei seinem Anblick ganz schwach wurde vor Hunger und sich in seinem Kopf alles zu drehen begann.

»Jemand anderer?« murmelte Lrankhan. »Aber wer außer uns könnte einen so triftigen Grund haben, die beiden Frauen zu töten? Diese Huren haben die Hälfte unserer Schlachtrösser gestohlen, Tanshan, und drei meiner Männer umgebracht. Die Ehre der Nomaden vom Grünen Strom ist besudelt.«

Tanshan verzehrte das letzte Stückchen Fleisch und warf die abgenagte Rippe zu Boden. Er wählte eine weitere knusprig gebratene Rippe aus einem Korb, biß ein saftiges Stück Fleisch ab und blickte Lrankhan nachdenklich kauend an.

»Du hast die Belagerung von Shara überlebt, nicht wahr?«

Lrankhan nickte.

»Man hat mir erzählt, damals sei in einer donnernden Explosion ein schrecklicher Schlangenvogel erschienen, der Vlahan auffraß und die Mehrzahl seiner Krieger tötete. Ist das wahr?«

»Mehr oder weniger. Die Geschichte wird von Jahr zu Jahr weiter ausgeschmückt.«

»Aber du erinnerst dich noch gut an die Belagerung?«

»Ja.«

»Tja dann ...« meinte Tanshan. Plötzlich beugte er sich vor und zeigte mit dem Ende seiner halb abgenagten Rippe auf Lrankhan. »Wie sieht's aus – sagt dir der Name Changar etwas?«

10. Kapitel

Shara

Während der folgenden vier Monate träumte Lumas Schwester Driknak jede Nacht aufs neue zwei prophetische Träume. Ganz gleich, was sie vor dem Einschlafen tat, aß oder dachte, die Träume kamen zu ihr wie zwei Bleigewichte, aufgefädelt auf den Webstuhl der Nacht, und sie wachte niemals auf, bevor sie nicht beide zu Ende geträumt hatte.

In jener ersten Nacht flößten sie ihr noch keine Furcht ein. Sie waren zwar seltsam, hatten aber nichts sonderlich Beängstigendes. Doch ihre Beklommenheit wuchs mit jeder Nacht, in der sie wieder von den Träumen verfolgt wurde. Sie hatte noch nie zuvor zweimal das gleiche geträumt. Und jetzt kamen diese merkwürdigen Träume immer wieder und wieder, so unablässig wie ein unsichtbares Weberschiffchen, das durch die langen Fäden ihres Schlafes glitt.

Die Träume gingen Nacht für Nacht weiter, bis sie so sehr Teil ihrer selbst wurden, daß sie kaum noch erkennen konnte, wo sie anfing und wo die Träume endeten. Gegen Ende des ersten Monats hatte sie ihnen sogar schon Namen gegeben: Den ersten nannte sie »Der Kreis des Leuchtenden Feuers«, den zweiten »Das Bett aus Gold«.

Der Kreis-Traum besaß eine Art leuchtender Schönheit, die Driknak das Gefühl gab, in einem Meer von Licht zu treiben. In diesem Traum lagen ein junger Mann und eine junge Frau nackt zusammen im Wald auf einem Bett aus weichem Moos und blühenden Wildblumen. Driknak kannte das Paar nicht, aber vielleicht kam das daher, weil die beiden vor sehr, sehr langer Zeit gelebt hatten, als die Welt noch jung war.

Der Mann und die Frau begannen, sich leidenschaftlich zu küssen und ihre Zungen preßten sich aneinander wie Vogelschwingen. Ihr Atem ging so heftig wie der Wind, der die Baumwipfel über ihnen schüttelte, ihr Fleisch war so warm wie Sonnenschein auf dunklen Steinen.

Plötzlich stieß die Frau einen kehligen Schrei der Lust aus, spreizte die Beine und forderte den Mann auf, in sie einzudringen. Der Mann kam mit großer Freude zu ihr, und als sein Penis ihre Vagina berührte, verwandelte er sich in eine Schlange, mit Schuppen, die wie Glimmererde glitzerten. Die Schlange glitt in den Körper der Frau hinein, ihr Rückgrat hinauf und zu ihrem Mund wieder hinaus. Als ihr Kopf zwischen ihren Lippen hervorkam, nahm der Mann die Schlange in den Mund, und sie kroch seine Kehle hinunter und sein Rückgrat entlang zu seinem Penis und biß sich in ihren eigenen Schwanz.

Die Schlange begann sich zu drehen und zu winden, zuerst langsam, dann immer schneller und schneller, und verwandelte sich in einen Kreis aus leuchtendem Feuer. Sie brannte heiß und lichterloh und vereinte den Mann und die Frau in wilder Ekstase; und als Driknak diesen Wirbel beobachtete, fühlte sie sich lüstern und glücklich.

Wenn sie nur von dem feurigen Kreis hätte träumen können, hätte es ihr wahrscheinlich nichts ausgemacht, Nacht für Nacht denselben Traum zu haben. Aber der Traum von dem goldenen Bett kam immer gleich danach, und sobald er begann, fühlte Driknak, wie ein eisiger Schauder über ihren Rücken rieselte.

Wieder lagen der Mann und die Frau nackt zusammen, diesmal waren sie jedoch auf einem großen, harten Bett ausgestreckt, das durch und durch aus Gold bestand. Glitzernde Juwelen, kalt wie Eis, waren in ihrem Haar verstreut, und um sie herum lagen Ballen mit Wollstoff und standen Krüge voller Öl und andere Handelsgüter. Zu ihren Füßen waren Waffen in ordentlichen Stapeln aufgeschichtet, und Schlachtrösser standen dort, angebunden an Pfähle, die rings um das Bett in die Erde getrieben worden waren.

Dieses Mal gab die Frau keinen Laut der Wollust oder der Zustimmung von sich. Sie spreizte ganz einfach auf eine gelangweilte, gleichgültige Art die Schenkel, und der Mann drang in sie ein. In dem Moment, in dem sein Penis ihre Vagina berührte, verwandelte er sich in einen Speer. Mit einem überraschten, zornigen Aufschrei stieß die Frau ihn von sich, und zwischen den beiden Liebenden entbrannte ein heftiger Kampf, bei dem sie sich gegenseitig schlugen, erbittert fluchten und mit den Füßen traten. Während des Kampfes begannen ihre Körper plötzlich aneinander festzukleben, als ob sie sich in unsichtbarem Leim wälzten. Es war klar, daß sie niemals voneinander loskommen würden. Je wilder sie kämpften, desto fester klebten sie aneinander, doch statt aufzuhören und sich zu trennen, fuhren sie fort, sich gegenseitig zu verletzen und sich wie zwei Hunde auf dem goldenen Bett hin- und herzuwälzen.

Driknak flehte die beiden jedesmal eindringlich an, voneinander abzulassen, aber sie hörten sie nie. Nach einer Weile pflegte stets eine andere Stimme zu sprechen. *Seht den Mann, der sich sexuelle Befriedigung kauft, und die Frau, die sie verkauft,* sagte die Stimme. *Sie werden viele Generationen lang Krieg gegeneinander führen, aber sie nennen es »Liebe«.*

Mit dem Wort »Liebe« pflegte der Traum jedesmal zu enden, und Driknak wachte schweißgebadet und am ganzen Körper zitternd auf. Dann lag sie lange Zeit hellwach in der Dunkelheit und wartete darauf, daß sich ihr rasender Herzschlag wieder beruhigte. Schließlich stand sie auf, spritzte sich kaltes Wasser ins Gesicht und flehte Batal an, ihr nie wieder diese Träume zu schicken. Doch ganz gleich, wie inständig sie betete, in der nächsten Nacht verfolgten sie sie aufs neue. Der Kreis aus leuchtendem Feuer drehte sich, das Paar auf dem goldenen Bett bekämpfte sich erbittert, und den ganzen Winter über fand Driknak nachts keine Ruhe mehr.

Driknak wußte, daß diese Träume irgendeine Bedeutung haben mußten, und deshalb hielt sie die Augen offen. Nach und nach begriff sie, daß eine große Veränderung im Gange war – nicht nur in den Wäldern, wo die Nomadenstoßtrupps Angst und Schrecken verbreiteten, sondern auch mitten im Herzen von Shara. Kandar setzte sich im Bett auf und betrachtete seine Hände: Seine Handflächen waren rauh und schwielig, seine Nägel stumpf. Wenn er seine Finger zur Faust ballte, konnte er sehen, wie das Blut durch seine Adern pulsierte. Es war eine kräftige Faust, hart und kompakt, und er hatte den starken Drang, aufzustehen und den hölzernen Laden vor dem Fenster zu zertrümmern oder einfach nur mit dem Kopf gegen die Wand zu schlagen, immer wieder und wieder, bis er das Bewußtsein verlor.

Batal, gib mir Geduld, betete er stumm.

Er hatte Keshna gerade geliebt – hatte gerade sein Bestes getan, um ihr soviel sinnlichen Genuß zu bereiten, wie ein Mann einer Frau überhaupt bereiten konnte –, und sie weinte schon wieder, hatte sich wie ein krankes Kind unter der Schlafdecke zusammengerollt. Ihre Tränen gaben ihm stets das Gefühl, ein brutaler Rohling zu sein oder ein tollwütiger Hund, der Typ Mann, der eine Frau gegen ihren Willen zum Liebesakt zwingt. Keshna war ihm immer wie eine Frau erschienen, die sich lieber das eigene Herz aus der Brust schneiden würde, als zu weinen; aber in letzter Zeit schluchzte sie so oft, nachdem sie einander geliebt hatten, daß er sich schon vor ihren gemeinsamen Nächten zu fürchten begann. Irgend etwas stimmte nicht zwischen ihnen, doch wenn er sie fragte, was sie so sehr bedrückte, gab sie jedesmal vor, ihn nicht zu verstehen.

»Tue ich dir weh?« fragte er besorgt. »Habe ich dich in irgendeiner Weise gekränkt? Bitte sag es mir. Warum weinst du, Liebste?«

»Ich weine, weil ich so glücklich bin«, erwiderte sie jedesmal, doch in ihrer Stimme schwang niemals Glückseligkeit mit. In ihren dunklen Augen erschien ein düsterer, gehetzter Ausdruck, wenn sie seinem Blick begegnete. Kandar hatte diesen Ausdruck schon häufig in den Augen von Frauen gesehen, die von Nomaden vergewaltigt worden waren, aber noch nie bei einer Frau in seinem eigenen Bett. Wie konnte Keshna ihn so ansehen? Sie war immer diejenige, die zu ihm kam. Als die Nattern im Wald kampiert hatten, war sie jede Nacht unter seine Decke gekrochen, und seit sie in die Stadt zurückgekehrt waren, suchte sie ihn ständig auf. Er aß in diesen Tagen so häufig in Marrahs Mutterhaus, daß er sich dort schon fast wie zu Hause fühlte.

Das Abendessen endete immer damit, daß Keshna ihm die Arme um die Taille schlang und ihn einlud, mit in ihre Schlafkammer hinaufzukommen, um Freude mit ihr zu teilen. Aber was hatte ihre Vereinigung mit »Freude« zu tun? Was teilten sie? Kandar liebte Keshna so innig, wie er noch nie eine Frau geliebt hatte – manchmal glaubte er sogar, er liebte sie sogar mehr als seine Mutter –, aber kein Mann, der so tiefe Gefühle für eine Frau hegte, konnte es ertragen, sie Nacht für Nacht zum Weinen zu bringen. Er streckte die Hand aus und strich ihr über das Haar, ihr wunderschönes, rötliches Haar, das bereits feucht war von ihren Tränen.

»Das muß aufhören«, sagte er.

Sie fröstelte, hörte auf zu schluchzen und setzte sich abrupt auf. »Nein«, erwiderte sie. Es war ein störrisches Nein, die Art von energischer Weigerung, die zu der alten Keshna paßte. Kandar war froh, das Wort mit solcher Vehemenz über ihre Lippen kommen zu hören. Doch plötzlich veränderte sich ihr Ausdruck, und ihre Stimme wurde sanft und kläglich wie die eines kleinen Mädchens. »Kandar, Liebling, bitte verlaß mich nicht«, flehte sie. Sie zog ihn an sich, und er nahm sie mit einem Seufzer in seine Arme.

»Keshna, sag mir die Wahrheit. Liebst du mich?«

»Ich bete dich an.«

»Wie kommt es nur, daß ich dir nicht glaube?«

Sie warf ihm einen panischen Blick zu. »Aber du mußt mir glauben, Kandar. Ich liebe dich wirklich. Ich verehre dich glühend.«

»Ich will nicht verehrt werden«, erwiderte er grimmig. »Verehre Batal, wenn du jemanden verehren willst. Aber sag mir die Wahrheit.«

»Ich sage dir immer die Wahrheit.«

»Nein, Keshna, das tust du nicht. Mit unserem Liebesspiel stimmt irgend etwas nicht, aber du willst mir nicht sagen, was es ist. Ich habe versucht, so zu tun, als bereiteten wir uns sinnlichen Genuß, weil ich dich liebe, und weil ich weiß, daß du möchtest, daß ich Leidenschaft vortäusche, aber ich ertrage es nicht mehr, dich Nacht für Nacht weinen zu sehen. Ich weiß, ich tue dir weh, aber ich weiß nicht, auf welche Weise. Ich wünsche mir nichts weiter, als daß du mir genügend vertraust, um es mir zu sagen.«

»Du bereitest mir wirklich großen sinnlichen Genuß.«

»Keshna, ich sage es nur äußerst ungern, besonders wenn du so niedergeschlagen bist, aber das ist eine Lüge. Meinst du vielleicht, ich merke nicht, wenn du lügst? Dein ganzer Körper spricht zu mir, verstehst du, nicht nur dein Mund. Deine Lippen sagen: ›Kandar, du bereitest mir sinnlichen Genuß‹, aber deine Schenkel sagen: ›Ich hasse das hier‹, deine Brüste sagen: ›Faß mich nicht an‹, und dein Schoß sagt: ›Geh weg und laß mich in Ruhe!‹«

»Du irrst dich. Meine Brüste sagen: ›Komm zu mir, Kandar‹, und mein Schoß sagt: ›Ich möchte gerne ein Kind mit dir zeugen‹.«

»Wenn du so weitermachst«, erwiderte Kandar, »werde ich derjenige sein, der in Tränen ausbricht. Ich liebe dich, und ich möchte dir glauben, aber ich kann es nicht. Alles, was heute nacht zwischen uns geschehen ist, war eine Lüge. Ich finde das schrecklich traurig und zutiefst demütigend. Es zehrt an meinem Herzen, dich jedesmal schluchzen zu hören, nachdem wir uns geliebt haben. Entweder du sagst mir, was los ist, oder ...« Er brachte es einfach nicht über sich, ihr zu sagen, daß er sich von ihr trennen würde, aber sie verstand ihn auch so.

Sie wischte sich die Tränen ab und starrte ihn an. Es war ein sonderbarer Blick, seltsam kalt und unbeteiligt. Er hatte schon mehrmals damit gedroht, sie zu verlassen, und sie hatte jedesmal gebettelt und gefleht, und er hatte immer wieder nachgegeben. Doch diesmal hätte er schwören können, daß sie erleichtert aussah.

»Diesmal ist es dir ernst damit, nicht wahr?«

Er nickte stumm, zu bestürzt und durcheinander, um einen Ton hervorzubringen. Er hätte seine Worte am liebsten wieder zurückgenommen, aber was hätte das genützt? Es hätte nur noch mehr Nächte voller Tränen gegeben, nur noch mehr Lügen und Kummer.

Keshna strich sich das Haar aus den Augen, griff dann völlig unerwartet nach ihrer Tunika und drapierte sie um ihre Schultern, um ihre Nacktheit zu verhüllen. »Wozu noch länger heucheln?« sagte sie. »Wozu sich die Mühe machen? Ich sehe ja, daß es dir ernst ist, und außerdem... wenn du mich nicht gleich nach unserer Rückkehr nach Shara an Ranala übergeben hast, kannst du es wohl kaum jetzt noch tun, nicht? Ich glaube, das würde einen merkwürdigen Eindruck machen, Kandar. Es würde so aussehen, als ob du als Anführer nicht sonderlich viel taugst.«

»Wovon redest du eigentlich? Was meinst du? Was hat Ranala damit zu tun?«

Keshna legte ihm die Hand auf den Arm, und der gequälte Ausdruck verschwand aus ihren Augen. Plötzlich sah sie wieder ganz wie die alte Keshna aus: warmherzig, freundlich und ganz sie selbst. »Ich habe nur mit dir geschlafen, damit du mich nicht aus dem Nattern-Verband wirfst. Ich dachte, du wüßtest das. Ich dachte, wir hätten eine Abmachung.«

Kandar war wie vor den Kopf geschlagen. Er starrte sie an, unfähig, ein Wort hervorzubringen. Ein solcher Gedanke war ihm noch nie gekommen – nicht, weil er dumm gewesen wäre, sondern weil er noch nie gehört hatte, daß jemand Sex als Mittel benutzte, um etwas anderes dafür zu bekommen. Die Mutterleute machten Liebe ausschließlich um des sinnlichen Genusses und der Erfüllung willen. Oder zumindest war das die Art und Weise, wie sie es bis jetzt getan hatten. Er blickte Keshna an, und er begriff zum ersten Mal, welch schwerwiegenden Fehler sie gemacht hatte.

»Ich hatte bereits entschieden, dich nicht aus dem Nattern-Verband auszuschließen, bevor du in mein Bett gekommen bist. Andernfalls hätte ich dich sofort nach Shara zurückbeordert, noch bevor wir Ver Sha La verließen. Du bist hitzköpfig, unbesonnen und störrisch, aber du bist eine zu gute Kriegerin, als daß ich auf dich hätte verzichten können. Ich wollte dir noch eine Chance geben.«

Sie sprang auf, nackt und außer sich vor Wut. »Du meinst, all dieses Herumgekrieche war für nichts und wieder nichts?« Sie beugte sich vor und starrte ihm ins Gesicht, und was er in ihren Augen sah, jagte ihm einen Schauder über den Rücken. »Weißt du, Kandar, ich habe es nie genossen, mit dir zu schlafen. Nicht ein einziges Mal. Ich habe immer nur so getan, als ob es ein Genuß wäre.«

Ihre Worte schnitten ihm wie Dolchklingen ins Herz. »Aber ich habe dich geliebt«, beteuerte er. »Ich liebe dich noch immer.«

»Ich will nicht, daß du mich liebst, Kandar. Ich will nur, daß du mich mit den Nattern reiten läßt. Schenk deine Liebe einer Frau, die sie zu schätzen weiß. Ich habe dich nie geliebt, und ich werde es auch niemals tun.« Sie sah, wie tief ihn ihre Worte schmerzten, und ihre Miene wurde weicher. »Nun komm schon, alter Freund, nimm es nicht so schwer. Ich habe wirklich versucht, dich zu lieben, ehrlich, ich habe mich aufrichtig bemüht. Aber ich konnte es nicht. Es ist nicht deine Schuld. Es ist meine. Ich hatte schon immer das Gefühl, daß mit mir etwas nicht stimmt – daß mir irgend etwas fehlt. Du hast nichts falsch gemacht, außer, daß du dir die falsche Frau ausgesucht hast. Ich weiß, du fühlst dich im Moment furchtbar elend, aber betrachte die Sache doch mal von der positiven Seite: Zumindest belügen wir einander jetzt nicht mehr, nicht?«

»Nein«, erwiderte Kandar tonlos, »wir lügen nicht.« Und er erhob sich von Keshnas Bett, kleidete sich an und verließ das Haus, krank vor Schmerz um eine Liebe, die niemals existiert hatte.

Die Wochen vergingen. Kandar, der fast täglich in Marrahs Mutterhaus zu Abend gegessen hatte, ließ sich dort nicht mehr blicken. Er wurde zum Einzelgänger. Er ging Keshna aus dem Weg, blieb für sich und ritt allein hinaus, um sich nach Spuren feindlicher Stoßtrupps umzusehen. Häufig kehrte er erst lange nach Einbruch der Dunkelheit nach Shara zurück.

Irgendwann, als die Wildgänse nach Norden flogen und die ersten zarten grünen Triebe der Weidenbäume am Ufer vom Nahen des Frühlings kündeten, hatte er das Gefühl, er kehre langsam ins Leben zurück.

Ein Mutterhaus in der Nähe der Westmauer. Eine laue Nacht und die gedämpften, melodischen Klänge einer Harfe. Kandar lehnte sich auf seiner Schlafmatte zurück und stützte sich auf einen Ellenbogen, hielt die Augen geschlossen und lauschte auf das Vibrieren der Harfensaiten. Die Saiten erzeugten Töne, die an das Rauschen von Wasser erinnerten, an die sanfte Berührung von Körper an Körper und an die flüsternden Stimmen von Liebenden. Als Kandar die Augen wieder öffnete, sah er eine junge Frau. Sie war klein und zierlich, mit schmalen Schultern, dunklem Haar und langgliedrigen Fingern. Ihr Kopf war über die Harfe gebeugt, ihr Gesicht von Schatten verhüllt. Hinter der Frau stand eine kleine Tonlampe, geformt wie der Körper der Göttin Batal, in einer Nische in der Wand und lächelte auf die beiden herab.

»Sing«, bat Kandar.

Die junge Frau hob den Kopf und schenkte ihm ein Lächeln. Bei Tag diente sie im Tempel der Hirschgöttin und sang heilige Lieder, doch bei Nacht sang sie für ihre Liebhaber, und dann klang ihre Stimme doppelt so süß.

Dunkles Haar, dunkel wie Erde,
Haar, so weich und seidig wie ein Sommerhimmel, sang sie.
Braune Augen, Baumrindenaugen,
Wimpern wie Grashalme,
bebend im Wind...

Kandar erhob die Stimme und fiel in das Lied ein. Es war ein sehr altes Lied, eines, das sharanische Liebespaare schon seit Generationen sangen.

Teile Lust mit mir heute nacht, liebster Freund,
während das Mondboot gen Westen segelt.
Steig ein in das Boot der Nacht,
mein dunkler Geliebter, mein Liebling.

Sie sangen lange Zeit gemeinsam, und ihre Stimmen verschmolzen zu den weichen, harmonischen Akkorden der Mutterleute. Der Klang ihrer Stimme erinnert an getrocknete Früchte, dachte Kandar, fest und süß. Seine war schlichter, hatte aber einen Glanz wie ein sorgfältig poliertes Stück Eichenholz. Als sie schließlich verstummten, lehnte die Frau ihre Harfe gegen die Wand neben sich und deckte sie mit einem Stück Leinen zu, um sie vor Feuchtigkeit zu schützen. Sie hob die Arme, löste ihr Haar und ließ es in einer seidigen Kaskade über ihre Schultern herabwallen. Es war glatt und schwer und so schwarz wie der nächtliche Himmel – völlig anders als Keshnas Haar.

Bei dem Gedanken an Keshna fühlte Kandar etwas Kaltes in seinem Inneren aufsteigen. Das Gefühl war so bitter wie Walnußschalen und so scharf wie ein Eiszapfen, der sich durch sein Herz bohrte. Je angestrengter er versuchte, es zu verdrängen, desto schlimmer wurde es.

Die Priesterin band den Knoten an ihrem Hals auf, legte ihren wollenen Umhang ab und warf ihn spielerisch über Kandar. Dann zog sie ihre pelzgefütterte Weste aus und schlüpfte aus ihrer Tunika aus weicher Wolle, die bestickt war mit einem Rudel fliehender Hirsche. Mit einem einladenden Lächeln drehte sie sich zu Kandar um, nackt bis zur Taille. Ihre Brüste waren wie weiche Hügel, die man aus großer Ferne erblickt, ihr Hals war so anmutig geschwungen wie die Wölbung ihrer Harfe. Im matten Licht der Lampe glühte ihre Haut. Sie sah so weich wie Rehleder aus, so braun wie warmer Sand. Kandar, der viel Erfahrung in diesen Dingen hatte, konnte sehen, daß ihre Lippen leicht geschwollen waren vor Verlangen, und er wußte, daß sie bereit für die Liebe war.

Aber er war nicht bereit. Gedanken an Keshna blieben wie trockene Knochen in seiner Kehle stecken. Er wollte sie aushusten, wollte sie endlich loswerden, aber sie kratzten und juckten und peinigten ihn, bis er kaum noch imstande war, die schöne, bereitwillige Frau zu sehen, die so dicht neben ihm saß, daß ihr warmer Atem seine Wange streifte.

So geht es einfach nicht, dachte Kandar bedrückt. Völlig unmöglich. So klappt es niemals.

Die Priesterin streckte die Arme nach ihm aus, um ihn an sich zu ziehen, und einen Moment lang glaubte er, er könnte vielleicht vergessen. Doch die trockenen Knochen der Erinnerung drohten ihn zu ersticken, und das Wort »Keshna« hinkte wie ein lahmes Pferd durch sein Bewußtsein. Die Kälte in seiner Brust breitete sich immer weiter aus, bis sich sein ganzer Körper taub anfühlte.

Er kam sich vor wie ein Narr, als er die Hände der Priesterin ergriff und sie behutsam von sich schob. Die Frau blickte ihn überrascht und leicht gekränkt an. Bei den Mutterleuten hatten angehende Liebende immer die Möglichkeit, es sich im letzten Moment doch noch anders zu überlegen, aber Kandar hatte so inbrünstig gesungen, und sie hatte geglaubt, er sei begierig darauf, Liebe mit ihr zu machen.

»Stimmt irgend etwas nicht?« fragte sie.

Er erwiderte, daß alles in Ordnung sei, und erfand, als er sah, daß sie ihm nicht glaubte, eine höfliche Lüge. Er erklärte ihr, daß er sich plötzlich krank fühle.

»Ja«, sagte sie. »Ich kann den Schmerz in deinem Gesicht sehen. Du bist ganz blaß. Ist es deine Leber oder dein Magen?«

»Der Magen«, murmelte Kandar, zutiefst beschämt darüber, daß er sie belog. Er mochte mutig genug sein, einem angreifenden Kriegerverband ins Auge zu blicken, ohne mit der Wimper zu zucken, aber hier in diesem warmen Raum, neben dieser bezaubernden, bereitwilligen Frau, kam er sich wie ein erbärmlicher Feigling vor.

Die Priesterin, zugleich als Heilerin ausgebildet, tastete prüfend mit den Fingerspitzen über seinen Unterleib. Dann erhob sie sich, ging zu ihrem perlenbesetzten ledernen Medizinbeutel, holte einen kleinen Tonkrug heraus und bestand darauf, daß Kandar den Inhalt trank. Der Krug war mit einer derart bitteren Arznei gefüllt, daß Kandar, als er davon kostete, sich fragte, ob sie vielleicht Rache im Sinn hatte. Doch er schluckte gehorsam jeden einzelnen Tropfen, weil er das Gefühl hatte, es sei das mindeste, was er unter diesen Umständen tun konnte.

»Dieses Mittel wird dir ganz bestimmt helfen«, versprach sie. Aber natürlich tat es nichts dergleichen.

Vielleicht half der Kräutertrank ja doch. Als Kandar das nächste Mal versuchte, Lust mit einer Frau zu teilen, gelang es ihm, die Erinnerung an Keshna zu verbannen, ohne innerlich zu Eis zu erstarren. Die Frau war älter, größer, tröstender. Bei Tag hüteten sie und ihr Mutterclan die Viehherden von Shara, trieben sie auf saftige Weiden und halfen den Kälbern auf die Welt. Die Frau selbst hatte drei Kinder geboren, und ihr Bauch war mit Schwangerschaftsstreifen bedeckt. Ihre Brüste waren weich und schwer; sie hatte kräftige Zähne und geschickte Hände, und wenn sie lachte, füllte der Klang ihres Lachens das ganze Zimmer.

Kandar mochte sie sehr, und sie erwiderte seine Zuneigung. Als sie sich zum ersten Mal liebten, zog sie ihn in ihre herzliche, bärenartige Umarmung und ritt ihn, als sei er ein ungebärdiges Pferd. Bald wälzten sie sich jeden Abend wild in ihrem Bett. Sie liebten sich von hinten und von der Seite, Kopf an Kopf und Kopf bei Fuß, im Stehen und im Sitzen, und einmal balancierten sie sogar gefährlich auf dem Fensterbrett, weil sie den Nachthimmel sehen und das Donnern der Brandung auf den Strand hören wollte. Die Frau verwöhnte Kandar wie eine Mutter, fütterte ihn mit Süßigkeiten und überschüttete ihn mit Komplimenten, bis er sich lachend gegen ihre Übertreibung wehrte.

Einmal holte sie sogar einen Kupferspiegel hervor, polierte ihn mit ihrem Ärmel und forderte Kandar auf, sein eigenes Gesicht zu betrachten. Kandar, der nur hin und wieder in Teichen und Wasserbecken einen flüchtigen Blick auf sein eigenes Bild erhascht hatte, sah einen braunäugigen, schmalgesichtigen Fremden aus dem Spiegel blicken. Der Mann, der Mitte Zwanzig war, hatte den wachsamen, scharfäugigen Blick eines guten Kundschafters. Seine Brauen waren dunkel, seine Lippen voll, und sein Haar – das er lang trug und nach Art der Schlangenkrieger im Nacken zu einem Zopf geflochten – war blauschwarz und ohne jede Spur von Grau. Auf seiner Oberlippe war eine kleine Narbe und auf seiner rechten Wange eine etwas längere.

Langsam hob Kandar die Hand und berührte die Narben, während er sich daran erinnerte, wie er zu den Verletzungen gekommen war. Er rief sich die Schlachten ins Gedächtnis, die er gekämpft hatte, die Nomaden, die er getötet hatte, und diejenigen, die beinahe ihn niedergemetzelt hatten. Er suchte in seinem Gesicht nach irgendeiner Spur von Keshna, denn ein so quälender Schmerz mußte doch ebenfalls Narben hinterlassen, aber Keshna hatte keine Spuren in seinen Zügen hinterlassen – zumindest keine, die er sehen konnte. Er betrachtete sein Gesicht derart ausgiebig, daß die Frau anfing zu lachen. Schließlich riß sie ihm den Spiegel weg und kitzelte ihn wie ein Kind unter dem Kinn.

»Ach ja, du bist wirklich ein gutaussehender Mann«, sagte sie. Und dann, als habe sie seine Gedanken erraten, fügte sie hinzu: »Du hast viel zuviel Zeit damit verbracht, Keshna nachzutrauern. Als die Göttin dir ein solch schönes Gesicht und einen solch eifrigen Penis gab, wollte Sie, daß du das Bett mit allen möglichen Frauen teilst.« Sie nahm eine Mandel zwischen ihre Zähne, küßte ihn und schob ihm die Mandel in den Mund. »Du solltest dich niemals an eine Frau vergeuden, die dich nicht will, wenn es so viele andere Frauen gibt, die dich begehren.«

Kandar wußte, daß das ein guter Rat war, und er beschloß, ihn zu befolgen. Er blieb zwei Wochen bei der Frau, und dann nahmen sie Abschied voneinander, und er zog zu einer neuen Geliebten. In der folgenden Woche zog er wieder weiter und eine Woche später abermals, wechselte von Mutterhaus zu Mutterhaus und teilte mit einer bereitwilligen Frau nach der anderen Lust. Er und seine Geliebten sangen sich gegenseitig Liebeslieder vor, widmeten einander selbstverfaßte Gedichte, lachten viel und tranken eine Menge Wein.

Dennoch war noch immer etwas nicht in Ordnung. Er lag mit vielen Frauen und verehrte den Geist der Göttin in jeder einzelnen von ihnen, doch obwohl sein Körper warm und bereitwillig war, wollte das dumpfe Gefühl der Betäubung in seinem Herzen einfach nicht weichen. Jedesmal, wenn er Keshna begegnete – und er sah sie ständig, weil Shara eine kleine Stadt war und es keine Möglichkeit gab, ihr aus dem Weg zu gehen – fühlte er das schmerzhafte Kratzen jener eisigen Knochen in seiner Kehle.

11. Kapitel

Ranala brauchte nur einen Blick auf ein zerdrücktes Blatt zu werfen, um auf Anhieb zu erkennen, wie lange es her war, daß an jener Stelle ein Nomadenspähtrupp vorbeigeritten war, wie erschöpft ihre Pferde waren, in welche Richtung sie strebten und wo man sie am besten aus dem Hinterhalt überfallen konnte, aber von ihrem Wesen her war sie eher oberflächlich, und obwohl dies vielleicht eine gute, wenn nicht sogar notwendige Eigenschaft für eine Kriegerin war, führte es oft dazu, daß sie dumme Fehler machte, wenn es um die Gefühle anderer Menschen ging.

In jenem Frühjahr war sie erfreut darüber, daß Kandar sich in ein Bett nach dem anderen einlud und all den Frauen, mit denen er Freude teilte, sinnlichen Genuß verschaffte, aber niemals länger bei einer verweilte. Genauso sollte Sex sein, dachte Ranala, ein langsamer Tanz, bei dem alte Partner fröhlich gegen neue ausgetauscht werden. Wenn zwei Leute miteinander lagen, sollte es keine vertrackten Emotionen geben. Kandars neue Geselligkeit fand voll und ganz ihre Zustimmung, für sie war es ein Zeichen dafür, daß er seinen Liebeskummer endlich überwunden hatte. Und eines Morgens, als sie nebeneinander auf der fernen Weide standen und ihre Speere auf eine Reihe von mit Stroh ausgestopften Säcken schleuderten, sagte sie ihm dies auch in ihrer gewohnt unverblümten Art.

»Ich bin froh, daß du endlich angefangen hast, deinen Penis dort hineinzustecken, wo man ihn zu schätzen weiß«, meinte Ranala. Ihr Speer machte ein dumpfes Geräusch, als er auf einen der Säcke prallte und mitten ins Ziel traf. »Es war töricht von dir, den gesamten Winter um Keshna zu trauern. Seit der Zeit, als sie ihrer Mutter nur knapp bis zum Knie reichte, hat sie nichts als Ärger gemacht. Sie ist eine Mischung aus Quälgeist, Ratte, geschwätziger Elster, Unruhestifterin und verzogenem Kind, und nur ein Mann mit dem Verstand einer Miesmuschel würde seine Zeit damit vergeuden, um sie zu trauern.«

Kandar lachte. In seinem Lachen schwang etwas Hohles und Verkrampftes mit, aber Ranala hatte ihren Speer aus dem Sack herausgezogen und war zu sehr damit beschäftigt, die Lederschnüre zu überprüfen, die die Spitze mit dem Schaft verbanden, um es zu bemerken.

»Ach, Schwester«, erwiderte er, »bei dir kann ich mich doch immer darauf verlassen, daß du mir Komplimente machst.« Er schleuderte seinen Speer mit solcher Wucht, daß er glatt durch den Sack hindurchging. »Mach mir das nach, wenn du kannst.«

»Nicht übel«, meinte Ranala anerkennend. »Wenn dieser Sack ein Nomadenkrieger wäre, hättest du ihn glatt aufgespießt.«

Kandar ging zu dem Sack, um seinen Speer zu holen, und eine Zeitlang standen sie schweigend Seite an Seite und schleuderten mit aller Kraft ihre Speere. Manchmal verfehlten sie die Säcke, aber da sie die beiden besten Krieger in Shara waren, trafen sie in den meisten Fällen genau ins Ziel.

»Um dir die Wahrheit zu sagen«, meinte Kandar unvermittelt, »ich vermisse etwas.«

»Du hast recht.« Ranala warf ihren Speer leicht schräg, so daß er den Zipfel eines Sackes am Boden festnagelte. Sie hatte dies absichtlich getan, und da es schwierig war, diesen Trick zu vervollkommnen, begutachtete sie das Ergebnis mit kritischem Blick. »Wir sollten bewegliche Ziele aufbauen – sie an Baumästen hin- und herschwingen lassen oder etwas in der Art. Außerdem müssen wir noch mehr Zeit darauf verwenden zu lernen, wie man Speere im Dunkeln schleudert. Die Nomaden schaffen es, ihr Ziel zu treffen, auch wenn es stockfinster ist. Ich kann mir einfach nicht vorstellen, wie sie das machen. Vielleicht trinken sie vorher Eulenblut.«

»Ich spreche nicht von Zielübungen. Ich spreche von Keshna. Ich wollte damit sagen, daß mir noch immer etwas fehlt, wenn ich an die Zeit mit ihr zurückdenke.«

Ranala drehte sich zu ihm um, und ihre Augen verengten sich. »Und was könnte das wohl sein? Ihre giftige Vipernzunge vielleicht? Ihr Rattennest von rotem Haar? Vielleicht ist es auch ihr eiskaltes Herz, nach dem du dich sehnst. Keshna ist die einzige Frau, die ich kenne, die die edlen Teile eines Mannes auf zwanzig Schritt Entfernung zu Eis erstarren lassen kann. Und wenn sie nicht eine so gute Kriegerin wäre – ja, Kandar, ich gebe durchaus zu, daß sie gut ist –, würde ich den Ältestenrat darum ersuchen, sie als öffentliches Ärgernis aus Shara hinauszujagen.«

Kandar schüttelte den Kopf. »Du kennst sie überhaupt nicht.«

»Wofür ich der Göttin tagtäglich auf den Knien danke.«

»Keshna ist wie Wein.«

»Wenn überhaupt, dann höchstens wie ein schlechter Jahrgang.

Sag statt dessen lieber, sie ist wie Essig – oder besser noch, wie Brennesseln mit Knollenblätterpilzen.«

»Ganz im Ernst, sie strahlt etwas Erregendes aus. Selbst wenn sie einen Mann nicht lieben kann, so macht sie doch alle seine Sinne schärfer.« Er war überrascht, wie vehement er Keshna verteidigte. Es war Monate her, seit sie ihn aus ihrem Bett geworfen hatte, und er kam ihr immer noch wie ein treuer Hund zu Hilfe. Ungeduldig rammte Kandar das stumpfe Ende seines Speeres in den Boden, angewidert von sich selbst. *Ich werde niemals über meine Liebe zu dieser Frau hinwegkommen,* dachte er. *Ich werde mein Leben lang ihr Narr bleiben.* Dennoch fühlte er sich verpflichtet zu sagen: »Du verstehst Keshna nicht. Du kannst dir nicht vorstellen, wie ungeheuer stark ihre Anziehungskraft auf Männer ist. Manchmal habe ich fast den Verdacht, daß sie heimlich bei irgendeinem Nomadenzauberpriester Unterricht genommen und gelernt hat, Liebestränke zu brauen, die bei den Mutterleuten verboten sind. Manchmal glaube ich, sie …«

»Wenn du weiter solchen Schwachsinn redest«, unterbrach Ranala ihn brüsk, »fange ich an zu kotzen. Ich habe dich nicht mehr so viel dummes Zeug reden hören, seit du vier Jahre alt warst und Mutter dir einen Welpen schenkte.«

»Hör mir zu!« sagte Kandar scharf. »Ich versuche gerade, dir etwas Wichtiges zu sagen.«

Ranala stieß einen leisen, mißbilligenden Zischlaut aus. »Junge, Junge, bist du heute morgen schlecht gelaunt! Ich sag dir was, wenn du wirklich so darauf erpicht bist, wieder zu leiden, dann werde ich ein paar von meinen Kriegern zusammentrommeln und ihnen sagen, sie sollen dich in den Wald schleifen und dich für ein oder zwei Tage an einen Pfahl auf einem Ameisenhaufen fesseln, bis du wieder in etwas heitererer Gemütsverfassung bist.«

»Warum findest du keine Frau für mich, die mit der Freude einer Sharanerin und der Leidenschaft einer Nomadin liebt?« stieß Kandar zwischen zusammengebissenen Zähnen hervor. »Das ist es, was ich brauche.«

»Du wirst eher Honig pissen, als eine solche Frau finden.«

Kandar schwieg unheilverkündend. Zwei zornige rote Flecken

erschienen auf seinen Wangen, und er umklammerte den Schaft seines Speers so fest, daß seine Fingernägel sich in das Holz drückten. Ranalas Weigerung, ihm zuzuhören, hatte etwas in ihm ausgelöst, von dessen Existenz er bis dahin nicht einmal etwas geahnt hatte. Er stand da und war wütend auf sie, wütend auf sich selbst und wütend auf Keshna. Plötzlich wußte er genau, was er tun mußte, um sich endlich wieder als Ganzes zu fühlen. Er schulterte seinen Speer. »Ich gehe«, erklärte er barsch.

»Schön«, sagte sie freundlich.

»Ich meine, ich verlasse Shara.«

Diese Erklärung drang endlich zu Ranala durch, weil sie die Befehlshaberin in ihr berührte. Sie senkte, weil er sie mitten in einem Wurf unterbrochen hatte, verärgert ihren Speer. »Ich würde mir die Mühe sparen. Bisher sind noch keine Nomadenstoßtrupps gesichtet worden, und die Nattern haben Wichtigeres zu tun, als durch den Frühlingsschlamm zu reiten und nach nicht existierenden Spuren zu suchen. Obershara ist erst halb fertig, und die Nattern wären sehr viel sinnvoller beschäftigt, wenn sie Tonerde feststampfen und Ziegelsteine schleppen würden.« Obershara war eines von Ranalas Lieblingsprojekten. Sie haßte die Vorstellung, ihre Krieger könnten während des Winters untätig herumsitzen und verweichlichen, deshalb hatte sie den Ältestenrat überredet, den Bau einiger Häuser auf den Klippen zu genehmigen. Falls es tatsächlich noch einmal zu einer Belagerung käme, so hatte sie argumentiert, sollten die Kinder und alten Leute nicht gezwungen sein, monatelang in Zelten zu hausen.

Kandar lächelte bitter. »Da ich nicht die Absicht habe, die Nattern mitzunehmen, wenn ich Shara verlasse, brauchst du dir keine Sorgen darum zu machen, Ersatzleute für die Baumannschaften zu finden. Mir persönlich ist es völlig egal, ob du die Nattern dafür einsetzt, Steine zu schleppen oder Lehm für Ziegel festzustampfen oder Baumstämme für Dachbalken den Klippenpfad hinaufzuziehen, aber ich schlage vor, du läßt Lelsang das entscheiden. Er ist kein junger Mann mehr, aber die Nattern respektieren ihn, und er wird ihnen ein guter Anführer sein. Trithar würde ebenfalls einen guten Anführer abgeben, aber die Wahl liegt bei dir.«

Ranala starrte ihn verständnislos an. »Was willst du damit sagen? Ich verstehe nicht, was du meinst.«

»Ich will damit sagen, daß du dir einen neuen Anführer für die Nattern suchen mußt, weil ich für eine Weile fortgehe. Ich weiß, du verstehst mich nicht, aber bemüh dich wenigstens darum: Ich verlasse Shara, weil ich es nicht ertrage, Keshna auf Schritt und Tritt über den Weg zu laufen. Ihr Anblick macht mich verrückt. Wenn ich hierbleibe, werde ich sie tagtäglich um mich haben, sobald der Sommer kommt. Ich werde Fleisch vom selben Bratspieß essen, am selben Feuer schlafen, werde sie lachen hören und sie im Fluß baden sehen. Ich habe eine böse Seite in mir, Ranala, eine finstere Stelle in meinem Herzen, von der du keine Vorstellung hast. Wenn ich gezwungen bin, ständig auf diese Weise mit Keshna zusammen zu sein, kann ich nicht für das garantieren, was vielleicht passieren wird. Du weißt ja selbst, wie es ist, einen Kriegerverband anzuführen: man muß häufig schnelle Entscheidungen treffen, muß besonnen und unerschütterlich sein und ein sicheres Auge haben, und ich habe nichts von alledem, wenn Keshna in meiner Nähe ist. Einer meiner Krieger könnte durch meine Schuld den Tod finden, während er sie zu beschützen versucht; oder – Batal möge mir diesen Gedanken verzeihen – ich könnte Keshna in den Tod schicken, nur um sie loszuwerden. Natürlich nicht absichtlich, verstehst du, sondern weil der finstere Teil von mir plötzlich die Oberhand gewinnt, wenn ich am wenigsten darauf gefaßt bin.«

»Oh«, sagte Ranala.

»Ist das alles, was du dazu zu sagen hast: ›Oh‹? Ich schütte dir mein Herz aus, und du sagst nichts weiter als ›Oh‹.«

Ranala kaute auf ihrer Unterlippe und machte ein nachdenkliches Gesicht. »Die Vorstellung, daß du gehen willst, gefällt mir gar nicht. Dieses Gejammere über die finsteren Stellen in deinem Herzen ist ein Haufen Ziegenscheiße. Du bist ein ausgezeichneter Anführer, und deine Krieger brauchen dich. Keshna dagegen kann man wohl kaum als unentbehrlich bezeichnen.«

»Wenn du vorschlagen willst, ich soll sie aus dem Nattern-Verband rauswerfen, dann spar dir deinen Atem.«

»Ich wollte dir nicht vorschlagen, daß *du* das tust. Ich wollte mich anbieten, es selbst zu tun. Nichts würde mir größeres Vergnügen bereiten.«

»Nein! Nein und nochmals nein! Verstehst du denn nicht, wie ungerecht das wäre? Es ist doch nicht Keshnas Schuld, daß ich sie noch immer liebe. Sie hat mir deutlich genug zu verstehen gegeben, daß sie kein Interesse an mir hat.«

Ranala zog nur schweigend die Brauen hoch. Dann hob sie ihren Speer und warf ihn mit so ruhiger, sicherer Hand, daß es fast schien, als schleuderte sie ihren eigenen Willen auf das Ziel zu. »Ich glaube nicht, daß du die Wahl hast«, erklärte sie. »Ich bin die Oberbefehlshaberin der Schlangen, und ich entscheide, wer in jedem Verband mitreitet. Wenn ich sage, Keshna geht, dann geht sie. Marrah und Arang werden jede Entscheidung, die ich treffe, akzeptieren, und das gleiche gilt auch für den Ältestenrat.«

»Ich erklär's dir noch mal: Wenn Keshna draußen ist, bin ich ebenfalls draußen. Wie auch immer, ich gehe in jedem Fall.« Damit machte Kandar auf dem Absatz kehrt, ließ Ranala wutschnaubend stehen und ging in die Stadt zurück, um seine Satteltaschen zu packen.

Seine Bedürfnisse waren bescheiden. Als die Sonne an jenem Abend unterging, hatte Kandar alles zusammen, was er brauchte, um eine Reise anzutreten, die zwei Wochen dauern konnte oder auch zwei Jahre. Er war jetzt bereit, Shara zu verlassen, aber wenn man fünf Jahre lang der Anführer der Nattern gewesen war, konnte man nicht einfach seine Sachen packen und davonreiten. Kandar wußte, er mußte zuerst mit Trithar und Lelsang sprechen und ihnen mitteilen, daß Ranala wahrscheinlich einen von ihnen oder auch beide damit beauftragen würde, die Nattern während seiner Abwesenheit anzuführen. Dann würde er die Runde durch die Mutterhäuser machen und mit den anderen Mitgliedern seines Verbandes sprechen müssen, die verletzt und beleidigt sein würden, wenn er ohne Abschied fortging. Sobald er damit anfing, würde jemand – wahrscheinlich Clarah oder Ursha – darauf bestehen, ein Abschiedsfest für ihn zu geben. Der Gedanke an das

Fest bereitete Kandar keine Freude, weil Keshna zweifellos ebenfalls dabeisein würde, aber er konnte sich nicht klammheimlich bei Nacht und Nebel davonschleichen, deshalb fand er sich damit ab, sie ein letztes Mal zu sehen.

Am nächsten Morgen jedoch, noch bevor er mit seinem Rundgang begonnen hatte, traf ein Bote ein, um ihm zu sagen, daß Marrah ihn bat, in ihr Mutterhaus zu kommen. Um Kandars Mund erschien ein störrischer Zug, als er hörte, daß Marrah ihn sehen wollte. Sicherlich hatte Ranala bereits mit ihr gesprochen und ihr erklärt, die Nattern könnten ohne ihn ihre Arbeit nicht tun. Nun, Trithar würde einen guten Anführer abgeben und Lelsang desgleichen. Er hatte nicht die Absicht, sich den ganzen Sommer Nacht für Nacht zehn Schritte von Keshna entfernt schlafen zu legen, nur weil es seiner Schwester Spaß machte, ihn unter ihrer Fuchtel zu haben. Niemand konnte ihn zwingen, in Shara zu bleiben, wenn er gehen wollte.

Bei Choatks Eiern! dachte Kandar wütend, Ranala zur Schwester zu haben ist, als wäre man mit einem Nomadenhäuptling verwandt. Er versetzte einer seiner Satteltaschen einen so heftigen Fußtritt, daß sie in der entgegengesetzten Ecke des Raums landete. Dann trat er erbost nach der anderen.

Er fand Marrah bis zu den Knöcheln in weichem, feuchtem Ton. Ihr Haar war zu einem unordentlichen Knoten aufgesteckt, und sie trug eine schmutzige, fleckig gelbe Tunika, die sie bis über ihre Knie hochgerafft hatte.

»Guten Morgen, Cousin«, rief sie, sobald sie ihn erblickte. »Ich bin froh, daß du kommen konntest.« Sie wischte sich eine Haarsträhne aus den Augen und trat aus der Tongrube heraus.

»Was tust du da?« wollte Kandar wissen. »Machst du Ziegel?«

»Nein«, erwiderte Marrah fröhlich. »Ich vermische den Ton mit Bindesand. Wenn ich damit fertig bin, werde ich ein paar Kochtöpfe daraus formen. Es ist eine schmutzige Arbeit, aber ich mag das Gefühl von Schlamm zwischen meinen Zehen.« Sie griff nach einem Lappen, tauchte ihn in ein Gefäß mit Wasser und schrubbte den Schlamm von ihren Händen. »Ich wette, du denkst, daß ich wie eine Sau aussehe, die sich gerade im Dreck gesuhlt hat.«

Kandar hatte nicht die Absicht, liebenswürdig zu sein, doch er ertappte sich dabei, wie er lächelte. »Nicht direkt«, erwiderte er.

»Du bist nur freundlich zu deiner alten Cousine. Wenn Ranala hier wäre, würde sie bei meinem Anblick Grunzlaute von sich geben, als wolle sie ein Schwein anlocken.«

Bei der Erwähnung seiner Schwester verblaßte Kandars Lächeln abrupt. »Das würde sie ganz sicherlich tun«, sagte er steif.

»Ranala ist gestern abend vorbeigekommen«, fuhr sie fort, während sie ihre Finger an dem Lappen abwischte. »Sie sagte, du hättest ihr erklärt, daß du Shara verlassen willst.«

»Ja.« Kandar wappnete sich innerlich gegen die kommende Auseinandersetzung.

»Ranala ist alles andere als glücklich darüber, daß du fortgehen willst. Sie scheint der Meinung zu sein, du solltest bleiben, um die Nattern in diesem Sommer gegen die Nomaden anzuführen.«

»Ob ich gehe oder bleibe, geht sie überhaupt nichts an.«

»Genau.« Marrah legte den Lappen beiseite und inspizierte ihre Hände, die trotz ihrer Bemühungen kaum sauberer aussahen. »Genau das habe ich ihr auch gesagt. ›Ranala‹, habe ich gesagt, ›Kandar ist ein erwachsener Mann, und er kann gehen, wohin er will. Wir halten keine Sklaven in Shara.‹«

Kandar war so überrascht von ihrer Antwort, daß er nicht wußte, was er sagen sollte. Er hatte mit einer hitzigen Auseinandersetzung gerechnet, und statt dessen billigte Marrah seinen Plan so vorbehaltlos, als ob er das Normalste der Welt wäre. Einen Moment lang fühlte er einen irrationalen Stich schmerzlichen Bedauerns. Schätzte Marrah ihn so wenig, daß es ihr überhaupt nichts ausmachte, ihn gehen zu lassen? Er hatte immer gewußt, daß er für die Nattern nicht unentbehrlich war, aber er hatte nicht gewußt, daß sie das ebenfalls so sah.

»Wie lange planst du fortzubleiben?« fragte Marrah. Ihre Stimme klang freundlich, aber desinteressiert.

»Ich weiß es nicht.«

»Nun ja, das spielt auch weiter keine Rolle. Trithar ist ein tapferer junger Krieger. Er kann die Nattern anführen, während du fort bist. Er ist auch ein guter Spurenleser. Einer der besten.«

Aber nicht annähernd so gut wie ich! dachte Kandar wütend. Er fühlte den Stachel ihrer Gleichgültigkeit so deutlich, als habe sie Salz in eine offene Wunde gerieben. Dann blickte er auf und sah, daß ihre Augen ihn anlachten.

»Entschuldige, Kandar«, sagte Marrah. »Ich sollte dich nicht so ärgern. Ich möchte nicht, daß du gehst, und dies ist ganz einfach meine Art, mich für die Tatsache zu rächen, daß du fortgehst und daß ich absolut nichts dagegen tun kann. Ranala ist anderer Meinung. Sie glaubt, ich müßte nichts weiter tun, als dir befehlen, hierzubleiben und die Nattern einen weiteren Sommer anzuführen, und damit wäre das Problem gelöst. Aber ich war früher einmal ein störrisches, rebellisches Mädchen, und ich erinnere mich noch gut daran, wie herzlich wenig es mich kümmerte, was man mir befahl.«

Sie wies mit einer schmutzigen Hand auf das Haus. »Ich habe einmal keine hundert Schritte von hier gestanden und unserer Großmutter klar und deutlich erklärt, daß ich nicht die Absicht habe, Kriegskönigin von Shara zu sein. Du bist wahrscheinlich zu jung, um dich noch daran zu erinnern, aber Shara hatte eine Zeitlang zwei Königinnen und zwei Könige – ein Königspaar für die Zeit des Friedens und eines für den Krieg. Jedenfalls widersetzte ich mich sowohl meiner Großmutter als auch meinem Großonkel. Ich weigerte mich sogar, nach Kataka zu gehen und mich in die Geheimnisse der Dunklen Mutter einweihen zu lassen. Am Ende tat ich schließlich beides: Ich machte die Initiation mit und wurde Kriegskönigin – aber nicht, weil Lalah und Onkel Bindar es mir befahlen, sondern nur deshalb, weil die Nomaden angriffen und mir keine andere Wahl ließen.

Du siehst also, daß ich etwas verstehen kann, was Ranala niemals verstehen wird: Ich weiß, wie dickköpfig du bist, weil auch ich diese dickköpfige Ader in mir habe. Ich werde nicht versuchen, dich zum Hierbleiben zu überreden. Ganz im Gegenteil. Wenn du möchtest, werde ich dir sogar helfen, deine Satteltaschen zu packen.«

»Die sind bereits gepackt.«

Marrah lachte. »Das habe ich mir schon gedacht. Jetzt mal im Ernst, Kandar... ich weiß, warum du gehst. Solange du in Shara lebst, bist du gezwungen, Keshna zu sehen. Du teilst Freude mit anderen Frauen, aber du sehnst dich immer nach Keshna wie ein Kind, das den Mond in einem Krug voller Wasser berühren will und bitterlich enttäuscht ist, wenn er ihm durch die Finger schlüpft.«

Kandar war gerührt. Er hatte nicht erwartet, so gut verstanden zu werden. Während Marrah das Gefäß mit Wasser schräg neigte und den Schlamm von ihren Füßen und Beinen abspülte, schwiegen sie. »Aber wenn du gehst, ohne etwas Bestimmtes im Sinn zu haben, und nur ziellos durch die Gegend wanderst, wird dein Kummer noch größer werden«, sagte sie und stellte das Gefäß wieder aufrecht hin. »Du bist ein zu guter Mann, ein zu loyaler Mann, um ein einsamer Wanderer zu werden. Wenn du vor Keshna davonläufst, wirst du dich immer von ihr verfolgt fühlen. Und wenn du die Nattern verläßt, um nichts anderes zu tun, als von Dorf zu Dorf zu reiten, wirst du immer das Gefühl haben, daß du es versäumt hast, deinen Freunden und deiner Stadt gegenüber deine Pflicht zu tun. Was du brauchst, ist ein wirklicher Beweggrund, um Shara zu verlassen – einen triftigeren Grund als Keshna oder ein gebrochenes Herz.«

Was Marrah sagte, klang vernünftig. Kandar wußte, daß er nicht der Typ Mann war, der sich damit zufrieden gab, ziellos umherzuwandern. »Du hast recht«, meinte er. »Welchen Grund kannst du mir nennen, Shara zu verlassen, abgesehen davon, daß ich Keshna zu sehr liebe, um hierzubleiben?«

Marrah nahm seine Hand und verflocht ihre Finger mit seinen. Er fühlte die glatte Kruste von getrocknetem Ton und die freundschaftliche Wärme ihres Händedrucks. »Komm mit ins Haus und mach es dir auf einem Kissen im Gemeinschaftsraum bequem, während ich mir warmes Wasser besorge, um den Rest von diesem Ton abzuwaschen. Dann werde ich dir zeigen, was ich meine.« Sie sah die Unentschlossenheit in seinem Gesicht. »Mach dir keine Sorgen. Keshna ist nicht in der Nähe. Ich habe sie nach Obershara geschickt, um Ziegel für Ranala zu machen. Der Erdboden ist endlich aufgetaut, und es ist ein guter Tag, um im Schlamm zu arbeiten.

Nachdem Marrah die letzten Tonreste abgewaschen hatte, flocht sie ihr Haar zu einem Zopf und zog eine frische Tunika an. Als sie in den Gemeinschaftsraum zurückkehrte, sah Kandar, daß sie eine kleine, braun-schwarz glasierte Schale trug.

»Fällt dir an dem hier etwas Besonderes auf?« fragte sie und stellte die Schale vorsichtig vor ihn auf den Boden.

Kandar inspizierte die Schale und strich prüfend mit einem Finger über die Oberfläche und den Rand. Der gebrannte Ton war so glatt wie eine Eierschale. »Das hier sieht nach einem nomadischen Sonnenzeichen aus«, erklärte er und zeigte auf einen schwarzen Kreis, »und das hier auch. Ich wußte gar nicht, daß die Nomaden die Kunst des Töpferns beherrschen.«

»Einige schon. Die Sonnensymbole an sich sind nicht bemerkenswert, aber fällt dir sonst noch etwas an dieser speziellen Schale auf?«

»Nein. Aber es ist eine hübsche Schale, sehr schön gemacht.«

»Genau. Für eine nomadische Schale ist sie viel zu kunstvoll gefertigt. Die Tonwaren der Nomaden sind plump und primitiv. Sie brennen sie bei niedrigen Temperaturen und härten sie mit zerstampften Muscheln oder stellen sie einfach zum Trocknen in die Sonne. Manchmal dekorieren sie die Außenwand eines Kruges mit Mustern, indem sie ein Stück Schnur in den feuchten Ton drücken oder mit einer Messerspitze Symbole einritzen, aber sie bemalen ihre Töpferwaren nicht.« Sie nahm ihm die Schüssel ab und betrachtete sie nachdenklich. »Diese Schale ist im Stil der Nomaden gemacht, aber nicht auf die Art und Weise der Nomaden gefertigt. Ich vermute, sie wurde in einem Sklavenlager gemacht, wahrscheinlich von irgendeiner armen Priesterin oder einem Priester, die bei einem Überfall gefangengenommen wurden.«

»Wir hören schon seit längerer Zeit von diesen Lagern«, erwiderte Kandar, »aber wir haben bis jetzt nicht herausfinden können, wo sie sind.«

»Jetzt wissen wir es – oder zumindest glaube ich, daß wir es wissen. Gestern am Spätnachmittag ist das erste Raspa der Sommerhandelssaison in den Hafen eingelaufen, und diese Schale hier war Teil seiner Fracht. Das Boot hatte noch andere von Sklaven hergestellte Dinge geladen: Wolldecken mit eingewebten Sternen und Pferden, so fein und zierlich, daß sie nur von jemandem gewebt worden sein konnten, der in einem Tempel ausgebildet wurde; wunderschön gearbeitete goldene Armbänder, geschmückt mit den sieben Symbolen des Gottes des Leuchtenden Himmels; einen Dolch mit einer Klinge aus einer ungewöhnlich harten Sorte von Kupfer, wie sie noch keiner in Shara je zuvor gesehen hat.

Zuerst behaupteten die Händler, die Waren, die sie mitführten, wären nicht von Sklaven hergestellt worden, sondern von Mutterleuten, die aus eigenem freien Willen ausgezogen seien, um unter Nomaden zu leben. Ich habe ihnen das natürlich nicht geglaubt, deshalb habe ich die Händler in Shara willkommen geheißen, ihnen erklärt, wir würden uns überlegen, was wir ihnen im Austausch für die Waren anbieten könnten, und sie dann zu ihrem Boot zurückgeschickt. Dann habe ich Arang zum Strand hinuntergeschickt, mit dem Auftrag, ihnen das Eingeständnis zu entlocken, daß sie mit Waffen handeln, die in Sklavenarbeit hergestellt wurden. Ich wäre ja selbst gegangen, aber die Händlergruppen aus dem Norden bestehen heutzutage nur noch aus Männern, und sie haben die nomadische Angewohnheit angenommen, Frauen nicht ernst zu nehmen.

Arang nahm also ein paar Krüge Wein mit und setzte sich zu ihnen, um mit ihnen zu trinken und Glücksspiele zu spielen, bis einer von ihnen betrunken genug war, um zuzugeben, daß die Fracht, die das Raspa nach Süden transportierte, vielleicht – nur vielleicht – von Sklaven hergestellt würde. Der Mann muß seine Worte nachträglich bereut haben, denn heute morgen, kurz nachdem ich den Boten zu dir geschickt hatte, kreuzte einer der Händler mit dem hier auf.« Marrah schob ihre Hand in den kleinen Lederbeutel, den sie an ihrem Gürtel trug, und zog zwei große goldene Ohrringe in der Form von Sonnenrädern heraus. Die Ohrringe glitzerten in dem matten Licht des Gemeinschaftsraums.

»Ein Bestechungsgeschenk?« fragte Kandar.

Marrah nickte. »Ja. Aber der Händler hat für seinen Bestechungsversuch das falsche Geschenk ausgesucht.« Sie drehte die Ohrringe herum, so daß die Drahtschlingen zur Befestigung im Ohrläppchen nach oben zeigten. »Siehst du diese Spuren hier, die wie Kratzer im Gold aussehen? Das sind heilige Schriftzeichen. Sieh mal, hier ist ein Zeichen, das du wahrscheinlich kennst.«

Kandar inspizierte die Rückseite der Schmuckstücke und sah, daß ein sehr kleines Dreieck leicht in das Gold eingeritzt worden war.

»Das Zeichen der Göttin!« rief er. »Diese Ohrringe müssen von einem Angehörigen des Muttervolkes gemacht worden sein! Kein nomadischer Goldschmied würde ein solches Symbol auf die Rückseite der Sonne ritzen. Du bist doch Priesterin; kannst du die anderen Schriftzeichen lesen?«

»Das kann ich, allerdings.« Marrah zeigte auf einen der Ohrringe. »Diese Botschaft lautet: *Im Namen der Göttin Chilana, rettet uns!* Und die Zeichen auf dem anderen Ohrring bedeuten: *Wir sind Schmetterlinge in ihren Netzen.*«

»Schmetterlinge in ihren Netzen? Was kann denn das heißen?«

»Chilana ist die Schmetterlingsgöttin von Shamban. Die heilige Schrift hat kein Wort für ›Sklaven‹, deshalb haben die Menschen, die diese Nachricht verfaßten, sich eine andere Ausdrucksweise überlegt, um deutlich zu machen, daß sie von jemandem gefangengehalten werden.« Marrah warf die Ohrringe in die Schale.

»Hier hast du dein Ziel, Kandar. Hier ist dein Grund, Shara zu verlassen. Arang und ich sind uns fast sicher, daß es irgendwo in der Nähe von Shamban ein großes Sklavenlager gibt, und wir möchten, daß jemand in den Norden reist, um es herauszufinden.«

Keshna hackte gerade Feuerholz im Wald, ein Stück flußabwärts von der Furt, als Luma mit einer Axt auf der Schulter erschien. Sie rollte die Ärmel ihrer Tunika auf und begann mit solcher Wut auf einen jungen Baum einzuschlagen, daß Keshna sie anbrüllte, sie solle sofort damit aufhören.

»Was soll das?« schrie Keshna.

Luma senkte ihre Axt und funkelte Keshna böse an. »Kandar ist heute morgen fortgegangen«, erklärte sie. Sie rammte die steinerne Schneide der Axt in den Boden und ließ den vibrierenden Griff los. »Driknak, die immer sehr früh aufsteht, um den Sonnenaufgang zu beobachten, sagt, er ist in einem Raspa aufgebrochen, das nach Shamban segelt – als Händler verkleidet, ausgerechnet: goldene Ketten um den Hals, die Haare mit süßriechendem Fett an den Kopf geklebt, mit einem hübschen kleinen Messer im Gürtel, das noch nicht einmal dazu taugt, einen Frosch zu töten, und einem ganzen Boot voller Handelswaren. Driknak sagt, Mutter sei am Strand gewesen, um ihn zu verabschieden, und Onkel Arang ebenfalls. Ein paar Priesterinnen aus dem Eulentempel haben ein Gebet an die Göttin der Wogen gesprochen, und dann haben alle am Strand gestanden und gewunken, während er davonsegelte, um herauszufinden, ob es in Shamban tatsächlich Sklavenlager gibt.«

Luma packte den Griff ihrer Axt, riß sie aus dem Boden und begann mit erneuter Wut auf den Schößling einzuhacken. Holzstücke flogen in alle Richtungen.

»Hör auf damit!« brüllte Keshna. Sie duckte sich unter dem Regen von Splittern, marschierte zu Luma, wobei sie einen großen Bogen um die niedersausende Axtklinge schlug, packte Luma am Halsausschnitt ihrer Tunika und zog den Stoff stramm. Luma würgte, ließ ihre Axt sinken und wirbelte herum, hochrot im Gesicht und fuchsteufelswütend; doch bevor sie ein Wort hervorbringen konnte, fauchte Keshna sie an. »Was ist bloß in dich gefahren?« schrie sie. »Ich kannte mal eine Frau, die genau wie du wie eine Wahnsinnige mit einer zweischneidigen Axt herumhantierte, und das Ergebnis war, daß sie sich eine der Schneiden mitten in den eigenen Rücken rammte – sie zerteilte sich selbst wie einen Wurm in zwei Hälften.«

»Lügnerin!« knurrte Luma.

»Na schön, ich gebe zu, ich habe es mit der Wahrheit nicht so genau genommen«, erwiderte Keshna milde. Sie ließ Lumas Tunika los. »Aber das ändert nichts an der Tatsache, daß du drauf und dran warst, dich zu verletzen. Worüber in Batals Namen regst du dich eigentlich so auf?«

»Kandar.«

»Kandar? Wieso Kandar? Er ist also fortgegangen? Na und, was soll's? Ich bin erleichtert, daß er nach Shamban gesegelt ist. Es hat mir wirklich keinen Spaß gemacht, den armen Mann meinetwegen leiden zu sehen, und zur Abwechslung wird es mal ganz angenehm sein, ihm nicht jedesmal über den Weg zu laufen, wenn ich um eine Ecke biege.« Sie hielt inne und betrachtete Lumas Gesicht. Lumas Augen hatten einen harten Glanz, und ihr Kinn war zornig vorgeschoben. »Ach du liebe Göttin, jetzt sag mir nicht, daß du in ihn verliebt bist!«

»Natürlich nicht, du Idiotin. Ich wollte mit ihm gehen. Unzählige Male habe ich Mutter angefleht, mich in den Norden zu schicken, um nach Keru zu suchen. Und jetzt – wo es dringend notwendig ist, daß jemand dort hinauf reist –, schickt sie Kandar! Kandar! Und sie hat mir nichts davon gesagt, hat mir kein Sterbenswort verraten. Gestern abend beim Essen hat sie mir gegenüber am Tisch gesessen, ihr Brot in den selben Topf gestippt wie ich und ein paar nichtssagende Bemerkungen über das Wetter gemacht. Ist das zu fassen! Sie hat dagesessen, mit der festen Absicht, Kandar in den Norden zu schicken – ein Auftrag, für den ich mein Herzblut gegeben hätte –, und nur davon gebrabbelt, wie die Sonne an einem roten Himmel untergegangen sei, und was für ein gutes Wetter das für den nächsten Tag verheiße. Und weißt du auch, warum?

»Na ja«, meinte Keshna. »Ich nehme an, sie hat dir nichts davon gesagt, weil sie die Reise nach Shamban für ziemlich gefährlich hält, und weil sie wußte, daß du darauf bestanden hättest, nach Shamban zu gehen, und weil sie dich nicht verlieren will, so wie sie deinen Bruder verloren hat.«

»Ich«, sagte Luma und zeigte auf sich, »bin eine erwachsene Frau. Mich« – sie schlug sich mit der Faust gegen die Brust – »braucht man nicht wie eine Vierjährige zu beschützen. Wenn Mutter jemanden nach Shamban schicken wollte, dann hätte *sie* mich schicken sollen. Ich spreche fließend Hansi. Ich ...«

»Wenn du weiterhin so gegen deine Brust hämmerst«, unterbrach Keshna sie, »hast du bald ein Loch an der Stelle. Ich gebe dir recht, daß Tante Marrah dich mit Kandar nach Shamban hätte schicken sollen. Ich bin auch der Meinung, daß es falsch von ihr war, dir nicht zu sagen, wohin sie ihn schickt – von ihrem Standpunkt aus betrachtet zwar durchaus verständlich, aber dumm, denn sie hätte sich eigentlich denken müssen, daß du es mit Sicherheit heute noch erfährst, und dir genügend Zeit bleibt, ihn einzuholen.«

»Wenn dem so wäre«, fauchte Luma, »wenn auch nur die geringste Chance bestünde, daß ich ihn noch einhole, glaubst du, dann wäre ich jetzt hier im Wald und würde mir von dir die Ohren vollquasseln lassen? Vielleicht hast du mir nicht zugehört, als ich dir erklärte, daß der Mann in einem Raspa ausgelaufen ist. Einen Einbaum könnte ich rudern. Mit einem Fischerboot würde ich mit deiner Hilfe wahrscheinlich auch noch zurechtkommen. Aber keines von beiden ist schnell genug, um ein Raspa unter voller Besegelung einzuholen. Komm mir bloß nicht mit dem Vorschlag, wir sollten eines stehlen, du weißt sehr gut, daß keine von uns beiden eine Ahnung davon hat, wie man bei einer steifen Brise Segel setzt. Wir würden kentern, über Bord gehen und höchstwahrscheinlich ertrinken. Du kannst dir auch den Vorschlag sparen, ein paar Matrosen zu überreden, uns heimlich nach Shamban mitzunehmen, weil sie nämlich niemals ohne Mutters Erlaubnis fahren würden, ganz gleich, wie verführerisch du mit deinem hübschen kleinen Hintern wackelst.«

Keshna grinste. »Freut mich, daß du meinen Hintern so hübsch findest«, erwiderte sie, »aber ich wollte gar nicht vorschlagen, auf dem Wasserweg zu reisen. Du hast anscheinend nicht darüber nachgedacht, daß Kandar als Händler verkleidet mit anderen Händlern reist. Und Händler – wenn du die Güte haben würdest, mir zu verzeihen, daß ich auf diesem Punkt herumreite – treiben Handel. Ihre Raspas sind zwar schnell, aber sie legen auch in jedem kleinen Dorf an. Wir beide brauchen nichts weiter zu tun, als unsere Pferde zu holen und die Küste hinaufzureiten. Ich garantiere dir, daß wir Kandar und seine Kumpane finden, wie sie im Schneidersitz um ein Feuer sitzen und mit irgendeiner Dorfmutter um Kräuter und Muschelhalsketten feilschen.«

Luma starrte sie an, verblüfft von der Brillanz ihres Plans. »Du bist die klügste Frau, die mir jemals begegnet ist«, sagte sie, »von raffiniert und verschlagen ganz zu schweigen.«

»Ich tue mein Bestes«, erwiderte Keshna bescheiden.

Etwas später an diesem Morgen ritten Luma und Keshna von Shara fort, ohne irgend jemandem ein Wort zu sagen. Kandar war ohnehin nicht mehr da, wie Keshna betonte, und Ranala hatte bislang noch keinen anderen zum Anführer der Nattern ernannt. Marrah hätten sie natürlich Bescheid sagen müssen; doch da Luma die feste Absicht hatte, nach Shamban zu reisen, ganz gleich, was ihre Mutter sagte, wäre es nur sinnlose Zeitverschwendung gewesen, sich wegen etwas zu streiten, das längst entschieden war.

Sie ritten schnell, aber vorsichtig, und folgten einem der Überlandwege, der sich an den Ufern des Süßwassersees entlangzog. Dabei hielten sie die Augen nach Nomaden offen. Es war Frühlingsanfang und nicht mehr so früh im Jahr, daß nicht schon Nomadentrupps durch die Wälder streifen konnten. Obwohl sie damit rechnen mußten, jeden Moment überfallen zu werden, fand Luma es geradezu berauschend, wieder auf Shalrus Rücken zu sitzen. Der Wald, vom ersten grünen Hauch des Frühlings berührt, wirkte so kraftstrotzend und voller Leben wie ein junges Hengstfohlen. Ihre Pferde trabten knöcheltief durch blaßgelbe Krokusse, weiße Narzissen und blaue Hyanzinthen. Frösche quakten in jedem Teich, und in den Bäumen hockten Scharen von Teichrohrsängern und blaukehligen Drosseln.

Sie ritten den ganzen Tag, bevor sie auf das erste kleine Dorf trafen, nur um festzustellen, daß Kandars Raspa bereits dort gewesen und wieder ausgelaufen war. Obwohl sie müde und hungrig waren, rasteten sie nur so lange, bis ihre Pferde getränkt und ausgeruht waren, dann brachen sie erneut auf. Das Glück war auf ihrer Seite. Sie ritten den größten Teil der Nacht. Am nächsten Vormittag erreichten sie das zweitgrößte Küstendorf nördlich von Shara, und als sie auf das Meer hinausblickten, sahen sie ein Raspa mit zusammengerollten Segeln auf den Wellen schaukeln.

»Kandars Boot!« rief Luma. Sie drückte Shalru die Fersen in die

Seiten und machte Anstalten, ins Dorf hinunterzutraben, doch Keshna trabte hinter ihr her, hielt Shalru am Zügel fest und zog ihn herum.

»Nicht so schnell. Wenn du da runter reitest, sagt Kandar dir wahrscheinlich, daß du nicht mit ihm kommen kannst, und zwingt dich, auf direktem Weg zurück nach Shara zu reiten. Aber wenn du *zu Fuß gehst* und behauptest, du hättest kein Pferd, ist er entweder gezwungen, umzukehren und nach Shara zurückzusegeln – was er und die anderen Händler sicherlich nicht wollen –, oder er nimmt dich notgedrungen an Bord. Er weiß, das es viel zu gefährlich für dich ist, allein nach Shara zurückzuwandern.«

»Mal angenommen, Kandar ist nicht sonderlich davon beeindruckt, mich zu Fuß zu sehen«, wandte Luma ein. »Angenommen, er weigert sich, mich mitzunehmen: Was tue ich dann? Soll ich den Rest des Frühlings und den ganzen Sommer in dem Dorf da unten hocken, Däumchen drehen und darauf warten, daß die Nattern eine Rettungsmannschaft ausschicken?«

»Natürlich nicht. Ich warte im Wald und beobachte euch, bis du die Angelegenheit geregelt hast. Wenn Kandar sagt, er nimmt dich mit, winkst du mir zu, und ich reite allein nach Shara zurück. Wenn er nicht dazu bereit ist, kommst du einfach wieder hier herauf, und wir hecken einen anderen Plan aus. Nein, warte einen Moment, du kannst nicht winken, das wäre zu offensichtlich. Er wüßte sofort, daß ich hier oben warte. Ich hab's! Du machst einen Handstandüberschlag. Er sagt ›ja‹, und du schlägst vor lauter Freude einen Salto. Das sehe ich bestimmt, selbst aus dieser Entfernung.«

»Keshna«, erwiderte Luma geduldig, »ich habe nicht die Absicht, mir den Hals zu brechen, ganz gleich, wieviel Vergnügen dir das bereiten würde. Ich bin noch nie gelenkig genug gewesen, um einen Handstandüberschlag zu machen, ganz zu schweigen davon, daß Kandar glauben wird, ich bin zu verrückt, um mit ihm nach Shamban zu segeln, wenn ich anfange, wie ein Fisch in einer heißen Pfanne herumzuhopsen. Deshalb mache ich dir einen anderen Vorschlag: Wenn Kandar ›ja‹ sagt, gehe ich hinter das Gebüsch dort drüben, als müßte ich austreten, dann hocke ich mich hin und winke dir zu.«

»Das ist zwar nicht annähernd so interessant, aber ich schätze, es wird gehen.« Keshna berührte Lumas Stirn mit zwei Fingern. »Ich wünsche dir viel Glück. Möge Batal dich auf deiner Reise nach Shamban beschützen, und mögest du deinen Bruder lebendig und wohlauf wiederfinden.«

»Du lieber Himmel, bist du heute morgen aber fromm«, sagte Luma forsch. Sie blickte Keshna voller Zuneigung an und dachte, daß sie sich vielleicht lange Zeit nicht wiedersehen würden. »Du bist diejenige, die den Schutz der Göttin braucht. Ich möchte nicht an deiner Stelle sein: Du mußt den ganzen weiten Weg nach Shara allein zurückreiten und dabei noch ein zweites Pferd am Zügel führen. Übrigens, wenn du dort ankommst, gib Shalru in Clarahs Obhut und sag ihr, sie soll gut für ihn sorgen, solange ich fort bin.« Clarah war das nächstjüngere Mitglied der Nattern. Sie war groß – natürlich nicht annähernd so groß wie die beiden –, aber größer als die anderen Frauen im Nattern-Verband. Keshna witzelte oft, Clarah sei groß genug, um dieselbe Luft zu atmen wie sie und Luma, und manchmal neckte Keshna Luma damit, daß sie und Clarah sich auf vierzig Schritt Entfernung so ähnlich sähen, daß nur Marrah sie auseinanderhalten könne.

»Das wird für große Verwirrung sorgen, wenn Clarah Shalru reitet ...« begann Keshna, doch Luma legte ihr hastig einen Finger auf die Lippen. »Keine Witze mehr«, sagte sie. »Nicht jetzt.« Sie beugte sich vor und drückte Keshna einen flüchtigen Kuß auf die Wange. Dann saß sie ab und wanderte den Hügel hinunter auf das Dorf zu.

Keshna band die Pferde im Schatten an und setzte sich auf den Boden, um zu warten. Sie sah nicht, wie Luma mit Kandar sprach, aber nach einer Weile beobachtete sie, wie Luma das Dorf verließ, hinter das verabredete Gebüsch ging, sich niederkauerte und winkte. Keshna winkte zurück, obwohl sie wußte, daß Luma sie nicht sehen konnte. Dann schwang sie sich auf den Rücken ihrer Stute und machte sich auf den Rückweg nach Shara, Shalru führte sie am Zügel neben sich her.

Sie war in ziemlich bedrückter Stimmung, und da beide Pferde müde waren und es keinen Grund zur Eile gab, ließ sie sich viel

Zeit. Sie wußte, sobald sie nach Shara zurückkam, würden Ranala und Marrah ihr bei lebendigem Leib das Fell abziehen, weil sie Luma geholfen hatte, nach Shamban zu verschwinden. Natürlich würden sie das nicht wirklich tun. Jemandem die Haut abzuziehen war die Art der Nomaden. In Shara würde niemand die Hand gegen sie erheben, doch sie würde reichlich scharfe Worte zu hören bekommen, um ihr am Abend ihrer Heimkehr das Essen damit zu würzen. Diesmal ist es wahrscheinlich wirklich soweit, daß ich aus dem Nattern-Verband fliege, dachte Keshna. Und dann dachte sie voller Trotz, daß ihre Freundschaft mit Luma wichtiger war als Gehorsam und daß alles, was Luma so glücklich machte, diesen Preis mehr als wert war.

Dennoch war sie nicht sonderlich darauf erpicht, Ranala und Marrah gegenüberzutreten, deshalb ritt sie in gemächlichem Tempo und brauchte für die Strecke, die sie und Luma in zwei Tagen zurückgelegt hatten, vier Tage. Manchmal legte sie lange Pausen ein, um müßig im Gras zu sitzen und auf nichts Besonderes zu starren – auf die Wellen, die an den Strand schlugen und wieder zurückrollten, oder auf die Wipfel der Bäume, die im Wind hin- und herschwankten –, und mehr als einmal ritt sie mitten am hellichten Tag in ein Wäldchen, legte den Pferden Fußfesseln an und streckte sich im Gras aus, um ein Nickerchen zu machen.

Während eines jener Mittagsschläfchen, als sie friedlich im warmen Frühlingssonnenschein lag und träumte, ritt ein großes Nomadenüberfallkommando so dicht an ihrem Versteck vorbei, daß sie niemals lebendig nach Shara zurückgekehrt wäre, wenn sie im Schlaf plötzlich aufgeschrien oder wenn eines der Pferde gewiehert hätte. Aber Keshna hatte einen gesunden Schlaf, und die Pferde, satt vom frischen Frühlingsgras, standen, als die Krieger vorbeigaloppierten, nur träge da und schlugen mit den Schweifen, um Fliegen zu verscheuchen.

Keshna begriff die schreckliche Gefahr, in der sie gewesen war, erst, als sie aus dem Wäldchen herausritt und die deutlichen Spuren sah, die die Hufe der Schlachtrösser in der aufgeweichten Erde hinterlassen hatten. Sie schnappte keuchend nach Luft vor Schreck und Fassungslosigkeit, als sie versuchte abzuschätzen, wie viele

Männer an ihr vorbeigeritten waren, während sie ahnungslos schlief. Die Hufspuren überkreuzten sich immer wieder und hatten alles frische junge Grün auf dem Weg plattgetrampelt. Zehn, fünfzehn, zwanzig – Große Göttin – mehr als zwanzig! Kriegerverbände von mehr als zwanzig Männern waren in den Mutterländern nicht mehr gesehen worden, seit Vlahan die Stämme aus der Steppe herausgeführt hatte, um Shara zu belagern.

Keshna konnte den bitteren Geschmack der Furcht in ihrem Mund schmecken. Mindestens fünfundzwanzig Krieger galoppierten geradewegs auf Shara zu. Sie mußte es irgendwie schaffen, vor ihnen in der Stadt einzutreffen, um Alarm zu schlagen. Aber wie sollte sie an dem Kriegerverband vorbeikommen, ohne getötet zu werden? Dies war der einzige Weg, der am Ufer des Süßwassersees entlangführte, und wenn sie ihm weiter folgte, bestand die Gefahr, geradewegs in einen Hinterhalt hineinzureiten.

Sie dachte an den Irrgarten von Trampelpfaden und Wildfährten, die sich durch die Wälder zogen. Die schmalen Pfade führten über steile Bergflanken und an Bachufern entlang, wo es keine sicheren Furten gab. Sie würde mindestens zwei zusätzliche Tage brauchen, um auf diesem Umweg nach Shara zu gelangen, ganz gleich, wie hart sie die Pferde antrieb.

Fünfundzwanzig Krieger, dachte Keshna verzweifelt. Zwei zusätzliche Tage. Nur ein Weg. Die Zahlen wirbelten in ihrem Kopf herum wie Blätter in einem wilden Wasserstrudel.

Luma, komm zurück! flehte sie stumm. Ich brauche dich, du mußt mir sagen, wie brillant ich bin. Du mußt mir sagen, daß ich mir immer einen schlauen Plan ausdenken kann, ganz gleich, wie hoffnungslos die Situation ist!

12. Kapitel

Shamban

Das neugeborene Lamm auf dem Altar der Göttin Chilana zappelte verzweifelt und blökte voller Todesangst; aber seine Beine waren fest zusammengebunden, und der Priester – an die Panik von Opfertieren gewöhnt –, hielt es mit eisernem Griff gepackt, sprach ein kurzes Gebet und schlitzte ihm die Kehle auf. Als die Schneide seines zeremoniellen Dolches Fell und Sehnen durchtrennte, schoß ein Strahl hellrotes Blut heraus, spritzte auf die Steine des Altars und sammelte sich in einer kleinen, erst kürzlich ausgehöhlten Vertiefung direkt unterhalb der Statue der Göttin.

Luma versuchte, den Blick abzuwenden, aber sie war noch nie zuvor Zeugin eines Rituals gewesen, bei dem ein Tier geopfert wurde, und der Anblick des sterbenden Lamms war traurig und faszinierend zugleich, so dermaßen unangebracht, daß sie einen Moment lang das Gefühl hatte, in einem Alptraum gefangen zu sein, geboren aus Erschöpfung und halbrohem Hammelfleisch.

Luma starrte zu der Statue von Chilana hoch und suchte auf dem Gesicht der Göttin nach einem Zeichen des Abscheus, aber sie fand nichts dergleichen, denn die wirkliche Göttin lebte im Geiste und nicht in Stein. Diese Chilana war sehr alt, sie mußte lange vor der Invasion durch die Nomaden gemeißelt worden sein. Sie hatte menschliche Augen und einen runden, fruchtbaren Bauch, doch wie alle shambanischen Göttinnen hatte sie auch Schmetterlingsflügel: liebevoll aus Stein gehauene Schwingen, blau und orange bemalt, und mit Goldflitter bestäubt, die sich in einem eleganten Bogen spannten. Ihre Flügel waren die große Vulva, die Kinder gebar; die doppelschneidige Axt, die den Wald rodete, damit die Shambaner Weizen anbauen konnten; das Symbol der menschlichen Seele, verwandelt und wiedergeboren. In den alten Zeiten hätten die Shambaner sie den Göttlichen Schmetterling genannt; sie hätten ihr zu Ehren getanzt und Töpfe mit Honig und purpurrote und weiße Schmetterlingsblumen als Opfergaben zu ihren

Füßen niedergelegt. Aber sie hätten niemals versucht, ihr das Blut eines Lammes als Opfer darzubieten.

Trotzdem sollte ich wahrscheinlich froh darüber sein, dachte Luma, daß es nur ein Lamm ist, das heute nachmittag auf dem Altar stirbt. Der Priester mochte zwar in Chilanas Tempel präsidieren, aber es war ein Shubhai-Nomade – das konnte sie an seinem blonden Haar erkennen und an dem tätowierten Raben auf seiner rechten Schulter. Bevor sie nach Shamban übergesiedelt und etwas zivilisierter geworden waren, hatten die Shubhai, so wie alle Nomadenstämme, ihren Göttern sogar Menschenopfer dargebracht. Vor langer Zeit war Lumas eigene Mutter einmal um ein Haar dem nomadischen Sonnengott geopfert worden, ebenso wie Aita Stavon und Onkel Arang. Luma dachte an die alte Geschichte zurück, die sie zum ersten Mal gehört hatte, als sie noch so klein war, daß ihre Füße in der Luft baumelten, wenn sie auf einem Stuhl saß – wie Tante Hiknak in der allerletzten Sekunde herbeigeritten kam, um Marrah und die anderen vor Changars Würgeschlinge zu retten.

Dann musterte sie die andere Statue, die neben Chilana stand und die ihrer Ansicht nach den Tempel entweihte und ihn zu einem Ort machte, der es nicht wert war, verehrt zu werden.

Die zweite Statue war nicht aus Stein gemeißelt. Sie war das Skelett eines Menschen, eingebettet in gebrannten Ton. Jeden einzelnen Knochen hatte man in Gold getaucht. Er glitzerte gespenstisch in dem matten Licht, und seine leeren Augen starrten mit bösartiger Idiotie auf die Tempelbesucher herab. Mit dem einen fleischlosen Arm hielt er das pferdeköpfige Zepter eines Nomadenhäuptlings, während man seinen anderen Arm um Chilanas Statue gelagert hatte, so daß es den Anschein erweckte, als umarme er sie. Ein blanker Dolch steckte in dem Spalt in dem Altarstein zu seinen Füßen, und an seinem Skelett waren dünne Silberstreifen befestigt, die in alle Richtungen ausstrahlten, so daß er im Mittelpunkt eines Blitzstrahls zu schweben schien.

Luma wußte, der Dolch und der Blitzstrahl bedeuteten, daß das Skelett Han, den Gott des Leuchtenden Himmels, darstellen sollte, und daß dieser Tempel, einst der Göttin Chilana geweiht, jetzt auch Hans Tempel war. Sie haßte die Art, wie sich die beiden Religionen mehr und mehr miteinander vermischten. Als sie das vergoldete Skelett betrachtete, dachte sie, daß Han dabei das weitaus bessere Geschäft gemacht hatte. Chilana hatte Han zwar in einen etwas milderen Gott verwandelt; doch alles, was Han im Gegenzug für Chilana getan hatte, war, daß er tote Lämmer in ihren Tempel brachte – ganz zu schweigen von den Pferden, die, wenn man den Gerüchten Glauben schenken konnte, jetzt an allen neueingeführten Sonnenfeiertagen heimlich auf diesem Altar geopfert wurden. Kein Wunder, daß die alten Priesterinnen und Priester fast alle voller Empörung gegangen waren. Luma hatte gehört, daß sie die Schmetterlingsgöttin jetzt in den Wäldern und auf Wiesen anbeteten, wie in grauer Vorzeit, als es noch keine Tempel gab. Aber die jungen Shambaner kamen in hellen Scharen in die Tempel, um Opferrituale wie dieses mitzuerleben. Sie waren überzeugt, daß nur die vereinten Kräfte von Chilana und Han die Stadt davor bewahren konnten, ein zweites Mal von den Stämmen, die noch immer in großer Zahl aus der Steppe herbeiströmten, in Schutt und Asche gelegt zu werden.

Was der Grund ist, warum ich jetzt derart in der Klemme stecke, dachte Luma. Als Kandar nämlich als Händler verkleidet nach Shamban aufgebrochen war, hatte Marrah ihm strikte Anweisung erteilt, seine wahre Identität geheimzuhalten und sie niemandem außer Nikhan, Häuptling der Shubhai, zu enthüllen. Denn die Sklavenhalter wären durchaus imstande, Kandar umzubringen, wenn sie dahinterkämen, daß er aus Shara geschickt worden war, um sie zu bespitzeln. Marrah hatte ihm erklärt, Nikhan sei aufgrund eines vor langer Zeit geleisteten Treueschwures Stavan gegenüber zu Loyalität verpflichtet, und er und seine Krieger kämpften auf der Seite der Mutterleute. Vor einigen Jahren hatte Nikhan die Königin von Shamban auf Nomadenart geheiratet, und die Händler hatten berichtet, daß die beiden die Stadt gemeinsam regierten.

»Geh auf direktem Weg zu Nikhan«, hatte Marrah Kandar befohlen. »Er wird dich schützen, und wenn es irgendwelche Sklavenlager gibt, wird er dich hinführen.« Leider war Marrahs Information hoffnungslos veraltet. Am Morgen war Luma durch die Straßen von Shamban geschlendert, um mit den Leuten zu schwatzen, wie es neugierige Händlerinnen zu tun pflegten. Im Laufe dieser Unterhaltungen hatte sie erfahren, daß Nikhan ihnen bei der Auffindung der Sklavenlager keine große Hilfe mehr sein würde, weil er im vergangenen Sommer gestorben war. Es war Nikhans Skelett, das dort oben in Gold getaucht stand. Luma betrachtete seine schiefen Schienbeinknochen und das krumme Rückgrat und fragte sich, ob der alte Häuptling wohl erfreut wäre, wenn er wüßte, daß er nach seinem Tod eine Götterstatue geworden war.

»Was für ein verdammtes Pech«, sagte Kandar, als Luma ihm erzählte, wo sie Nikhan gefunden hatte und in welcher Verfassung er war. Sie wanderten die mit Muscheln gepflasterten Pfade der Stadt in Richtung Haupttor hinunter und kamen sich ziemlich lächerlich vor in ihrer Händlerverkleidung, die viel zu warm und bei weitem zu protzig war, als daß zwei Schlangenkrieger sich darin hätten wohl fühlen können. Die beiden konnten sich noch an eine Zeit erinnern, als Händler Sandalen und schlichte Tuniken getragen hatten wie jeder andere normale Mensch, aber wenn man heutzutage Händler war, mußte man wie ein Pfau herumstolzieren und wie eine Schachtel mit Tempelschmuck glitzern.

Luma kratzte sich im Nacken und wies mit einer parfümierten, mit Safranflecken verunzierten Hand auf das Durcheinander von Nomadenzelten, liebevoll geschmückten Mutterhäusern und primitiven Holzhütten, aus denen die Stadt Shamban bestand. »Nikhans Tod ist nicht das Schlimmste. Shamban macht vielleicht einen friedlichen Eindruck, aber die meisten Leute, mit denen ich mich unterhalten habe, beklagten sich darüber, daß sich alle möglichen Unruhen zusammenbrauen.«

»Was für Unruhen?«

»Hast du schon mal ein Rudel Hunde um einen Knochen kämpfen sehen? Shamban ist der Knochen, und es gibt mehr Hunde, die sich darum balgen, als du zählen kannst.« Luma seufzte. »Es scheint, daß die Königin nicht länger auf die alte Weise regiert. Sie besitzt natürlich noch immer Macht, aber sie hat keine Kontrolle über die Shubhai, und Nikhans Krieger haben sich geweigert, ihr Treue zu schwören, weil sie eine Frau ist, was einen kaum überrascht, wenn man bedenkt, daß noch vor weniger als einer Generation eine Frau einem Shubhai-Krieger nicht ins Gesicht sehen konnte, ohne Gefahr zu laufen, verprügelt zu werden. Nikhan wußte, daß die Königin Schwierigkeiten haben würde, die Shubhai bei der Stange zu halten, deshalb adoptierte er kurz vor seinem Tod ihren Bruder Garash in einer großen Zeremonie, die mit viel Getrommle und zahlreichen Pferdeopfern verbunden war. Am Ende, als alle derart betrunken waren, daß sie nicht mehr geradeaus sehen konnten, ernannte Nikhan Garash zum Urknat, was soviel wie ›vorläufiger Häuptling‹ heißt. Garash sollte über die Shubhai herrschen, bis Nikhans Sohn volljährig wird. Der Junge ist erst drei, deshalb hatte Nikhan offensichtlich geplant, Garash und die Königin sollten die Stadt viele Jahre lang gemeinsam regieren, aber aus irgendeinem unerfindlichen Grund, über den keiner zu sprechen bereit ist, ist Garash inzwischen so etwas wie ein Ausgestoßener.«

»Du meinst, sie haben ihn ins Exil verbannt?«

»Nein, nein. Nichts derart Drastisches. Aber sie mögen ihn ganz offensichtlich nicht. Garash ist ungefähr so beliebt wie die Schuppenflechte. Die Leute spucken verächtlich aus, wenn man seinen Namen erwähnt, und wechseln das Thema. Alles, was ich herausfinden konnte, war, daß der Bruder der Königin keinerlei Macht mehr über die Shubhai besitzt und auch nicht über irgend jemand anderen. Er und seine Schwester reden auch nicht mehr miteinander. Als ich nachgehakt habe, wer die Shubhai denn nun wirklich regiert, haben die meisten Leuten keine Antwort gegeben und mich einfach stehen lassen, aber ein oder zwei Nomadentypen sagten: ›Die Halaka.‹ Wenn man Halaka wörtlich aus der Sprache der Hansi übersetzt, heißt es ›Rat der Onkel‹, aber in Wirklichkeit handelt es sich um eine kleine Gruppe von Kriegern, die die Macht an sich gerissen haben und bereit sind, jeden umzubringen, der versucht, sie ihnen wieder wegzunehmen. Du siehst also, in welch schwierige Lage uns das bringt. Wenn die Dinge nicht so chaotisch wären, könnten wir einfach direkt zur Königin gehen, ihr sagen, wer wir sind, und verlangen, daß sie uns sagt, wo die Sklaven gefangengehalten werden. Aber so gerne ich diese idiotische Verkleidung endlich ablegen würde, ich glaube nicht, daß es das Risiko wert ist. Wen es tatsächlich Sklavenlager in der Nähe von Shamban gibt, werden sie höchstwahrscheinlich von den Shubhai betrieben, und wenn die Halaka es sich in den Kopf setzen, uns zu ermorden, wird die Königin von Shamban sie nicht daran hindern können.«

»Hmmm«, meinte Kandar. Luma erwartete, er würde noch mehr sagen, aber er schwieg. Als sie in sein Gesicht blickte, sah sie, daß er grimmig das Kinn vorgeschoben und seine Lippen zu einer schmalen Linie zusammengepreßt hatte. In den Wochen, die sie zusammen nach Shamban gereist waren, hatte sie diesen Ausdruck zu deuten gelernt. Kandar dachte angestrengt nach. Luma verfiel in Schweigen, weil sie ihn nicht beim Nachdenken stören wollte, und sie gingen weiter, nur von dem knirschenden Geräusch der Muscheln unter ihren Füßen begleitet. Inzwischen waren sie fast am Haupttor der Stadt angekommen. Das Tor bot einen beeindruckenden Anblick: gezimmert aus sechs massiven Eichenbalken, jeder einzelne so dick wie der Körper eines Mannes. Die hohen weißen Mauern zu beiden Seiten, die in dem intensiven Licht der Frühlingssonne fast bläulich schimmerten, bestanden aus roh behauenen Steinen von der Größe von Pferdeköpfen. Luma betrachtete sie und dachte dabei, daß es nirgendwo in sämtlichen Mutterländern Mauern wie diese gab. Sie waren hoch und stark und dick, und sie schützten die Stadt, hatten aber zugleich etwas Abweisendes. Alles, was die Shubhai-Nomaden bauten, war nützlich, aber nur sehr wenige dieser Bauten waren ein ästhetischer Anblick; und als Luma näher an die Stadtmauer heranging, ertappte sie sich dabei, wie sie voller Heimweh an die weißen Mauern von Shara dachte. In Shamban hieß keine Schlangengöttin die Reisenden willkommen, die sich der Stadt näherten. Diese Mauern sprachen nur von Bedrohung, Mißtrauen und der Gefahr einer Belagerung.

Luma wandte ihre Aufmerksamkeit den Leuten zu, die durch das Tor ein- und ausgingen. Hier schlug das Herz von Shamban noch immer voller Freundlichkeit und Offenheit, und Fremde wurden willkommen geheißen. Ein blonder, tätowierter Nomade schlenderte vorbei, unbewaffnet und in die dunkle Tunika eines shambanischen Priesters gekleidet. Als nächstes eilte eine Shambanerin durch das Tor, die einen Korb mit Kohlköpfen auf dem Kopf balancierte und sich einen Schal vor das Gesicht zog, als ob sie Nomadin wäre. Höchstwahrscheinlich war sie mit einem Nomaden verheiratet. Ein Junge und ein Mädchen, das eine Kind Shambaner, das andere Shubhai, zockelten lachend und Hand in Hand hinter ihr her. Auf ihren Fersen folgte eine Priesterin in schwarzer Robe, dann eine Frau mit einem Fischernetz über der Schulter, drei junge Nomadenfrauen, die von den Feldern kamen und Körbe mit frischem Dung schleppten, und ein kleiner, ziemlich dicker Mann, der den Fellumhang und die Filzbeinlinge eines Steppennomaden trug, dessen Gesicht und Haltung jedoch verrieten, daß er in den Mutterländern geboren war, und dessen Tragekorb aus Weidengeflecht erkennen ließ, daß er Händler war.

Der shambanische Shubhai-Krieger-Händler nickte Kandar und Luma im Vorbeigehen freundlich zu. Als Luma seinen Gruß erwiderte, ertappte sie sich bei dem Gedanken, daß die Begegnung von Nomaden und Mutterleuten von einer Farbigkeit und Komplexität geprägt war, wie sie es nie für möglich gehalten hätte. Sie fragte sich gerade, wie weit diese friedliche Verschmelzung wohl gehen würde, als Kandar plötzlich stehenblieb.

»Komm her«, sagte er. Luma ging zu ihm, und zu ihrer Überraschung schlang er ihr einen Arm um die Schulter und führte sie zu einem Seitenpfad, wo sie sich ungestörter unterhalten konnten. Kandar hatte noch nie zuvor den Arm um sie gelegt, und sie war leicht beunruhigt, als sie neben ihm herging. Es war eine freundliche, kameradschaftliche Geste, aber Luma wußte, sie bedeutete, daß er ihr etwas sehr Ernstes zu sagen hatte, und sie hatte das ungute Gefühl, daß es ihr nicht gefallen würde.

Sie wanderten an ein paar windschiefen Shubhai-Zelten aus Leder und braunem Filz vorbei, dann an einem traditionellen shambanischen Mutterhaus, rund und niedrig und mit leuchtenden, purpurfarbenen und gelben Schmetterlingsblumen bemalt. In der

Eingangstür saß ein Mann, der damit beschäftigt war, eine Spindel zwischen zwei Fingern zu drehen, während zu seinen Füßen ein kleines Mädchen spielte.

»Laß uns weitergehen«, schlug Kandar vor.

Sie schlenderten weiter, bis sie zu einem Haus kamen, das im neuen nomadischen Stil erbaut war. Es war quadratisch wie die Häuser von Shara, seine Mauern waren jedoch nicht verputzt und bemalt, sondern bestanden lediglich aus rohbehauenen Holzbalken, die Ritzen hatte man mit Ton abgedichtet. Luma fiel auf, daß der Erbauer dieses Hauses, wer immer er auch sein mochte, den Weitblick besessen hatte, ein Rauchabzugsloch einzuplanen; aber abgesehen davon wirkte das Haus ungefähr so einladend wie ein Kuhstall, obwohl es im Inneren zweifellos warm und trocken war. Es war niemand in Sicht.

Kandar setzte sich auf einen umgedrehten Blumentopf. »Ich muß dir etwas sagen«, begann er. Doch statt fortzufahren, saß er nur schweigend da und sah sie an. Eine leichte Brise kam auf, und von irgendwo aus der Ferne schallte das Lachen einer Frau zu ihnen herüber.

»Was gibt es denn?« fragte Luma.

Kandar räusperte sich. »Ich habe eine gute Nachricht.«

Sie war erleichtert. »Ich bin froh, das zu hören. Willst du's mir nicht erzählen?«

»Die gute Nachricht ist, daß wir vielleicht nicht zur Königin zu gehen brauchen, um herauszufinden, ob in Shamban Sklaven gehalten werden. Ich hatte heute bemerkenswertes Glück. Ich habe den Morgen damit verbracht, nach Goldschmieden zu suchen. Ich dachte, einer von ihnen könnte uns vielleicht sagen, ob diese Sonnenrad-Ohrringe, mit denen Marrah bestochen werden sollte, wirklich von Sklaven gefertigt wurden. Ich fand zwei Goldschmiede in den Tempeln, die mir keine Auskunft geben konnten, und einen unten bei der Lagune, der so beleidigt über meine Frage war, daß er sich weigerte, mit mir zu sprechen. Ich war schon drauf und dran aufzugeben, als ich durch Zufall auf einen alten Mann traf, der eine Art eigene Werkstatt hatte – ich weiß nicht, wie ich es sonst nennen soll –, und zwar in der Nähe des Hauptversammlungsplatzes. Im Laufe meiner Unterhaltung mit ihm fand ich heraus, daß es inzwischen keine Sklaven mehr in Shamban gibt. Und ich fand noch etwas heraus, etwas noch viel Interessanteres, und zwar ebenfalls mehr oder weniger durch Zufall.«

Kandar hielt abermals inne und warf Luma einen bekümmerten Blick zu, der so untypisch für ihn war, daß sie nicht wußte, was sie davon halten sollte. »Bei Hans Eiern!« fluchte er unterdrückt. »Ich weiß beim besten Willen nicht, wie ich dir die Neuigkeit beibringen soll. Ich wünschte, Marrah oder Ranala wären hier. Marrah hat eine behutsame Ausdrucksweise, und wenn Ranala etwas sagt, dann ist es immer so grob und direkt wie ein Schlag auf den Kopf, aber...« Er legte ihr erneut den Arm um die Schultern und sah sie mit einem Ausdruck an, der verdächtig an Mitleid grenzte.

»Kandar«, sagte Luma beherrscht. »Ich hasse Rätsel, und ich hasse sie ganz besonders, wenn ich darin verwickelt bin. Also sag, was du zu sagen hast. Wenn es eine schlimme Nachricht ist, dann kann ich sie ertragen. Ich bin an deiner Seite in den Kampf geritten und habe einen Mann getötet, indem ich ihm einen Pfeil durch den Hals geschossen habe. Also behandle mich bitte wie eine Nattern-Kriegerin und nicht wie ein unerfahrenes Mädchen, das beim Anblick von Blut in Ohnmacht fällt.«

Kandar legte die Hände auf die Knie und sah Luma auf seine alte, offene Art an. »Du hast vollkommen recht«, erwiderte er. »Bitte verzeih mir, daß ich dich nicht wie eine Kriegerin behandelt habe. Du hast recht, du bist eine Natter, und du hast dich mehr als einmal bewiesen. Es ist nur so, daß das, was ich dir zu sagen habe, keine absolut verläßliche Information ist und dich vielleicht aus der Fassung bringt. Ich wollte erst seine Richtigkeit überprüfen, bevor ich es dir erzähle. Ich hatte gehofft, mit Nikhan sprechen zu können, bevor du ihn aufsuchst, aber als ich dann erfuhr, daß er tot ist...«

»Moment mal! Willst du damit etwa sagen, daß du bereits wußtest, daß Nikhan tot ist, bevor ich es dir gesagt habe?« Sie starrte Kandar an. Wenn er nicht so nüchtern ausgesehen hätte, hätte sie ihn verdächtigt, zuviel shambanischen Wein getrunken zu haben. »Ist es deine Angewohnheit, die Leute lang und breit erzählen zu lassen, wenn du schon vorher weißt, was sie sagen werden?«

»In den meisten Fällen nicht; aber in diesem, ja. Ich weiß, du hast mehr Mumm im kleinen Finger als die meisten Leute im ganzen Körper, aber ich weiß auch, daß du großen Kummer in deinem Herzen trägst.« Luma wollte widersprechen, doch er bedeutete ihr mit einer Geste, ihn ausreden zu lassen. »Wir haben viel Zeit miteinander verbracht. Ich *kenne* dich, Luma. Und was ich erfahren habe, könnte dir vielleicht weh tun.« Er holte tief Luft. »Also denk daran, daß das, was ich dir jetzt sagen werde, im Moment nur ein Gerücht ist. Wir haben keine Möglichkeit zu überprüfen, ob es stimmt.« Er nahm ihre Hand und hielt sie fest. »Meine Neuigkeit ist: ich habe vielleicht – nur vielleicht – eine Spur von Keru gefunden.«

»Du bist also zurückgekommen.« Der Goldschmied legte ein Stück Gold nieder, an dem er gerade arbeitete, stand auf und faltete die Hände über seinem Herzen. Er war ein alter Man mit kleinen, glänzenden Knopfaugen, die Luma an die Augen eines Eichhörnchens erinnerten. Ein kümmerlicher weißer Bart hing wie ein zerzaustes Büschel Flachs an seinem Kinn, und er trug einen schwarzen Leinenrock, der ihm das Aussehen eines Priesters der Göttin Chilana verlieh. Aber die Sandalen an seinen Füßen waren bis zu den Knien hinauf geschnürt und von feinen Borten aus Goldfäden durchzogen, so daß er auf Schritt und Tritt von Gold begleitet wurde.

Luma erwiderte seine Begrüßung und dachte, daß sie noch nie zuvor einen Goldschmied außerhalb eines Tempels hatte arbeiten sehen. Dann sah sie sich in dem Raum um, betrachtete die kleinen steinernen Tiegel, die Feuergrube, die Gußformen aus Keramik, die Steinhämmer, Knochenpinzetten und anderen Werkzeuge des Goldschmiedehandwerks. Zu ihrer Linken waren zwei große, nach Westen gehende Fenster, die mehr Sonnenlicht und Hitze in den Raum ließen, als den meisten Leuten angenehm gewesen wäre, aber Gold zu bearbeiten, war offensichtlich etwas, das man nicht im Dunkeln tun konnte. Unter dem Fenster waren einige goldene Schmuckstücke ordentlich auf einem saubergeschrubbten Holzbrett arrangiert. Es waren nicht viele, nur ein schmales Armband, zwei Ketten und ein Paar wie Schmetterlinge geformte Ohrringe, doch Luma konnte sehen, daß sie wunderschön waren und sehr liebevoll gearbeitet. Als Kandar ihr von dem Goldschmied erzählt hatte, hatte er gesagt, der Mann sei ein Meister seines Faches, und als sie sich jetzt mit eigenen Augen von seinem Können überzeugen konnte, erfüllte sie das mit Zuversicht. Wenn der alte Mann mit solcher Sorgfalt arbeitete, wählte er vielleicht auch seine Worte mit Sorgfalt; vielleicht war die phantastische Geschichte, die er Kandar erzählt hatte, ja wirklich wahr. Sie hoffte, versuchte sich die Hoffnung auszureden, und hoffte dennoch.

In der Zwischenzeit kam Kandar ohne Umschweife auf sein Anliegen zu sprechen. »Erzähl meiner Freundin, was du mir erzählt hast«, forderte er den Goldschmied auf.

Der alte Mann lächelte. »Mit Vergnügen.« Er wandte sich an Luma: »Hast du noch diese Ohrringe?«

»Ja.« Kandar hatte sie auf diese Frage vorbereitet, deshalb hielt sie die Ohrringe bereits in der Hand. Sie öffnete die Finger und zeigte ihm die Sonnenräder. Ein seltsamer Ausdruck erschien auf dem Gesicht des alten Mannes, teils Kummer, teils Erleichterung und teils (darauf hätte Luma schwören können) Stolz. »Wie merkwürdig«, murmelte er, »sie nach so langer Zeit wiederzusehen.« Er stand reglos da und starrte auf die Schmuckstücke wie jemand, der tief in Erinnerungen versunken ist. Luma räusperte sich vernehmlich.

»Ich habe gehört, du weißt, was auf der Rückseite dieser Ohrringe steht«, sagte sie.

Der alte Mann kehrte mit einem Ruck wieder in die Gegenwart zurück. »Das sollte ich wohl. Ich habe es schließlich selbst geschrieben.« Er blickte sie durchtrieben an und zupfte an seinem Bart. »Ich wurde in einem Tempel ausgebildet. Ich habe die vollständige Initiation in die Geheimnisse und Riten von Chilana empfangen und wurde in der Goldschmiedekunst ausgebildet ... ebenso wie meine Schwester, und vor uns beiden unsere Mutter, und vor ihr unser Großonkel. Und vor ihm unzählige frühere Generationen. Wir lebten in einem kleinen Gebirgsdorf, wo man manchmal Goldklumpen in den Bächen fand, aber mein Mutterclan wusch auch Goldsand aus. Wir fertigten Schmuckgegenstände aus Gold an, lange bevor die Nomaden auf ihren verfluchten Pferden kamen, um zu morden und uns zu versklaven. Wir arbeiteten mit Gold, als es noch keinen Wert besaß, außer um die Göttin Erde bei Festen zu ehren. Unser Mutterclan machte den schönsten Tempelschmuck, aber wir trieben keinen Tauschhandel damit, so wie die Leute heutzutage mit Gold handeln. Wir haben die Schmuckstücke weggegeben, denn alles andere wäre ein Sakrileg gewesen. Aber diese hier«, er zeigte auf die Ohrringe, »habe ich weder freiwillig gemacht noch freiwillig weggeben. Ich habe sie unter Tränen gefertigt und unter Androhung von Folter. Ob ich weiß, was auf der Rückseite steht? Wie könnte ich das jemals vergessen... Auf dem einen Sonnenrad steht: *Im Namen der Göttin Chilana, rettet uns!* Und auf dem anderen: *Wir sind Schmetterlinge in ihrem Netz.*«

Kandar hatte Luma zwar schon erzählt, daß der alte Mann die Ohrringe gemacht hatte, aber es beruhigte sie, es noch einmal aus seinem eigenen Mund zu hören. »Man hat mir erzählt, du seiest ein Sklave gewesen«, sagte sie.

»Das ist richtig. Und der Mann, dem ich gehörte, war nicht etwa ein Nomade, sondern der verfluchteste Sohn einer guten Mutter, der jemals auf dem Körper der Göttin Erde gewandelt ist. Ich war Sklave von Garash, dem sogenannten Urknat von Shamban, Bruder unserer lieben Königin, ein Schurke, der es nicht einmal verdient, ihr die Füße zu waschen. Ich und vier andere, aber wir sind jetzt alle wieder frei. Der alte Nikhan hatte Stavan aus Shara versprochen, die Sklaverei zu verbieten. Vielleicht hast du schon einmal von Stavan gehört, dem Sohn des Großen Häuptlings, der Königin Marrah von Shara zur Ehefrau genommen hat?«

Was für ein Witz, dachte Luma, mich zu fragen, ob ich schon einmal von Stavan gehört habe! Ihrer Mutter hätte es sicherlich nicht gefallen, zu hören, daß sie »zur Ehefrau genommen« wurde, aber jetzt war nicht der richtige Zeitpunkt, den alten Mann zu korrigieren. »Ja«, erwiderte sie. »Ich habe von Stavan gehört.«

»Gut. Also, Stavan nahm Nikhan das Versprechen ab, daß es

niemals Sklaven in Shamban geben würde; und man kann über Nikhan sagen, was man will, aber seine Versprechen hat er immer gehalten. Kurz vor seinem Tod erklärte er den Shubhai, daß er in den Himmel gehen würde, um ein Gott Han zu werden, und daß er aus den Wolken heruntergreifen und ihre Penisse wie alte Karotten verschrumpeln lassen würde, wenn sie es jemals wagen sollten, gegen die Mutterleute zu kämpfen oder Sklaven zu halten.«

Der Goldschmied kicherte. »Die Drohung hat gewirkt! Aber der schweineschnäuzige Garash der Gierige glaubte nicht daran, daß ein betrunkener alter Nomade wie Nikhan irgend jemand verfluchen könnte, wenn er erst einmal tot war. Und so ritt Garash, noch bevor Nikhans Leiche kalt war, nach Westen, um mit den Waldnomaden zu feilschen. Er brachte vier Sklaven zurück – einer davon war ich –, sperrte uns ungefähr einen halben Tagesritt von Shamban entfernt in einer fensterlosen Hütte ein und zwang uns, Handelswaren für ihn herzustellen.« Der alte Mann streckte den Arm aus und berührte die goldenen Sonnenräder mit einer Fingerspitze, und Luma sah, daß seine Hand zitterte.

»Damals machte ich diese Ohrringe und ritzte den Hilfeschrei in ihre Rückseite, aber bis sie schließlich in deinen Besitz gelangten, brauchten wir zum Glück keine Hilfe mehr, weil die Shubhai uns befreit haben. Garash privates Sklavenlager sollte ein Geheimnis bleiben, aber natürlich kamen die Halaka dahinter. Eines Nachts tauchte ein Kriegerverband auf, tötete die Verräter, die Garash zu unserer Bewachung eingestellt hatte, und spießte ihre Köpfe auf Speere auf. Als Garash am nächsten Morgen angeritten kam, zogen sie ihn nackt aus, prügelten ihn grün und blau und erklärten ihm, sie würden ihm bei lebendigem Leib das Fell abziehen, wenn er jemals wieder einen Sklaven hielte. Dann banden sie ihm ein Seil um den Hals und trieben ihn wie ein Schaf nach Shara zurück. Wenn er nicht der Bruder der Königin wäre, hätten sie ihn umgebracht. Ich muß schon sagen, ich habe es sehr genossen, meinen ehemaligen Gebieter durch das Tor humpeln zu sehen, während seine behaarten Eier im Wind hin- und herbaumelten.«

»Dann gibt es also keine Sklaven mehr in Shamban?«

»Hier nicht, nein, und es wird wohl auch keine geben, solange die Shubhai innerhalb unserer Mauern leben. Aber Garash, verflucht sei sein Name, handelt noch immer mit Waren, die in Sklavenarbeit hergestellt werden. Der einzige Unterschied ist, daß er jetzt keine Sklaven mehr kauft, um sie für sich arbeiten zu lassen, sondern seine Becher, Decken und Ohrringe und dergleichen von den Waldnomaden bezieht und die Waren nach Süden verschifft. Dagegen haben die Shubhai nichts einzuwenden. Außerdem behauptet Garash immer, daß die Waren, mit denen er handelt, nicht von Sklaven hergestellt werden, sondern von freien Männern und Frauen. Jeder in Shamban weiß, daß das eine Lüge ist, und das ist auch der Grund, warum nicht einmal seine eigene Schwester mehr mit ihm spricht.«

Der Moment, auf den Luma so ungeduldig gewartet hatte, war gekommen. Sie wagte kaum zu sprechen. Kandar hatte ihr einen Teil der Geschichte erzählt, jedoch nicht alles, weil er wollte, daß sie sich selbst ein Urteil bildete.

»Wo bekommen die Waldnomaden die Waren her, mit denen sie Tauschhandel treiben? Werden sie von ihren eigenen Sklaven hergestellt?« Dies war die Frage, die Kandar ihr zu stellen geraten hatte, aber er hatte ihr nicht die Antwort geliefert.

»Nein«, erwiderte der alte Mann, »die Waldnomaden töten die Männer, die sie gefangennehmen und benutzen die Frauen zum Melken der Kühe und Stuten, zum Sammeln von Dung und zum Sex. Es scheint ihnen nicht in den Sinn zu kommen, unsere Frauen könnten fähig sein, Gold zu bearbeiten, feines Geschirr zu töpfern oder wunderschöne Decken zu weben. Die Sklaven der Waldnomaden stellen so gut wie nie etwas her, was sich zum Verkauf eignet. Die wirklich schönen Dinge kommen von den Steppennomaden, die behaupten, daß sie in einem Sklavenlager in der Nähe eines Ortes fabriziert werden, der ›Der Berg des Elends‹ genannt wird.«

Luma beugte sich vor. »Und wo ist dieses Lager?« fragte sie mit gepreßter Stimme.

»Das weiß niemand in Shamban genauer, nicht einmal der schweineschnäuzige Garash. Nur Nomaden können mit den Nomaden dort oben handeln, ohne Gefahr zu laufen, geköpft zu werden. Der Stamm, der die Sklaven hält, soll ziemlich aggressiv sein. Man behauptet sogar, die Krieger würden Menschenfleisch essen, aber meiner Ansicht nach ist das nur ein Märchen, um Kindern Angst einzujagen.«

»Erzähl ihr von dem Häuptling des Stammes«, drängte Kandar.

»Ach ja, der Häuptling.« Der alte Mann wickelte die Spitze seines Bartes um seinen Finger und blickte Luma an, als sei ihm die Geschichte peinlich. »Die Waldnomaden sind große Erfinder phantastischer Geschichten, und sie tun nichts lieber, als um ihr Lagerfeuer zu sitzen und Gruselmärchen zu erzählen. Sie behaupten, der Häuptling jenes sklavenhaltenden Stammes sei noch ziemlich jung, er habe aber keine Seele, weil ein großer Wahrsager und Schamane sie ihm angeblich geraubt hat. Dieser Schamane bewahrt die Seele des jungen Häuptlings in einem schwarzen Beutel auf, und es wird behauptet, daß er sie jeden Abend herausholt und ein kleines Stück davon abbeißt. Der arme Häuptling soll ein gutaussehender junger Mann sein, mit gelblichem Haar wie ein Nomade, aber mit kastanienbraunen Augen. Es heißt, er beherrscht die Sprache der Mutterleute ebenso fließend wie Hansi, und die Steppennomaden behaupten, der Schamane habe ihn aus den Mutterländern entführt, als er noch ein kleiner Junge war.«

Luma holte tief Luft. »Wie heißt dieser junge Häuptling?«

Der Goldschmied sah sie verständnislos an. »Wenn der junge Häuptling einen Namen hat, dann habe ich ihn jedenfalls noch nie gehört. Die Waldnomaden nennen ihn nur ›der junge Häuptling‹.«

»Der Name ›Keru‹ sagt dir nichts?«

Der alte Mann schüttelte den Kopf. »Nein. Dein Freund hier hat mich auch schon gefragt. Und ich mußte ihm die gleiche Antwort geben.«

»Was ist mit dem Schamanen? Kennst du seinen Namen?«

»Oh«, meinte er, »das ist einfach. Der Schamane heißt ›der Seelenfresser‹.«

Luma warf Kandar einen verzweifelten Blick zu. »Du hast mir doch gesagt, es bestünde Grund zur Hoffnung, daß ...«

»Warte«, sagte Kandar. »Es gibt noch mehr.« Er wandte sich zu dem Goldschmied um. »Erzähl ihr von den Beinen des Seelenfressers.«

»Tja, das ist eine merkwürdige Geschichte.« Der Goldschmied zupfte erneut an seinem Bart und wickelte die Spitze wieder um seinen Zeigefinder. »Dieser Schamane ist allem Anschein nach verkrüppelt – was an sich ja nichts Seltsames ist. Unter den Nomaden gibt es viele, die ihre Beine nicht mehr gebrauchen können. Aber die Nomaden behaupten beharrlich, der Schlangenvogel habe die Beine des Seelenfressers verkrüppelt, was unmöglich ist, weil jeder weiß, daß der Schlangenvogel die segensreiche Göttin war, die Vlahan bei der Belagerung von Shara …«

Luma wirbelte zu Kandar herum. »Das muß Changar sein!« rief sie aufgeregt.

Der alte Mann war erschrocken über ihre heftige Reaktion. »Changar?« fragte er. »Ich verstehe nicht.« Er zupfte nervös an seinem Bart. »Bitte erklär mir das. Wer oder was ist ein ›Changar‹?«

Kandar und Luma waren in fieberhafter Aufregung, als sie die Werkstatt des Goldschmieds verließen. Sie blieben gerade lange genug stehen, um übereinzukommen, daß sie mit diesen Nachrichten sofort nach Shara zurückreisen mußten. Dann rafften sie ihre langen Gewänder und eilten zum Strand der Lagune, um zu sehen, ob es irgendwelche Boote gab, die sich anschickten, Richtung Süden auszulaufen. Als sie zum Strand hinunterkamen und keine Segel und keine Raspas auf dem öligen Wasser schaukeln sahen, wußte Luma, daß sie festsaßen.

»Verdammte Ziegenscheiße!« schimpfte sie. »Dabei lag hier gestern noch ein Boot! Wir werden *Wochen* brauchen, um nach Hause zu kommen!«

Kandar war etwas optimistischer. Er wanderte den Strand auf und ab. »Seid ihr sicher, daß hinter der Insel keine Raspas ankern?« fragte er immer wieder die Leute. »Wir müssen so schnell wie möglich nach Shara zurück. Seid ihr sicher, daß es auch in den umliegenden Dörfern keine gibt?«

Luma wußte, daß die kleinen Dörfer so gut wie nie eigene Raspas besaßen, doch sie trottete hinter Kandar her und hoffte, er könne eines ausfindig machen. In einem Raspa würden sie für die Rückreise nach Shara nur ungefähr zwei Wochen brauchen – unter Umständen sogar noch weniger, wenn günstige Wind- und Strömungsverhältnisse herrschten. In einem Einbaum würden sie gezwungen sein, dicht an der Küste entlangzufahren, und die Reise würde eine halbe Ewigkeit dauern. Eine andere Möglichkeit wäre, Pferde zu kaufen und nach Süden zu reiten, aber die Gegend oberhalb des Rauchflusses war derart unsicher, daß selbst erfahrene Krieger wie sie und Kandar vielleicht nicht lebend durchkommen würden.

Luma kam zu dem Schluß, daß sie nicht ungeduldig genug war, um das Risiko einzugehen, zu sterben, bevor sie Shara erreichte. Sie wollte den Freudenschrei ihrer Mutter hören, wenn sie ihr erzählte, daß sie endlich herausgefunden hatten, wo sie Keru finden konnten. Sie wollte Aita Stavans Gesicht sehen, wenn er hörte, daß Changar noch immer lebte. Sie wollte Keshna umarmen und ihr sagen, daß sie beide im Begriff waren, sich auf das größte Abenteuer ihres Lebens einzulassen. Zum ersten Mal seit Jahren fühlte Luma, wie das unsichtbare Band, das sie immer mit Keru verbunden hatte, sich plötzlich spannte. Sie stellte sich vor, wie er am anderen Ende zog, von Zwilling zu Zwilling, und sie Stück für Stück zu sich heranzog. Sie mußte ihn vor Changar retten – nicht morgen, nicht nächste Woche, sondern jetzt. *Sofort.* Es machte sie halb wahnsinnig, am Strand entlangzutrotten und krampfhaft nach einem Segelboot Ausschau zu halten, denn ohne ein Raspa hatten sie und Kandar keine Möglichkeit, schnell nach Shara zu gelangen. Aber es waren nun einmal keine Raspas zu haben.

»Wieso habt ihr es denn so eilig?« wollten die Leute wissen. »Es sind doch nur noch ein paar Wochen, bis euer eigenes Boot zurückkommt, oder? Was ist los? Gefällt es euch in Shamban nicht?«

»Wir lieben Shamban«, erwiderte Kandar jedesmal höflich, während Luma an sich halten mußte, um nicht vor Ungeduld zu schreien. »Aber wir hatten eine Vision.«

Es war zwar eine Lüge, aber sie wirkte Wunder. Bei der Erwähnung des Wortes »Vision« wurden die Shambaner sehr nachdenklich. Visionen wurden im Land der Göttin Chilana sehr ernst genommen; da aber niemand ein Raspa aus dem Nichts herbeizaubern konnte, nützte das alles nichts.

Schließlich gaben sie auf und fanden sich damit ab, warten zu müssen. Weder Kandar noch Luma waren in bester Laune, aber sie schafften es zumindest, sich nicht gegenseitig anzufauchen. Shamban war ein recht angenehmer Ort, und wie die Shambaner betont hatten, würde ja in weniger als drei Wochen ihr eigenes Boot zurückkehren. Außerdem konnte es sein, daß in der Zwischenzeit ein anderes Raspa in den Hafen einlief, da zu dieser Jahreszeit häufig Händler aus dem Süden heraufkamen.

Getreu der Regel, daß ein Krieger, der gerade nicht kämpfte, ausruhen sollte, verlegte Kandar sich darauf, im Schatten zu sitzen, Fruchtsaft zu trinken und ein Nickerchen zu halten. Sich mitten am Tag aufs Ohr zu legen, kam für Luma nicht in Frage, dazu war sie viel zu ruhelos. Deshalb kletterte sie, wenn Kandar sich zurückzog, die Leiter zum Dach des Gästehauses hoch, und saß den Rest des Nachmittags dort, um den Horizont nach Segeln abzusuchen.

In der glühenden Hitze nach einem Raspa Ausschau zu halten, war eine schweißtreibende und langweilige Arbeit, und wahrscheinlich reine Zeitverschwendung, aber so hatte sie wenigstens etwas zu tun. Wenn sie den halben Nachmittag lang auf eine weite, leere Fläche von Himmel und Wasser gestarrt hatte, ließ sie ihre Gedanken treiben. Dann stellte sie sich sehnsüchtig vor, daß die Besatzung ihres eigenen Bootes entschieden hatte, schon vor dem vereinbarten Zeitpunkt in Shamban einzulaufen. Oder daß Marrah, die irgendwie ahnte, daß sie Keru gefunden hatten, ein Boot losgeschickt hatte, um sie abzuholen und auf schnellstem Weg nach Shara zurückzubringen. Manchmal erlaubte sie sich sogar, sich auszumalen, wie in ebendiesem Moment ein Raspa mit Marrah und Stavan und allen Nattern an Bord in den Hafen von Shamban segelte. Obwohl es natürlich unmöglich war, sämtliche Nattern in einem oder zwei Booten unterzubringen, besonders da sie auch noch ihre Pferde mitnehmen müßten, wenn sie irgend etwas gegen Changars Krieger ausrichten wollten.

Doch statt eines Raspas, das die Nattern brachte, traf ein Verband von Nomadenkriegern vor den Toren von Shamban ein. Sie kamen eines Spätnachmittags, ungefähr eine Woche nachdem Luma zum ersten Mal ihren Beobachtungsposten auf dem Dach bezogen hatte, und da das Gästehaus in unmittelbarer Nähe des Haupttores stand, sah sie die Krieger fast zur gleichen Zeit wie die Shubhai-Wächter von Süden herankommen. Als die Wachtposten Alarm schlugen, wimmelten die Pfade der Stadt plötzlich von Menschen. Einige rannten, um ihre Waffen zu holen, während andere zu den Toren eilten, um zu sehen, ob man die Besucher einlassen würde. Oft kamen kleine Gruppen von Waldnomaden, um Tauschhandel zu betreiben, aber dies war ein Trupp von mindestens zwanzig Männern. Als Luma in aller Eile die Leiter hinunterkletterte, um Kandar zu wecken, konnte sie hören, wie die Leute Vermutungen darüber anstellten, ob die Fremden in feindlicher Absicht kamen oder nicht.

Bis Kandar wach war und sich angekleidet hatte, war die Menschenmenge innerhalb der Stadtmauern noch weiter angewachsen. Als Kandar und Luma wieder auf das Dach hinaufstiegen, sahen sie halb Shamban hinter dem Tor versammelt, das in der Zwischenzeit geschlossen und verbarrikadiert worden war. Die fremden Nomaden standen friedlich auf der anderen Seite. Sie waren abgesessen, was wahrscheinlich hieß, daß sie nicht die Absicht hatten, die Stadt anzugreifen, und sie trugen die Art von Staat, die Nomadenkrieger immer dann anlegten, wenn sie besonderen Eindruck machen wollten. Obwohl das Wetter ungewöhnlich warm war für die Jahreszeit, hatten sich einige der Männer in dicke Wolfspelze gehüllt, während andere Kronen aus Turmfalkenfedern trugen. Sie hatten ihre Arme und die Brust mit roten Sonnensymbolen bemalt, und ein paar hatten mit Ocker gestärktes Haar; aber die Bemalung schien in großer Hast vonstatten gegangen zu sein, und viele der Symbole waren verwischt und vom Schweiß verschmiert. Einer – ein kleiner Mann, dürr wie ein Storch – hielt einen langen, mit Kaninchenschwänzen verzierten Stock in der Hand, ein weiteres Zeichen dafür, daß sie in friedlicher Absicht kamen.

Als sie auf die in barschem Ton von der Mauer herunter gebrüllten Fragen der Shubhai-Wachtposten antworteten, stellte sich heraus, daß sie von zwei Häuptlingen angeführt wurden: einem pausbäckigen, jungen, wohlhabend aussehenden Mann namens Tanshan und einem mageren, einäugigen Alten, der sich Lrankhan nannte. Der einäugige Häuptling kam Luma irgendwie bekannt vor, aber es war sein Pferd, das ihre Aufmerksamkeit fesselte. Selbst aus dieser Entfernung konnte sie erkennen, daß der Wallach glasige Augen hatte und vor Erschöpfung taumelte. Schaum tropfte ihm aus dem Maul, und seine schweißnassen Flanken hoben und senkten sich, daß es ein mitleiderregender Anblick war.

»Dieser Idiot von einem Krieger hat sein Pferd halb zu Tode geritten!« sagte sie zu Kandar. »Und er ist nicht der einzige. Sieh dir die braune Stute dort drüben an. Sie sieht aus, als würde sie jeden Moment zusammenbrechen!« Die Wachtposten hatten der wartenden Menschenmenge hinter dem hohen Tor den erbärmlichen Zustand der Pferde beschrieben, und unter den Shambanern und den Shubhai erhob sich empörtes Gemurmel. Ein Krieger ritt sein Pferd niemals derart hart, es sei denn, er mußte fliehen, um sein Leben zu retten, und diese Männer waren offensichtlich vor nichts und niemandem auf der Flucht.

Nach weiteren Fragen und einer langen Pause, während der man sich vermutlich mit der Königin von Shamban beriet, öffneten die Wächter schließlich die Tore, und die Besucher wurden in die Stadt eingelassen, allerdings ohne ihre Waffen. Als die Shubhai-Wachen die Fremden nach versteckten Waffen abtasteten, lachten diese und brüsteten sich mit der weiten Strecke, die sie gerade geritten waren. Luma hörte, wie sie erzählten, sie seien aus dem Süden heraufgekommen und hätten ihre Frauen und Kinder zurückgelassen. Kein Mann sei jemals schneller geritten, kein Mann habe seine Pferde jemals unbarmherziger angetrieben.

»Wir sind Hengste!« riefen sie den Shubhai-Kriegern zu. »Ihr seid hier in der Stadt zu Schlappschwänzen geworden, Brüder. Ihr zahmen Nomaden laßt euch von Frauen beherrschen und könnt es nicht mit uns aufnehmen!«

Nachdem die Besucher gründlich durchsucht worden waren,

hielt Tanshan, ihr fetter Häuptling, eine Art Rede. »Wir haben im Sattel gegessen, im Sattel geschlafen und sogar im Sattel gepinkelt!« brüllte er. »Wir haben unsere ersten Pferde so lange geritten, bis sie tot unter uns zusammenbrachen, haben neue Tiere von einem alten Narr von einem Häuptling nördlich des Rauchflusses gekauft und sie, wie ihr sehen könnt, ebenfalls fast zuschanden geritten. Und jetzt brauchen wir abermals frische Pferde, o Shubhai, und wir haben im Austausch dafür Gold zu geben!«

Normalerweise hätten die beiden Parteien daraufhin heftig zu feilschen begonnen, aber zuerst war niemand bereit, den Besuchern neue Pferde zu verkaufen, nicht einmal Garash, den Luma und Kandar bei dieser Gelegenheit zum ersten Mal zu Gesicht bekamen. Der Bruder der Königin sah genauso aus, wie der Goldschmied ihn beschrieben hatte: klein, behaart und mit einer breiten, flachen Nase, die stark an einen Schweinsrüssel erinnerte; aber was Luma ganz besonders an ihm auffiel, war, daß die Leute vor ihm zurückwichen, wenn er vorbeiging, als ob er einen üblen Geruch ausströme.

Der Streit um die Pferde zog sich so lange hin, daß sie und Kandar des Zuschauens schließlich überdrüssig wurden und die Treppe hinuntergingen, um ihr Abendbrot zu essen. Später erfuhren sie, daß das Gold der fremden Nomaden für Garash eine zu starke Verlockung gewesen war. Am Ende hatten die beiden Häuptlinge die Pferde bekommen, die sie haben wollten.

Als Luma und Kandar am nächsten Morgen aufstanden, waren die fremden Krieger schon weg. Luma ging zum Brunnen, wo sie erfuhr, daß die Krieger in derart großer Eile gewesen waren, daß sie mit ihrem Gold wie mit Kieselsteinen um sich geworfen hatten. Tanshan hatte gedroht, zurückzukommen und Garash die Kehle durchzuschneiden, falls er ihnen minderwertige Pferde verkauft hatte.

Als sie mit ihrem Wasserkrug zum Gästehaus zurückkehrte, sah sie die Shambanerin, die ihnen jeden Morgen das Frühstück brachte, neben einer Decke aus besticktem Leinen knien und das Mahl ausbreiten. Kandar saß mit überkreuzten Beinen auf dem

Boden und zupfte gedankenverloren an einem Büschel Weintrauben, als sei er noch nicht richtig wach.

»Warum hatten es diese Krieger dermaßen eilig?« fragte Luma die Frau. Sie bewirtete Gäste noch auf die alte Weise, indem sie niemals eine Gegenleistung für die Mahlzeiten verlangte, die sie kochte. Aber sie setzte sich gerne zu den Gästen, um zu plaudern, und da sie immer wußte, was in der Stadt vorging, war sie für Luma und Kandar eine gute Informationsquelle geworden.

Die junge Frau schob sich eine Haarsträhne aus den Augen und reichte ihnen zwei randvoll gefüllte Schalen mit Haferbrei.

»Ich habe gehört, diese Nomadenhäuptlinge wollten dem Seelenfresser ein Geschenk überbringen«, erklärte sie. Sie blickte Luma und Kandar an, als widerstrebte es ihr weiterzureden, und fuhr fort, das Frühstück auf der Decke auszubreiten.

Luma überlief ein kalter Schauder, als sie den Namen hörte. »Was für ein Geschenk?«

»Ich fürchte, es wird dir den Appetit verderben, wenn ich es dir beim Essen erzähle.«

Kandar stellte seine Schale mit Haferbrei abrupt auf den Boden. »Das hört sich schlimm an.«

Die Frau nickte. »Es ist mehr als schlimm. Wenn die Gerüchte wahr sind, ist das Geschenk, das sie dem Schamanen bringen, so ekelhaft, daß man nicht darüber sprechen kann.«

»Was ist es denn?«

»Willst du das wirklich wissen?«

»Bitte sag es uns«, bat Luma. »Wir haben schon einige Kämpfe hinter uns, und wir sind nicht zimperlich.«

Die Frau legte die Hände in den Schoß. »Es war ein menschlicher Kopf mit geöffnetem Schädel. Das Gehirn hatte man herausgenommen, aber das Gesicht war noch erhalten, mit Fleisch und Haut und allem, so daß man erkennen konnte, wer es war – genauer gesagt, wer es früher einmal gewesen war. Der fette Häuptling trug den Kopf in einem Beutel, das behaupten die Shubhai zumindest. Sie sagen, der Seelenfresser hätte den Kriegern angeboten, den Schädel mit Gold zu füllen. Und das ist noch nicht das Schlimmste.«

Luma war, als müßte sie sich jeden Moment übergeben. Sie blickte Kandar an, der kreidebleich geworden war.

»Was könnte denn noch schlimmer sein?« fragte er.

Die Frau begann zu schluchzen. »Es war der Kopf einer lieben jungen Frau, einer allseits geachteten jungen Kriegerin. Keine Shambanerin, Chilana sei Dank, das nicht; aber sie war sehr mutig und es heißt, sie habe oft gegen die Nomaden gekämpft und die Dörfer im Süden gegen sie verteidigt.«

Luma fühlte, wie erneut eine Woge von Übelkeit über ihr zusammenschlug. Sie ballte die Hände so fest zu Fäusten, daß ihre Nägel in ihre Handflächen schnitten und Flecken vor ihren Augen tanzten. Die Tote mußte jemand sein, den sie kannte. Kandars Kinn war energisch vorgeschoben, aber sie konnte das Entsetzen in seinen Augen sehen. »Wie hieß die mutige junge Kriegerin?« wollte er wissen. »Wir haben viele Freunde im Süden, die gegen die Nomaden kämpfen.«

»Möge die Göttin verhindern, daß ihr sie kennt«, erwiderte die Frau. »Ihr Name, so sagen die Shubhai, war Luma, Tochter von Königin Marrah von Shara.«

»Was!« Luma war in Sekundenschnelle auf den Füßen, ihre Schale zerbrach und der Haferbrei war auf dem ganzen Boden verschüttet. Auch Kandar war aufgesprungen und trat wie ein Blinder auf die Reste des Frühstücks.

»Das ist unmöglich!« brüllte er ununterbrochen. »Das ist unmöglich!« Er fuhr zu Luma herum. »Sag ihr, daß das unmöglich ist!«

Luma öffnete den Mund, aber es kam nichts heraus. Sie faßte sich mit der Hand an die Kehle, berührte ihren Hals, fühlte die feste, glatte Säule aus Muskeln und Haut. Sie war nicht tot, sie war lebendig und wohlauf, dies war ein grausiger Irrtum, es war...

Plötzlich stöhnte sie und biß sich so hart auf die Lippen, daß es beinahe blutete. Ihr war gerade eingefallen, daß sie Shalru in Keshnas Obhut gegeben hatte, bevor sie nach Shamban aufgebrochen war. Hatte Keshna Shalru geritten, als die Nomaden angriffen? Hatten die feindlichen Krieger Keshna auf Lumas Pferd reiten sehen und sie irrtümlich für Luma gehalten? Sie versuchte zu atmen, aber ihre Lungen fühlten sich an, als seien sie zu Eis erstarrt. Sie öffnete den Mund und rang keuchend nach Luft, erstickte fast an ihrem eigenen Entsetzen. War das Keshnas Kopf in dem Beutel? War das möglich?

Ich falle gleich in Ohnmacht, dachte sie. Und dann dachte sie: nein, das werde ich nicht tun. »Hat irgend jemand diesen Kopf gesehen?« Als sie schließlich wieder imstande war, zu sprechen, klang ihre Stimme erstaunlich ruhig. Sie fühlte, wie sie angesichts der Widerwärtigkeit dieser Frage an allen Gliedern zitterte, aber Stavan hatte sie so gut ausgebildet, daß sie nicht zusammenbrechen konnte, selbst wenn sie es gewollt hätte.

»Ja, ein paar der Shubhai-Krieger.« Die Shambanerin rang verzweifelt die Hände, offensichtlich erschüttert über die Reaktion, die sie ausgelöst hatte. »Und Garash hat ihn natürlich auch gesehen. Ich habe gehört, Garash habe dem fetten Häuptling zwei Goldketten gegeben, um einen Blick auf den Kopf zu werfen.«

»Hatte die Frau rötlich-braunes Haar?«

Die Shambanerin sah Luma voller Mitleid an. »Ach, du armes Ding! Du hast diese Luma aus Shara gekannt, nicht wahr?«

»Die Farbe ihres Haares!« drängte Luma. »Was für eine Farbe hatte ihr Haar? Ich muß es wissen!«

»Ich habe keine Ahnung, welche Farbe ihr Haar hatte«, erwiderte die Frau traurig. Sie sammelte die Scherben und die zertretenen Reste des Frühstücks vom Boden auf, rollte das fleckige Tischtuch zusammen und erhob sich. »Verzeiht mir, daß ich euch so aufgeregt habe. Ich gehe jetzt und lasse euch allein mit eurem Kummer. Wenn ihr irgend etwas braucht, ruft einfach meine kleine Schwester und sagt ihr, sie soll mich holen. Sie jätet Unkraut im Garten und wird den ganzen Tag in der Nähe sein.«

Den Rest des Morgens und den größten Teil des Nachmittags verbrachten sie mit dem Versuch, die Shubhai-Krieger ausfindig zu machen, die den bewußten Kopf gesehen hatten. Schließlich spürten sie einen Mann auf, der über und über mit Schlamm bespritzt war und Steine in einen Sumpf warf, der auf Befehl der Halaka überbrückt werden sollte. Der Krieger schien beeindruckt, daß

Luma Hansi sprach, aber obwohl er ihre Fragen respektvoll beantwortete, schaute er die ganze Zeit über nur Kandar an, denn bei den Nomaden galt es als ungehörig, wenn ein Mann der Frau eines anderen Mannes ins Gesicht starrte.

»Ich habe den Kopf gesehen, allerdings«, erklärte der Krieger. »Die Häuptlinge hatten ihn in einen Sud aus Eichenrinde eingelegt, um zu verhindern, daß sich die Haut ablöst. Es war der Kopf einer Frau, zweifellos. Oben auf dem Kopf, wo sie ein Loch in den Schädel gebohrt hatten, damit der Seelenfresser ihn mit Gold füllen kann, fehlte das Haar, aber an den Seiten war es braun. Vielleicht war es schon immer braun gewesen, vielleicht aber auch von dem Eichenrindensud. Eichenrinde färbt alles braun, wißt ihr. Die Häuptlinge hätten auch einen Sud aus Schierling benutzen können. Schierlingssaft färbt sehr stark und macht Flecken auf der Haut, besonders wenn man die Wurzel eine Weile verfaulen läßt, bevor man sie benutzt.«

Luma war nicht in Stimmung, sich eine Rede über die besten Konservierungsmethoden für abgetrennte Köpfe anzuhören. Sie unterbrach den Krieger, um ihn zu fragen, warum der Seelenfresser eine Belohnung auf den Kopf von Marrahs Tochter, Luma, ausgesetzt hatte, aber er hatte ihnen alles gesagt, was er wußte.

Anschließend machten sie sich auf die Suche nach den Shubhai-Kriegern, die die Fremden bewirtet hatten, doch abgesehen von der wenig hilfreichen Information, daß sich zerstampfte Kastanien, in Wasser eingeweicht, sogar noch besser zur Konservierung von Köpfen eigneten, erfuhren sie nichts. Es war offensichtlich, daß niemand in Shambah wußte, wessen Kopf wirklich in dem Beutel steckte. Das einzige, was sie jetzt tun konnten, war, nach Shara zurückzukehren, wo mit Sicherheit schlechte Nachrichten auf sie warteten.

Da noch immer keine Raspas zu haben waren, blieb ihnen nur eine Alternative: Am Abend gingen sie zur Lagune hinunter und tauschten alle Waren, die sie nach Shamban mitgebracht hatten, gegen einen stabilen Einbaum mit massivem Rumpf. Nachdem sie das Boot sorgfältig auf Lecks untersucht und keine gefunden hatten, luden sie ihre Habe hinein.

Sobald die Gezeiten wechselten, verließen sie Shamban und paddelten aus der Lagune hinaus aufs offene Meer. Es war eine mondlose Nacht, doch sie hatten keine Schwierigkeiten, der Küstenlinie zu folgen, die sich als düstere Silhouette zu ihrer Rechten abzeichnete. Der Himmel über ihnen war klar, die See unter ihnen so glatt und ruhig, daß sie aussah wie ein Teich voller glitzernder Sterne, doch nichts von dieser Ruhe fand seinen Weg in Lumas Herz. Wenn sie ihr Paddel in das schwarze Wasser tauchte, konnte sie an nichts anderes denken als an den Kopf mit den braunfleckigen Wangen und dem mit Eichensud gefärbten Haar.

»Du solltest nicht so hart paddeln«, warnte Kandar sie. »Der Weg nach Shara ist weit, und es bringt nichts, wenn du dich gleich in der ersten Nacht überanstrengst.«

Luma wußte, daß er recht hatte, dennoch tauchte sie weiter ihr Paddel mit aller Kraft ins Wasser. Der Einbaum glitt über die stille Wasserfläche, und sie spürte, wie die nächtliche Kälte sie einhüllte. An Land hatten die Eulen zu jagen begonnen, und sie konnte ihre krächzenden Rufe hören, wenn sie ihre Beute aufstöberten. Dicht über dem Boot schossen Fledermäuse durch die Luft, um die Insekten zu fressen, die sie und Kandar aufscheuchten. Von Zeit zu Zeit wehte ein moschusartiger Geruch von der Marsch herüber, vermischt mit der würzigen Schärfe von Salz und der schalen Süße von vermoderndem Schilfgras.

Wessen Kopf war in dem Beutel? fragte Luma sich ununterbrochen. War es wirklich Keshnas? Der Name Keshna hallte wie ein dumpfer Trommelrhythmus in ihrem Kopf wider und wurde zu dem Takt, in dem sie ihr Paddel ins Wasser tauchte. Und wenn sie ins Wasser hinunterblickte, bildete sie sich manchmal ein, den Kopf neben dem Boot hertreiben zu sehen, fast so nahe, daß sie ihn berühren konnte. Aber ihre Vorstellungskraft war nicht stark genug, um die Entfernung zwischen Shamban und Shara zu überbrücken; und ganz gleich, wie sehr sie sich anstrengte, sie schaffte es nicht, ein Gesicht vor ihrem geistigen Auge heraufzubeschwören.

13. Kapitel

Luma und Kandar hörten auf zu paddeln und saßen einen Moment still da, während sie prüfend den Himmel betrachteten und die Windrichtung feststellten. In den vergangenen drei Tagen waren sie in gerader Linie von einer Landspitze zur nächsten gepaddelt und hatten offenes Wasser durchquert, statt immer dicht an der Küste zu bleiben. Auf diese Weise hatten sie eine Menge Zeit gewonnen, aber sie mußten vorsichtig sein, weil der Einbaum zu schlecht ausbalanciert war, um einen Sturm zu überstehen.

Kandar entspannte sich und ließ seine Finger durch das Wasser gleiten. »Ich schlage vor, wir steuern die nächste Landspitze an. Heute wird das Wetter genau wie gestern sein: windstill, ruhig und heißer als das Innere eines Backofens.« Er trank aus dem Wasserschlauch, dann beugte er sich vor, um den Schlauch wieder zwischen den Proviantsäcken zu verstauen. Als er sich aufrichtete, sah er, daß Luma die kleine Pause genutzt hatte, um ihr Haar neu zu flechten, damit es ihr nicht ins Gesicht hing. Kandar saß da und sah ihr dabei zu, während ihm der Gedanke durch den Kopf ging, daß er nichts lieber mochte als den Anblick einer Frau, die sich frisierte. Dann mußte er an Keshna denken, und hatte prompt ein schlechtes Gewissen, weil er sich an irgend etwas erfreuen konnte.

Als Luma mit dem Zopf fertig war, drehte sie sich um und betrachtete prüfend den Horizont. Die Sonne ging gerade auf: ein flimmernder roter Ball, der bereits Schlangenlinien von Licht über die spiegelglatte Oberfläche warf.

»Es ist ziemlich ruhig«, meinte sie, »aber der Himmel ist für meinen Geschmack ein bißchen zu rot. Auf Alzac sagten die Seeleute immer, ein roter Morgenhimmel sei ein Zeichen dafür, daß gegen Abend schlechtes Wetter heraufzieht. Außerdem haben wir gestern diese Delphinschule gesehen. Erinnerst du dich, wie nahe an der Küste sie schwammen? Aita Stavan sagte immer, wenn Delphine Zuflucht in geschützten Gewässern suchen, muß man sich auf einen Sturm gefaßt machen.«

Kandar wies auf die riesige, stille Leere um sie herum. »Kannst du dir vorstellen, daß bei solch ruhiger See plötzlich ein Sturm aufkommt?«

»Nein, ehrlich gesagt nicht. Die Delphine haben wahrscheinlich nur einen Schwarm Fische gejagt.« Sie griff nach ihrem Paddel. »Laß uns die Überfahrt machen.«

Sie begannen wieder zu paddeln, und bald war die Küste nur noch ein verschwommener brauner Streifen am Horizont.

»Bei dem Tempo werden wir es noch vor morgen abend mühelos bis nach Mtela schaffen«, sagte Kandar. Mtela war ein winziges Dorf von einem halben Dutzend Mutterhäuser, zwei – vielleicht auch drei – dieser Überfahrten durch offenes Wasser entfernt.

Den ganzen Morgen über blieb es ruhig. Kurz nach Mittag kam Wind auf, allerdings nur eine ganz leichte Brise. Nach einer Weile wurde der Wind etwas stärker, aber es war immer noch eine Brise, die das Wasser nur ganz leicht bewegte und die Oberfläche mit einem Netz winziger gekräuselter Wellen überzog.

Luma betrachtete den Himmel. Er war heiß, blau und wolkenlos. Auf dem Wasser trieben Schwärme weißer und schwarzer Seevögel und schaukelten träge auf den Wellen. Die Brise erfrischte ihr Gesicht, aber es gefiel ihr nicht, daß sie wie aus dem Nichts aufgekommen war.

»Wir sollten Kurs auf die Küste halten«, erklärte sie widerstrebend.

Sie drehten den Bug des Einbaums in Richtung Land und hielten in einem stumpfen Winkel darauf zu, so daß sie bis zu dem Zeitpunkt, wenn sie wieder gezwungen wären, dicht an der Küste entlangzufahren, zumindest die halbe Strecke bis zur nächsten Landspitze geschafft haben würden. Das erwies sich als Fehler, sie hätten die Küste auf dem kürzesten Weg ansteuern sollen. Der Wind wurde immer stärker. Bald verwandelten sich die Kräusel in kleine Wellen, die gegen den Rumpf des Einbaums klatschten. Als sie ungefähr auf halbem Weg zum Ufer waren, wehte der Wind bereits in steifen Böen. Am Himmel zogen unheilverkündende Wolken auf, die in der Mitte von engen, tief eingeschnittenen Tälern durchzogen waren; ihre spezielle, grünlichschwarze Färbung kündigte einen schweren Sturm an.

Der Wind frischte abermals auf, erfaßte das Blatt ihrer Paddel und riß sie ihnen beinahe aus der Hand. Eine schwere Bö traf den Einbaum auf der Breitseite und drehte ihn wie eine unsichtbare Hand herum.

»Dreh in den Wind!« rief Luma. »Sonst kentern wir.«

Kandar steuerte sie direkt in den Wind, und für einen Moment lag der Einbaum ruhig im Wasser; doch als die Wellen zu hohen Kämmen anschwollen, begann der Einbaum zu schaukeln und zu stampfen. Die dunklen Wolkenungetüme, die sich am Horizont aufgetürmt hatten, rasten jetzt auf sie zu. Als die Wolken die Sonne verdeckten, wurde die Luft schlagartig kälter. Ein Schwarm Möwen flog über ihnen vorbei, gefolgt von einem Schwarm Sturmtaucher. Unter ihnen nahm die See die unheilverkündende schwärzlichgrüne Farbe des Himmels an.

Ganz plötzlich hallte dumpfes Donnergrollen über das Wasser. Dem ersten Donnerschlag folgte ein zweiter, noch lauterer, dann ein ohrenbetäubendes Krachen. Das Meer schien unter dem Ansturm des Unwetters zu erzittern. Plötzlich strömte Regen herab, der in Sekundenschnelle zu einem wahren Sturzbach wurde. Halb geblendet grub Luma ihr Paddel in die Wellen und ruderte mit aller Kraft, bis ihre Arme taub waren. Der Einbaum bäumte sich auf, bewegte sich eine Handbreit vorwärts und glitt wieder ein Stück zurück. Allmählich füllte sich der Bootskörper mit Wasser. Jedesmal, wenn Luma einen Blick darauf warf, breitete sich in ihrer Magengrube ein beklemmendes Gefühl aus. Sie war zwar schon zweimal in einem offenen Boot von einem Sturm überrascht worden, aber jene Boote waren Fischerboote gewesen, ausgerüstet mit Segeln, die man reffen konnte, und mit Schilfrohrmatten, die an Deck festgezurrt wurden, um zu verhindern, daß Wasser in den Schiffskörper eindrang. Sie zwang sich, ihre Ängste zu verdrängen, und konzentrierte sich aufs Paddeln.

»Wir müssen das Boot ausschöpfen!« brüllte Kandar. Luma ließ augenblicklich ihr Paddel fallen und griff nach dem Schöpfkrug, denn Kandar war der Anführer der Nattern, und sie war es gewöhnt, seine Befehle zu befolgen; doch als sie den Kopf drehte und ihn noch immer mit zuversichtlicher Miene im Heck knien sah, wurde ihr klar, daß er so gut wie nichts über die See und ihre Macht, Boote zu versenken, wußte.

»Wir können nicht aufhören! Wenn wir aufhören, dreht uns der Sturm wieder mit der Breitseite zu den Wellen und wir werden kentern! Wir müssen weiter direkt in ihn hineinpaddeln, bis er soweit abschwächt, daß wir wenden und direkt auf die Küste zuhalten können.«

»Wo *ist* die Küste?« rief Kandar.

»Da!« Luma zeigte mit ihrem Paddel, verpaßte einen Ruderschlag und wäre beinahe kopfüber ins Wasser gestürzt, weil plötzlich ein Ruck durch den Einbaum ging. Als sie ihr Gleichgewicht wiedergefunden hatte, blickte sie über das sturmgepeitschte Meer hinweg und stellte fest, daß sie keine Ahnung mehr hatte, wo die Küste war.

Inzwischen war der ganze Himmel mit tintenschwarzen Wolken überzogen, und der Sturm heulte. Glücklicherweise führten sie keine nennenswerte Fracht mit, so daß der Einbaum leicht genug war, um auf den Wellen zu treiben, die andernfalls über den Bug hinweggerollt wären. Dennoch hob sich, wenn das Boot den Kamm einer Welle erkletterte, der Bug so steil, daß einem übel werden konnte, und wenn es auf der anderen Seite in ein tiefes Wellental hinunterschoß, schien es geradewegs auf den Meeresgrund zuzusteuern.

Luma paddelte mit aller Kraft weiter, und ihre Angst wuchs. Als das Wasser oberhalb ihrer Knöchel stand, wußte sie, daß sie keine Wahl mehr hatten. Wenn sie nicht augenblicklich schöpften, würden sie sinken. Sie legte ihr Paddel nieder und griff nach dem Schöpfkrug.

»Paß auf, daß wir Kurs halten und weiter in den Wind steuern!« rief sie.

»Keine Sorge«, brüllte Kandar zurück. Er klang so zuversichtlich, daß sie ihm für einen Moment glaubte – hauptsächlich deshalb, weil sie derart große Angst hatte, daß sie bereit war, alles zu glauben. Doch als Luma den vollen Schöpfkrug hob, um das Wasser über Bord zu kippen, sah sie sein Gesicht und erkannte, daß er ebenso verängstigt war wie sie.

Der Sturm wurde immer schlimmer. Luma schöpfte schweigend und so schnell sie konnte, doch inzwischen schien alles um sie herum flüssig zu sein, es schien keinen Unterschied mehr zwischen dem Innern des Bootes und dem Meer zu geben. Der Einbaum war stabil, er war jedoch nicht dafür konstruiert worden, einem so heftigen Sturm zu trotzen. Ganz gleich, wie schnell sie schöpfte, der Regen strömte noch schneller. Gewaltige Wellen brachen sich an den Bordwänden und füllten den Bootskörper. Das Boot schlingerte jetzt noch schwerfälliger unter dem zusätzlichen Gewicht des Wassers und machte es Kandar fast unmöglich, den Bug in Windrichtung zu halten.

Luma kippte gerade einen weiteren Schöpfkrug voll Wasser über Bord, als Kandar nach ihrem Arm griff.

»Dein Paddel!« rief er. »Gib mir dein Paddel! Schnell! Ich habe meins verloren.« Es stimmte. Seine Hände waren leer. Luma bückte sich nach ihrem Paddel, doch bevor sie es ergreifen konnte, schlug eine Welle gegen den Einbaum und riß ihn mit einem Ruck herum. Fast augenblicklich krachte ein zweiter Brecher gegen die Bordwand. Das Boot krängte gefährlich und richtete sich dann wieder auf. Luma fluchte und krallte sich an ihr Paddel, als es an ihr vorbeischoß und im Meer verschwand.

»Wir sinken!« schrie sie.

Kandar erwiderte etwas, aber der Sturm heulte so laut, daß sie seine Antwort nicht verstehen konnte.

»Was?«

Er beugte sich dicht zu ihr. »... kann nicht ... -immen!«

Plötzlich begriff sie, daß er ihr zu sagen versuchte, daß er nicht schwimmen konnte. Sie packte ihn an den Schultern. »Binde dich am Boot fest, bevor die nächste Welle über uns hinwegrollt. Es ist aus Holz. Holz schwimmt.« Sie schnappte sich eine Leine und warf sie ihm zu. Kandar fing sie auf und wollte sie sich gerade um die Taille binden, als sich plötzlich eine meterhohe Wand aus schwarzem Wasser vor ihnen auftürmte und mit aller Gewalt auf sie herabstürzte. Im gleichen Moment schlug ein Blitz irgendwo in der Nähe ein. Eine Kugel aus blauem Licht tanzte auf den Wellen, augenblicklich gefolgt von krachendem, ohrenbetäubendem Donner, der bis ins Mark erschütterte und halb taub machte. Als sie sich die Hände auf die Ohren preßte, bäumte sich das Boot plötzlich auf, legte sich auf die Seite und schleuderte sie über Bord.

Ihr erster Gedanke war, daß sie womöglich das Bewußtsein verlieren würde, wenn sie beim Auftauchen mit dem gekenterten Boot kollidierte, deshalb tauchte sie noch ein Stück tiefer und schwamm in die kalte, stille Wirbelströmung hinunter. Als sie sicher war, daß der Einbaum nicht mehr direkt über ihr trieb, machte sie kehrt und kraulte zur Wasseroberfläche. Sie war kurz davor zu ersticken, als sie plötzlich grünes Wasser über ihrem Kopf sah, perlende Luftblasen und weiße Gischt. Mit letzter Kraft bahnte sie sich einen Weg an die Wasseroberfläche und tauchte in den peitschenden Regen auf. Sie spuckte das Salzwasser in ihrem Mund aus, holte tief Luft und keuchte entsetzt auf, als ein gewaltiger Brecher sie voll ins Gesicht traf. Hustend und spuckend begann sie, Wasser zu treten. Die stürmischen Wellen warfen sie wie einen Ball hin und her, stürzten sie in ihre tiefen Täler hinab und schleuderten sie auf den höchsten Punkt ihrer Kämme.

»Kandar!« schrie sie. »Kandar, wo bist du?«

»Hier.« Sie blickte nach links und sah ihn auf dem Kamm einer Welle treiben und sich verzweifelt am Rumpf des kieloben treibenden Einbaums festklammern. Bei dem Versuch, das Boot zu ihr hinüberzuschieben, zappelte er völlig ungeschickt mit den Beinen.

»Streck die Beine aus!« brüllte sie. Wieder schlug eine Welle über ihr zusammen; sie schluckte Salzwasser und ging abermals unter. Als sie diesmal wieder auftauchte, sah sie, daß Kandar in weitaus größeren Schwierigkeiten war als sie. Dieselbe Welle, die über ihr zusammengeschlagen war, hatte auch ihn getroffen und vom Rumpf des Einbaums gerissen. Sie sah, wie er verzweifelt mit den Armen um sich schlug und keuchend nach Luft schnappte.

»Dreh dich auf den Rücken!« schrie sie. »Dreh dich auf den Rücken und laß dich treiben!« Sie schwamm auf ihn zu, so schnell sie konnte, doch entweder hörte er sie nicht, oder er verstand sie nicht. Statt sich auf den Rücken zu legen, ließ er die Beine senkrecht herabhängen und schlug hilflos mit den Armen um sich. Einen Moment lang sah sie sein Gesicht an der Wasseroberfläche, dann tauchte er unter.

Sie kraulte mit aller Kraft weiter, kämpfte sich durch die Wellen, betete auf Sharanisch und fluchte auf Hansi. Der kieloben treibende Einbaum war noch immer da, wartete wie eine zerbrechliche Insel auf sie, aber Kandar war verschwunden. Sie tauchte einmal, zweimal, dreimal, viermal und verlor fast das Boot, als sie nach ihm suchte, aber sie konnte nichts sehen. Jedesmal wenn sie wieder auftauchte, peitschte ihr der Regen ins Gesicht, und ihre Wangen wurden taub vor Kälte. Schließlich, als sie völlig am Ende ihrer Kräfte war, packte sie den Bootsrumpf und klammerte sich daran fest.

Ein übelkeiterregendes Gefühl der Verzweiflung wallte in ihr auf. Sie grub die Fingernägel in das weiche Holz, verfluchte den Einbaum und jedes andere Boot, das jemals gebaut worden war. Während sie sich so ihrer Verzweiflung hingab, drehte sich ihr Unterkörper leicht im Wasser und sie fühlte etwas an ihrem Bein reiben. Sie griff hinunter und stellte fest, daß es ein Tau war. Das Tau war am Heck des Einbaums festgebunden, und als sie daran zog. wollte es nicht nachgeben, was bedeutete, daß das andere Ende ebenfalls an etwas festgebunden sein mußte. Luma wagte nicht zu hoffen, daß dieses Etwas Kandar war. Sie packte das Tau, ließ sich wieder ins Wasser fallen und tauchte unter, um dem Tau Hand über Hand zu folgen. Es führte sie abwärts in die kalte Stille, die unter der sturmgepeitschten Oberfläche lag. Sie schwamm, bis ihre Ohren zu schmerzen begannen und ihre Lungen sich anfühlten, als würden sie jeden Moment explodieren. Sie tauchte tiefer und immer tiefer hinunter, und am Ende des Seils – im Wasser, so dunkel, daß sein Körper wie ein heller, verschwommener Fleck wirkte – fand sie Kandar.

Sie schnitt ihn mit ihrem Messer los, zerrte ihn aus der Schlinge heraus und brachte ihn an die Wasseroberfläche, indem sie ihn an den Haaren mit sich zog. Ihr Messer hatte sie weggeworfen, so daß sie sich mit ihrer freien Hand an dem Tau festhalten konnte.

Keuchend nach Atem ringend, tauchte Luma auf, trat ein paarmal Wasser, um ihr Gleichgewicht wiederzufinden, und zerrte dann mit aller Kraft an ihrer Last, um Kandars Kopf über Wasser zu ziehen. Er war so schwer wie drei Säcke mit nassem Weizen, aber sie hievte ihn auf das kieloben treibende Boot, schob und stieß mit einer Kraft, von der sie nicht geahnt hatte, daß sie sie besaß, und drückte ihm das Wasser aus den Lungen, so gut sie konnte. Dann schlug sie ihm kräftig ins Gesicht und befahl ihm, wieder zu sich zu kommen. Als er Salzwasser erbrach, befahl sie ihm, noch mehr davon zu erbrechen und sie nicht hilflos ihrem Schicksal zu überlassen, indem er sich in den Tod flüchtete. Nur ein Feigling wählt den Tod, erklärte sie ihm. Wenn er sie hier mitten auf dem Meer im Stich ließe, würde sie ihn bis in alle Ewigkeit verachten.

»Stirb, und ich werde dich hassen, bis das Meer bis auf den Grund austrocknet!« brüllte sie ihn an. Später wußte sie beim besten Willen nicht mehr, warum sie so wütend gewesen war, aber sie bereute es nicht. Der Zorn war ihre Rettung. Er rettete ihnen beiden das Leben.

Nacht, ein wolkenverhangener Himmel und eine steife Brise, aber kein Regen mehr. Der Sturm war abgeflaut, und obwohl die Wellen noch immer gegen das gekenterte Boot schlugen, rollten sie nicht länger darüber hinweg.

»Luma?« murmelte Kandar.

»Ja?«

»Ich fühle mich schrecklich.«

»Du wärst fast ertrunken.«

»Das hast du mir schon einmal gesagt, nicht?«

»Ja.«

»Wie oft?«

»Zwei- oder dreimal, ich weiß nicht mehr genau. Wie geht es dir?«

»Mein Hals tut weh.«

»Das kommt von dem Salzwasser. Man bekommt einen wunden Hals, wenn man zuviel davon schluckt.« Er machte Anstalten, sich aufzusetzen, aber sie hinderte ihn daran. »Nicht«, warnte sie ihn, »sonst fällst du herunter und ich muß wieder nach dir tauchen.« Kandar blickte sie an und bemerkte, daß Luma nicht neben ihm auf dem Bootsrumpf lag, sondern im Wasser war und sich an dem Holz festklammerte.

»Warum bist du noch im Wasser?«

»Das Boot geht unter, wenn wir uns beide gleichzeitig hinaufziehen.« Sie fröstelte, und er hörte, wie ihre Zähne klappernd aufeinanderschlugen. »Ich kann schwimmen und du nicht, deshalb bin ich eben diejenige, die im Wasser bleiben muß.«

»Bist du krank?«

»Nein, mir ist nur furchtbar kalt. Es ist zwar Sommer, aber diese Brise fühlt sich an, als käme sie direkt aus dem Eis. Meine Arme sind taub, und meine Beine fühlen sich an wie zwei Fische. Aber kümmere dich nicht darum. Ich habe nämlich eine gute Nachricht für dich. Hör doch!«

Er lauschte und hörte ein gedämpftes, rhythmisches Rauschen. Es schien vor ihnen zu sein, ein klein wenig zu ihrer Linken.

»Was ist das?«

»Ich glaube, das ist das Rauschen der Wellen, die sich am Strand brechen. Es wird allmählich lauter. Ich glaube, die Flut treibt uns langsam Richtung Strand.«

»Wenn das stimmt, dann können wir hier nicht einfach liegen. Nun komm schon! Wir müssen dieses Boot zum Ufer schieben!«

Luma fröstelte. »Du schiebst«, erwiderte sie. »Mir ist zu kalt. Und tu mir einen Gefallen: Denk dran, die Beine zu strecken. Fang nicht wieder an, wie ein gestrandeter Fisch herumzuzappeln. Ich habe mich für heute genug im Kreis bewegt.«

Kandar hörte die Furcht aus ihrer Stimme. »Kannst du noch so lange durchhalten und dich am Boot festklammern, bis ich uns zum Strand manövriert habe?«

»Ich weiß nicht. Mit meinen Fingern scheint irgend etwas nicht zu stimmen. Sie rutschen immer wieder ab.«

Kandar brauchte lange, um das Boot zum Strand zu befördern – wie lange, wußte Luma nicht, weil die ganze Zeit über der kalte Wind wehte und sie immer erbärmlicher fror. Zuerst zitterte sie vor Kälte am ganzen Körper, und ihre Zähne schlugen klappernd aufeinander; doch ganz allmählich breitete sich ein abartiges Gefühl des Friedens in ihr aus. Sie malte sich aus, wie angenehm es wäre, einfach den Bootsrumpf loszulassen und still und friedlich aufs Meer hinauszutreiben. In irgendeinem fernen Winkel ihres Bewußtseins wußte sie, daß dies eine gefährliche Lockung war und daß sie sterben würde, wenn sie ihr nachgab. Und deshalb zwang sie sich mit letzter Kraft, sich weiter an dem Einbaum festzuhalten. Nach einer Weile spielte es kaum noch eine Rolle, was sie tat, weil sie es nicht mehr wahrnahm. Alles, woran sie denken konnte, war, wie entsetzlich kalt ihr war.

»Ich bin wie die Göttin der Wellen«, sagte sie zu Kandar. »Halb Frau, halb Fisch.« Eine Hand glitt kraftlos von dem Bootsrumpf ab. Kandar packte sie am Handgelenk und klatschte ihre Hand so hart auf das Holz, daß ihre Handfläche brannte.

»Sei still und halt dich fest!« befahl er. Und sie dachte: Ja, er ist der Anführer der Nattern, und ich muß tun, was er sagt. Und deshalb gehorchte sie.

Die Art und Weise, wie sie schließlich in Sicherheit gelangten, war alles andere als dramatisch. Sie bewegten sich ganz allmählich näher auf den Strand zu, und plötzlich waren sie in seichtem Wasser, und Kandar stand bis zur Taille in den Wellen und brüllte triumphierend, daß sie es geschafft hatten. Luma versuchte ebenfalls, sich hinzustellen, aber ihre Beine gaben kraftlos unter ihr nach. Kandar fing sie auf, als sie zusammenbrach, trug sie den Strand hinauf und legte sie auf den weichen Sand. Sie rollte sich zu einem Ball zusammen, schlang die Arme um die Knie und begann, unkontrollierbar zu zittern.

»Ich friere«, sagte sie. Ihre Worte kamen als abgehackte Fetzen aus ihrem Mund, doch Kandar verstand und machte sich daran, sie mit Sand zu bedecken. Der Sand war feucht und kalt, aber nicht so kalt wie die See, und er hielt den Wind ab. »Wärme mich«, flehte sie. »Mach Feuer.«

»Ja, sofort. Jetzt lieg still, sonst rutscht der Sand von dir runter.« Er zog seine nasse Tunika aus, wrang sie aus, faltete sie zu einem Kissen zusammen und schob es ihr unter den Kopf. Bevor sie sich bei ihm bedanken konnte, war er bereits davongeeilt, um Feuerholz zu sammeln. Der größte Teil des Treibholzes, das auf dem Strand verstreut lag, war durchnäßt und nutzlos, doch unter den dicken, feuchten Scheiten lagen kleinere, trockene Zweige. Diese sammelte Kandar auf und warf sie auf einen Haufen. Er entfernte das trockene Mark aus einem halbvermoderten Ast, sammelte eine Handvoll Anmachholz und häufte das Ganze sorgfältig auf.

Dann wählte er einen geraden, trockenen Stock aus und spitzte ihn mit ein paar raschen, geschickten Bewegungen seines Messers an einem Ende an. Als nächstes suchte er sich einen etwas biegsameren, noch mit grünem Saft gefüllten Stock, der sich zu einem Bogen zurechtbiegen ließ. Es war natürlich kein Bogen, aber als er beide Enden des Stocks einkerbte und das Tau daran festband, erfüllte er den Zweck eines Bogens. Jetzt brauchte er ein Stück völlig trockenes Holz. Nach langer Suche entdeckte Kandar schließlich ein Stück trockenes Eichenholz, das zu der Härte von Stein verwittert war.

Nachdem er das geeignete Holz gefunden hatte, war es relativ leicht, Feuer zu entfachen. Er legte das harte Holz unter das Anmachholz, beugte sich darüber, um es mit seinem Körper vor dem Wind abzuschirmen, wickelte die provisorische Bogensehne um den Bohrstock und begann zu bohren, indem er den Bogen benutzte, um den Stock ganz schnell hin- und herzudrehen. Er war vielleicht ein miserabler Schwimmer, aber er konnte hervorragend Feuer machen. Das Holz unter der Spitze des Bohrstocks begann zu qualmen, und eine kleine Flamme erschien. In Sekundenschnelle entzündete sie das Anmachholz, und das trockene Holz fing Feuer und stand gleich darauf in hellen Flammen. Bald brannte der ganze Haufen Treibholz lichterloh und spendete eine köstliche, knisternde Wärme.

Als Kandar sich vergewissert hatte, daß das Feuer nicht wieder ausgehen würde, grub er Luma aus dem Sand und trug sie so nahe an die Flammen, wie er es wagen konnte. Sie schloß die Augen, als ihr die Hitze des Feuers entgegenschlug.

»Ich werde dir jetzt deine nassen Sachen ausziehen«, verkündete Kandar.

»Ich friere«, widersprach Luma.

»Ich weiß, daß du frierst. Deine nassen Kleider sind mit schuld daran. Und jetzt heb die Arme hoch.«

Gehorsam hob sie die Arme und ließ sich von ihm ihre tropfnasse Tunika über den Kopf ziehen. Sie hatte dünne Beinlinge aus Leinen an, um ihre Beine vor der Sonne zu schützen, deshalb zog Kandar ihr die Beinlinge nun ebenfalls aus. Er wrang die nassen Kleidungsstücke aus und hängte sie über Stöcke vor das Feuer. Anschließend entledigte er sich seiner eigenen nassen Sachen und hängte sie daneben. Als er fertig war, kehrte er zu der Stelle zurück, wo Luma saß, faßte ihr Haar zu einem Bündel zusammen und drückte das Salzwasser heraus.

Er setzte sich neben sie: »Wärmer?«

Sie nickte.

»Aber noch immer nicht warm genug. Deine Lippen haben noch immer keine Farbe. Gib mir deine Hände.« Sie überließ ihm ihre Hände, und er rieb sie kräftig und massierte ihre Handgelenke. Dann rieb er ihre Arme und Schultern und den Rücken und zum Schluß ihre Beine und Füße. Inzwischen hätte ihr wieder einigermaßen warm sein müssen, doch ganz gleich, wie kräftig Kandar rubbelte, sie zitterte immer weiter.

»Was soll ich nur mit dir machen?« fragte er. »Wenn ich dich noch fester rubbele, werde ich dir die Haut vom Körper reiben, und wenn ich dich noch näher ans Feuer setze, wird es dir die Wimpern absengen. Komm her. Deine Kleider sind noch nicht trocken, aber ich kenne noch eine andere Methode, um jemanden zu wärmen.« Er nahm sie in seine Arme, zog sie an sich und hielt sie wie ein kleines Kind umschlungen. »Ich kannte mal einen Jäger, der mir erzählt hat, wie er beinahe im Schnee erfroren wäre.« Er streckte die Hand aus und wischte ihr mit dem Daumen behutsam die Tränen von den Wangen. »Als der Jäger schließlich von seinen Freunden gefunden wurde, war er schon halb tot. Die Männer hatten kein Feuer und auch keine Möglichkeit, eins anzuzünden, deshalb deckten sie ihn mit ihren Umhängen zu und krochen nackt darunter, um ihn mit ihren Körpern zu wärmen, bis er wieder zum Leben erwachte.«

Luma schmiegte ihren Kopf an seine Brust. Sie hörte sein Herz pochen und fühlte seinen warmen Atem an ihrem Hals. Die Hitze seines Körpers hüllte sie ein, und sie ließ sich in die köstliche Wärme sinken.

Er hielt sie lange Zeit fest an sich gedrückt und stand nur auf, wenn er das Feuer schüren mußte. Ganz allmählich hörte Luma auf zu zittern und begann, seltsame Laute von sich zu geben.

Voller Sorge, sie könnte vielleicht Atemschwierigkeiten haben, drehte Kandar sie vorsichtig um, so daß er ihr Gesicht sehen konnte. Ihre Augen waren geschlossen, und ihre Lippen bewegten sich leicht bei jedem Atemzug. Sie schlief tief und fest und schnarchte leise.

Kandar lächelte und legte sie behutsam zurück in den Sand, um sie nicht zu wecken. Dann bewegte er sich ein paar Schritte von ihr fort und ging in die Hocke, um eine kleine, flache Grube zu graben. Als die Grube fertig war, füllte er sie mit heißer Holzkohle aus dem Feuer und bedeckte die Holzkohle mit einer Schicht Sand. Zum Schluß legte er prüfend eine Handfläche auf den Sand, um die Hitze zu testen. Er ging zu Luma zurück, hob sie hoch, trug sie zu der Grube und legte sie auf den erhitzten Sand. Dann stand er einen Moment lang da, blickte nachdenklich auf sie hinunter. Sie war noch immer zu sehr der nächtlichen Kälte ausgesetzt. Im Moment herrschte zwar kaum Wind, aber er konnte jederzeit wieder auffrischen, und der Himmel war noch immer wolkenverhangen, was hieß, es konnte vor Tagesanbruch erneut anfangen zu regnen.

Kandar nahm seine Tunika, band die Ärmel zusammen und marschierte zu der Stelle, wo der Strand an den Wald angrenzte. Er sammelte trockene Blätter auf, trug sie in seiner Tunika zu der Stelle, wo Luma lag, und verteilte sie über ihr. Er mußte mehrmals hin- und hergehen, um Luma vollständig zu bedecken, doch als er fertig war, lag sie wie ein Wintereichhörnchen in einem Nest aus Herbstlaub, nur ihr Kopf ragte an einem Ende des Blätterhaufens heraus.

Jetzt mußte er nur noch dafür sorgen, daß die Blätter nicht wegwehten, wenn der Wind auffrischte. Ihm war regelrecht übel vor

Erschöpfung, aber es wäre töricht gewesen, die Arbeit nicht zu Ende zu bringen, deshalb kehrte er in den Wald zurück, fand einen umgestürzten Baum und brach zwei einigermaßen gerade Äste davon ab. Bis das Feuer so weit heruntergebrannt war, daß er Holz nachlegen mußte, hatte er eine Art Wetterschutz über Luma errichtet, hauptsächlich aus Stöcken und verdorrtem Gestrüpp. Die provisorische Schutzhütte war auf drei Seiten geschlossen, um den Wind abzuhalten, und ihre offene Seite lag dem Feuer gegenüber, das er jetzt mit mehreren dicken Holzkloben abdeckte.

Als Kandar endlich fertig war, kroch er unter die Blätter neben Luma, streckte sich auf dem warmen Sand aus, zog sie in seine Arme und schlief augenblicklich ein.

In jener Nacht träumte Luma von Liebesspielen. Der Mann in ihrem Traum war namenlos und unsichtbar. Sie konnte ihn fühlen, aber nicht sehen, während er seine Hände langsam über ihren Körper gleiten ließ, liebkosend über ihre Brüste streifte, die Form ihrer Hüften nachzeichnete und die feuchte Spalte zwischen ihren Schenkeln streichelte. In ihrem Traum bewegte sie sich ruhelos in der sinnlichen Glut seiner Umarmung, von einem Verlangen erfüllt, das er anscheinend nicht stillen konnte. Ihre Knospen richteten sich auf, ihr Atem ging in kurzen, keuchenden Zügen, ihre Handflächen prickelten. Sie fühlte sein Lippen auf ihren, fühlte, wie er sie hochhob, in sie eindrang und sie ritt; aber nichts von dem, was er tat, brachte ihr die ersehnte Erfüllung.

Begierde flammte in ihr auf, und ihre Leidenschaft wuchs, nahm jedoch niemals Gestalt an. Der Mann, der sie berührte, ohne sie zu befriedigen, blieb unsichtbar. Die Qual seiner Liebkosungen war süß, aber sie war dennoch eine Qual, und als sie sich keuchend unter seinem Körper wand, wurde sie ungeduldig.

Weißt du nicht, was du mit einer Frau tun mußt? fragte sie ihn.

Doch, hörte sie ihn sagen. *Aber du bist die falsche Frau dafür.*

Erschrocken wachte sie auf und stellte fest, daß sie zusammen mit Kandar nackt unter einem Blätterhaufen lag. Sonnenschein strömte durch das Zweigdach des provisorischen Unterschlupfes, den er über ihnen errichtet hatte; und Kandar, der ebenfalls nackt war, hielt sie in seinen Armen. Noch immer erregt von ihrem Traum, beugte Luma sich vor, preßte ihre Lippen auf seine und und küßte ihn. Sie hätte ihn nicht küssen sollen, ohne ihn vorher zu fragen; aber wenn man in den Armen eines nackten Mannes lag, war es schwierig, genug Geistesgegenwart aufzubringen, um zu fragen, ob er einen nur umschlungen hielt, um einen warmzuhalten. Kandars Atem war warm und süß vom Schlaf, und er erwiderte den Kuß schlaftrunken. Es war ein langer, tiefer, leidenschaftlicher Kuß, und als er schließlich endete, war es für beide zu spät, um aufzuhören und über die Sache zu sprechen.

Kandar öffnete die Augen, zog Luma noch fester an sich, streichelte ihr Haar und küßte sie abermals. Ohne ein Wort zu sprechen begannen sie, einander zu lieben. Einen flüchtigen Moment lang fragte Luma sich, worauf sie sich da eingelassen hatte, doch dann hörte sie auf, sich Gedanken zu machen. Kandar war nicht der Mann, der einer Frau viel Zeit zum Nachdenken ließ.

Später, als sie eng umschlungen ruhig dalagen, war Luma so befriedigt, daß sie ständig gähnen mußte. Jedesmal wenn sie gähnte, lachte Kandar und legte ihr sanft eine Hand auf den Mund.

»Die Priesterinnen von Chilana sagen, daß deine Seele aus dem Körper fliegen kann, wenn du gähnst«, flüsterte er.

»Sie ist bereits geflogen«, erwiderte sie. Und dann wurde sie verlegen, weil er vielleicht nicht das gleiche empfand wie sie. Sie hatte das Gefühl, durch tausend unsichtbare Bande der Freundschaft und der Zuneigung mit Kandar verbunden zu sein; aber es konnte immer passieren, daß der eine solche Bande fühlte und der andere etwas ganz anderes empfand. Wieder begann sie zu grübeln, was ganz und gar uncharakteristisch für sie war. Gewöhnlich konnte sie akzeptieren, was immer auch geschah, wenn sie Freude mit einem Mann teilte; doch bei Kandar war es anders. Er war Keshnas Liebhaber gewesen; und obwohl Keshna ihn nicht mehr wollte, komplizierte das die Dinge sehr, besonders da keiner von ihnen wußte, ob Keshna tot war oder noch lebte. Außerdem war Kandar ihr Freund und Kamerad, und Luma hatte nicht die Absicht, diese Freundschaft aufs Spiel zu setzen.

Kandar, der kein Narr war, wenn es um Frauen ging, legte ihr einen Finger unters Kinn und hob ihr Gesicht zu sich hoch. »Was hast du?« fragte er.

»Nichts.«

»Sag es mir, Luma.« Er hielt inne. »Du mußt es mir sagen. Wir dürfen keine Geheimnisse voreinander haben. Wenn zwei Menschen Freude miteinander teilen, wie wir es gerade getan haben, dann haben sie die Verpflichtung, offen und geradeheraus zu sprechen.«

Er hatte recht; sie mußten ehrlich miteinander sein, sonst würde es nichts als Schwierigkeiten geben. Sie würden bald wieder zusammen reiten und zusammen kämpfen. Wenn sie etwas Unausgesprochenes zwischen sich stehen ließen, könnte es das Vertrauen zerstören, das die Nattern zusammenschweißte. Luma hatte schon einmal miterlebt, wie dieses Vertrauen dank Keshna beinahe gebrochen worden wäre, und sie würde nicht zulassen, daß das wieder passierte.

Sie schlang Kandar die Arme um den Hals, schmiegte ihre Wange an seine Brust, holte tief Luft und erzählte ihm von ihrem Traum. »Sag mir die Wahrheit«, bat sie, als sie fertig war. »Bin ich wirklich die falsche Frau? War mein Traum richtig? Hast du dabei die ganze Zeit an Keshna gedacht?«

»Ich habe tatsächlich an Keshna gedacht«, gestand Kandar. Sie wünschte, er wäre nicht so verdammt aufrichtig, aber sie hatte ihre Antwort. Abrupt setzte sie sich auf, schüttelte die letzten Blätter von sich ab, griff nach ihrer Tunika und schenkte ihm ein Lächeln, das keinerlei Zuneigung erkennen ließ.

»Laß uns aufstehen. Ich habe Hunger, und wir sollten uns auf die Suche nach etwas Eßbarem machen.«

»Warte einen Moment«, sagte Kandar und legte ihr eine Hand auf die Schulter. »Ich bin noch nicht fertig. Ich habe wirklich an Keshna gedacht, das gebe ich zu. Aber nicht die ganze Zeit und so, wie du wahrscheinlich denkst. Was ich gedacht habe, war, daß es immer traurig war, mit Keshna Liebe zu machen. Aber mit dir war es... beglückend. Dich zu berühren hat sich richtig angefühlt, Luma. Es hat sich angefühlt wie etwas, das wir schon vor langer

Zeit hätten tun sollen. Ich mache mir große Sorgen um Keshna, das weißt du. Wir sorgen uns beide um sie. Ich wünsche mir, daß Keshna gesund und wohlbehalten ist; aber wenn du mich fragst, ob ich sie noch liebe, dann lautet die Antwort: nein. Ich liebe sie schon lange nicht mehr, nicht wirklich. Keshna hat in meinem Herzen und in meinen Knochen nichts als Eis hinterlassen. Aber als wir beide, du und ich, uns geliebt haben, ist dieses Eis… geschmolzen.«

Er lachte. »Hör mir zu. Ich weiß, ich klinge wie ein Sänger von drittklassigen Liebesliedern. Ich bin im Umgang mit Worten nicht so geschickt wie du. Wenn ich auszudrücken versuche, was mich tief in meinem Inneren bewegt, fange ich meistens an zu stottern.« Er nahm ihre Hand und hielt sie fest. »Aber das hier ist echt. Meine Gefühle für dich sind nicht nur die Laune eines Augenblicks. Wenn du jetzt aufstehen und vergessen willst, daß wir jemals Lust geteilt haben, dann ist das deine Entscheidung, und ich werde mich damit begnügen, nichts weiter als dein Kamerad zu sein. Aber wenn du gern noch einen Kuß haben möchtest und noch einen« – er strich ihr zärtlich über die Wange – »und noch unzählige weitere Küsse, ich glaube, dann könnten wir sehr glücklich werden.«

Kandars Prophezeiung bewahrheitete sich sehr schnell. Sie waren tatsächlich sehr glücklich: glücklich, als sie sich zum zweiten Mal in der warmen Morgensonne liebten, glücklich, als sie ohne Frühstück aufstanden, um den Einbaum wieder herumzudrehen, glücklich, als sie Muscheln aus dem Sand gruben und sie über der Glut des Feuers garten, und glücklich, als sie drei Hände voll Brombeeren aßen und sich wie Kinder gegenseitig den Saft von den Fingern leckten. Sie waren sogar glücklich, als sie sich daranmachten, sich neue Paddel zu schnitzen, obwohl es sehr lange dauerte, das Holz nur mit einem einzigen Messer zu bearbeiten, und die Sonne bereits hoch am Himmel stand, als sie endlich damit fertig waren.

Als sie vom Strand wegpaddelten, blickte Luma noch einmal zurück und dachte, daß sie diesen Ort noch lange Zeit in Erinnerung behalten würde. Dort am Strand hatte sie, in Kandars Armen liegend, für eine Weile vergessen können, warum sie nach Shara zurückeilten. Sie hatte einen Vormittag lang Frieden gefunden. Ihre Gedanken waren zur Ruhe gekommen, und sie hatte erfahren, wie es war, die pure Freude darüber zu fühlen, in der Gesellschaft des Menschen zu sein, den sie liebte. Sie wußte, daß es wahrscheinlich nicht viele Vormittage wie diesen geben würde. Die Zeit, die sie gerade mit Kandar verbracht hatte, war ein Geschenk gewesen, und sie war dankbar dafür.

In stillschweigendem Übereinkommen blieben sie in unmittelbarer Nähe des Ufers und folgten den Einbuchtungen der Küste. Das Wetter war sonnig und heiß, doch die beiden trauten dem Frieden nicht. Luma suchte beständig den Horizont nach Anzeichen eines herannahenden Unwetters ab. Jedesmal wenn der Wind kräftig genug wehte, um die Wasseroberfläche zu kräuseln, überlegte sie, ob es nicht ratsamer sei, den Strand anzusteuern. Aber es war nicht notwendig, an Land zu flüchten. Zwei Tage lang, während sie langsam die Küste entlangfuhren, blieb der Himmel strahlend blau und wolkenlos. Und dann, am frühen Morgen des dritten Tages, blickte Luma aufs Meer hinaus und sah etwas, das ihr einen überraschten Aufschrei entlockte.

»Ein Segel!« schrie sie. Sie erhob sich auf die Füße, stützte sich an der Bordwand des Bootes ab und begann hektisch zu winken. »Es ist ein Raspa! Sieh doch, Kandar! Ein Raspa!« Weit draußen auf dem Meer, fast verborgen durch die gebogene Linie des Horizonts, war ein weißes Segel zu erkennen. Das Boot segelte südwärts Richtung Shara, aber es hätte auch ebensogut geradewegs auf das Höllenreich der Nomaden zusteuern können, denn obwohl Kandar ebenfalls aufstand und beide mit vereinten Kräften schrien und winkten und mit ihren Paddeln gegen die Bordwände des Einbaums schlugen, waren die Seeleute viel zu weit entfernt, um sie hören.

Entmutigt ließen sie sich wieder auf den Boden des Einbaums fallen und starrten sich gegenseitig an.

»Vielleicht machen sie für die Nacht in Mtela fest«, sagte Kandar schließlich.

»Vielleicht«, meinte Luma.

»Ich glaube, wir sollten zusehen, daß wir so schnell wie möglich dort hinkommen.«

»Über offenes Wasser?«

»Ja.«

»Es wäre heller Wahnsinn, aufs offene Meer hinauszupaddeln und diesen Einbaum noch einmal zu riskieren.«

»Du hast recht. Es wäre wirklich heller Wahnsinn.«

»Ich bin auf einer Insel aufgewachsen. Ich sollte es eigentlich besser wissen. Ranala würde mich sofort aus dem Nattern-Verband werfen, wenn sie jemals erführe, daß ich dich ermutigt habe, *zum zweiten Mal* ein solches Risiko einzugehen.«

»Und sie würde mich gleich hinter dir her werfen.«

Sie sahen sich an und grinsten. Dann griffen sie wieder nach den Paddeln, knieten sich hin und paddelten auf dem kürzesten Weg nach Mtela. Das Glück war auf ihrer Seite. Kurz nach Mittag umrundeten sie die letzte Landspitze und sahen vor sich das Dorf. In der Bucht, nur ein kurzes Stück vom Strand entfernt, lag ein Raspa vor Anker, dessen Segel eingerollt waren.

Sie näherten sich dem Ufer, sprangen ins Wasser, zogen den Einbaum die wenigen Meter bis zum Strand hinauf und deponierten ihn an einer Stelle, wo keine Gefahr bestand, daß er von einer verirrten Welle wieder aufs Meer hinausgetragen wurde. Neben den Mutternhäusern schliefen ein paar Hunde, aber ansonsten war niemand zu sehen, was nicht ungewöhnlich war, da in kleinen Dörfern wie Mtela während der heißesten Stunden des Tages fast jeder ein kleines Mittagsschläfchen hielt.

»Hallo!« rief Luma. »Ist zufällig jemand wach?«

»Ja«, antwortete eine vertraute Stimme. Eine große Frau schlenderte, an einer Honigwabe leckend, aus einem der Mutterhäuser. Es war Keshna. Als sie Luma und Kandar erblickte, stieß sie einen überraschten Aufschrei aus und ließ die Honigwabe fallen. »Bei Hans Eiern!« rief sie. »Was tut *ihr* denn hier?«

»Keshna!« jubelten Luma und Kandar. Sie rannten zu ihr, umarmten sie stürmisch und drückten sie immer wieder freudestrahlend an sich. »Du lebst! Du lebst!«

»Natürlich lebe ich.« Keshna lachte. »Was ist bloß in euch gefahren?« Dann wurde sie plötzlich ernst. Sie schob die beiden von sich und löste sich auf eine bedrückte, behutsame Art aus ihrer

Umarmung, die ganz und gar untyptisch für sie war. »Ihr habt es schon gehört, nicht wahr? Tante Marrah hat mich losgeschickt, um euch zu suchen, euch die traurige Nachricht zu überbringen und euch nach Shara zurückzubringen, aber ihr wißt es schon. Das kann ich merken.«

»Was für eine Nachricht?« fragte Kandar. »Wovon redest du eigentlich?«

»Die Nachricht über Ranala, die Nattern und die arme Clarah. Die Nachricht, daß sie aus dem Hinterhalt überfallen und getötet wurden.«

Voller Entsetzen wich Luma vor Keshna zurück. Sie hörte, wie Kandar neben ihr zischend den Atem durch die Zähne sog.

»Willst du damit etwa sagen, daß bis auf uns drei alle Nattern *tot* sind?«

Keshna ließ sich in den Sand sinken und starrte schuldbewußt zu ihnen hoch. »Du meinst, ihr habt noch nichts davon gewußt? Große Göttin, ich sollte euch die Nachricht schonend beibringen, aber ich dachte... so wie ihr gejubelt habt, dachte ich, ihr wüßtet bereits Bescheid. Ja, sie sind alle tot. Ich war diejenige, die ihre Leichen fand. Ich hatte noch versucht, so schnell wie möglich nach Shara zurückzukehren, um sie zu warnen, daß ein riesiges Nomadenüberfallkommando auf die Stadt zuritt. Ich ritt in eine Lichtung und plötzlich sah ich sie dort liegen. Ich wußte sofort, wer sie waren – nur Clarah konnte ich nicht auf Anhieb identifizieren. Bei ihr war ich mir nicht sicher, bis ich ihre Leiche herumdrehte und ihr Clanzeichen sah, das sie noch immer an einer Kette um den Hals trug. Es war nur aus Kupfer, deshalb hatten die Nomaden sich nicht die Mühe gemacht, es zu stehlen.«

Luma setzte sich neben Keshna in den Sand und umklammerte ihre Hand. »Warum konntest du Clarah nicht an ihrem Gesicht erkennen?« fragte sie. Sie ahnte die Antwort bereits, und ihr graute davor, sie zu hören.

»Ich konnte sie nicht an ihrem Gesicht erkennen«, erwiderte Keshna, »weil sie kein Gesicht mehr hatte, an dem ich sie hätte erkennen können. Die Nomadenbastarde hatten ihr den Kopf abgeschnitten.«

Drittes Buch

Der Seelenfresser

Vier Götter
trafen sich am Flußufer.
Einer überlebte, einer starb,
zwei verwandelten sich in Träume.
Sag mir, wohin die Spinne verschwand.
Sag mir, wo die Träumer schlafen.
Sag mir, warum die Sommerschlange
ihre Winterhaut abstreifte.

Rätsel unbekannter Herkunft,
verfaßt in kretischer Linear-A-Schrift
Tonscherbe, Grabstätte
Mallia, östliches Kreta

14. Kapitel

Shara, drei Jahre später

Eines warmen Morgens im Hochsommer beobachteten die Wachtposten hoch oben auf den Mauern von Shara, wie sich eine Nomadenfrau und ein vollbewaffneter Nomadenkrieger von Norden her der Stadt näherten. Der Krieger, der einen grauen Wallach ritt, sah ziemlich alltäglich aus. Er war ein wenig plumper als die meisten Nomaden, hatten einen kahlgeschorenen Kopf und einen rötlichen Bart, der struppig war wie ein Reisigbesen. Seine Arme waren mit Stammeszeichen bedeckt, und er trug einen Kupferring in der Nase und weitere Ringe in den Ohrläppchen.

Da ein einzelner Krieger keine Bedrohung darstellte, glitten die Augen der Wachtposten hinweg zu der Frau. Sie war noch ziemlich jung – vermutlich nicht älter als dreizehn – und hatte flachsblondes Haar, lange, schlanke Arme und schmale Hüften. Ihr Gesicht war derart mit Tätowierungen bedeckt, daß ihre Züge kaum noch zu erkennen waren. Es waren jedoch nicht die auffälligen Tätowierungen, die die Wachen stutzig machten. Gewöhnlich ritten Nomadenfrauen in respektvollem Abstand hinter den Männern, die sie begleiteten, aber diese trabte direkt neben dem Krieger her. Sie war auch nicht von Kopf bis Fuß in schwarze Schals gehüllt wie die Nomadinnen, die die Wachtposten bisher zu Gesicht bekommen hatten. Sie ritt barbrüstig und mit unverhülltem Gesicht wie eine Frau aus dem Volk der Mutterleute, und sie war nur mit einem ledernen Lendenschurz und Stiefeln bekleidet. Als sei all das noch nicht erstaunlich genug, trug sie auch noch einen Speer.

Eine halbnackte Nomadenfrau mit einem Speer! Was hatte das

zu bedeuten? Eine Nomadin, die sich erdreistet hätte, derart unverschämt neben einem Krieger herzureiten, wäre zur Strafe grün und blau geprügelt worden. Doch da war sie, galoppierte über die Felder auf die Stadt zu und schwenkte ihren Speer, als sei sie ein Mitglied des Schlangen-Verbandes.

Die Wachtposten beäugten das Paar mißtrauisch und überlegten, ob dies vielleicht so etwas wie eine Falle war. Sie spannten Pfeile in ihre Bogensehnen, warteten ab und hielten scharf in alle Richtungen Ausschau.

Der Krieger und die Frau ritten auf lässige, fast arrogant wirkende Art auf das Stadttor zu. Als sie so nahe waren, daß die Wachtposten die Schnürsenkel an ihren Stiefeln erkennen konnten, zügelten sie ihre Pferde.

»Ist dies die Stadt Shara?« rief der Krieger mit schwerem, guttural klingendem Akzent.

»Ja«, brüllte einer der Wächter zurück. »Wer bist du?«

Das Gesicht des Kriegers verzog sich zu einer so finsteren Miene, daß sein Bart zuckte. »Erkennt ihr mich denn nicht, ihr Schwachköpfe?«

»Wir haben dich noch nie zuvor gesehen«, antworteten die Wachen. »Nenn uns deinen Namen und sag uns, was du willst.« Sie beugten sich über den Rand der Stadtmauer und zielten drohend mit ihren Pfeilen und Speeren auf den Nomaden.

»Ich möchte im Mutterhaus eurer Königin schlafen«, brüllte der Krieger mit demselben schweren Akzent wie zuvor. Er sah in die schockierten Gesichter der Wachtposten und fing an zu lachen. »Das ist ja herrlich!« rief er. »Ihr erkennt mich wirklich nicht, stimmt's?« Plötzlich war sein Akzent verschwunden, seine Stimme klang auf einmal seltsam hoch, und die sharanischen Worte kamen ihm glatt und flüssig über die Lippen. Er hob seine Hand an seinen Bart, riß kräftig daran und zog ihn vom Gesicht. »Ich bin's. Keshna!«

Und es war tatsächlich Keshna, die dort auf dem grauen Wallach saß und sich köstlich darüber amüsierte, daß die Wachen ihre Tarnung nicht durchschaut hatten. Die Wachen senkten ihre Speere und Bögen und stimmten in ihr Gelächter ein. Seit Keshna und Luma begonnen hatten, Erkundungsritte zu unternehmen, um die Nomaden zu bespitzeln, waren sie Meisterinnen in der Kunst des Tarnens und Täuschens geworden. Sie waren viele Male unerkannt durch feindliches Territorium gereist, verkleidet als alte Frauen, als Händler, die so gut wie keine Tauschwaren mit sich führten, und als Pilger, die von einer solch schrecklichen Hautkrankheit befallen waren, daß selbst der wackerste Krieger entsetzt den Blick abwandte. In den vergangenen drei Jahren war es den beiden schon viermal gelungen, die sharanischen Wachtposten an der Nase herumzuführen. Dies war nun das fünfte Mal.

»Keshna!« riefen die Wachen. »Willkommen zu Hause! Das nächste Mal solltest du uns lieber gleich sagen, wer du bist. Wir hätten dich beinahe erschossen.« Eine Wächterin namens Mishah zog eine Blume hinter ihrem Ohr hervor und warf sie Keshna zu.

»Welche Neuigkeiten bringst du uns von deinem Erkundungsritt mit?« wollte Mishah wissen.

»Großartige Neuigkeiten«, erwiderte Keshna. »Aber ich darf nicht darüber sprechen.«

»Geheimnisse über Geheimnisse. Die Welt scheint heuzutage nur noch aus Geheimnissen zu bestehen. Lassen sich diese Tätowierungen auf deinen Armen abwaschen, Keshna, Liebes, oder wirst du den Rest deines Lebens wie ein wandelndes Wandgemälde herumlaufen?«

»Sie sind nur aufgemalt. In ein paar Wochen wird die Farbe völlig verblaßt sein.«

»Wer ist deine hübsche Freundin?«

»Laß mich herein, dann wirst du es erfahren. Wo ist Luma?«

»Ich glaube, sie ist zu Hause. Driknak vollzieht heute morgen eine Heilungszeremonie im Eulentempel, und sie hat Baby Sabalah bei Luma gelassen. Aber kannst du uns, bevor du gehst, nicht zuerst etwas über die schöne Frau erzählen, die mit dir reitet? Sie hat die Grazie eines Sonnenaufgangs.«

Keshna grinste. »Keine Sorge, Mishah, du wirst noch reichlich Gelegenheit haben, sie zu fragen, ob sie Freude mit dir teilen will. Sie wird wahrscheinlich in Shara bleiben. Aber jetzt geht sie erst einmal schnurstracks mit mir zu Tante Marrahs Mutterhaus. Und wenn du glaubst, du könntest dich an ihre Fersen heften und sie um ihre Liebe anflehen, vergiß es. Sie spricht nämlich nur Hansi.«

Als Mishah und die drei anderen Wachtposten erkannten, daß es zwecklos war, Keshna Informationen entlocken zu wollen, die diese nicht preiszugeben bereit war, zogen sie die schwere Querstange zurück und schwangen das Stadttor auf.

Keshna fand Luma im Gemeinschaftsraum von Marrahs Mutterhaus. Sie hatte Baby Sabalah gerade für ein kurzes Mittagsschläfchen zu Bett gebracht, doch statt sich auszuruhen – wie Keshna es sicherlich getan hätte, wenn sie einen ganzen Morgen lang auf ein Baby aufgepaßt hätte –, war Luma eifrig dabei, Wolle zu karden.

»Und? Wie ist es dir ergangen?« fragte sie und entfernte die Flusen aus den Wollkämmen.

»Gut.« Keshna ließ ihre Fingerknöchel knacken und warf Luma einen langen, nachdenklichen Blick zu. »Ich hatte drei Wochen schönes Wetter. Es war so friedlich, daß mein Bogen fast verrottet wäre, weil ich ihn nicht benutzt habe. Außer einer alten Priesterin hat niemand meine Tarnung durchschaut, aber sie war so klug, den Mund zu halten.«

»Mehr kannst du wohl kaum verlangen.«

»Sei dir da nicht so sicher.« In Keshnas Stimme schwang ein Unterton mit, der Luma aufblicken ließ. Keshna trug einen seltsamen Ausdruck zur Schau – nicht ihre übliche vergnügte Überheblichkeit, sondern etwas Düsteres und Zwiespältiges. Luma legte ihre Wollkämme nieder und erhob sich.

»Was ist passiert?«

»Nichts.« Wieder warf Keshna Luma einen Blick zu, der eine Mischung zwischen Besorgnis und Triumph zu sein schien. »Ganz im Gegenteil, ich habe eine großartige Neuigkeit für dich.« Sie hob warnend die Hand. »Du brauchst nicht gleich hysterisch zu werden vor Aufregung, aber ich glaube, es ist möglich, daß wir …« Sie brach abrupt ab. »Weißt du, du solltest vielleicht doch besser sitzen, wenn du das hier hörst.«

Luma verschränkte die Arme vor der Brust, um zu demonstrieren, daß sie nicht die Absicht hatte, sich wieder hinzusetzen.

»Keshna, du weißt, es macht mich wahnsinnig, wenn du versuchst, mir etwas schonend beizubringen. Du bist schrecklich. Nun komm endlich zur Sache.«

»Ich glaube, wir haben Keru endlich gefunden.«

Als Kerus Name fiel, wurden Lumas Lippen schmal, und aus ihrem Gesicht wich alle Farbe. Sie setzte sich abrupt hin, als ob ihre Knie plötzlich unter ihr nachgegeben hätten. »Wo ist er?«

»Ich möchte nicht, daß du die Geschichte von mir hörst. Ich möchte, daß du sie von der Frau erfährst, die sie mir erzählt hat.« Keshna wies zur Tür. Eine junge Frau stand auf der Schwelle und wartete darauf, daß man sie aufforderte einzutreten. Ihr blondes Haar war lang und fein, und sie trug es unbedeckt wie die Frauen des Muttervolkes, aber ihr Gesicht war so stark tätowiert, daß sie wie verschleiert aussah. Überrascht stellte Luma fest, daß die Tätowierungen Spinnen darstellten. Vier Spinnen hockten auf ihrem Kinn, sechs auf ihrer Stirn, und zwei spähten hinter jedem Ohrläppchen hervor.

»Ich bin kein sonderlich hübscher Anblick, nicht?« sagte die junge Frau auf Hansi. »Aber ich habe mir diese verfluchten Tätowierungen nicht ausgesucht. Die Schamanen oben im Norden verehren Han, den Gott des Leuchtenden Himmels, nicht mehr so wie früher. Sie haben sich von Seiner Helligkeit abgewandt und angefangen, Choatks Höllenspinnen auf die Gesichter der Frauen zu tätowieren, die sie ihm zu opfern gedenken, aber ich hatte Glück.« Sie betrat den Raum und blickte Luma mit einem Ausdruck an, der nicht allzu freundlich war. »Ist das Luma, Tochter von Marrah aus Shara?« fragte sie Keshna.

»Genau die«, erwiderte Keshna.

Die Frau wandte sich zu Luma um und verbeugte sich auf Nomadenart, indem sie sich mit den Fäusten gegen die Brust schlug. »Luma Tochter von Marrah«, begann sie mit großer Förmlichkeit, »ich bin Bagnak Tochter von Shrifhan. Ich habe eine Ehrenschuld zu begleichen, und hiermit bezahle ich sie: Ich bin gekommen, um dir zu sagen, daß ich die Konkubine deines Bruders war.

Ich habe – laß mich nachrechnen – mindestens ein Jahr lang sein

Bett gewärmt, bevor ich krank wurde«, fuhr Bagnak fort, ohne sich um Lumas überraschten Ausruf zu kümmern. »Er war freundlich, dein Bruder, zumindest wenn er nüchtern war. Als ich von der Hustenkrankheit befallen wurde und es so aussah, als würde ich sterben, wollte er mir die Freiheit schenken, aber der alte Changar wollte es nicht zulassen.«

Changar! Dann war ihre Vermutung also richtig! Changar hatte Keru tatsächlich entführt! Luma ballte die Hände zu Fäusten und biß sich auf die Lippen, um die Frau nicht zu unterbrechen.

»Changar wollte mich wie ein Pferd opfern, aber Keru hatte Mitleid mit mir und ließ mich heimlich entkommen. Ich wäre im Wald fast gestorben, aber ich hatte Glück. Durch Zufall traf ich auf ein Dorf von Frauen. Die Frauen waren entflohene Sklavinnen, waren vergewaltigt worden oder auf irgendeine andere Weise durch Nomanden zu Schaden gekommen, und sie hatten sich zusammengetan und sich geschworen, sich gegenseitig wie Schwestern zu beschützen. Sie waren wild und grimmig wie Hansi-Krieger, aber barmherzig gegenüber Frauen, deshalb pflegten sie mich während meiner Krankheit. Nachdem ich mich wieder erholt hatte, bildeten sie mich zur Kriegerin aus und erklärten mir, ich könnte mich für ihre Freundlichkeit revanchieren, indem ich nach Shara reite und dir berichte, daß ich Kerus Konkubine war.«

Luma öffnete den Mund, doch es kam kein Wort heraus. Sie hatte ein seltsames Brausen in den Ohren, ihre Kehle war wie ausgedörrt, und der Raum schien einen kleinen Tanz zu vollführen, drehte sich ein wenig seitwärts und dann wieder zurück. »Du sagst, du bist Kerus Konkubine gewesen?« brachte sie schließlich hervor.

»Das habe ich dir doch gerade eben erzählt.«

»Dann ist Keru nach all diesen Jahren also wirklich noch am Leben?«

Bagnak wandte sich zu Keshna um. »Ist sie taub?«

»Nur völlig verdattert«, erklärte Keshna. »Sprich weiter. Erzähl ihr, wo er jetzt ist.«

»Als ich Keru das letzte Mal sah – das war vor ungefähr vier Monaten –, kampierten er und seine Krieger am Nordufer des

Rauchflusses, an der ersten Stelle, wo Männer zu Pferd den Fluß durchwaten können. Früher war dort ein kleines Dorf namens Mahclah, aber es existiert schon lange nicht mehr ...«

»Willst du damit etwa sagen, daß mein Bruder in den Mutterländern ist?« Luma sprang auf die Füße, rannte auf Bagnak zu und umarmte sie stürmisch. »Du wundervolle Frau! Du gesegnete Überbringerin froher Botschaften!«

»Moment, warte«, warnte Keshna sie. »Laß sie erst zu Ende sprechen. Leider hat sie nicht nur erfreuliche Nachrichten. Keru sitzt nämlich nicht einfach nur am Flußufer und läßt die Füße im Wasser baumeln. Er ist Nomadenhäuptling geworden – zugegeben, das ist keine große Überraschung; wir hatten ja schon etwas Derartiges befürchtet –, aber es kommt noch schlimmer. Er ist auch ...«

»... Pirat«, soufflierte Bagnak und löste sich aus Lumas Umarmung.

Das Wort klang nach Hansi, aber Luma hatte keine Ahnung, was es bedeutete. »Was ist ein Pirat?« wollte sie wissen.

Bagnak schüttelte den Kopf. »Du lebst schon zu lange im Süden. An den Ufern des Rauchflusses weiß jeder, was ein Pirat ist, nämlich ein Mann, der die Flußhändler bestiehlt. Natürlich nennt Keru es nicht Diebstahl. Er ist ein Häuptling, deshalb nennt er es ›Tribut einfordern‹, aber es läuft auf das gleiche hinaus. Jedesmal wenn ein Händlerboot den Fluß entlangfährt, beschlagnahmt er ein Drittel seiner Fracht; und jedesmal wenn ein Händler zu Fuß oder zu Pferd die Furt überqueren will, nimmt er ihm ebenfalls ein Drittel dessen weg, was er bei sich trägt. Er würde den Händlern am liebsten alles wegnehmen, aber wenn er das täte, würden sie keinen Handel mehr treiben, und er will ja, daß sie immer wieder in die Gegend zurückkommen.«

Lumas Hochstimmung verflog schlagartig. Keru war ein räuberischer Nomadenhäuptling! Jahrelang hatte sie sich ausgemalt, wie sie ihn retten und nach Hause bringen würde, aber wenn das, was diese Frau gerade eben gesagt hatte, stimmte, dann kam vielleicht jede Rettung zu spät.

»... kein sonderlich guter Häuptling«, sagte Bagnak gerade, und

Luma begriff, daß sie in ihrer Bestürzung darüber, daß Keru ein Dieb geworden war, etwas Wichtiges überhört hatte.

»Kannst du das bitte wiederholen?«

Bagnak zuckte die Achseln. »Ich kann alles wiederholen, was du willst. Ich habe gerade gesagt, daß Keru, abgesehen davon, daß er von den Händlern Tribut fordert, kein sonderlich guter Häuptling ist. Er tötet nicht gern, und das läßt ihn als Schwächling erscheinen. Ich habe seine eigenen Männer Witze darüber reißen hören, daß er den Körper eines Mannes, aber das Herz einer Frau habe. O sicher, er ist überaus mutig – daran besteht kein Zweifel –, aber er erlaubt seinen Kriegern nicht, lediglich aus Freude am Töten zu töten. Kein Abschlachten unbewaffneter Leute, keine brutalen Vergewaltigungen. Er gestattet seinen Männern zwar, sich Konkubinen zu nehmen, und er selbst hat ebenfalls Konkubinen; aber wenn sich eine Frau beklagt, daß sie schlimm verprügelt wurde oder daß man ihr sonst irgendwie Gewalt angetan hat, bestraft er den Schuldigen. Ich habe miterlebt, wie er einem seiner besten Krieger die Ohren abschnitt, weil der Mann seine eigene Ehefrau vergewaltigt hatte. Jeder andere Häuptling hätte es für unter seiner Würde gehalten, von einem solchen Vorfall überhaupt Notiz zu nehmen. Keru respektiert Frauen auf seine Weise; ich würde seine Achtungsbezeugungen nicht unbedingt perfekt nennen, aber er hält seine Männer in Schach, und er hat mir das Leben gerettet, obwohl ich nur eine Konkubine war und noch dazu eine kranke.«

»Wenn Kerus Krieger Witze über ihn reißen«, warf Keshna ein, »und er sie für Vergewaltigung bestraft, warum rebellieren sie dann nicht? Warum ermorden sie ihn nicht und setzen einen anderen Häuptling an seine Stelle? Ich habe noch nie von einem Nomadenlager gehört, in dem nicht ständig Verschwörungen ausgeheckt werden.«

»Sie bringen ihn nicht um, weil sie ihn lieben. Keru überläßt seinen Männern fast den gesamten Tribut, den er von den Händlern fordert, statt die Beute für sich selbst zu behalten. Er ist gerecht und unbestechlich; er ißt aus demselben Topf wie seine Männer und schläft neben ihnen. Wenn seine Krieger in den Kampf reiten, reitet er an der Spitze des Trupps, und sie wissen, daß er bereit ist, für sie zu sterben. Und außerdem gibt es da noch den Fluch.«

Bagnak räusperte sich unsicher und wandte sich zu Luma um. »Changar hat jeden, der es wagt, deinem Bruder auch nur ein Härchen zu krümmen, mit dem kalten Fluch belegt. Kennst du den kalten Fluch? ›Kaltes Herz, kalter Kopf, kalte Lenden, kaltes Bett‹?« Sie schauderte.

Luma hatte von Hiknak schon von diesem Fluch gehört. Es war ein schlimmer Fluch, den die Nomaden sehr fürchteten. Sie selbst hielt den kalten Fluch zwar für ausgemachten Unsinn, aber wenn er den Zweck erfüllte, Keru zu schützen, dann war sie voll und ganz dafür. Die Bitterkeit ihrer Enttäuschung wurde ein klein wenig gemildert, und sie dachte, daß es möglicherweise doch noch Hoffnung für Keru gab, wenn er Frauen mit Respekt behandelte. Sie fragte sich, ob er sich wohl nach all den Jahren noch an Shara erinnerte. Wieviel von ihm war Nomade und wieviel nicht? Sie versuchte, sich keine zu großen Hoffnungen zu machen. »Hat Keru jemals von mir oder unserer Mutter gesprochen oder den Wunsch geäußert, nach Shara zurückzukehren?« fragte sie.

Bagnak leckte sich nervös die Lippen. »Er hat nie erwähnt, daß er gerne nach Shara zurückkehren würde, aber wenn wir beide allein waren, hat er oft von dir und eurer Mutter gesprochen. Er hat mir einmal anvertraut, daß er euch beide liebe, aber daß ihn die Erinnerung an eure Mutter sehr schmerze, weil sie ihn hasse und einmal geplant habe, ihn einem eurer Schlangengötter zu opfern.«

»Was!« schrien Luma und Keshna empört.

Erschrocken wich Bagnak ein paar Schritte zurück. »Ich hatte nicht die Absicht, irgend jemanden zu beleidigen. Ich habe nur wiederholt, was Keru mir erzählt hat.« Doch weder Luma noch Keshna nahmen von ihrer Entschuldigung Notiz, weil sie viel zu sehr damit beschäftigt waren, sich gegenseitig die offensichtliche Wahrheit zuzuschreien.

»Changar hat ihn belogen!«

»Wir müssen zu ihm!«

»Ihn retten!«

»Ihm die Wahrheit sagen!«

Nachdem Bagnak ihnen alles erzählt hatte, was sie wußte, führten Luma und Keshna sie zu Marrah, oder genauer gesagt, sie versuchten es, aber Marrah war nirgendwo zu finden.

»Sie ist unten am Strand, um ihr Netz auszuwerfen«, erklärte ihnen einer ihrer Cousins.

Sie verließen das Haus mit Bagnak im Schlepptau, in der Absicht, schnurstracks zum Strand zu marschieren; doch als sie in einer der schmalen Straßen um eine Ecke bogen, liefen sie in Stavan hinein, der gerade von den Feldern kam und auf dem Weg nach Hause war. Er trug eine Hacke über der Schulter und einen Weidenkorb voller Kohlköpfe auf dem Rücken.

»Aita Stavan!« rief Luma aufgeregt. »Stell dir vor, was passiert ist!« Sie erzählten ihm die ganze erstaunliche Geschichte über Keru hastig auf Hansi, während Bagnak stumm danebenstand und von Zeit zu Zeit nickte, wenn sie sie baten, eine Einzelheit zu bestätigen. Stavan hörte ihnen schweigend zu. Als sie fertig waren, setzte er seinen Korb mit Kohlköpfen ab, lehnte seine Hacke gegen die Stadtmauer und nahm Luma und Keshna beiseite.

»Na, das ist ja eine großartige Neuigkeit, meine feinen Kriegerinnen«, sagte er schließlich. »Marrah wird Freudentränen vergießen, wenn sie erfährt, daß unser Sohn endlich gefunden wurde.« Er streckte eine Hand aus und wischte einen Schmutzfleck von Lumas Wange. »Genau wie du. Aber bevor ihr zu ihr geht, müßt ihr mir noch etwas sagen. Spricht diese Frau Sharanisch?«

»Nein«, erklärten sie einstimmig.

»Gut«, erwiderte Stavan, jetzt auf sharanisch. »Ich werde trotzdem meine Stimme dämpfen, damit sie mich nicht hören kann. Verratet mir eines: Als ich euch zu Kriegerinnen ausgebildet habe, was war das allererste, was ich euch über Nomaden lehrte?«

»Du hast uns gelehrt, ihnen niemals zu trauen«, erwiderte Luma, »aber du willst doch damit nicht sagen, daß du glaubst, die Geschichte dieser Frau könnte …«

»… eine Lüge sein«, unterbrach Stavan sie. Er zuckte die Achseln. »Wer weiß? Vielleicht sagt sie die Wahrheit. Ich hoffe es. Aber ist keine von euch beiden auf den Gedanken gekommen, daß dies alles ein bißchen zu einfach ist? Vierzehn Jahre lang haben wir vergeblich nach einer Spur von deinem Bruder gesucht, und jetzt taucht – wie aus dem Nichts – diese Fremde auf und erzählt uns, daß unsere Suche beendet ist. Ihr stürzt euch auf diese Hoffnung, wie ein Hund auf einen Knochen. Ranala und die Nattern wurden von einer alten Frau in den Tod gelockt, die nach Shara kam und vorgab, Hilfe zu brauchen. Ihr seid nicht die einzigen Spione in den Mutterländern. Es gibt auf beiden Seiten Spione, und ein Krieger, der das vergißt, wird wahrscheinlich nicht lange genug leben, um die Freuden des Alters zu genießen, die« – er klopfte auf sein schlimmes Bein – »durchaus zahlreich sind, selbst wenn man gezwungen ist, wie ein lahmer Hengst zu hinken.«

Luma schämte sich ihrer naiven Leichtgläubigkeit. Sie warf Keshna einen Blick zu und sah, daß auch sie ziemlich geknickt war. Der Zweifel war wie eine Ratte auf einer festlich gedeckten Tafel, man konnte ihn nicht ignorieren.

Stavan legte den beiden jungen Frauen die Arme um die Schultern. »Nun kommt schon«, sagte er. »Nehmt es nicht so schwer. Ihr hättet ihr nicht so bereitwillig glauben dürfen, aber ihre Worte haben euer Herz berührt, und nach dem, was ihr mir über sie erzählt habt, ist die Frau sehr überzeugend. Sie kennt Kerus und Changars Namen, kann beschreiben, auf welche Weise Changar verkrüppelt ist; sie hat eine beeindruckende Schilderung des Pilzrituals geliefert, bei dem Changar seinen eigenen Urin trinkt, und sie kann eine grobe Karte von Mahclah zeichnen. Sie behauptet sogar, beobachtet zu haben, wie Changar die beiden Nomadenhäuptlinge hinrichtete, die ihm den falschen Kopf brachten – aber was beweist das, außer daß sie Nomadin ist? Und das wissen wir bereits. Man braucht sie sich ja nur anzusehen.«

Er wandte sich an Luma. »Seit du und Kandar mit den Neuigkeiten über den Seelenfresser aus Shamban zurückgekehrt seid, sind Changars und Kerus Namen wieder in aller Munde. Ist es da verwunderlich, daß diese Bagnak sie wie Köder vor unserer Nase baumeln läßt? Hat sie auch nur eine einzige Sache erwähnt, die sie nicht aus Gedenkliedern und durch Klatsch erfahren haben könnte? Hast du jemals von diesem ›Dorf der Frauen‹ gehört, wo sie angeblich Zuflucht gefunden hat?«

»Nein«, gestand Luma.

»Ich auch nicht. Und die Tätowierungen auf ihrem Gesicht sind ihr vielleicht auch nicht aufgezwungen worden. Es könnten auch Initiationssymbole sein.«

»Sie lügt!« zischte Keshna. »Jetzt kann ich es deutlich sehen. Man braucht ihr ja nur in die Augen zu sehen, um zu wissen, daß sie ein verräterisches Stück Ziegenscheiße ist, die es nur darauf abgesehen hat, uns in den Tod zu locken!«

Stavan seufzte. »Nicht so hastig, Keshna. Du fällst immer von einem Extrem ins andere. Ich habe nur gesagt, daß sie *vielleicht* lügt.«

»Wenn sie die Wahrheit sagt, müssen wir zu Keru gehen und ihn zurückbringen, falls er will«, sagte Luma. »Aber wenn sie lügt, wäre es dumm von uns, zu diesem Ort zu reiten.«

»Wir wären mehr als nur Dummköpfe«, fügte Keshna hinzu. »Wir wären in kürzester Zeit tot.«

»Gut«, sagte Stavan. »Nun, da ihr beide begriffen habt, daß es sich hier nicht um die Wahrheit handelt, sondern um ein Rätsel, können wir diese Frau zu Marrah bringen. Marrah versteht sich besser als jeder andere darauf, Rätsel zu lösen. Ich glaube, als sie damals nach Kataka ging, um in die Geheimnisse der Dunklen Mutter eingeweiht zu werden, hat ihre Lehrerin ihr eine spezielle Macht verliehen, um die Knoten der Täuschung zu lösen. Aber ich kann sie nicht danach fragen, und sie sagt es mir natürlich auch nicht, denn solche Gaben sind heilig.«

Es stellte sich jedoch heraus, daß Marrah in diesem Fall ebensowenig in der Lage war, die Wahrheit herauszufinden, wie der Rest von ihnen. Da sie schon des öfteren unwahre Berichte über Kerus angeblichen Aufenthaltsort vernommen hatte, hörte sie sich Bagnaks Geschichte an, ohne Freudentränen oder irgendwelche anderen Tränen zu vergießen. Am Ende, als Bagnak zu sprechen aufhörte, war man der Lösung des Rätsels keinen Schritt näher.

Noch am selben Nachmittag brachte Marrah Bagnak vor den

Ältestenrat und forderte sie auf, ihre Geschichte zum dritten Mal zu erzählen. Der Rat stellte ihr unzählige Fragen und ließ sie ihren Bericht mehrfach wiederholen; doch ganz gleich, wie oft Bagnak ihre Erlebnisse schilderte – niemand konnte erkennen, ob sie log oder die Wahrheit sagte. Ihr Blick war fest und unverwandt, und die Spinnen verbargen ihre Züge so gut, daß niemand ihren Ausdruck entziffern konnte, nicht einmal Marrah.

Schließlich bedankten sich die Ältesten bei Bagnak, verabschiedeten sie mit Geschenken und schickten sie auf einem guten Pferd in ihr Dorf der Frauen zurück (obwohl einige Ratsmitglieder insgeheim der Ansicht waren, man hätte sie besser als Geisel festhalten sollen). Nachdem Bagnak fort war, tagte der Rat ein letztes Mal unter dem Vorsitz von Marrah und Stavan und gelangte am Ende zu der einzigen Entscheidung, die er vernünftigerweise treffen konnte: Da es sowohl töricht als auch überaus gefährlich wäre, den Worten dieser Fremden zu trauen, würden die Schlangen nicht in den Norden reiten. Aber jemand mußte sich aufmachen, um herauszufinden, ob es wirklich ein Nomadenlager bei Mahclah gab, und diese Person – oder eher, diese Personen – würden Luma und Keshna sein.

Die Gründe dafür lagen auf der Hand. Erstens waren beide erfahrene Spioninnen. Zweitens sprachen sie perfekt Hansi. Drittens waren beide so groß und kräftig, daß man sie ohne weiteres für Nomadenkrieger auf der Suche nach einem Häuptling halten konnte. Solche umherziehenden Krieger traf man häufig. Mit ein wenig Glück würden die beiden in der Lage sein, es bis zum Rauchfluß zu schaffen, ohne in Kämpfe verwickelt zu werden oder unliebsame Aufmerksamkeit zu erregen. Einmal dort angekommen, würden sie feststellen können, ob Changar und Keru tatsächlich bei Mahclah kampierten; und wenn dem so war, würden sie die Nachricht nach Shara zurückbringen. Falls die Gefahr nicht zu groß war, würden sie vielleicht sogar eine Möglichkeit finden, mit Keru zu sprechen. Der Sommer war erst zur Hälfte vorbei, und es blieb noch immer genug Zeit, eine Rettungsmannschaft auszuschicken – immer vorausgesetzt, Keru wollte überhaupt gerettet werden.

An dem Abend vor ihrem Aufbruch half Kandar Luma, sich das Haar abzurasieren. Dann streckte sie sich auf der Schlafmatte aus und lag ruhig da, während er mit schwarzer und roter Farbe Tätowierungen auf Gesicht und Arme malte. Als Luma über und über mit Wölfen, Sonnensymbolen und Blitzen bedeckt war, zog er sie an sich und hielt sie in seinen Armen.

»Ich weiß, ich bin derjenige, der dir und Keshna befohlen hat, diese Reise zu unternehmen«, sagte er, »aber ich wünschte, ich könnte euch begleiten. Es gibt Zeiten, da hasse ich es, euer Anführer zu sein.«

»Ohne dich sind wir sicherer.« Luma nahm seine Hand und verflocht ihre Finger mit seinen. »Keshna und ich können als Nomaden durchgehen, du niemals. Man braucht sich ja nur deine breite Brust anzusehen.« Sie berührte ihn zärtlich. »Oder diese kräftigen, kurzen Beine. Dein ganzer Körper verrät, daß du ein Mann des Muttervolkes bist.«

»Geht keine unnötigen Risiken ein«, warnte er sie. »Und laß dich von Keshna nicht zu irgendwelchen verrückten Plänen überreden.«

Sie sprachen nicht offen über Gefahren und Tod. Es brachte Unglück, solche Dinge zu erwähnen. Aber ihr Liebesspiel war in jener Nacht besonders leidenschaftlich. Als sie einander liebkosten und zusammen kamen, konnten sie die Angst hinter den Zärtlichkeiten des anderen spüren. Ihre Liebe war wie der kieloben treibende Einbaum, an den sie sich geklammert hatten, und ihre Angst glich den Wellen, die gedroht hatten, über ihnen zusammenzuschlagen.

Komm gesund und wohlbehalten zu mir zurück, sagte Kandars Körper. Und Lumas Körper erwiderte: *Ja, das werde ich*. Doch als sie sich an jenes wild schaukelnde Boot der Liebe klammerten, wußte keiner von ihnen, ob Luma überleben oder in den Tod gerissen werden würde.

15. Kapitel

Mahclah

Luma und Keshna saßen auf ihren Pferden und blickten über das Flußdelta hinweg auf eine Reihe niedriger Klippen. Zwischen ihnen und den Klippen strömte der Hauptarm des Rauchflusses in majestätisch trägen Strudeln dahin und verzweigte sich in Dutzende von sumpfigen Nebenarmen. Der Schlamm des Deltas war von der Sorte, in der man bis über die Knie versank und hilflos steckenblieb; die Art von dunklem, zähem, fettem Morast, in dem gute Pferde strauchelten und sich die Beine brachen. An den gefährlichsten Stellen zog er jedes unvorsichtige Wesen in die Tiefe, das sich abseits der wenigen schmalen Pfade wagte, die zum Flußufer führten. Wenn man den Schlamm des Rauchflusses anfaßte, stiegen Schwärme von Insekten auf, und man bekam schwarze, klebrige Hände. Man konnte den Schlamm im Wasser schmecken wie Mehl in Suppe, und selbst aus einiger Entfernung roch er so streng wie verdorbener Fisch.

Als Luma ihren Blick über den Sumpf schweifen ließ, dachte sie, daß die Göttin Erde dieses Land speziell für ihre Vogelkinder erschaffen haben mußte. Direkt vor ihr bewegten sich zwei Graureiher durch das Schilfgras. Zu ihrer Linken fischte ein gemischter Schwarm von Weißstörchen, Silberreihern und Löffelreihern mit der Gelassenheit und Zuversicht von Vögeln, die niemals unter Futtermangel litten. Von dieser einen Stelle aus konnte sie Fischreiher, schwarze Ibisse, Schwäne, Wildgänse, Graugänse, Krickenten und mehr grünköpfige Eiderenten sehen, als sie zählen konnte, dazu noch Dutzende von Schwärmen kleinerer Vögel, die kreischend aufflogen und wie eine wirbelnde Wolke über dem Röhricht kreisten, bevor sie sich wieder niederließen. Luma hatte sich das Delta immer als stillen, einsamen Ort vorgestellt, aber die Vögel veranstalteten ein ohrenbetäubendes Spektakel.

»Siehst du den Rauch dort drüben?« rief sie Keshna zu. Sie zeigte nach Süden, wo eine schwache, weißlich-graue Rauchschwade über dem Horizont hing. Beim Klang ihrer Stimme stiegen weitere Vogelschwärme in die Luft: Seetaucher keckerten empört, Pelikane flatterten mit kehligen Krächzlauten über das Schilf hinweg, Reiher schrien und kreischten laut genug, um Tote zu erwecken.

Keshna nickte, dann lachte sie, steckte sich die Finger in die Ohren, zog sie wieder heraus und bedeutete Luma mit einer Geste, ihr Pferd zu wenden. Sie verließen das Delta und ritten in den Wald, bis sie eine Stelle erreichten, wo sie wieder ihr eigenes Wort verstehen konnten.

»Glaubst du, der Rauch kommt aus Mahclah?« Luma sprach hastig und abgehackt, verschluckte sich fast vor Aufregung. Keru, dachte sie. So nahe. Wenn man uns nicht belogen hat, dann lebt er genau dort, wo dieser Rauch aufsteigt. Vielleicht sehe ich ihn heute endlich wieder. Wie er wohl nach all den Jahren aussieht? Er ist nicht mehr der kleine Junge, als den ich ihn in Erinnerung habe, soviel steht fest. Sie verstärkte ihren Griff um die Zügel.

Keshna schürzte die Lippen und legte die Stirn in Falten. »Der Rauch muß aus Mahclah kommen. Er steigt genau an der richtigen Stelle auf, nämlich im Nordosten. Es ist Rauch von trockenem Holz, was bedeutet, daß jemand das Brennmaterial gesammelt hat, denn in diesem Delta ist alles so naß wie Spucke. Es kann unmöglich ein einzelnes Lagerfeuer sein, dafür ist der Rauch zu dicht; also muß er von einer Siedlung kommen. Und laut Aussage der Händler gibt es zwischen hier und dem Süßwassersee keine anderen Siedlungen, weil es weit und breit keinen anderen Fleck festen Boden gibt, der groß genug wäre, um Zelte darauf aufzuschlagen oder Häuser darauf zu bauen.« Das war zweifellos wahr. Der Grund, warum die Furt bei Mahclah die am besten geeignete Stelle war, um den Fluß zu überqueren, war der, daß es im Umkreis von mehreren Tagesreisen nirgendwo festen Boden gab.

Luma zwang sich, ihre Aufregung und Vorfreude in Schach zu halten. Es wäre töricht, sich allzu große Hoffnungen zu machen. Zwar hatte Bagnak zumindest in einem Punkt die Wahrheit gesagt, denn es gab tatsächlich eine Art Lager an der Stelle, wo einst das Dorf Mahclah gestanden hatte. Aber wenn Keru gar nicht dort lebte, würde die Enttäuschung fast zu bitter sein, um sie ertragen zu können. »Ich schätze, es wird Zeit, den Pferden irgendwo Fußfesseln anzulegen«, sagte sie.

Keshna erklärte sich einverstanden, und sie ritten tiefer in den Wald, bis sie an einen Tümpel kamen, umgeben von üppigem Gras. Der Grund des Tümpels war mit kleinen Kieseln bedeckt, und das Wasser roch frisch, deshalb tranken sie davon und füllten ihre Wasserschläuche. Dann begannen sie, Vorbereitungen für ihren Streifzug ins Flußdelta zu treffen. Sie arbeiteten schnell und ruhig, ohne viele Worte zu wechseln, legten die schwereren Teile ihrer Kleidung ab und schoben sie zusammengefaltet unter ihre Sättel, um zu verhindern, daß sie von irgendwelchen Tieren weggetragen wurden. Sie hatten von Anfang an geplant, die Pferde zurückzulassen, weil ein Reiter hoch zu Pferd so deutlich hervorstechen würde wie ein Boot mit vollen Segeln und für die Pfeile der nomadischen Wachen ein perfektes Ziel abgäbe. Dennoch fühlte Luma einen Anflug schmerzlichen Bedauerns, als sie Shalrus Vorderbeine fesselte. Sie warf einen Blick auf ihren Speer, den Bogen und die Pfeile, die wie Stacheln aus ihrem Köcher herausragten, und empfand abermals Bedauern. Keru mochte in Mahclah sein, aber das hieß noch lange nicht, daß er sie mit offenen Armen empfangen würde. Vielleicht war er betrunken gewesen, als er seiner Konkubine erzählt hatte, daß er seine Mutter und Schwester noch immer liebe; vielleicht hatte er auch niemals etwas dergleichen gesagt. Dort unten bei der Furt lauerte Gefahr, und sie und Keshna hatten vor, sich so gut wie unbewaffnet in den Sumpf zu wagen.

»Nur Dolche«, sagte Keshna. Speere und Bögen waren nutzlos und hinderlich, wenn man vorhatte, sich kriechend vorwärts zu bewegen. Heute, dachte Luma, werden wir versuchen, uns unsichtbar zu machen. Heute sind wir keine Kriegerinnen, sondern Sumpfspioninnen.

Keshna zog ihren Dolch heraus und prüfte mit dem Daumen die Schärfe der Knochenklinge. »Wir werden wahrscheinlich den halben Tag lang wie Schlangen auf dem Bauch herumflitzen.«

»Möge Batal, die Schlangen liebt, uns beschützen.«

Keshna schlug nach irgend etwas und hielt eine Hand hoch, die befleckt war mit ihrem eigenen Blut. »Bete lieber zu Choatk statt zu Batal«, schlug sie mit einem zynischen Lächeln vor.

»Warum zu Choatk?«

»Der alte Choatk ist nicht nur der Herr der Spinnen und des Höllenreiches, sondern auch der Gott der Fliegen, Bremsen und Moskitos.«

Sie brauchten fast den gesamten Vormittag, um zum Fluß zu gelangen. Zum Glück war das Schilf höher, als es auf den ersten Blick ausgesehen hatte, so daß sie nicht den ganzen Weg über auf den Bäuchen kriechen mußten. Sie folgten einfach den Tierfährten, die sie finden konnten, und schleppten sich durch den Morast, indem sie wachsam nach tückischen Sumpflöchern Ausschau hielten und sich gegenseitig aus dem Schlamm zogen, wenn sie steckenblieben. Die meiste Zeit sahen sie kaum eine Armeslänge weit durch die hohe grüne Wand, dennoch ließ sich nicht leugnen, daß das Schilf wunderschön war. Das Schilfrohr schwankte in der leichtesten Brise, und die Kolben schimmerten im Sonnenlicht und tanzten hin und her. Als Luma einen Blick auf Keshna warf, sah sie, wie ihr Körper mit dem Hintergrund verschmolz und sich in Linien von Schatten und Licht auflöste. Sie wußte, daß ihr eigener Körper das gleiche tat, daß das Schilf helle und dunkle Streifen auf ihre Haut malte, die sich unablässig bewegten.

Und dennoch, so schön der Tanz des Schilfrohres auch war – als sie sich auf eine kleine, trockene Stelle aus Wurzeln und Schlamm kauerten, war Luma das Delta herzlich leid. Ihr war schrecklich heiß, sie war müde und schmutzig, und als sie ihre zahlreichen Mückenstiche kratzte und nach den Bremsen und Moskitos schlug, die in Scharen um ihren Kopf schwirrten, ertappte sie sich bei dem Wunsch, Keru und seine Krieger hätten sich einen trockeneren, weniger übelriechenden und weniger von Insekten geplagten Ort gesucht, um ihre Zelte zu errichten.

»Hübsch hier, nicht?« sagte Keshna irritierend gut gelaunt. Ihr Körper war derart mit Schlamm bedeckt, daß sie eher einem Moorwesen glich als einem Menschen. Sie beugte sich vor und pflückte geschickt etwas Weiches von Lumas Hals. »Blutegel«, erklärte sie. Luma warf einen angewiderten Blick auf den Blutegel, dann blickte sie an sich herunter und sah, daß auch auf ihren Händen welche saßen. Sie biß die Zähne zusammen, zog sie ab, rollte ihre Leinenbeinlinge herunter und fand weitere Blutegel, die an ihren Schienbeinen saßen.

Bis sie sich zum Hauptarm des Flusses vorgearbeitet hatten, waren beide reif für ein ausgiebiges Bad. Aus der Ferne hatte der Fluß grün ausgesehen, doch aus der Nähe betrachtet war das Wasser bräunlich. Hier und da drehte sich ein Blatt träge im Kreis, während weiter draußen in der Mitte des Stroms ab und zu ein entwurzelter Baum auf seinem Weg zum Meer vorbeitrieb. Als Luma prüfend eine Hand ins Wasser tauchte, stellte sie fest, daß es an der Oberfläche lauwarm war und darunter kühler.

Sie und Keshna zogen ihre Stiefel aus, behielten ihre Dolche jedoch bei sich, als sie ins Wasser glitten. Das Schwimmen hob ihre Stimmung beträchtlich, und als sie wieder ans Ufer wateten, beschlossen sie, auf dem Wasserweg nach Mahclah zu gelangen, statt sich den ganzen Weg flußabwärts durch den Morast und die Scharen von Moskitos hindurchzukämpfen.

Mit dem sicheren Gespür für das, was sie zu tun hatten, das ihre Freundschaft immer schon gekennzeichnet hatte, zogen sie ihre Dolche und begannen in schweigendem Einvernehmen, Schilfhalme abzuschneiden und sie zu einem groben Gewirr zusammenzuflechten. Bald hatten sie eine Art Floß fabriziert – kein Floß, um den Fluß damit zu befahren, sondern eines, um unsichtbar darunter zu schwimmen. Keshna schob die Riedgrasmatte ins Wasser, duckte sich darunter und schwamm ein kleines Stück vom Ufer weg.

»Kannst du mich sehen?« rief sie Luma in rauhem Flüsterton zu.

»Von hier aus nicht«, erwiderte Luma ebenso leise. »Du siehst wie ein Büschel Schilfrohr aus, das den Fluß hinuntertreibt. Kannst du unter dem Floß atmen?«

»Ja, aber ich sehe so gut wie gar nichts.« Keshna schwamm mit dem Floß wieder zum Ufer zurück. »Woher wissen wir, wann wir in Mahclah sind? Unter diesem Ding hier treiben wir womöglich schnurstracks daran vorbei.«

»Wir werden den Rauch der Lagerfeuer riechen.«

»Nicht, wenn der Wind aus der falschen Richtung weht.«

»Willst du lieber zu Fuß gehen?«

»Nein, nicht durch all den Schlamm.« Keshna zuckte die Achseln. »Laß es uns riskieren.« Sie banden sich ihre Stiefel um den Hals, schoben das Floß in den Fluß zurück und tauchten darunter. Als Luma wieder an die Oberfläche kam, hatte sie ein struppiges Gewirr grüner Schilfhalme über sich, durch das hier und da ein Fleckchen blauer Himmel schimmerte. Sie machte ein paar Schwimmbewegungen und fühlte, wie ihr rechter Fuß hart gegen Keshnas Brust stieß. Mit einer gemurmelten Entschuldigung schwamm sie unter dem Floß hervor. Keshna trat Wasser und sah verärgert, aber nicht wütend aus.

»So geht das einfach nicht. Es funktioniert nicht, wenn wir nicht im gleichen Rhythmus schwimmen«, sagte sie. Sie tauchten abermals unter das Floß. »Eins, zwei, drei«, flüsterte Keshna. »Eins, zwei drei.« Das Floß glitt mühelos in die Strömung und begann flußabwärts zu treiben. Scharen von Enten schwammen so dicht an ihnen vorbei, daß Luma die Hand hätte ausstrecken und sie an den Füßen packen können, um sie unter Wasser zu ziehen, wie es Vogeljäger manchmal taten. Bald konnten sie Rauch riechen.

»Laß uns das Ding ans Ufer bugsieren«, flüsterte Keshna. Sie begann abermals zu zählen, und sie schwammen mit dem Floß Richtung Ufer, hielten in schrägem Winkel darauf zu, um den Anschein zu erwecken, das Schilfgestrüpp sei von einer Rückströmung erfaßt worden. Das Wasser wurde allmählich wärmer, und schließlich trafen Lumas Füße auf Grund. Die Furt! dachte sie, aber sie traute sich nicht zu sprechen. Wenn sie wirklich bei der Furt waren, dann waren sie gefährlich nah an Mahclah. Keshna mußte den steinigen Untergrund ebenfalls gespürt haben, denn sie hörte auf zu zählen. Schweigend schoben sie das Gewirr aus Schilfgras auf das Ufer zu. Luma kroch als erste hinauf und zog das Floß an einer Ecke hinter sich her, so daß es einen schützenden Schirm bildete. Sie bewegte sich langsam und hoffte verzweifelt, daß die Wachtposten sie nicht entdeckten. Keshna kam als nächste, glitt lautlos durch den Morast. Als beide am Ufer waren, legten sie sich flach auf den Bauch hinter das Floß, das sie wie eine Wand aus Gräsern verbarg.

Es war gut, daß sie so vorsichtig gewesen waren. Denn als sie die Köpfe hoben, um durch die Schilfhalme hindurchzuspähen, erkannten sie, daß sie praktisch direkt vor Mahclah waren. Ein kleines Stück flußabwärts war ein großes Netz quer über das Wasser gespannt worden, zweifellos, um Händlerboote abzufangen.

Falls auf ihrer Seite des Flusses Wachen postiert waren, so konnte Luma sie jedenfalls nicht sehen. Am gegenüberliegenden Ufer breitete sich das Nomadenlager aus. Dunkel gekleidete Frauen kauerten vor den Feuerstellen und kochten verschiedene Dinge, während ganz in der Nähe eine Schar nackter Kinder im seichten Wasser am Ufer planschten; doch selbst von dieser Seite des Flusses aus war deutlich erkennbar, daß es sich um ein Feldlager von Kriegern handelte. Schwerbewaffnete Wachen standen am Ufer und blickten aufmerksam flußaufwärts, flußabwärts und über das Delta hinweg. Schlachtrösser der edelsten Rasse waren an Pfählen angebunden, bereit, jeden Moment bestiegen zu werden; an mehreren Stellen waren Speere aufgestapelt, und am Ufer lagen Enterhaken bereit, mit denen man Händlerboote an Land ziehen konnte, um Tribut von ihnen zu erpressen. Drei oder vier Männer lümmelten am Ufer herum und tranken aus einem Schlauch – wahrscheinlich Kersek –, während andere unter Bäumen oder Sonnendächern aus Schilfgras schliefen oder durch das Lager schlenderten, begleitet von Hunden, die hinter ihnen hertrotteten. Fast alle Männer waren jung und hatten die kahlgeschorenen Köpfe von Kriegern, und ihre Hunde waren von jener aggressiven nomadischen Rasse, die speziell gezüchtet wurde, um Alarm zu schlagen und fremde Eindringlinge in Fetzen zu reißen, wenn ihre Herren sie nicht zurückhielten. Luma sprach ein stummes Dankgebet, daß der Wind seit dem Zeitpunkt, als sie und Keshna den Rauch gerochen hatten und ans Ufer gekrochen waren, gedreht hatte und ihren Geruch jetzt vom Lager weg trug.

Sie sah Keshna an, und Keshna erwiderte ihren Blick. Aus Angst, ihre Stimmen könnten über das Wasser getragen werden, wagten sie nicht zu sprechen.

Was glaubst du, wie viele Krieger in dem Lager sind? fragte Keshna in Gebärdensprache.

Zwanzig, signalisierte Luma. *Vielleicht mehr.* Das war äußerst ungünstig. Sie lagen in grimmigem Schweigen da und nahmen die Einzelheiten in sich auf.

Siehst du das weiße Zelt? fragte Keshna in Zeichensprache.

Luma hatte das weiße Zelt sehr wohl gesehen, es hob sich so deutlich von den anderen Zelten ab wie ein Schwan in einem Schwarm brauner Bussarde. Es war groß, mit mindestens sechs Stangen. Die Seiten waren mit farbenfrohen Sonnensymbolen bemalt, was ein Hinweis hätte sein können, daß es das Zelt eines Häuptlings war, außer daß sich zwischen den Sonnenzeichen auch noch braune Fledermäuse tummelten – ein Symbol, das Lumas Erfahrung nach kein Nomadenhäuptling jemals benutzt hatte – und einige andere seltsame Formen, die sie zuerst nicht so ganz unterbringen konnte. Die Formen waren schwarz und unregelmäßig, ähnlich wie eine Wolke von Fliegen oder ... Sie blinzelte, starrte angestrengt auf die merkwürdigen Symbole und versuchte aus dem, was sie sah, schlau zu werden.

Spinnen! Natürlich, es waren Spinnen!

Unwillkürlich mußte sie an Bagnaks Gesicht denken. *Die Schamanen oben im Norden tätowieren neuerdings Spinnen auf die Gesichter der Frauen, die sie zu opfern beabsichtigen,* hatte Bagnak erzählt. Luma drehte sich zu Keshna um und machte ihr hektisch Zeichen.

Changars Zelt!

Ja. Keshna legte Daumen und Zeigefinger zusammen und zeigte mit einer ruckartigen Bewegung auf ihren Schritt, eine obszöne Geste, die keiner Übersetzung bedurfte. *Changars Zelt. Vielleicht.*

Siehst du Keru irgendwo?

Woher soll ich das wissen? Keshna spreizte alle zehn Finger, dann hob sie erneut ihre rechte Hand, streckte vier weitere Finger aus und drückte einen Kuß auf ihre Fingerspitzen. *Es ist vierzehn Jahre her, seit ich den lieben Jungen das letzte Mal gesehen habe.*

Ich würde ihn sofort wiedererkennen, signalisierte Luma störrisch. Doch obwohl sie die Krieger der Reihe nach aufmerksam musterte, konnte sie keinen entdecken, der auch nur im entferntesten so aussah, wie Keru ihrer Vorstellung nach aussehen mußte.

Den ganzen Nachmittag lagen sie hinter dem Schutzschirm aus Schilfgras, aber sie sahen nur eine weitere interessante Sache. Als die Schatten länger wurden, kam ein kleiner Einbaum den Fluß hinunter. Sobald sie das Boot erblickten, weckten die Krieger, die zusammen getrunken hatten, hastig ihre schlafenden Kameraden mit Fußtritten. In aller Eile packten die Männer ihre Speere und Bögen und stellten sich am Ufer auf, bereit, die Händler zu attackieren, die – soweit Luma es sehen konnte – unbewaffnet waren. Sie waren nur zu zweit, – beides Männer –, und sie mußten früher schon einmal versucht haben, an Mahclah vorbeizufahren, denn als sie schon fast in Schußweite der Nomadenpfeile waren, hörten sie auf zu rudern und schwenkten die Arme über dem Kopf, um anzuzeigen, daß sie in friedlicher Absicht kamen. Dann paddelten sie Richtung Ufer, wo ein halbes Dutzend Krieger ihr Boot einholten, es an Land zogen und schnellen Prozeß mit der Fracht machten, die hauptsächlich aus Säcken zu bestehen schien, vermutlich mit Getreide oder Mehl gefüllt. Luma schätzte, daß die Nomaden ungefähr ein Drittel davon nahmen, bevor sie das Netz herabließen, den Einbaum wieder in die Strömung hinausschoben und die Händler ihres Weges ziehen ließen.

Danach kam kein weiteres Boot mehr den Fluß herunter, es wurden keine Zeremonien abgehalten und die einzigen Krieger, die in das Lager ritten, waren drei Jäger, die, aufgereiht auf Stöcken mehrere Vogelpaare trugen. Die Jäger befahlen ihren Frauen, die Vögel zu rupfen und zu grillen, und verzehrten sie dann auf der Stelle, ohne ihre Mahlzeit mit anderen zu teilen. Anschließend gesellten sie sich zu den übrigen Kriegern, von denen die meisten inzwischen ein Nickerchen hielten, wobei sie ihre Hunde als Kopfkissen benutzten.

Marrah hatte ihr Changar in allen Einzelheiten beschrieben, und Luma hoffte noch immer, sie würde ihn zu sehen bekommen. Aber es kam kein alter Mann aus dem weißen Zelt der an beiden

Beinen verkrüppelt war und sich auf zwei Jungen stützte; und am Ende des Tages wußte Luma auch nicht mehr als zu Beginn.

Als die Sonne unterging, rieben sie und Keshna sich Gesicht und Schädel mit Schlamm ein, um sie dunkel zu färben, und zogen sich stromaufwärts zurück. Das Floß ließen sie, wo es war. Sie schwammen so lautlos in der Strömung, daß sich das Wasser wie Luft zu teilen schien, und als sie wieder ans Ufer kamen und ihre Füße aus dem Schlamm zogen, erzeugten sie bei jedem Schritt leise schmatzende Geräusche. Schließlich, als sie sicher waren, daß die Nomadenwachen sie weder sehen noch hören konnten, machten sie kehrt und bahnten sich durch das Schilfdickicht einen Weg gen Süden. Nun da sie wußten, wo Mahclah lag, mußten sie nicht mehr dem Fluß folgen, besonders da sie sich flußaufwärts bewegten und es schwierig wurde, gegen die Strömung zu schwimmen. Diesmal führten die Rohrkolben keinen Tanz auf. Wieder trafen sie auf schlammgefüllte Bodensenken und Morastlöcher und kämpften mit Blutegeln und Moskitos; aber inzwischen waren sie so an diese Dinge gewöhnt, daß Luma kaum noch darauf achtete. Sie dachte über andere Dinge nach. Das Nomadenlager war eindeutig ein Lager von Flußpiraten, aber wessen Lager war es? War Keru der Häuptling? Gehörte das weiße Zelt Changar? Sie konnte keineswegs sicher sein, daß sie und Keshna nicht in einen Hinterhalt gelockt wurden. Die Nomaden waren gerissen genug, ein Netz quer über den Fluß zu spannen. Sie waren erbarmungslos, grausam und zu allem fähig.

Was sollen wir als nächstes tun? fragte sie sich. Sollen wir ganz offen bei der Furt den Fluß durchqueren und uns auf Gnade und Ungnade ausliefern, ohne überhaupt zu wissen, ob er tatsächlich dort ist? Nein, eindeutig nicht. Sollen wir mit unseren Pferden ein Stück weiter stromaufwärts durch den Fluß schwimmen und als Krieger verkleidet von Norden her ins Lager reiten? Wenn dieses betrunkene Kriegerpack dahinterkommt, daß wir keine Männer sind, wird die Lage sehr schnell brenzlig. Vielleicht sollten wir die Pferde zurücklassen, den Fluß entlangschwimmen, uns im Schilf verstecken und warten, bis ein paar Frauen ans Ufer kommen, um Wurzeln auszugraben. Aber die Nomadenfrauen könnten laut schreien und uns verraten. Eines steht auf jeden Fall fest: Wir können uns unmöglich im Schutz der Dunkelheit an das Lager anschleichen, um die Krieger zu belauschen, nicht bei diesen scharfen Wachhunden.

Lumas Verstand arbeitete auf Hochtouren, während sie die verschiedenen Möglichkeiten durchging und wieder verwarf. Als sie schließlich den Wald erreichten, waren sie zu müde, um noch zu den Pferden zurückzugehen. Keshna ließ sich auf einen Baumstamm sinken, zog ihre schlammigen Stiefel aus und starrte mit einer Intensität auf ihre nackten Füße, die völliger Erschöpfung entsprang.

»Sind deine Zehen noch dran?« fragte Luma.

Keshna brachte ein schwaches Lächeln zustande. »Das weiß ich noch nicht; ich zähle noch.«

Luma setzte sich neben sie, zog ihre eigenen Stiefel aus und massierte ihre schmerzenden Füße. »Wir sollten uns nicht beklagen. Mutter, Aita Stavan und Onkel Arang sind einmal fast zwei Jahre lang quer durch die Mutterländer gewandert.«

»Verschon mich mit dieser alten Geschichte«, knurrte Keshna. »Ich weiß über jeden einzelnen Schritt Bescheid, den sie gemacht haben. Sie hatten es ja auch leicht: Sie brauchten sich nicht mit Schlamm zu beschmieren und auf dem Bauch durch einen stinkenden Sumpf zu kriechen, um einen Nomadenkrieger davon abzuhalten, ihnen einen Pfeil mitten durchs Herz zu jagen. Tante Marrah brauchte sich nicht den Kopf kahlzuscheren und sich als Mann zu verkleiden, um zu verhindern, daß sie vergewaltigt wurde. Damals gab es noch keine Vergewaltigungen und auch keinen Krieg. Man brauchte nichts weiter zu tun, als sich eine Pilgerhalskette umzuhängen, und schon wurde man überall, wohin man kam, mit einer warmen Mahlzeit und einem weichen Bett willkommen geheißen. Scheiße, Luma, wie kannst du unser Leben nur mit ihrem vergleichen? Wir sind in schlimme Zeiten hineingeboren worden.«

»Sie hatten es nicht so leicht, wie du meinst. Changar hätte sie um ein Haar geopfert ...«

Plötzlich packte Keshna einen Stiefel und schleuderte ihn wutentbrannt gegen den nächsten Baum. Der Stiefel prallte mit einem feuchten Aufschlag gegen den Stamm und plumpste wie eine ausgenommene Waldratte zu Boden. »Wach endlich auf!« fauchte sie. »Leb in der Gegenwart. Vielleicht hat das Paradies nie wirklich existiert, aber falls doch, dann ist es *vorbei!*«

Sie funkelten sich gegenseitig an, erschöpft, hungrig und drauf und dran, sich ernstlich in die Haare zu geraten.

»Ich glaube, wir brauchen dringend Schlaf«, stieß Luma zwischen zusammengepreßten Lippen hervor.

Keshna sagte überhaupt nichts. Sie starrte Luma nur weiterhin böse an. Da es keinen Zweck hatte, Frieden mit ihr schließen zu wollen, wenn sie in einer derart gereizten Stimmung war, stand Luma auf und begann, Blätter zu einem Haufen aufzuschichten. Aus den Augenwinkeln sah sie, wie Keshna das gleiche tat. Gewöhnlich schliefen sie Seite an Seite, aber in jener Nacht bereiteten sie ihre Lager gut zwanzig Schritte voneinander entfernt. Irgendwann kurz vor Tagesanbruch hatte Luma einen seltsamen Traum. Er war ziemlich verworren und formlos, doch sie wachte plötzlich auf und hatte das beklemmende Gefühl, jemand beobachte sie heimlich. Ein Frösteln überlief sie, und sie tastete instinktiv nach ihrem Dolch und drehte vorsichtig den Kopf, aber es war niemand zu sehen. Keshna schlief tief und fest auf ihrem Blätterhaufen und schnarchte leise. Die dunklen Stellen zwischen den Bäumen waren leer, und die Blätterschicht auf dem Erdboden war mit kleinen Tauperlen übersät. Das kleine Stückchen Himmel über ihr hatte die Farbe einer Austernmuschelschale.

Wo sind die Vögel? dachte Luma. Die Vögel müßten doch singen! Alarmiert richtete sie sich auf, doch noch bevor sie von ihrem Lager aufstehen konnte, erhob sich plötzlich ein ganzer Chor von Vogelstimmen aus dem Wald. Sie legte sich wieder zurück, beruhigt, daß alles in Ordnung war.

Sie schloß die Augen und versuchte wieder einzuschlafen, doch der Schlaf wollte sich einfach nicht einstellen. Schließlich gab sie es auf, erhob sich gähnend von ihrem Lager, pflückte ein paar welke Blätter von ihrer Tunika und machte sich auf die Suche nach Wasser, das sauber genug war, um davon zu trinken. Sie war noch keine hundert Schritte weit gegangen, als sie auf einen Bach stieß. Wie alle Bäche in der Nähe des Deltas war auch dieser trübe und das Wasser fast lauwarm. Sie schöpfte etwas Wasser mit den Händen und stillte ihren Durst, dann watete sie in den Bach hinein und wusch sich so sauber, wie es ging. Der Schlamm, der an ihren Leinenbeinlingen haftete, bildete braune Spiralen im Wasser. Sie stand eine Weile da und beobachtete, wie der Schmutz in trüben Wolken stromabwärts wirbelte, dann watete sie ein Stück stromaufwärts, wo das Wasser klarer war, trank ausgiebig davon und machte sich schließlich erfrischt wieder auf den Rückweg zu der kleinen Lichtung, wo Keshna noch schlief.

Sie hatte die Angewohnheit, sich völlig geräuschlos zu bewegen. Kein Zweig zerbrach knackend unter ihren Füßen, kein Stein kollerte polternd davon, um ihre Anwesenheit zu verraten. Sie versuchte nicht bewußt, leise wie ein Kundschafter zu gehen, und dennoch tat sie es; und ihr lautloser Gang rettete ihr wahrscheinlich das Leben, denn als sie zu der Lichtung zurückkam, sah sie, daß schon jemand vor ihr dort angekommen war.

Hastig ging sie in einem kleinen Weidengehölz in Deckung und kauerte sich hinter die Blätter, wobei sie kaum zu atmen wagte. Ein Nomadenkrieger glitt langsam auf Keshna zu, die noch immer schlief und nichts von seiner Anwesenheit ahnte. Der Mann war mittelgroß, hatte breite Schultern und ein kantiges, energisches Kinn; er sah ausgesprochen gefährlich aus. Er trug sein Haar lang und mit einer Lederschnur im Nacken zusammengebunden; und obwohl Luma die üblichen Goldringe in seinen Ohren glitzern sehen konnte und die eintätowierten Blitze auf seinen Wangen, waren seine Tunika und die Beinlinge aus schwarzem Filz gefertigt. Der Filz war kein Sommerstoff, sondern steif und dick, aus schwerer Wolle gepreßt und an einigen Stellen eingerissen und schmutzig vom langen Tragen. War dies eine Wache aus Mahclah oder ein Steppennomade, der erst kürzlich in die Mutterländer gekommen war? War er allein oder hatte er noch andere Krieger mitgebracht?

Plötzlich drehte sich der Krieger halb herum, und Luma sah, daß er seinen Dolch mit der rechten Hand umklammert hielt und den Arm hob, um zuzustechen. Sie hatte keine Zeit, sich zu überlegen, was sie tun sollte. Mit einer blitzschnellen Bewegung zog Luma ihren eigenen Dolch aus der Scheide und stürzte sich auf den Krieger.

Sie hatte gehofft, ihn in den Rücken zu stechen und ihn zu verkrüppeln oder mit einem einzigen Dolchstoß zu töten, aber er mußte sie gehört haben, denn im allerletzten Moment wich er mit einem raschen Sprung zur Seite aus, so daß die Klinge ihres Dolches durch den Ärmel seiner Tunika schnitt und ihn nur leicht am Arm streifte. Aber sie hatte keine Gelegenheit, noch einmal zuzustechen. Mit einem zornigen Aufschrei wirbelte der Krieger herum und versetzte ihr einen so harten Schlag, daß sie durch die Luft flog und mit voller Wucht gegen eine Eiche prallte. Einen Moment lang lag sie reglos da und rang keuchend nach Atem, zu erschrocken und durcheinander, um sich zu rühren. Dann sah sie, wie er auf sie losging. Alles schien wie im Zeitlupentempo zu geschehen: Sie hatte noch Zeit, seinen erhobenen rechten Arm zu sehen, die scharfe Schneide seiner Feuersteinklinge, das Weiße seiner Augen und seinen weit geöffneten Mund, als er einen wilden Schlachtruf ausstieß.

Eine Sekunde bevor er zum tödlichen Stoß ausholte, rollte sie sich blitzschnell zur Seite, so daß er sie verfehlte, und sich die Spitze seines Dolches in den Erdboden bohrte. Es gab ein Knirschen wie von zermahlenen Knochen, und die Klinge zerbrach. Luma erhob sich schwankend auf die Knie, ihren eigenen Dolch in der Hand. Ihr rechter Knöchel war verdreht und brannte so höllisch, als wäre sie in ein Becken mit glühenden Kohlen getreten, aber sie spürte den Schmerz kaum.

»Kämpf, du Feigling!« zischte sie.

Obwohl der Krieger jetzt unbewaffnet war, hätte ihr Dolch ihr nicht viel genützt. Seine Beine waren so viel länger als ihre Arme, daß er ihr mühelos mit einem Fußtritt den Schädel hätte eintreten können; doch bevor er sie ein zweites Mal attackieren konnte, griff Keshna in den Kampf ein.

Sie fiel ihn von hinten an, genau wie Luma es getan hatte, aber er mußte sie aus den Augenwinkeln gesehen haben, denn in genau der Sekunde, als Keshna sich mit einem Satz auf ihn stürzen wollte, wirbelte er herum und packte ihren Arm. Die beiden standen da und starrten sich zähnefletschend an, während er ihr gewaltsam den Dolch zu entreißen versuchte. Aber so leicht gab Keshna sich nicht geschlagen. Sie wußte, er war wesentlich stärker als sie, deshalb gab sie ein klein wenig nach, statt gegen ihn zu kämpfen, und brachte ihn damit aus dem Gleichgewicht; dann versetzte sie ihm einen harten Tritt in die Geschlechtsteile.

Der Krieger brüllte laut auf vor Schmerz und Wut und ließ sie los. Sie versuchte, mit ihrem Dolch nach ihm auszuholen, doch inzwischen hatte er sich schon wieder auf sie gestürzt, so daß sie ihn nur mit der Klinge an der Wange streifte. Er packte Keshna am Nacken, schüttelte sie wie einen jungen Hund, warf sie zu Boden, pflanzte seinen Stiefel auf ihr Handgelenk und trat ihr den Dolch aus der Hand. Bevor sie wieder aufspringen konnte, kniete er auf ihr und riß ihre Waffe an sich.

Verzweifelt schleuderte Luma ihren Dolch nach ihm und verfehlte prompt ihr Ziel. »Du darfst sie nicht töten!« schrie sie auf Hansi. Sie versuchte mit aller Macht, zu Keshnas Rettung zu kommen, aber ihr verletzter Knöchel knickte unter ihr weg.

Der Krieger hielt Keshna drohend die Dolchklinge an die Kehle. »Wer bist du, und für wen spionierst du? Los, sag es mir, und zwar schnell. Ich möchte wissen, wen ich zu Gott Han schicke.«

»Ich bin Keshna, Tochter von Arang, Sohn von Achan, Sohn von Zuhan, dem größten Häuptling, den die Hansi jemals hatten, du elender Hurensohn!« erklärte Keshna mit wild überschnappender Stimme – ein Zeichen dafür, daß sie alle Hoffnung aufgegeben hatte und sich auf den Tod vorbereitete. »Meine Mutter ist Hiknak, Tochter von Fershan, Häuptling der Tcvali. Wenn du es wagst, mich zu töten, werden die Krieger meines Onkels Stavan dich zur Strecke bringen und dir deine kümmerlichen Eier abschneiden und ...«

»Bei der Alten Göttin persönlich!« unterbrach der Krieger sie. »Du bist tatsächlich Keshna! Du mußt es ganz einfach sein! Keine andere Frau würde unentwegt weiterquatschen, während ihr jemand die Kehle durchzuschneiden droht!« Er riß Keshna mit einem Ruck auf die Füße und umarmte sie. Keshna stieß einen Krächzlaut aus wie eine Krähe, die getreten worden war, und versuchte den Krieger zu beißen; aber noch bevor sie ihre Zähne in seinen Hals graben konnte, hielt er sie auf Armeslänge von sich weg und preßte ihr die Arme an den Körper.

»Du siehst ja schrecklich aus, Keshna. Was ist mit deinem Haar passiert?«

»Laß mich los, du schweinsgesichtiger, widerwärtiger, scheißefressender…«

»Keshna!« schrie Luma. »Er spricht Sharanisch!«

Als der Krieger Lumas Stimme hörte, ließ er Keshna abrupt los und rannte zu Luma. Er hockte sich neben sie und nahm ihr Gesicht in beide Hände. »Wer bist du?« rief er aufgeregt. »Ich kenne deine Stimme. Sag mir, wer du bist!«

»Ich bin Luma, Tochter von Marrah«, erwiderte sie. Sie fühlte keine Furcht, als er sie berührte, und dennoch zitterte ihre Stimme, denn sie wußte jetzt, wer er war: Sie konnte es an seinen dunklen Augen erkennen, an der Form seiner Hände, an dem festen energischen Kinn, an seinen Lippen, die soviel Ähnlichkeit mit ihren eigenen hatten.

16. Kapitel

»Lupula!«

»Kaykay!« Luma streckte die Hand aus und berührte sein Gesicht, fühlte seinen gelockten rötlich-blonden Bart unter ihren Fingern, zeichnete die Blitze nach, die die Nomaden ihm auf die Wangen tätowiert hatten, streichelte sein eckiges Kinn, das so sehr an Stavans erinnerte. Sie wollte ihm sagen, daß sie ihn liebte, daß sie ihn schmerzlich vermißt hatte und daß kein Tag vergangen war, an dem sie nicht an ihn gedacht hatte; aber die Worte blieben ihr in der Kehle stecken. Statt dessen brach sie in Tränen aus. Keru tätschelte ihr unbeholfen den Rücken.

»Lupula, Lupula«, murmelte er, »zerfließ mir nicht wie Schnee in der Sonne.« Er bot ihr seine Ärmel an, damit sie sich die Nase daran abwischen konnte; einen feinen Ärmel, schmutzstarrend und schweißdurchtränkt vom langen Reiten. Luma putzte sich die Nase, lachte und zog eine Grimasse, und Keru klopfte ihr abermals linkisch auf den Rücken, als sei sie aus Lehm und er müsse sie durch ein paar Püffe wieder zurechtformen.

»Habe ich dich verletzt?« fragte er. Sie schüttelte den Kopf und ignorierte den stechenden Schmerz in ihrem Knöchel. Er schien erleichtert. »Ich hätte ganz bestimmt nicht versucht, dich zu töten, wenn ich gewußt hätte, wer du bist.« Er befingerte einen der goldenen Ringe in seinen Ohrläppchen, legte den Kopf schief und grinste. »Ich habe dich und Keshna für Spione gehalten.« Sein Mund verzog sich zu dem alten, gewinnenden Lächeln, jenem Lächeln, das die Menschen immer zu ihm hingezogen hatte, als er ein kleiner Junge war. Es breitete sich auf seinem Gesicht aus wie die Strahlen einer Sonne, die hinter einer dunklen Wolkenbank hervorkommt.

»Es ist wirklich zum Totlachen, nicht? Wir treffen uns nach all diesen Jahren wieder, und als erstes versuchen wir uns gegenseitig umzubringen. Wirklich ein Witz. Die Götter müssen sich köstlich amüsieren. Aber mach dir keine Sorgen wegen des Messerstichs, den du mir versetzt hast.« Er zeigte auf eine weißliche Narbe an seinem Hals. »Hier. An dieser Stelle bin ich im letzten Frühling von einem Pfeil getroffen worden. Das Ding hatte mich glatt durchbohrt, von einer Seite zur anderen. Und bin ich daran krepiert? Nein. Hab mich im Handumdrehen wieder erholt. ›Hart im Nehmen‹, so sagen sie über den alten Keru.« Er faßte sich mit einer Hand an die Schulter und hielt Luma seine Handfläche hin, um ihr einen schmierigen Blutfleck zu zeigen. »Du hast mir nur einen Kratzer beigebracht, Schwester. Deswegen brauchst du keine Tränen zu vergießen. Nichts weiter als eine Fleischwunde, ein Moskitobiß, ein Dornenstich. Überhaupt nicht der Rede wert.«

Alles, was er sagte, war nüchtern und freimütig, sehr kriegermäßig, aber die sharanischen Worte kamen ihm etwas schwerfällig über die Lippen. Erschrocken über den Anblick seines Blutes hörte Luma auf zu weinen. Keru war so unsentimental, daß es regelrecht beunruhigend war.

»So ist es besser!« Er klopfte ihr aufmunternd auf den Rücken. »Keine Tränen mehr! Lächle, Schwester. Lächle und freu dich. Ich wußte, daß du zu mir kommen würdest, wenn es Zeit für dich würde, verheiratet zu werden! Und da bist du nun, Mädchen!« Er versetzte ihr abermals einen freundschaftlichen Klaps auf den Rücken, warf den Kopf in den Nacken und lachte schallend, als er sah, welche Bestürzung seine Worte auslösten.

»Aber warum hast du dir den Kopf kahlgeschoren? Und warum hat Keshna das gleiche getan? Und all diese Stammessymbole.« Er schnalzte mißbilligend mit der Zunge. »Ich sehe, daß diese Tätowierungen nur aufgemalt sind, Han sei Dank, aber ihr beide seht aus wie...« Er grinste breit. »... wie Männer.« Er hob die Hand und rieb grob mit den Fingerknöcheln über Lumas Kopf. »Der Brautpreis für kahlköpfige Frauen ist nicht besonders hoch, Schwester, aber versteh mich nicht falsch: Ich werde nicht dulden, daß dich irgendein Mann beleidigt. Eine ungehörige Bemerkung über meine Schwester, und *zack!*« Wieder eine vielsagende Handbewegung.

Luma zuckte zusammen und dachte an die Geschichte von den abgeschnittenen Ohren und an die rigorosen Regeln, die er aufstellte. *Er ehrt Frauen,* hatte Bagnak erzählt. Das ist Kerus Art und Weise, mich zu ehren, sagte Luma sich, und dennoch lagen ihr seine Worte wie kleine, kalte Steine im Magen: *Heirat; Brautpreise; Ehemänner; zack!* Sie versuchte zu lächeln, um ihm zu zeigen, daß sie seine Liebe zu schätzen wußte, ganz gleich, wie seltsam er sie zum Ausdruck brachte, aber ihr Lächeln geriet etwas schief. Je länger er sprach, desto merkwürdiger kam er ihr vor.

Er merkte es nicht. Spielerisch strich er ihr mit einem Finger über die Stirn und tippte ihr auf die Nasenspitze. »Wir werden wohl warten müssen, bis euer Haar wieder nachgewachsen ist, bevor ich Ehemänner für dich und Keshna finde. Aber ich werde euch gut verheiraten, darauf könnt ihr euch verlassen. Wir werden euch natürlich erst gründlich schrubben müssen. Für dich« – er zwinkerte Keshna zu – »werde ich einen gutaussehenden Krieger finden, der keine anderen Ehefrauen hat, und für dich« – er kitzelte Luma freundlich unter dem Kinn – »einen Häuptling. Aber im Moment«, fügte er mit einem mißbilligenden Zungenschnalzen hinzu, »dürfte es äußerst schwierig sein, euch an den Mann zu bringen, weil ihr, ehrlich gesagt, wie zwei Säue ausseht, die sich im Schlamm gesuhlt haben.«

Luma warf Keshna über Kerus Schulter einen Blick zu, in der Erwartung, Bestürzung und Empörung auf ihrem Gesicht zu finden. Statt dessen lachte Keshna laut, als habe sie schon immer damit gerechnet, daß Keru sie bei ihrem Wiedersehen als Sau bezeichnen und ihr auf der Stelle anbieten würde, sie zu verheiraten. Da Keshna ungefähr ebenso erpicht darauf war, ihr Bett mit einem Mann zu teilen wie mit einer ganzen Armee von Ameisen, lachte sie entweder nur, damit Keru seinen Willen hatte, oder sie war zu verwirrt, um zu wissen, was sie tat. Keshna begegnete Lumas Blick, und für einen kurzen Moment – so flüchtig, daß es Luma beinahe entgangen wäre – senkte Keshna die Augen. *Sieh hinunter,* besagte die Geste. Luma blickte hinunter und sah, daß Keshna ihr mit der rechten Hand ein warnendes Zeichen gab. *Sei vorsichtig.* Sie bewegte hastig die Finger in Gebärdensprache. *Laß mich mit ihm fertig werden. Ich kenne seine Art.*

Luma wollte Keshna zu verstehen geben, daß sie Keru wahrscheinlich sehr viel besser kannte, aber da er sie direkt ansah, wagte sie es nicht, auch nur einen Finger zu bewegen.

Keshna ließ ihre Hand lässig in den Schoß sinken. »Keru«, rief sie. »Gib es lieber auf und erspar dir die Blamage: Du wirst niemals einen Ehemann für mich finden.«

Er wandte sich grinsend zu ihr um. »Warum nicht?«

»Weil kein Mann imstande ist, mich zu zähmen. Ich sehe wie ein Krieger aus, weil ich ein Krieger bin. Wenn der arme Tölpel versucht, mich zu besteigen, packe ich ihn am Hals, fessele ihm die Hände auf dem Rücken und lasse ihn von einem Baum baumeln. Wenn er versucht, seinen schlappen kleinen Schwanz in mich zu stecken, dann beiße ...«

»Keshna!« schrie Luma schockiert.

»... dann beißt du ihn ab!« soufflierte Keru, der das ungeheuer witzig zu finden schien. Er stieß Luma mit dem Zeigefinger gegen die Brust. »Ich hoffe, du bist nicht auch eine Schwanzbeißerin,

Schwester. Sonst müßte ich Onkel Changar womöglich bitten, dir die Zähne zu ziehen.«

Bei der Erwähnung von Changar erstarrte Luma innerlich zu Eis. Diese ganze Unterhaltung nahm eine höchst beunruhigende Wendung. Sie wünschte, sie hätte irgendeine Möglichkeit, um Keshna dazu zu bringen, den Mund zu halten. Sie hatten Keru nicht mehr gesehen, seit er sechs Jahre alt war. Merkte Keshna denn nicht, wie sehr er sich verändert hatte? Wenn sie weiterhin so prahlte und obszöne Scherze machte, würde sie ihn womöglich verärgern. Er hatte sie zwar mit Zuneigung begrüßt, aber er war ein Nomadenkrieger, bewaffnet und vollkommen unberechenbar. Wenn dies Keshnas Vorstellung von der richtigen Methode war, um mit ihm »fertig zu werden«, dann lag sie so völlig daneben wie mit allen anderen dummen, verrrückten Ideen, auf die sie jemals gekommen war.

Luma starrte Keshna finster an und versuchte, die Unterhaltung auf ein unverfänglicheres Thema zu lenken. »Kaykay«, sagte sie ruhig. »Ich weiß dein Angebot, einen Ehemann für mich zu suchen, wirklich zu schätzen; aber ich brauche keinen. Ich habe bereits einen Partner.«

Kerus Lächeln verblaßte. »Willst du damit etwa sagen, daß du keine Jungfrau mehr bist?« fragte er auf hansi, und Luma bemerkte, daß seine Sprechweise auch in dieser Sprache leicht undeutlich und verschwommen war. Die Silben schienen übereinander zu stolpern, klangen schleppend und schwerfällig. Ob er wohl betrunken war? »Willst du das damit sagen?« wiederholte er.

Sie zuckte die Achseln und nickte. Sein Stirnrunzeln vertiefte sich, und seine Miene erstarrte zu dem grimmigen Ausdruck eines Nomadenkriegers. »Das ist nicht gut«, erwiderte er. Er wies auf Keshna. »Es ist mir völlig egal, ob meine Cousine mit zehn Männern, zwei Hengsten und einem ganzen Rudel von Hunden geschlafen hat; aber du bist meine Schwester.« Luma wurde klar, daß sie – und nicht etwa Keshna – diejenige war, die es geschafft hatte, ihn zu verärgern. Was sollte sie jetzt bloß sagen?

»Keru, erinnerst du dich nicht mehr daran, wie wir in Shara leben? Die Göttin Batal hat uns Liebe als eine heilige Gabe geschenkt. Männer und Frauen wählen ihren ersten Partner an dem Tag, an dem sie volljährig werden. Es gibt im Sharanischen nicht einmal ein Wort für ›Jungfrau‹. Wie konntest du da erwarten ...«

»Wie heißt er?«

»Was?« Seine Frage schien wie aus dem Nichts zu kommen, wie ein Stein, der klatschend im Schlamm landet.

»Ich habe gesagt: ›Wie heißt er?‹«

»Er heißt Kandar. Er ist unser Cousin – Großtante Tarrahs Sohn. Ein guter Mann.« Sie versuchte, sich etwas einfallen lassen, womit sie Keru beeindrucken könnte. »Kandar ist auch ein tapferer Krieger. Erinnerst du dich an ihn?«

»Nein. Hat dieser Hurensohn dich mit Gewalt genommen?«

»Natürlich nicht. Er und ich ...«

Seine Augen verengten sich zu Schlitzen. »Mutter steckt dahinter, stimmt's?«

»Mutter? Wovon redest du eigentlich?«

Sie mußte ebenso bestürzt und verwirrt ausgesehen haben, wie ihr zumute war, denn plötzlich wich der Zorn aus seinem Gesicht, und er griff beschwichtigend nach ihrer Hand. »Arme Lupula. Haßt Mutter dich auch?« Tätschel, tätschel. Als ob sie ein Hund oder ein kleines Kind wäre. »Kümmere dich nicht um diesen Mann, diesen Kandar. Ich werde ihn aufspüren und töten und deine Schande tilgen. Der Krieger, der dich zur Ehefrau nimmt, wird dich mit all der Ehrerbietung heiraten, die einer Jungfrau gebührt. Dafür werde ich sorgen. Und was Mutter betrifft ...« Er ließ ihre Hand los. »Du mußt es so machen wie ich und dein Herz gegen sie verhärten.«

Luma ertrug es nicht mehr, wie er sich ihr gegenüber verhielt: In der einen Minute war er ihr Bruder, und in der nächsten benahm er sich wie ein völlig Fremder. Es war, als lebten zwei verschiedene Männer in seinem Körper. Sie dachte an die Geschichte von dem Seelenfresser und schauderte unwillkürlich. »Keru!« rief sie verzweifelt. »Mutter haßt keinen von uns beiden. Sie liebt mich, und sie liebt dich. Sie ist fast vor Gram gestorben, als Changar dich zum zweiten Mal entführte.«

Er schüttelte den Kopf, seine Augen wurden wieder ganz

schmal, und wieder verwandelte er sich in den grimmigen Nomadenkrieger. »Onkel Changar hat mich nicht entführt. Er hat mich gerettet. Du bist diejenige, die sich nicht mehr erinnern kann. Mutter hat mich gehaßt; sie wollte mich dem Schlangenvogel opfern.«

»Das ist eine Lüge, Keru. Changar hat dich all die Jahre über belogen. Mutter ...«

»Laß uns nicht mehr über sie sprechen.«

»Wir müssen über sie sprechen. Du mußt endlich begreifen, daß ...«

Er nahm ihr Gesicht in beide Hände und drückte ihre Schläfen zwischen seinen Handflächen. Zum ersten Mal hatte sie wirklich Angst vor ihm. »Mutter hat dich mit dem Fluch des Vergessens belegt. So, wie sie es auch mit mir gemacht hat. Aber Onkel Changar ...«

»Nenn diesen Mann nicht ›Onkel‹!«

Plötzlich ließ Keru ihren Kopf los und blickte sie voller Mitleid an. In diesem Moment war er wieder er selbst. Bruder, Fremder; Fremder, Bruder – Luma hatte das Gefühl, wahnsinnig zu werden. »Du kennst Onkel Changar nicht, aber das ist nicht deine Schuld.« Er strich ihr so zärtlich mit einem Finger über die Lippen, daß sie fast in Tränen ausgebrochen wäre. »Mit der Zeit wirst du die Wahrheit erkennen. In der Zwischenzeit überlaß ruhig alles mir. Du bist meine Schwester. Ich liebe dich, Lupula, und ich werde mich um dich kümmern und für dein Wohl sorgen. Ich werde ...«

Luma packte sein Handgelenk und schob seine Hand fort. Sie waren erst seit wenigen Augenblicken wieder zusammen und schon tat sich eine unüberbrückbare Kluft zwischen ihnen auf, als stünden sie auf beiden Seiten eines breiten Tals und riefen einander völlig verschiedene Versionen der Wahrheit zu. »Keru!« flehte sie. »Du hast alles vergessen. Weißt du nicht mehr, was in den letzten vierzehn Jahren passiert ist? Weißt du nichts von den Überfällen auf Shara? Ranala – die Cousine unserer Mutter – wurde bei dem Hinterhalt getötet; ein ganzer Verband von sharanischen Kriegern wurde brutal abgeschlachtet, und hinter all dem steckte Changar.« Sie betete innerlich, daß ihre Worte zu ihm durchdrangen, flehte Batal an, nicht zuzulassen, daß er sich vor ihren Augen wieder in einen Fremden verwandelte. »Changar hat dich der Familie geraubt, die dich liebt, und dann hat er versucht, uns alle umzubringen. Er wollte meinen Kopf. Er wollte meinen Schädel mit Gold füllen. Kannst du mir verraten, wie der ›liebe Onkel Changar‹ das erklärt hat?«

»Ach, das«, meinte Keru wegwerfend. »Onkel Changar hat mir alles darüber erzählt. Du irrst dich. Es war nicht dein Kopf, den er haben wollte, sondern Driknaks. Wegen irgendeines alten Streits mit ihrem Vater, der schon ewig zurückliegt. Die Sache ging mich nichts an. Am Ende brachten ihm diese dämlichen Häuptlinge den falschen Kopf, und er mußte sie hinrichten. Pure Zeitverschwendung, wenn du mich fragst. Andererseits habe ich noch nie etwas für eiskalte Rache übriggehabt. Ich mag sie nur frisch serviert.«

Luma fühlte, wie ein eisiger Schauder sie überlief. Diesmal hatte sich sein Gesicht nicht verändert. Er sah noch immer aus wie Keru, aber die Worte, die aus seinem Mund kamen, waren so schrecklich verdreht, daß sie das Gefühl hatte, Changar spräche aus ihm. »Die Sache ging dich nichts an?« rief sie entsetzt. »Aber Driknak ist deine Schwester!«

»Nicht wirklich. Sie hat keinen Tropfen von Vlahans Blut in den Adern.«

Luma fühlte, wie die Welt um sie herum in Stücke brach. Nichts ergab mehr einen Sinn. Mit Keru zu sprechen war, als versuchte man, mit einem Wahnsinnigen zu reden. »Vlahan? Was hat denn Vlahan mit all dem zu tun?«

»Ich dachte, du wüßtest Bescheid, Lupula.«

»Worüber sollte ich denn Bescheid wissen?«

Er seufzte. »Dann hat Mutter dir also auch das verschwiegen. Das wundert mich nicht. Onkel Changar hat gesagt, sie hätte jegliches Schamgefühl verloren. Vlahan ist unser Vater.«

Luma packte ihn am Halsausschnitt seiner Tunika und schüttelte ihn behutsam, so, wie sie ihn früher, als sie noch Kinder waren und dieselbe Schlafmatte geteilt hatten, morgens immer wachgerüttelt hatte. »Keru, was hat Changar dir angetan? Hat er dich verhext? Stavan ist unser Vater, Keru. Nicht Vlahan. *Stavan.*«

Einen Moment lang sah er aus, als habe er sie gehört und glaube ihr. Dann glitt ein Schatten über sein Gesicht, und seine Augen wurden glänzend und groß wie Fächer, von einer unsichtbaren Hand geöffnet. »Vlahan ist unser Vater«, erklärte er. Und ganz gleich, wie angestrengt Luma versuchte, ihn von der Wahrheit zu überzeugen, er beharrte darauf, daß sie sich irrte.

Da wußte sie, daß sich ihre schlimmsten Befürchtungen bewahrheitet hatten: etwas Schreckliches war mit ihm passiert. Vielleicht hatte er den Verstand verloren, vielleicht hatte Changar tatsächlich seine Seele gefressen. Sie betrachtete den blonden Krieger, der neben ihr kniete, und fühlte die kalte Bitterkeit von tiefem Kummer und endgültiger Niederlage. Sie würde ohne ihren Bruder nach Shara zurückkehren und ihrer Mutter und Stavan sagen müssen, daß es den Keru, den sie geliebt hatten, nicht mehr gab.

Es war Keshna, die die Situation rettete. Sie kam herbeimarschiert, kniete sich auf den Boden, legte einen Arm um Luma und den anderen um Keru. »Cousin und Cousine«, sagte sie, »ihr klingt wie zwei zankende Sechsjährige.« So hörte sich ihre Auseinandersetzung ganz und gar nicht an, und Keshna wußte es, ebenso wie Luma; aber Keshna lächelte Keru so strahlend an, daß er ihr Lächeln erwiderte und sein Gesicht sich abermals verwandelte. Luma blickte ihn an und dachte an Chamäleons, Sturmböen aus heiterem Himmel und plötzlichen Sonnenschein. Sprachlos und zutiefst bekümmert lehnte sie sich zurück und überließ Keshna die Sache.

Keshna schlug Keru kameradschaftlich auf den Rücken. »Du und Luma könnt euch später noch über die alten Zeiten streiten. Jetzt sollten wir erst einmal feiern. Keru, mein Junge, hast du zufällig Kersek? Ich bin wie ausgedörrt, nachdem ich mich durch diesen Shjetak von einem Sumpf geschleppt habe.«

Keru lachte, offensichtlich amüsiert darüber, wie meisterhaft sie auf hansi fluchen konnte. »Du trinkst also Kersek, wie?«

»So gut wie jeder andere«, prahlte Keshna. »Ich garantiere dir, mein Junge, daß ich dich jederzeit unter den Tisch trinke. Ganz zu schweigen davon, daß ich dir im Fluchen, Schießen, Ringen und Reiten haushoch überlegen bin.«

»Wie steht's mit Ficken?«

»Auch darin«, erwiderte Keshna und versetzte ihm abermals einen jovialen Schlag auf die Schulter. »Du machst einen schlappen Eindruck auf mich, Keru. Schwächlich, verweichlicht, kraftlos wie ein neugeborenes Kalb. Ich dagegen bin so stark wie eine wilde Stute. Mit meinen Schenkeln kann ich Walnüsse knacken. Wenn du versuchen würdest, zwischen meine Beine zu kriechen, würde ich dich glatt in zwei Hälften zerbrechen.«

Er lachte schallend, sah jedoch höchst interessiert aus.

»Du prahlst wie ein Krieger.«

»Ich hab dir doch gesagt, ich bin einer. Der beste, dem du je begegnet bist. Halb Stute, halb Hengst, mit dem Herzen einer Löwin und den Augen eines Habichts.« Sie schlug sich an die Brust. »Laß dich von diesen Brüsten nicht auf den irrigen Gedanken bringen, ich wäre weich. Ich habe beinharte Muskeln unter dieser Tunika, und ich kann besser mit einem Dolch werfen als du.«

Keru schnaubte amüsiert. »Das bezweifle ich.«

»Ach, tust du das? Na schön, dann laß uns eine Wette abschließen.« Sie zeigte auf eine kleine Weide. »Ich wette, daß ich diesen Baum treffen kann und du nicht. Nur um die Sache noch schwieriger zu machen, werde ich hinübergehen und einen der Zweige zu einem Kreis biegen. Dann komme ich wieder hierher zurück und werfe meinen Dolch geradewegs durch ein Loch, so klein, daß ein Eichhörnchen darin steckenbleiben würde.«

Bei der Erwähnung einer Wette leuchteten Kerus Augen auf. »Und was ist der Wetteinsatz?« fragte er.

»Mein Schlachtroß gegen deines.«

Er stieß einen leisen Pfiff aus. »Das ist aber ein hoher Einsatz. Ein so prächtiges Pferd wie meines findet man nur sehr selten.«

»Meines ist noch besser.« Sie standen auf.

Plötzlich erkannte Luma, was Keshna vorhatte. Sie zwang Keru, sie wie eine Gleichgestellte zu behandeln. Es gab nichts, was Nomadenkrieger mehr liebten als Glücksspiele, aber sie wetteten niemals mit Frauen. Wenn Keshna Keru dazu brachte, mit ihr um sein Schlachtroß zu wetten, würde er sie auch weiterhin wie einen Mann behandeln müssen oder Gefahr laufen, zum allgemeinen Gespött zu werden. Statt Keshna für einen ansehnlichen Brautpreis an irgendeinen Krieger zu verkaufen, würde Keru mit ihr verhandeln oder – falls die Dinge wirklich unangenehm wurden – gegen sie kämpfen müssen. Es war ein brillanter Plan, ein Plan, der Keshna eine Freiheit gestattete, die Luma bereits verloren zu haben schien, und das nur, weil sie Kerus Schwester war.

»Und wo ist dein berühmtes Schlachtroß?« wollte er wissen.

»An einer Stelle versteckt, wo selbst du es nicht finden wirst, Cousin.«

»Meine Kundschafter haben den dürren Klepper wahrscheinlich schon aufgespürt, ihn getötet, um ihn von seinem Elend zu erlösen, und sein wertloses Fleisch an ihre Hunde verfüttert.«

»Dann haben sie das prachtvollste Schlachtroß südlich der Steppe umgelegt. Gilt unsere Wette nun, oder gilt sie nicht?«

Keru blickte Keshna beifällig an. »Sie gilt«, erklärte er. Kaum waren die Worte über seine Lippen gekommen, flitzte Keshna auch schon davon, um einen Weidenzweig zu einem Kreis zu biegen. Sie kehrte zurück und wischte sich in übertriebener Manier die Hände ab. Sie sagte Keru noch einmal, daß er im Begriff war, sein Schlachtroß zu verlieren, dann blickte sie auf das Ziel, visierte es sorgfältig an, warf ihren Dolch und verfehlte es vollkommen.

Sie stieß eine Serie von Hansi-Flüchen aus, die so obszön waren, daß Keru sie erstaunt anstarrte. »Du bist dran«, fauchte sie. »Und möge Han deine Hand lähmen!«

Keru warf ihr einen langen, nachdenklichen Blick zu. Dann zuckte er die Achseln, ging zu dem Baum, hob den Dolch auf und kehrte zurück. Luma fiel auf, daß er sich die Mühe machte, denselben Dolch zu benutzen wie Keshna. Mein Bruder ist ein fairer Mann, dachte sie, und wieder begann sie zu hoffen, daß es vielleicht doch noch nicht zu spät war, um ihn zu retten.

Keru hob den Dolch über seine Schulter und schleuderte ihn mit aller Kraft, aber er hatte ebenso schlecht gezielt wie Keshna. Der Dolch verfehlte das Loch, und die Klinge bohrte sich mit einem dumpfen Aufschlag in den Stamm der Weide.

»Arshak!« knurrte Keru. Luma hatte den Fluch noch nie zuvor gehört, aber Keshna schien seine Bedeutung zu kennen, denn sie fing an zu lachen.

»Pech, mein Junge«, sagte sie. »Wie wär's mit einem zweiten Versuch?«

»Mit Vergnügen«, erwiderte Keru grimmig. Er marschierte zu dem Baum, zog den Dolch aus dem Stamm, marschierte zu Keshna zurück und reichte ihr die Waffe mit finsterem Blick. Luma sah seinen Gesichtsausdruck und dachte, daß bei den Hansi Spiele niemals nur bloße Spiele waren, sondern immer eine Art Kampf, bei dem es um irgend etwas Wichtiges ging. Gewöhnlich stand dabei nur der Stolz eines Mannes auf dem Spiel, aber manchmal hing auch ein Menschenleben davon ab, wer gewann und wer verlor. Marrah hatte ihr einmal erzählt, daß sich die Hansi-Krieger während der Mittsommerspiele zu Ehren von Han Kämpfe auf Leben und Tod lieferten; und es gab Gerüchte, daß die Nomaden in langen Winternächten, wenn sie sich langweilten, nicht davor zurückschreckten, um ihre Köpfe zu spielen. Luma schloß die Augen und betete, daß Keshna ihr Ziel verfehlte und Kerus Stolz rettete.

Wenn Keshna den Vorsatz hatte, absichtlich zu verlieren, dann ließ sie sich das nicht anmerken. Sie machte ein großes Getue, atmete mehrmals tief durch, schaukelte von einem Fuß auf den anderen und formte aus Daumen und Zeigefinger einen Kreis, durch den sie hindurchstarrte, als versuche sie, den Durchmesser des Loches zu berechnen.

»Nun mach endlich«, knurrte Keru. »Wenn du noch länger herumtrödelst, wachsen die Enden des Zweigs zusammen.«

Keshna grinste ihn an, hob ihren Dolch und schleuderte ihn plötzlich in einer raschen, fließenden Bewegung auf die Weide. Der Dolch überschlug sich einmal in der Luft und schoß zu Lumas Verblüffung geradewegs durch das Zweigloch hindurch.

»Reines Glück!« brüllte Keru.

»Glück oder nicht, du schuldest mir ein Schlachtroß!«

»Das Spiel ist noch nicht vorbei.«

»Gib's auf, Junge. Du kannst es nicht mit mir aufnehmen!« Keshna eilte zu dem Baum, hob den Dolch vom Boden auf und brachte ihn mit einem breiten Grinsen auf dem Gesicht zurück. »Paß auf, daß du dich nicht schneidest«, warnte sie Keru, als sie ihm den Dolch reichte.

Der Blick, den er Keshna zuwarf, hätte einen Bären auf zwanzig Schritt töten können. Wieder zielte er sorgfältig, und dann schleuderte er den Dolch, diesmal jedoch mit ganz leichter Hand, so, wie man einen Zweig in einen Korb werfen würde. Der Dolch schien durch die Luft zu schweben. Er überschlug sich nicht wie Keshnas Dolch, sondern flog in gerader Linie und schoß direkt durch die Mitte des Ziels hindurch.

»Unentschieden!« rief Luma, aber sie hätte sich die Mühe sparen können. Keshna und Keru starrten einander nicht länger wütend an.

»Sieht ganz so aus, als wären wir einander ebenbürtig«, sagte Keru. Er hob eine Hand und kratzte sich mit übertriebener Lässigkeit im Nacken.

»Richtig«, pflichtete Keshna ihm bei. »Keiner schuldet dem anderen ein Schlachtroß.«

»Wie hast du gelernt, einen Dolch in einer solchen Schleife zu werfen?«

»Übung. Wie hast du gelernt, ihn so gerade zu werfen?«

»Übung. Zeig mir deine Wurftechnik.« Und Keshna zeigte sie ihm.

Luma entspannte sich, lehnte sich zurück und beobachtete die beiden, wie sie sich gegenseitig beibrachten, wie man einen Dolch schleudert. Als beide es ein zweites Mal geschafft hatten, den Dolch durch das Loch zu werfen, lachten und scherzten sie miteinander und schlugen sich gegenseitig auf den Rücken wie alte Freunde.

Schließlich wurden sie des Spiels überdrüssig, und Keshna ließ sich neben Luma auf den Boden plumpsen, während Keru in den Wald ging, um sein Schlachtroß zu holen. Solange sie ihn sehen konnten, rekelten sie sich auf den weichen Blättern und unterhielten sich betont beiläufig über Dolch und Ziele, aber sobald er außer Sicht (und ein gutes Stück außer Hörweite) war, begannen sie aufgeregt miteinander zu flüstern.

»Du solltest schleunigst von hier verschwinden, bevor er zurückkommt«, sagte Luma. »Reite nach Shara und sag Mutter und Aita Stavan, daß wir ihn gefunden haben.«

»Was ist mit dir?«

»Mein Knöchel ist dermaßen verstaucht, daß ich nicht auftreten kann. Ich hätte keine Chance.«

»Vergiß es. Wenn ich gehe, dann gehst du mit mir. Ich lasse dich nicht bei einem Mann zurück, der sich wie zwei völlig verschiedene Menschen verhält, selbst wenn er Kerus Gesicht hat.«

»Wir werden es nicht schaffen, wenn wir zusammen gehen. Er wird uns aufspüren und einfangen. Du solltest zusehen, daß du wegkommst, solange die Gelegenheit günstig ist.«

Keshna schob das Kinn vor und blickte Luma störrisch an. »Ich habe einen besseren Plan. Wir gehen mit ihm in das Lager, treffen Changar und ermorden den alten Bastard bei der ersten sich bietenden Gelegenheit. Und dann überreden wir Keru, mit uns nach Shara zurückzugehen.«

»Kannst du mir vielleicht verraten, wie du ihn dazu überreden willst? Du hast gehört, wie er spricht.«

»Uns fällt schon etwas ein.«

»Was?«

»Das weiß ich doch jetzt noch nicht. Wir werden einfach abwarten, bis der richtige Zeitpunkt gekommen ist, und auf unsere Überredungskunst und unseren Verstand vertrauen. Bis jetzt haben sie uns noch immer aus der Klemme geholfen.«

Luma sah ein, daß es keinen Zweck hatte, mit ihr zu streiten. Sie mußte sich unbedingt einen besseren Plan ausdenken, aber ihr blieb keine Zeit dazu. Ein Zweig knackte, und Keru trat, einen großen schwarzen Hengst am Zügel führend, aus dem Wald heraus. Eine Schnur mit frisch erlegten Enten hing über dem Widerrist des Pferdes, und Luma erkannte, daß Keru wohl auf der Jagd war, als er zufällig auf ihre Spuren stieß.

»Darf ich euch Windtänzer vorstellen?« sagte Keru voller Stolz.

Keshna sprang auf die Füße. »Also, das nenne ich ein Pferd!« Sie näherte sich dem Hengst vorsichtig und schlang ihm liebevoll einen Arm um den Hals. »Du hättest mir gehören können«, sagte sie schmeichelnd und schmiegte ihre Wange an seinen Kopf.

Keru lachte. »Nicht, solange ich noch atme. Ich liebe dieses Pferd mehr als meine Konkubinen.«

Keshna hob mit einem Ruck den Kopf. »Wie viele Konkubinen hast du?«

Keru lächelte sie an und zupfte an einem seiner Ohrringe. »Drei.« Er beugte sich vor, schnallte seinen Gürtel ab und bandagierte Lumas verstauchten Knöchel mit unglaublicher Geschicklichkeit. Dann hob er sie auf seine Arme und setzte sie auf Windtänzers Rücken.

Eine Weile wanderten sie in westlicher Richtung, einem schmalen Pfad folgend, der am Rande des Deltas entlanglief. Als sie die Lichtung erreichten, grasten Shalru und die kastanienbraune Stute friedlich am Teich, umringt von einem Schwarm von Silberreihern. Eine Brise kräuselte die Oberfläche des Teiches zu kleinen, glitzernden Wellen, und die Kronen der Bäume rauschten und murmelten unverständliche Warnungen.

17. Kapitel

Auf der anderen Seite des Flusses in dem Nomadenlager wartete er, der nichts als Dunkelheit war, an einem Ort vollkommener Stille. Er, der Finstere Träumer, lag auf der Lauer und wartete; er, der Choatk diente. Nach einer Weile nahm die Stille um ihn herum Form und Farbe an. Sie bewegte sich in langen Wellen wie Licht auf Wasser; sie war gesprenkelt und unregelmäßig; und lang – so unendlich lang wie ein Spinnwebfaden, der zum Himmel hochgeworfen wird.

Die Spinne erinnerte sich, daß sie einen Namen hatte; sie erinnerte sich daran, daß ein menschliches Herz in ihrer Brust schlug. *Kommt zu mir,* flüsterte sie. Sie streckte ihre acht Spinnenbeine aus, so daß sie sich ausbreiteten wie ein Kranz von Strahlen um eine schwarze Sonne. Sie war nicht wie andere Spinnen: Ihre Augen waren die einer Fliege, ihre Füße die einer Zecke; aber sie spann ihren unsichtbaren Spinnwebfaden zu Fallstricken und legte sie auf dem Boden zwischen den Hufen der Pferde und den Füßen der Kinder aus; Sie hängte sie an den Zelten auf und umgab die

Lagerfeuer mit Fallen aus hauchfeinem Gespinst, bis das ganze Lager ein einziges klebriges Spinnennetz war.

Kommt zu mir, flüsterte die Spinne abermals. Sie öffnete ihre gelben Fliegenaugen, und sah, wie sie den Fluß an der Furt durchquerten, ihre Pferde durch den träge dahinfließenden Strom schwimmen ließen: Keru, die Frau namens Keshna, die Frau namens Luma. Am gegenüberliegenden Flußufer hatten sich Kerus Krieger versammelt, um die seltsame Szene zu beobachten, wie ihr Häuptling in Begleitung zweier Kriegerinnen zurückkehrte; aber die Spinne, die in einem dunklen Zelt in der Mitte des Netzes auf der Lauer lag, sah die anderen Beobachter nicht. Sie sah nur die drei Reiter, die unaufhaltsam näher kamen.

Ihre Pferde erhoben sich aus dem Wasser und wateten ans Ufer, das Fell dunkel und tropfnaß. Kleine Zweige und Blätter hatten sich in ihren Mähnen verfangen, und ihre Schweife waren schlaff wie nasse Lappen. Die Frau namens Luma hob ihr Gesicht der Sonne entgegen, und die Spinne erkannte Marrahs Züge darin.

Die Spinne streckte eine verrunzelte menschliche Hand aus und zog behutsam an dem Faden aus Spinnweben und Schmerz, der aus ihrem Nabel quoll. Durch das Spinnennetz, das das Lager einhüllte, ging ein Ruck und ein Zittern. Ein Durcheinander von hauchfeinen Silberfäden entwirrte sich, formte sich zu einer perfekten, von Licht übergossenen Kugel und wurde unsichtbar.

Die Spinne betrachtete das Netz voller Genugtuung. Dann streifte sie ihren Spinnenkörper ab, öffnete die Augen und horchte auf die Krieger, die Keru, als er ins Lager ritt mit Hochrufen begrüßten.

»Onkel Changar«, rief Keru leise.

Das Licht im Inneren des weißen Zelts war bläulich und trübe. Weiche Teppiche bedeckten den Boden, und in einem Kreis aus rauchgeschwärzten Steinen brannte ein kleines, unruhig flackerndes Feuer. Neben der Feuergrube stand eine feingearbeitete braunweiße Tonschale, gefüllt mit etwas, das wie schmale Streifen Rindfleisch aussah, vielleicht auch wie Pferdefleisch. Luma warf einen Blick auf die Schale und wußte, daß sie von einem Sklaven getöpfert worden war. Sie holte tief Luft und roch Krankheit, Weihrauch und etwas leicht Fauliges, das ihr Übelkeit verursachte.

»Onkel Changar«, wiederholte Keru. Im Schatten regte sich etwas und hustete. Ein bis aufs Skelett abgemagerter Körper erhob sich mühsam von einem Stapel Decken. Luma sah zwei verrunzelte, zitternde Hände, ein gelbliches, totenschädelähnliches Gesicht, ausgedörrte Lippen, fleckige, pergamentdünne und von tiefen Falten durchzogene Haut. Nur die Augen des alten Mannes wirkten lebendig: sie waren grün und vor Schmerz zusammengekniffen. Konnte dies wirklich Changar sein, dieser alte, kranke Mann, der nach Tod stank? Luma war in das Zelt gekommen, bereit, ihn zu hassen. Er war ihr Feind gewesen, bevor sie zur Welt gekommen war, und sie konnte sich nicht erinnern, daß es jemals eine Zeit gegeben hatte, in der sie sich nicht ausgemalt hatte, wie sie ihn töten würde. Doch jetzt sah sie, daß die Zeit der Rache vorbei war. Batal ist gerecht, dachte sie. Sie starrte auf das jämmerliche Häufchen aus Haut und Knochen, das zitternd, hustend und krampfhaft nach Atem ringend dort hockte, und fühlte etwas, das an Mitleid grenzte. Niemand – nicht einmal Changar – sollte derart leiden müssen.

»Onkel Changar«, sagte Keru zum dritten Mal. »Ich habe ein paar Leute zu Besuch mitgebracht. Ich habe sie auf der anderen Seite des Flusses getroffen. Sie sehen vielleicht wie Männer aus, aber es sind Frauen. Die kleine hier ist Keshna, meine Cousine; und die große ist meine Schwester Luma. Luma und Keshna. Ist das nicht unglaublich? Stell dir vor, nach all den Jahren!«

Keru legte Luma eine Hand auf den Rücken und versetzte ihr einen sanften Schubs. Widerstrebend machte sie einen Schritt auf Changar zu. Der alte Mann blinzelte und starrte sie verständnislos an.

»Rimnak«, murmelte er.

»Nein«, erwiderte Keru und hob seine Stimme. »Das ist nicht Rimnak, Onkel Changar. Rimnak ist drüben in meinem Zelt und bereitet dein Abendessen. Das hier ist Luma, meine Schwester. Luma, Tochter von Vlahan.«

Luma zuckte unwillkürlich zusammen, als er Vlahan als ihren Vater bezeichnete, aber es war nicht der richtige Zeitpunkt, um ihn zu unterbrechen und noch einmal darauf hinzuweisen, daß Stavan ihr Vater war. Es spielte ohnehin keine Rolle. Changar hatte die Bemerkung nicht gehört, und falls doch, dann hatte er sie nicht verstanden. Er starrte Luma noch immer verständnislos an, mit Augen, die aussahen wie Splitter von milchig-grünem Jadeit, durchzogen von blutroten Adern.

»Rimnak«, murmelte er, »bring mir Kersek.«

Keru seufzte und drehte sich zu Luma und Keshna um. »Er versteht nicht. Er glaubt, Luma wäre meine Konkubine Rimnak.« Er räusperte sich und blickte Luma unsicher an. »Würde es dir etwas ausmachen, ihm seinen Kersek zu bringen? Wenn du es nicht tust, wird er sich furchtbar aufregen, weil er glaubt, Rimnak gehorchte ihm nicht.«

Luma machte es sogar sehr viel aus, und sie sagte es Keru auch.

»Wie du willst«, meinte Keru. Er wandte sich an Keshna. »Wie ist es mit dir?«

»Ich würde ihm lieber Gift in die Kehle gießen«, erklärte Keshna. Sie verzog den Mund zu einem eisigen Lächeln, das die Temperatur im Zelt noch um einige Grad zu senken schien. »Tatsächlich genieße ich es sogar, Changar sabbern und lechzen zu sehen. Ich habe nicht sonderlich viel Talent für Mitleid.«

»Kersek!« jammerte der alte Mann schwächlich. Er fing an zu husten – ein nasser stoßweiser Husten, bei dem Luma die Zähne zusammenbiß. Tränen strömten über seine Wangen, und er fuchtelte mit seinen klauenartigen Händen in der Luft herum, als schlüge er nach unsichtbaren Fliegen. Keru eilte mit drei langen, schnellen Schritten zu ihm, ließ sich auf die Knie sinken, nahm Changar in seine Arme und hielt ihn, bis sein Hustenanfall vorbei war und er wieder atmen konnte.

»Nicht weinen, Onkel«, murmelte er beruhigend und tätschelte Changar den Rücken, als wäre er ein Baby. »Bitte wein nicht. Hör auf zu weinen, und ich bringe dir deinen Kersek. Der Schlauch hängt gleich dort drüben. Siehst du? Jede Menge Kersek für dich, wenn du nur aufhörst zu weinen.«

»Wie kann er diesen elenden Hurensohn nur so lieben?« flüsterte Keshna angewidert.

Luma zuckte die Achseln. »Ich weiß es nicht«, flüsterte sie, »aber es hätte schlimmer kommen können. Changar ist so krank, daß er nicht mehr gefährlich ist. Und wenn er stirbt, können wir Keru vielleicht dazu bringen, sich daran zu erinnern, daß seine Mutter ihn liebt. Vielleicht können wir ihn sogar dazu überreden, die Seeräuberei aufzugeben und mit uns nach Shara zurückzukehren.«

Keshna starrte Changar voller Verachtung an. Ihr Gesicht schien sich in sich selbst zusammenzufalten, wie dünne Schichten von Stein, die lautlos zusammengleiten. »Ich würde mich nicht darauf verlassen, daß der alte Gauner demnächst stirbt. Sieh ihn dir doch an. Wenn du mich fragst, simuliert er nur.«

Wenn Changar tatsächlich nur simulierte, dann machte er seine Sache ausgezeichnet. Je länger er hustete, desto schwächer und verwirrter wurde er, bis Luma es schließlich nicht mehr länger mitansehen konnte. Sie ging zur nächsten Zeltstange, nahm den Kersekschlauch und reichte ihn Keru, der ihn entkorkte, ein wenig von dem milchigen Gebräu auf seine Finger träufelte und Changars Lippen damit befeuchtete. Bald trank Changar gierig aus dem Schlauch, und die gegorene Stutenmilch tropfte wie weißer Speichel an seinem Kinn herunter.

Keshna schnitt eine Grimasse und wandte sich ab. »Laß uns von hier verschwinden«, schlug sie vor. Sie und Luma verließen das Zelt und traten in einen Nachmittag hinaus, der so strahlend hell war, daß der Himmel wie gehämmertes Silber erschien. Vor ihnen strömte der Fluß dahin wie ein breites, glitzerndes Band. Luma starrte auf den Fluß und fragte sich, ob Batal wohl barmherzig genug war, selbst Changar zu verzeihen. Sie dachte noch immer darüber nach, als Keru aus dem Zelt kam, um zu verkünden, daß der alte Mann seinen Kersek getrunken hatte und eingeschlafen war.

Mehrere Tage vergingen, ohne daß Keru sie noch einmal mit in das weiße Zelt nahm, um Changar zu besuchen. Statt dessen tat er alles, was in seinen Kräften stand, um ihnen das Gefühl zu geben, willkommen zu sein. Obwohl die Nomadenkrieger sie mit seltsamen, starren Blicken musterten, wenn sie durch das Lager gingen – wobei Luma sich schwer auf Keshnas Arm stützte –, wagte es keiner der Männer, sie zu beleidigen oder auch nur mit ihnen zu sprechen. Die Frauen und Kinder waren etwas kühner, aber ebenso verschlossen. Mehr als einmal fühlten Luma und Keshna plötzlich weiche Hände auf ihrem Körper und hörten kreischendes Gelächter, wenn die Frauen davonrannten.

»Die seltsamen Krieger haben Brüste!«

»Sind es Männer oder Frauen?«

»Männer haben keine Brüste, du dumme Kuh!«

»Der Kopf der Kleineren sieht aus wie ein Eichhörnchenarsch.«

»Ein Eichhörnchen mit Räude!«

Keshna, deren Kopf Gegenstand dieser Bemerkungen war, versuchte, mit den Frauen zu reden, doch wenn sie sich ihnen näherte, stoben sie wie eine Schar Spatzen in alle Richtungen davon. Das Witzige war, daß Keshnas Kopf tatsächlich Ähnlichkeit mit dem Hinterteil eines Eichhörnchens hatte. Winzige Büschel aus rötlichem, fellähnlichem Haar ragten aus ihrer Kopfhaut, und wenn sie mit dem Rücken zur Sonne stand, schien sie einen Heiligenschein zu haben.

»Ich spreche Hansi!« brüllte Keshna. »Ich verstehe sehr gut, was ihr sagt!« Sie hob die Hände an den Mund und tat so, als verspeise sie eine Nuß, doch obwohl die Frauen heftig lachten, bestand die einzige Konversation, zu der sie bereit waren, darin, daß sie zwanzig Schritte von Keshna entfernt stehenblieben, sich verbeugten und förmliche Entschuldigungen riefen.

Stavan hatte ihnen einmal erzählt, daß die Nomanden lange Zeit brauchten, bis sie Fremde akzeptierten; deshalb wunderten sie sich nicht sonderlich, daß sie so isoliert waren. Da Lumas verstauchter Knöchel nur langsam heilte und niemand außer Keru bereit war, sich mit ihnen zu unterhalten, verbrachten sie einen Großteil der Zeit in ihrem Zelt. Es war groß und behaglich, ausgestattet mit weichen Wollteppichen und dicken, mit Gänsedaunen gefüllten Kissen. Bei Sonnenuntergang, wenn die Moskitos ihre nächtlichen Raubzüge begannen, konnten sie sogar ein dünnes wollenes Netz vor die Zeltöffnung ziehen, so fein gewebt, daß keine Insekten mehr hereinkamen. Am frühen Abend kam Keru zu Besuch, um ihnen Gesellschaft zu leisten, und brachte ihnen frisches Wildbret oder ein paar Vögel, und um sicherzugehen, daß seine Verpflegung auch richtig zubereitet wurde, schickte er zwei junge Mädchen, die Luma und Keshna bedienen sollten.

Sie hätten sich sehr viel lieber selbst versorgt, aber die beiden Mädchen – die Urmnak und Chamnak hießen – waren ein fröhliches, ständig kicherndes Gespann, Meisterinnen in der nomadischen Kunst, in Körben zu kochen statt in Töpfen. Was sie taten, war ziemlich simpel: Sie erhitzten Steine, hoben sie mit einer hölzernen Zange aus dem Feuer und ließen sie rasch in die eng geflochtenen Körbe fallen, in denen sie ein Schmorgericht oder eine Suppe zubereiteten. Als Luma diese Methode ausprobierte, brannte sie prompt ein Loch in den Korb, und als Keshna es versuchte, ging der Korb in Flammen auf, so daß ihnen nichts anderes übrigblieb, als das Feuer mit einer wunderschönen weißen Decke zu ersticken, die danach für immer ruiniert war.

Das einzige Problem mit den Mädchen war, daß sie – abgesehen von ihrem Gekicher – ziemlich schüchtern waren und nur sehr ungern Auskunft gaben. Luma und Keshna brauchten einen ganzen Tag, um herauszufinden, daß sie gar keine Mädchen waren, sondern Frauen, und weitere zwei Tage, um aus ihnen herauszubekommen, daß sie Kerus Konkubinen waren. Als Luma erfuhr, daß Keru seine Konkubinen geschickt hatte, um ihnen zu dienen, erklärte sie, sie und Keshna hätten nicht die Angewohnheit, sich von Sklavinnen bedienen zu lassen, und verkündete, sie würde schnurstracks zu ihrem Bruder gehen und ihn dazu bringen, die Mädchen freizulassen. Aber offenbar bestand zwischen Konkubinen und Sklavinnen ein himmelweiter Unterschied, zumindest in diesem Lager, wo die alten Bräuche der Hansi noch eingehalten wurden. Urmnak und Chamnak flehten Luma an, Keru auf keinen Fall um ihre Freilassung zu bitten. Sie behaupteten, sie seien absolut glücklich damit, sein Bett zu wärmen. Keru war nicht nur der Häuptling, so erklärten sie, sondern auch ein gutmütiger Mann, und er würde sie, wenn er ihrer überdrüssig würde, den kühnsten Kriegern im Lager überlassen.

»Hat er seine Frauen schnell satt?« fragte Keshna. Die Konkubinen nickten eifrig und sagten, ja, allerdings, und wegen seiner häufig wechselnden Vorlieben gebe es viele junge Frauen, die schon ungeduldig auf die Ehre warteten, für kurze Zeit das Bett mit ihm zu teilen.

Schließlich gab Luma nach und versprach ihnen, Keru nicht um ihre Freilassung zu bitten; aber im Laufe dieser Unterhaltung erfuhr sie zwei interessante Dinge. Erstens hatte Keru aus Gründen, die sich niemand erklären konnte, keine Kinder. Und zweitens hatte es zu der Zeit, als Keru und seine Krieger noch in der Steppe lebten, tatsächlich Sklaven im Lager gegeben. Bevor er mit seinen Leuten in die Mutterländer übergesiedelt war, hatte er jedoch sämtliche Sklaven auf freien Fuß gesetzt. Die Konkubinen waren sich nicht ganz sicher, warum Keru dies getan hatte, denn die Sklaven waren geschickte Töpfer und Goldschmiede, doch sie berichteten, Keru habe einen heftigen Streit mit Changar gehabt, der sich über mehrere Tage hinzog, bevor die Sklaven schließlich in die Freiheit entlassen worden waren. Damals hatten die meisten Krieger Partei für Keru ergriffen, der den Standpunkt vertreten hatte, es sei gefährlich, mit Leuten zu reisen, die die Sprachen des Südens beherrschten und sich leicht in Spione und Verräter verwandeln konnten. Einige hatten jedoch behauptet, Keru habe Angst, die Göttin der Mutterländer würde ihn verfluchen, wenn er Sklaven zwang, über Ihren Körper zu gehen.

»Keru betrachtet den Boden unter seinen Füßen tatsächlich als den Körper seiner Mutter«, erklärte Urmnak. »Seltsam, nicht? Sich den Körper seiner Mutter als eine Handvoll Schmutz vorzustellen.«

Luma fand das natürlich überhaupt nicht seltsam. Sie war erleichtert zu erfahren, daß Keru sich noch daran erinnerte, daß die Erde seine Mutter war, doch als sie versuchte, den Konkubinen dies zu erklären, starrten die sie nur verständnislos an und murmelten ein paar höfliche, nichtssagende Worte.

Eines Abends kam Keru mit einem Welpen, der aus dem Halsausschnitt seiner Tunika herausschaute. »Ich bringe euch euer Abendessen«, verkündete er. Er packte das Tierchen am Nackenfell und zog das zappelnde, völlig verängstigte Bündel aus seiner

Tunika. Der Welpe war ein Rüde, nicht größer als seine Hand, mit weichem, braunem Fell, einem weißen Bauch, dunklen Augen, zierlichen Ohren und einer kleinen schwarzen Nase, die in panischer Angst zuckte. »Zieht ihm das Fell ab, steckt ihn auf einen Spieß, bratet ihn langsam über dem Feuer, und ihr habt einen zarten, saftigen Happen Fleisch.«

Luma und Keshna starrten den Welpen an. Keine von ihnen konnte sich vorstellen, das arme kleine Geschöpf zu essen, doch bevor sie wußten, wie sie das Angebot höflich ausschlagen sollten, brach Keru in schallendes Gelächter aus.

»War doch nur ein Scherz«, sagte er. »Er ist nicht als Abendessen gedacht. Wenn ihr wollt, könnt ihr ihn als Haustier haben. Ich dachte, ihr seid vielleicht ein bißchen einsam, und Frauen mögen doch Haustiere.«

Sie nahmen den Welpen mit Freuden, erleichtert, daß Keru ihn nicht als Braten geopfert hatte. Keshna taufte den Hund »Kläffer«, sie behauptete, das sei das einzige, was er tue. Kläffer war so jung, daß sie sich zuerst nicht sicher waren, ob er schon getrennt von seiner Mutter leben konnte, aber sie streichelten ihn, hielten ihn warm und fütterten ihn, indem sie einen Lappen in Milch tauchten und ihn daran saugen ließen. Und bald tappte er unbeholfen im Zelt herum, fraß aus ihren Schüsseln und nagte an allem, was er finden konnte, außer an ihren Bögen, Speeren und Stiefeln, die sie ein gutes Stück außerhalb seiner Reichweite aufhängten.

Keru versäumte es nie, einen Teil des Abends mit ihnen zu verbringen, aber er blieb nie lange. Früher oder später pflegte er sich von seinem Platz zu erheben, sie auf beide Wangen zu küssen, ihnen eine gute Nacht zu wünschen und hinauszugehen. Zuerst hatten Luma und Keshna angenommen, er gehe zu seinem eigenen Zelt zurück, um die Nacht mit seinen Frauen zu verbringen, aber die Konkubinen erklärten ihnen, daß er zuerst zu Changar gehe, um nach ihm zu sehen.

»Wie freundlich von ihm, soviel Zeit mit einem kranken alten Mann zu verbringen«, meinte Luma, in der Hoffnung, ihnen weitere Informationen zu entlocken, aber Urmnak stieß Chamnak in die Seite, und sie klappten die Münder zu wie Schnappschildkröten.

Keshna war sehr viel direkter. Als Keru das nächste Mal zu Besuch kam, fragte sie ihn geradeheraus, was in Hans Namen er jeden Abend in Changars Zelt tue.

»Ich kümmere mich um ihn«, erwiderte Keru.

»Und was heißt das?«

»Das heißt, daß ich ihm sein Essen gebe, ihn wasche und ihn nach draußen trage, damit er sich erleichtern kann. Was soll ich denn deiner Ansicht nach tun, Cousine? Meinen armen, hilflosen alten Onkel in den Fluß werfen?«

Keshna hielt das zweifellos für eine ausgezeichnete Idee, aber sie war ausnahmsweise einmal so klug, ihre Meinung für sich zu behalten.

Nach dieser Unterhaltung verließ Keru Lumas und Keshnas Zelt früher als gewöhnlich. Als er Changars Zelt betrat, hatte Rimnak gerade das Abendessen gebracht und war dabei, es auf einem sauberen Tuch auszubreiten. Es gab einen Korb mit einem heißen Schmorgericht, in dem das Pferdefleisch in sehr kleine Stücke zerschnitten war, eine Schale mit gedickter, mit Honig gesüßter Milch und getrockneten, zu einem glatten Brei zerstampften Beeren. Keru inspizierte die Speisen und nickte anerkennend. Rimnak war seine Lieblingskonkubine. Sie war nicht nur erfreulich eifrig im Bett, sondern auch eine sehr viel bessere Köchin als Urmnak oder Chamnak. Da Onkel Changar kaum noch Zähne hatte, war es wichtig, daß sein Essen aus Zutaten bestand, die leicht zu kauen und zu schlucken waren.

Keru entließ sie mit einer wortlosen Geste. Als Keru und Changar alleine waren, fragte Keru den alten Mann, ob er hungrig sei, und Changar sagte ja, und so fütterte Keru ihn.

Heute war einer von Changars guten Abenden. Er aß mühelos, ohne daß das Essen an seinem Kinn heruntertropfte, wie es manchmal geschah. Danach unterhielt er sich sogar eine Zeitlang mit Keru und redete in sinnvollen Sätzen. Sie sprachen über nichts Wichtiges, nur über das Wetter, das für die Jahreszeit ziemlich kühl war; aber Keru hörte erleichtert, wie der alte Mann einen Gedanken mit dem anderen verknüpfte, statt völlig zusammenhangloses Zeug zu reden.

Als sie aufgehört hatten, laut darüber nachzudenken, ob es in absehbarer Zeit regnen würde oder nicht, bedeutete Changar Keru mit einer Handbewegung, ihm den Kersekschlauch zu bringen, und sie saßen eine Weile schweigend da und tranken. Schließlich zeigte Changar erwartungsgemäß auf den anderen Schlauch, denjenigen, der das starke schwarze Gebräu enthielt. Ganz gleich, wie schlecht es ihm ging, Changar vergaß niemals, daß Keru den schwarzen Trank brauchte, um einzuschlafen.

Keru nahm den Schlauch vom Haken und gab ihn Changar, der mit zitternden Händen den Stöpsel herauszog und den Schlauch dann wieder Keru reichte. Der süße Duft von Anis erfüllte das Zelt.

»Trink, soviel du willst, mein lieber Junge«, murmelte Changar.

Keru lächelte, hob dankend den Schlauch und trank einen kräftigen Schluck. Wie immer begann der schwarze Zaubertrank in seinem Kopf zu singen und lullte ihn ein. Er trank einen zweiten Schluck, verstöpselte den Schlauch wieder und lehnte sich zufrieden zurück. Heute nacht, dachte er, werde ich gut schlafen.

»Trink ruhig noch mehr«, schlug Changar vor. Keru war überrascht, weil Changar ihm nur selten dreimal von dem Getränk anbot, aber er war nur zu gerne bereit. Als er zum dritten Mal trank, wurde der süße Gesang des schwarzen Gebräus noch sanfter und verführerischer. Unsichtbare Fingerspitzen schienen seine Arme und Beine zu streicheln. Er spürte ein leichtes Prickeln auf der Kopfhaut, und seine Lider wurden schwer. Keru gähnte. Onkel Changar ist ein guter Mann, dachte er, und das Leben ist schön.

Das nächste, was er mitbekam, war, daß das Feuer erloschen war und Changar ihn sanft an der Schulter rüttelte.

»Rotkehlchenei«, flüsterte Changar.

»Was?« Keru erkannte, daß er eingeschlafen sein mußte, was ihn nicht sonderlich überraschte, da er immer eindöste, wenn er mehr als gewöhnlich von dem schwarzen Gebräu getrunken hatte.

»Wolf. Schneehasen. Sternschnuppen.«

Der alte Mann redete wirr, Keru streckte den Arm aus und tätschelte beschwichtigend Changars Hand. »Ist ja schon gut«, sagte er. »Ich bin ja jetzt wach. Du brauchst keine Angst zu haben, Onkel.« Aber Changar schien keine Angst zu haben, er schien seine Ruhe haben zu wollen. Er stieß Keru mit dem Zeigefinger in die Brust.

»Geh«, sagte er gereizt.

Widerstrebend erhob Keru sich. »Willst du wirklich nicht, daß ich noch ein Weilchen bei dir sitze?«

Changar schüttelte energisch den Kopf. »Geh«, wiederholte er.

Keru begriff, daß er den alten Mann nur aufregen würde, wenn er darauf bestand, noch bei ihm zu bleiben, deshalb sagte er gute Nacht und verließ das Zelt. Die Sterne am Himmel wirkten in dem dichten Nebel, der vom Fluß aufstieg, wie Milchkleckse, und der Mond war eine verschwommene Sichel. Der Rauchfluß strömte lautlos unter seinem grauen Schleier dahin. Keru betrachtete den Mond und den Fluß, aber der Anblick erfreute ihn nicht so wie sonst. Er durchquerte das Lager und strebte leicht torkelnd auf den Korral zu. Die Wachen, die seinen schwankenden Gang beobachteten, dachten: *Der Häuptling ist wieder mal betrunken,* und billigten es stillschweigend. Ein Mann, der Nacht für Nacht derart viel trank und trotzdem noch aufrecht gehen konnte, mußte stark sein wie ein Wolf.

Keru hielt am Korralzaun an, indem er leicht dagegenprallte. Er stützte sich einen Moment auf den Zaun und starrte auf die schillernden Farben, die die Holzpfähle einrahmten. Er sah diese Farben nur in der Nacht, aber sie waren wirklich wunderschön, wie farbiger Sand, der zwischen Gegenständen hindurchrieselt.

Als er es leid wurde, die wabernden Regenbögen zu betrachten, hob er den Kopf und blickte auf die Pferde, die still im Nebel standen. Er schürzte die Lippen und stieß einen leisen Pfiff aus, und Windtänzer löste sich von der Herde und kam auf ihn zugetrabt. Keru streichelte den Hengst und fütterte ihn mit ein paar Wasserzwiebeln, die er tagsüber gesammelt hatte. Die Knollen waren schon ein bißchen verschrumpelt und nicht allzu sauber, aber Windtänzer kaute geräuschvoll und mit sichtlichem Genuß. Das einzige, was der Hengst noch lieber mochte als Wasserzwiebeln, war eine Handvoll gedörrter Äpfel; da Äpfel jedoch nur von

Händlern zu bekommen waren und sie in letzter Zeit keinen Händler gefangengenommen hatten, der gedörrte Äpfel bei sich gehabt hatte, gab es nun einmal keine.

Als Keru Windtänzer zuschaute, wie er die Zwiebeln zermalmte, wurde ihm bewußt, daß ihm etwas zu schaffen machte. Er stand eine Weile da, dic Händc auf die Latten des Korralzauns gestützt, und versuchte, sich darüber klarzuwerden, was das war. Dann fiel es ihm wieder ein: Er hatte Rimnak allmählich satt. Es war natürlich nicht ihre Schuld. Rimnak war eine gute Konkubine, aber sie fing an, ihn zu langweilen. Er runzelte die Stirn und starrte auf die Spitzen seiner Stiefel, ohne sie wirklich zu sehen. Da war noch etwas anderes. Etwas, das mit Luma und Keshna zu tun hatte. Auch das war beunruhigend, doch als er sich zu erinnern versuchte, was das war, fing sein Kopf an zu schmerzen, deshalb kehrten seine Gedanken wieder zu Rimnak zurück. Er hoffte, sie würde nicht in Tränen ausbrechen, wenn er ihr sagte, daß er sie zu ihrem Bruder zurückschicken würde. Er mochte Rimank sehr, aber ...

Sie langweilt dich, schien eine Stimme in seinem Kopf zu sagen.

Ja, Rimnak langweilte ihn, das arme Mädchen. Er versetzte Windtänzer einen liebevollen Klaps auf den Rumpf, um ihn zu seiner Herde zurückzuschicken. Merkwürdig, daß ein Mann niemals seines Pferdes überdrüssig wurde. Als er langsam zu seinem Zelt zurückging, fragte er sich verwundert, warum er so lange gebraucht hatte, um zu erkennen, daß er eine neue Frau brauchte.

An den meisten Nachmittagen humpelte Luma an Keshnas Arm zum Fluß hinunter, wo sie sich eine abgelegene Stelle suchten, um im flachen Wasser zu baden. Danach wuschen sie ihre Kleider, hängten sie an den Büschen auf und saßen nackt am Ufer, um darauf zu warten, daß ihre Sachen trockneten. Sie sprachen nur wenig, denn sie hatten nicht das Bedürfnis, die Aufmerksamkeit der Nomaden auf sich zu ziehen. So waren diese Stunden, die sie zusammen verbrachten, meistens still und friedlich. Manchmal jedoch wurde dieser Frieden abrupt gestört. Hin und wieder kamen plötzlich Händlerboote in Sicht, und dann glich das Lager urplötzlich einem Bienenhaus, wenn die Krieger hastig aufsprangen, sich ihre Waffen schnappten und sich am Flußufer entlang verteilten, Beleidigungen brüllten und Pfeile abschossen.

Zum Glück waren die Pfeile in erster Linie dazu bestimmt, den Händlern angst zu machen und sie zum Anhalten zu zwingen, statt sie zu töten; aber an dem Tag, nachdem Keru beschlossen hatte, Rimnak zu ihrem Bruder zurückzuschicken, versuchten ein Mann und eine Frau in einem großen Einbaum, gewaltsam durch das Netz zu kommen, und die Nomaden schossen Pfeile in die Bordwand des Bootes. An den Pfeilen waren Seile befestigt, und während Luma und Keshna die Szene hilflos durch den schützenden Schirm der Schilfhalme beobachteten, wurden die Händler wieder stromaufwärts geschleppt, ans Ufer gezogen und gezwungen, die Hälfte ihrer Fracht abzugeben.

Als die Krieger schließlich das Netz herunterließen und den Einbaum wieder in die Strömung hinausschoben, watete Keshna in den Fluß, wo die Händler sie sehen konnten, und winkte ihnen zu, als sie vorbeiglitten. Nur ihre Arme und ihr Kopf ragten aus dem Wasser, aber die Händler entdeckten sie sofort und winkten zurück.

»Ihr seid jetzt in Sicherheit!« rief sie auf sharanisch. »Fahrt einfach weiter. Sie haben jetzt, was sie wollen, und sie werden euch nicht töten.«

Der Mann richtete sich in dem Einbaum auf, stützte sich auf sein Paddel und starrte Keshna vollkommen aufgelöst an. In seinem Gesicht war etwas, das Luma irgendwie bekannt vorkam, doch er war zu weit entfernt, als daß sie sich sicher sein konnte. Plötzlich setzte er sich wieder, und er und die Frau begannen wie wild zu paddeln.

»Wartet!« schrie Keshna. »Ich möchte, daß ihr Marrah aus Shara eine Nachricht überbringt. Sagt ihr, daß ...« Aber es war sinnlos. Die Händler paddelten mit aller Kraft, ohne ein einziges Mal zurückzublicken. Keshna brüllte ihnen unentwegt nach, selbst als sie schon außer Hörweite waren, doch alles, was sie damit erreichte, war, daß sie die Aufmerksamkeit der Krieger auf sich lenkte. Sie mußten wohl gedacht haben, Keshna sei kurz davor zu ertrinken, denn sie schickten drei von ihren Hunden ins Wasser, um sie zu apportieren, als sei sie eine übergroße Ente. Die Hunde schwammen zielstrebig auf Keshna zu und zogen und zerrten so ungestüm an ihr, daß sie sie beinahe unter Wasser gedrückt hätten, bevor sie es schaffte, sie abzuschütteln. Als sie sie schließlich davon überzeugt hatte, daß sie keine Hilfe brauchte, schwammen die Hunde wieder zum Ufer zurück und beobachteten von dort aus mit besorgter Miene, wie Keshna aus dem Wasser kam. Ihre Arme und Schultern waren mit Kratzern übersät, aber sie war so wütend auf die Händler, daß sie kaum Notiz davon nahm.

Sie spuckte einen Mundvoll schlammiges Wasser aus und griff nach ihren Beinlingen. »Warum haben sie nicht angehalten?« schimpfte sie erbost. »Dämliche Idioten. Erzähl mir nicht, sie haben mich für eine Nomadin gehalten. Ich habe schließlich Sharanisch gesprochen.«

»Vielleicht verstehen sie kein Sharanisch. Der Rauchfluß ist lang. Sie sind vielleicht schon seit Wochen unterwegs.«

»O nein, der Mann hat mich sehr gut verstanden.« Keshna zog ihre Beinlinge hoch und zerrte sich die Tunika über den Kopf. »Ich habe es an seinem Ausdruck gesehen und auch am Ausdruck der alten Frau. Diese blöden Feiglinge! Was hatten sie denn schon zu befürchten? Das Netz war heruntergelassen, sie waren frei. Warum haben sie nicht lange genug angehalten, um mir zuzuhören? Sie hätten Tante Marrah die Nachricht überbringen können, daß Keru bei Mahclah kampiert, und daß du und ich seine ...« Sie hörte auf, an ihrer Tunika zu zerren, und funkelte Luma giftig an.

»Gäste sind«, ergänzte Luma. »Gefangenen. Bräute in der Ausbildung.«

»Wie du in einem solchen Moment auch noch Witze machen kannst, ist mir unbegreiflich. Eine so günstige Gelegenheit, eine Nachricht nach Shara zu schicken, wird sich uns garantiert nicht noch einmal bieten.«

»Bist du eigentlich je auf den Gedanken gekommen, daß zwanzig bewaffnete Krieger in Hörweite am Ufer standen? Woher sollten diese Händler wissen, daß die Krieger kein Sharanisch verstehen? Ich wäre an ihrer Stelle auch so schnell wie möglich davongepaddelt. Sie haben wahrscheinlich gedacht, du wolltest sie in eine Falle locken.«

»Nein, das wärst du nicht«, erwiderte Keshna. »Du wärst geblieben und hättest zugehört. Du hast noch nie im Leben jemanden im Stich gelassen. Komm, laß uns zum Zelt zurückgehen.«

Zwischen ihnen herrschte angespanntes Schweigen, als sie sich einen Weg zurück durch den Schlamm und das Schilf bahnten. Die nassen Hunde folgten ihnen wie eine Eskorte in einigem Abstand.

Schließlich sagte Luma: »Ehrlich gesagt, ich bin auch ziemlich enttäuscht. Ich bin sicher, wir werden ein paar Händler überreden können, eine Nachricht mit nach Shara zu nehmen, bevor der Sommer vorbei ist. Aber es war ziemlich deprimierend, wie die beiden vor uns davongerannt sind.«

Keshna spuckte in Richtung Fluß. »Mögen sie kentern und elendiglich ertrinken!«

Das war ein schrecklicher Fluch. Luma versuchte verzweifelt, Keshna dazu zu bringen, ihre Worte zurückzunehmen, die aber weigerte sich, und so stritten die beiden so heftig, daß die Hunde anfingen zu bellen.

In der Nacht lag Keshna lange Zeit wach, sie kochte innerlich vor Wut und Frustration. Ihr Nomadenblut war in Wallung, und sie ließ ihrer Einbildungskraft vollen Lauf. Eine Weile malte sie sich aus, wie die feigen Händler eine Reihe schrecklicher Tode starben, aber schließlich bekam sie es satt, sie in Gedanken umzubringen. Sie waren fort, und es war höchst unwahrscheinlich, daß sie ihnen jemals wieder begegnete.

Das einzige, was sie tun konnte, war, den unerfreulichen Vorfall zu vergessen.

Was sie wirklich brauchte, war ein besserer Plan, um aus dem Lager zu fliehen. Eine ganze Weile lag Keshna hellwach in der Dunkelheit und schmiedete einen Plan nach dem anderen und verwarf ihn wieder. Schließlich entschied sie sich für etwas Simples: Wenn sie Keru dazu kriegen könnte, sich daran zu gewöhnen, sie auf einem Pferd zu sehen, würden sie und Luma vielleicht unbemerkt aus dem Lager verschwinden können, wenn Lumas Knöchel wieder geheilt war.

Am nächsten Morgen wachte Keshna vor Sonnenaufgang auf, wild entschlossen, ihren Plan augenblicklich in die Tat umzusetzen. Sie aß etwas kalten Eintopf, trat vor das Zelt und entdeckte Keru, der gerade auf dem Weg zum Korral war. Keru hatte sich seinen Köcher um die Taille gebunden und trug seinen Bogen quer über dem Rücken. Er ging mit festen Schritten, und sein Haar sah aus, als hätten sich Sonnenstrahlen darin verfangen.

»Gehst du auf die Jagd?« rief Keshna.

Er drehte sich um und lächelte, als er sie dort vor dem Zelt stehen sah, mit vom Schlaf verquollenen Augen und nur halb angekleidet. »Ja«, sagte er.

»Wie wär's, wenn du mich mitnimmst? Ich habe es satt, untätig im Lager herumzusitzen.«

Keru war amüsiert. »Frauen jagen nicht.«

»Die Frauen von Shara schon. Außerdem bin ich die beste Jägerin, die du je gesehen hast. Ich kann so reglos dasitzen, daß die Hirsche auf mich zukommen und mir das Gesicht lecken, ich kann die Vögel vom Himmel herunterlocken, und wenn ich Jagd auf Wildschweine mache, braucht man sechs Packpferde, um das Fleisch zurückzutransportieren.«

Keru lachte. »Ich wäre ein Dummkopf, wenn ich ohne dich jagen ginge. Lauf und hol deinen Bogen.«

Keshna flitzte ins Zelt zurück, trat über Luma hinweg, die tief und fest schlief, und holte ihren Bogen und ihre Pfeile. Den Rest des Weges zum Korral legten sie und Keru gemeinsam zurück, sie lachten und scherzten und brüsteten sich damit, wieviel Jagdbeute sie zurückbringen würden. Sie riefen ihre Pferde, stattelten sie Seite an Seite und ritten nebeneinander aus dem Lager, weniger als eine Armeslänge voneinander entfernt.

Diesmal waren die Wachen, die Keru beobachteten, ganz und gar nicht mit seinem Verhalten einverstanden. Als sich dieselbe Szene am nächsten Tag wiederholte, waren sie noch weniger davon angetan. Ein junger Krieger namens Tlanhan, der Rimnaks Bruder war und Kerus bester Freund, war eingeschnappt und ließ es jeden wissen. Sonst ginge Keru immer mit ihm auf die Jagd, knurrte Tlanhan. Aus reiner Bosheit verbrachte Tlanhan den ganzen Tag am Flußufer, wo er sich betrank und versuchte, mit den anderen Streit anzufangen. Am dritten Morgen sorgte die Nachricht, daß Keshna und Keru wieder zusammen auf die Jagd gegangen waren, für Gesprächsstoff im ganzen Lager.

Keshna ahnte nichts von dem Skandal, den sie heraufbeschwor. Im Delta gab es so reichlich Vögel, daß die Jagd im Schilf keine Herausforderung war, deshalb schwammen sie und Keru mit ihren Pferden bei der Furt durch den Fluß und ritten in den Wald, um nach Wild Ausschau zu halten. An einigen Tagen kamen sie trotz all ihrer Prahlerei nur mit ein paar Eichhörnchen oder Kaninchen zurück, aber manchmal erlegten sie auch Damwild. Gewöhnlich kehrten sie kurz vor Sonnenuntergang ins Lager zurück und warfen, hocherfreut über ihren Jagderfolg, einen Schlauch mit Kersek zwischen sich hin und her und unterhielten sich lauthals über die Jagd.

Keshna bemerkte die finsteren Blicke der Nomaden nicht, die sich jedesmal, wenn sie und Keru ins Lager ritten, wie Dolche in ihren Rücken bohrten. Ihre einzige Sorge war, Luma könnte sich einsam und vernachlässigt fühlen, aber Luma pflichtete ihr bei, daß es eine gute Idee war, die Wachen daran zu gewöhnen, Keshna zu Pferd den Fluß durchqueren zu sehen.

»Amüsier dich ruhig«, sagte Luma, »reite herum, bis niemand mehr bei deinem Anblick stutzig wird, und lerne Keru so gut wie möglich kennen.«

Aber Keshna fand es schwierig, Keru näher kennenzulernen. Gewöhnlich erzählten ihr Männer alles, was sie wissen wollte, doch wenn sie und Keru allein miteinander waren, sagte er niemals irgend etwas Persönliches. Er erzählte nur lange Geschichten von Kämpfen, in die er verwickelt worden war, oder sprach über Fährten, Spiele und frühere Jagdausflüge. Manchmal hatte Keshna das Gefühl, er verberge sein wahres Ich absichtlich vor ihr, vielleicht irrte sie sich aber auch; vielleicht war er wirklich nicht mehr als der Typ Mann – der durchaus nicht selten unter den Nomaden war –, der aß, schlief, jagte, kämpfte und kopulierte, ohne es sich zweimal zu überlegen. Sie hatte den Verdacht, es wäre ihr vielleicht gelungen, unter die Oberfläche zu dringen, wenn sie mit ihm über seine Mutter hätte sprechen können, doch der Blick, den er ihr zuwarf, als sie das Thema einmal anschnitt, war so finster, daß sie es nicht wagte, Marrahs Namen je wieder zu erwähnen.

Eine Woche verging; Lumas Knöchel wurde allmählich kräftiger, und sie humpelte bald unbeholfen im Lager umher. Eines Morgens setzte sie sich zum Ausruhen vor ein großes, braunes Zelt, das aussah, als habe jemand kürzlich eine Menge Zeit und Mühe darauf verwendet, es mit neuen Häuten auszubessern. Ein Stück hübsch gewebten Teppichs lag vor dem Eingang, und auf einem Spieß über dem Feuer briet eine fette Ziege, aber es war keine Menschenseele zu sehen. Wie gewöhnlich waren alle Lagerbewohner auf mysteriöse Weise verschwunden, sobald Luma aufgetaucht war.

Luma zog ihren Stiefel aus, massierte ihren Knöchel und dachte gereizt, daß es höchste Zeit war, daß die Nomaden endlich anfingen, mit ihr zu sprechen. Ganz besonders leid war sie es, daß die Kinder jedesmal wie verängstigte Entenküken in alle Richtungen davonliefen, sobald sie sie erblickten.

Sie wollte gerade aufstehen und zu ihrem eigenen Zelt zurückhumpeln, als sie plötzlich ein scharfes Zischen hörte. Verwundert sah Luma sich um, aber es war niemand in der Nähe, der das Geräusch hätte machen können.

»Dreh dich nicht um«, sagte eine gedämpfte, warnende Stimme, so dicht an ihrem Ohr, daß Luma vor Schreck beinahe aus der Haut gefahren wäre. Ihr ging auf, daß die Stimme jemandem gehören mußte, der in dem Zelt hinter ihr kniete. »Du bist Kerus Schwester, nicht wahr?«

»Ja«, erwiderte Luma. Und dann, da sie mit dem Rücken zum Zelt saß, fragte sie: »Kannst du mich hören?«

»Ich kann dich hören, weißt du, wer ich bin?«

»Ich habe keine Ahnung. Ist dies eine Art Spiel, oder was?«

»Ich bin Rimnak, die Konkubine deines Bruders, und dies ist keineswegs ein Spiel. Es ist tödlicher Ernst.«

Das war eindeutig ernüchternd. Luma blickte sich um, um zu sehen, ob jemand sie beobachtete, aber obwohl sie ein halbes Dutzend Frauen und drei oder vier Krieger sehen konnte, die ihrer Arbeit nachgingen, waren die Bewohner des Lagers inzwischen so an ihren Anblick gewöhnt, daß sich niemand weiter um sie kümmerte. Dennoch schien es ihr nicht ratsam, den anderen den Eindruck zu vermitteln, sie führe laute Selbstgespräche. Deshalb legte Luma die Hände zusammen und stützte ihren Nasenrücken leicht gegen ihre verschränkten Finger. Diese Haltung hatte drei Vorteile: Sie verbarg ihren Mund, ließ sie müde aussehen und damit noch unnahbarer, und sie lenkte ihre Worte in Richtung der Frau, die direkt hinter ihr kniete.

»Warum kommst du nicht einfach heraus und sprichst mit mir, Rimnak?«

»Weil er mich töten lassen wird, wenn ich das tue.«

»Wer wird dich töten lassen? Ganz sicher nicht Keru!«

»Nein, nicht Keru. Keru würde niemals eine Frau töten. Die ganze Zeit, die ich bei ihm gewesen bin, hat er mich nicht einmal geschlagen. Du weißt wirklich nicht, was hier vorgeht, nicht?«

Luma schüttelte den Kopf, und als ihr klarwurde, daß Rimnak sie nicht sehen konnte, flüsterte sie: »Nein.« Rimnak mußte ihr Nein als Aufforderung betrachtet haben, denn sie begann augenblicklich, in hastigem, gedämpftem Flüsterton zu sprechen, so daß Luma einige Mühe hatte, ihr zu folgen.

»Es ist folgendermaßen: Keru und ich sind bis vor kurzem sehr gut miteinander ausgekommen. Er mochte mein Essen, und wenn wir zusammenlagen, habe ich immer getan, was er wollte. Das ganze Jahr über hat er mir gesagt, ich sei seine Lieblingskonkubine, aber vorgestern nacht, als er aus Changars Zelt zurückkchrtc, sagtc cr plötzlich, cr habc mich satt.«

Luma erinnerte sich daran, daß Keru den Ruf hatte, niemals lange bei einer Frau zu bleiben. Sie hoffte inständig, Keru hatte Rimnak nicht wirklich gesagt, daß er sie »satt hatte«. Eine Geliebte, mit der man ein ganzes Jahr lang geschlafen hatte, verdiente einen respektvollen Abschied, Geschenke und ein spezielles Gedicht, um sie für gekränkte Gefühle und verletzten Stolz zu entschädigen. Das allermindeste, was sie verdiente, war eine Erklärung. Luma haßte den Gedanken, Keru könnte Rimnak auf so grausame und herzlose Weise fallengelassen haben.

»Es tut mir leid zu hören, daß er dich nicht länger als seine Konkubine will, Rimnak«, sagte sie und kam sich augenblicklich selbst grausam vor. Rimnak in so deutlichen Worten daran zu erinnern, daß sie nicht mehr erwünscht war, war taktlos, aber nachdem sie die Worte ausgesprochen hatte, konnte sie sie leider nicht mehr zurücknehmen.

»Ich hatte so gehofft, von ihm schwanger zu werden.« Rimnaks Stimme zitterte.

»Ich bin sicher, du findest einen anderen Mann, mit dem du Kinder zeugen kannst. Ich habe dich noch nie gesehen, aber du klingst, als ob du eine sehr nette junge Frau wärst.«

»Ich will nicht das Kind irgendeines Mannes. Ich will *sein* Kind.«

Luma war gerührt über den verzweifelten Unterton in ihrer Stimme. »Weiß mein Bruder, wie sehr du ihn liebst?«

»Ihn *liebe?*« unterbrach Rimnak sie mit einem ärgerlichen Zischen. »Von Liebe kann überhaupt keine Rede sein. Ich *mag* ihn, aber es ist sein Kind, das ich haben will: seinen Sohn. Wenn ich einen Sohn von Keru hätte, würde er der nächste Häuptling dieses Stammes werden, und eines Tages, wenn die Zwanzig Stämme wieder zurückkommen, würde ich die Mutter des Großen Häuptlings sein. Aber Kerus Köcher ist leer. Er kann keine Kinder zeugen, und er wird niemals fähig sein, welche zu zeugen, solange er weiterhin jeden Abend mit Changar verbringt.«

Luma fühlte plötzlich, wie ein kalter Schauder der Furcht über ihren Rücken rieselte. »Was hat Changar denn damit zu tun?«

»Changar flößt ihm etwas ein. Ein Mittel, das dazu führt, daß Keru ebensowenig Nachkommen zeugen kann wie ein Wallach. O sicher, im Bett ist Keru gut genug, um drei Konkubinen zu erschöpfen, aber Monat für Monat …« Luma hörte ein Fingerschnippen »… nichts.«

»Bist du dir sicher?«

»Natürlich bin ich mir sicher. Ich habe doch selbst gesehen, wie

Changar es getan hat. Und das ist nicht alles. Changar setzt Keru Dinge in den Kopf. Erst vorgestern nacht hat Changar Keru die Idee, mich loszuwerden, in den Kopf gesetzt.«

»Aber Changar ist ein todkranker alter Mann, der nicht einmal allein essen kann.«

»Das möchte er allen weismachen, aber ich weiß es besser. Ich bin dageblieben, wenn ich längst hätte verschwunden sein sollen, und habe gesehen, was ich niemals hätte sehen dürfen. Wenn Changar mich beim Spionieren erwischt hätte, hätte er mir die Augen herausgerissen, sie den Geiern zum Fraß vorgeworfen und mich anschließend Choatk geopfert. Aber seit Keru mir gesagt hat, daß er mich loswerden will, ist es mir egal, ob ich lebe oder sterbe. Die Konkubine eines gewöhnlichen Mannes zu sein, nachdem man die Konkubine eines Häuptlings war, ist eine große Schande. Einen Bastard zu gebären, wenn man Ehefrau und Mutter eines Großen Häuptlings hätte sein können, ist eine bittere, bittere Sache. Ich weiß, Keru hätte mich geheiratet, wenn er mich geschwängert hätte. Aber Changar läßt es nicht zu, daß Keru lange bei einer Frau bleibt. Du hast doch sicher gehört, daß man Changar den Seelenfresser nennt, nicht?«

»Ja«, erwiderte Luma. Das alles ergab auf schreckliche, alptraumhafte Weise Sinn.

»Nun, der Name paßt. Nur daß Changar die Seele deines Bruders nicht einfach verschlungen hat, er nagt immer noch daran. Jede Nacht aufs neue. Ich möchte, daß du Keru von ihm wegholst. Es ist mir egal, wie du das anstellst, aber ich möchte, daß du seinen Besuchen in Changars Zelt ein Ende machst. Ich kann nichts unternehmen, ich bin nur seine Konkubine. Aber du bist seine Schwester. Du kannst ihn davon abhalten.«

Luma wurde klar, daß Rimnak sie aufforderte, sich an einer geheimen Verschwörung zu beteiligen, um ihren Bruder von Changar zu trennen. Ihr fiel nichts ein, was sie lieber tun würde, aber in Nomadenlagern wurden immer irgendwelche Verschwörungen ausgeheckt. Nur wenige Häuptlinge lebten lange. Gewöhnlich wurden sie gestürzt und von ihren eigenen Kriegern ermordet. Warum sollte sie Rimnak vertrauen? Sie hatte sie noch nie gesehen und bis vor wenigen Augenblicken noch nie mit ihr gesprochen. Es war gut möglich, daß Rimnak versuchte, sie in etwas zu verwickeln, was überhaupt nichts mit Changar zu tun hatte. Alles, was sie sagte, konnte wahr sein – es konnte aber auch ebensogut eine Lüge sein.

»Woher soll ich wissen, daß du die Wahrheit sagst?«

Hinter der Zeltwand gab Rimnak ein leises, bitteres Lachen von sich. »Ach, wie sehr ich wünschte, ich *würde* lügen. Aber das tue ich nicht. Ich erwarte nicht, daß du mir ohne Beweise glaubst. Triff dich heute abend, wenn dein Bruder dein Zelt verlassen hat, mit mir, dann werde ich dir den traurigen Anblick zeigen, wie Changar seine Seele frißt.«

Luma dachte über den Vorschlag nach und entschloß sich, das Risiko einzugehen. »Wo soll ich dich treffen?«

»Nun, bei Changars Zelt natürlich. Aber komm nicht zum Eingang, komm zur Rückseite des Zelts. Die Hunde kennen mich, sie werden nicht bellen. Wirst du kommen?«

»Ich werde kommen. Aber, Rimnak ...«

»Ja?«

»Du sollst wissen, daß ich Keshna mitbringe. Wir werden bewaffnet sein. Du kennst Keshna doch, nicht?«

»Wie sollte ich sie nicht kennen? Sie geht schließlich jeden Tag mit meinem Mann auf die Jagd, als ob sie selbst ein Mann wäre.« Luma war überrascht über die Wut in Rimnaks Stimme. Die Frau mußte schrecklich eifersüchtig sein, und das ohne Grund. Keshna interessierte sich weder für Keru noch für irgendeinen anderen Mann.

18. Kapitel

Luma kniete neben Keshna und spähte angestrengt durch einen winzigen Schlitz, den Rimnak in die Rückseite von Changars Zelt geschnitten hatte. Das erste, was sie sah, war Keru, der neben Changar saß und ihn mit etwas fütterte, das wie rosafarbener Brei aussah. Changar mußte wieder eine seiner schlechten Nächte haben, denn aus seinem Mund tropfte blaßrosa Pampe. Eine Schüssel mit Pferdefleischragout stand unberührt zu seiner Linken. Changars Kopf zitterte, manchmal schlug er die Handflächen zusammen wie ein kleines Kind, und ab und an packte er Kerus Arm mit seinen knochigen Fingern, wie ein Ertrinkender, der versucht, sich an einem Ast festzuklammern.

Obwohl Changar so entkräftet war, mußte sein Griff schmerzhaft sein, aber Keru fuhr geduldig fort, ihm den Brei in den Mund zu löffeln und zu retten, was er retten konnte. Als die Schale leer war, griff er nach einem Lappen, goß etwas Wasser darauf und wusch Changar behutsam das Gesicht. Sobald er sich daranmachte, Changar die Hände zu waschen, wurde der alte Mann wütend.

»Keine Aasgeierflügel!« schrie er. »Wo ist mein Schädelbecher?« Changar verschränkte seine mageren Arme vor der Brust und funkelte Keru erbost an.

»Ruhig, Onkel«, erwiderte Keru. »Wenn du nicht möchtest, daß ich dir die Hände wasche, dann laß ich es.« Als Luma Keru so reden hörte, dachte sie, daß ihr Bruder, wenn er sein Leben in Shara verbracht hätte, inzwischen sicherlich mehrfacher Aita wäre. Mit derselben sanften Stimme hätte er seine Kinder beruhigt, statt all seine Zärtlichkeit an Changar zu verschwenden. Und was Changar anging – je länger sie ihn beobachtete, desto überzeugter war Luma, daß Rimnak log oder sich zumindest gründlich irrte. Der alte Mann war derart schwach, daß er kaum aufrecht sitzen konnte.

Der Gedanke, daß Changar alt, krank und machtlos war und an der Schwelle des Todes stand, machte Luma nicht traurig, aber sie war zu gut erzogen, um angesichts der Gebrechlichkeit des alten Mannes Schadenfreude zu empfinden, auch wenn er ihr schlimmster Feind war. Keshna dagegen neigte nicht so sehr zu Mitgefühl, und Luma konnte sie geradezu hämisch frohlocken hören.

Luma hatte genug gesehen. Sie machte Anstalten aufzustehen, aber eine sanfte Hand auf ihrer Schulter hielt sie zurück. Sie drehte den Kopf und sah Rimnak. Nachdem sie Rimnaks Stimme gehört hatte, hatte Luma angenommen, sie wäre der Typ Frau, der bei den Nomaden als schön galt: groß, dünn, mit vollen Brüsten, einer langen Nase, blasser Haut und goldblondem, mit silbernen Strähnen durchzogenem Haar. Doch Rimnak sah eher wie eine Sharanerin aus: mollig und klein und für eine Nomadin ungewöhnlich dunkel. Keru hatte in puncto Frauen den Geschmack des Landes beibehalten, in dem er geboren worden war. Rimnak glich mehr einem gutgenährten Moorschneehuhn als einem eleganten Schwan.

Warte! bedeutete Rimnak ihr in Gebärdensprache. Sie zeigte auf Keshna, die noch immer durch den Schlitz spähte. *Beobachte Changar noch eine Weile.*

Luma zuckte die Achseln, wie um zu sagen: *Wenn du darauf bestehst,* und schob ihr Gesicht wieder vor das Guckloch. In der Zwischenzeit schien nicht sonderlich viel passiert zu sein, außer daß Keru einen Schlauch mit einem Getränk gebracht hatte und daß er und Changar jetzt abwechselnd daraus tranken. Genauer gesagt, Keru trank daraus und schob das Mundstück des Schlauchs vorsichtig zwischen Changars Lippen, um ein klein wenig von dem, was der Schlauch auch enthielt, in Changars Mund zu drücken.

Wahrscheinlich Kersek, dachte Luma. Keru drückte abermals, und eine kleine Menge gegorener Stutenmilch rann aus Changars Mundwinkel und tropfte auf das Vorderteil seiner Tunika. Das ist fast so, als würde man jemandem beim Füttern eines Babys zuschauen, dachte Luma. Fast so, nur weitaus weniger amüsant.

Nachdem sie vielleicht sechsmal getrunken hatten, drehte Keru den Schlauch herum und drückte ein paar Tropfen in seine Handfläche. »Tja, das war's, Onkel. Wir haben keinen Kersek mehr«, sagte er. »Hast du genug, oder soll ich einen anderen Schlauch aus meinem Zelt holen?«

Luma fühlte, wie Rimnak hinter ihr erstarrte. Wenn Keru zu seinem Zelt ging, um mehr Kersek zu holen, würde Rimnak in Windeseile hinüberflitzen oder sich eine gute Ausrede einfallen lassen müssen, um zu erklären, warum sie nicht dort war, als er zurückkehrte.

»Bleib hier«, murmelte Changar und klopfte auf das Kissen, auf dem Keru saß. Luma hörte Rimnaks leisen Seufzer der Erleichterung. Changar schloß die Augen, und sein Kopf sank ihm langsam auf die Brust. Im Inneren des Zeltes herrschte für lange Zeit Stille. Luma wurde ungeduldig. Der alte Mann war eingeschlafen. Warum ging Keru nicht?

Luma gähnte und setzte sich, um abzuwarten. Nach einer Zeit, die ihr vorkam wie eine halbe Ewigkeit, öffnete Changar wieder die Augen und blinzelte benommen. Er hob den Kopf und sah Keru an, als ob er ihn nicht richtig erkenne, aber vielleicht tat er es doch, denn er zeigte auf etwas, das Luma nicht sehen konnte, und Keru stand auf, um es ihm zu bringen.

Luma sah, wie sich Kerus Schatten über die Zeltwand bewegte. Sie beobachtete, wie er nach etwas griff und dann kehrtmachte und zu Changar zurückging. Als er wieder in ihrem Blickfeld erschien, hielt er einen anderen Trinkschlauch in der Hand. Es war also doch noch ein Schlauch mit Kersek im Zelt. Merkwürdig, daß Changar sich daran erinnert hatte und Keru nicht.

Er setzte sich und zog den Stöpsel heraus, doch statt Changar etwas von dem Kersek in den Mund zu träufeln, reichte er ihm den ganzen Schlauch. Changar ergriff ihn mit zitternden Händen, murmelte etwas, was Luma nicht verstand, und reichte Keru den Schlauch zurück.

»Danke, Onkel«, sagte Keru. Er lächelte, legte den Kopf in den Nacken, preßte die Seiten des Schlauchs zusammen und drückte etwas von dem Kersek in seinen Mund. Aber Moment mal... war das wirklich Kersek? Luma sah die Flüssigkeit nur für einen flüchtigen Moment, doch sie schien sehr dunkel zu sein, wie das mit Knochenkohle versetzte Wasser, das Marrah ihr manchmal zu trinken gab, wenn sie eine Magenverstimmung hatte. Ein seltsamer Geruch strömte aus dem Zelt: süß wie Anis, aber mit etwas Bitterem vermischt, etwas Unvertrautem und leicht Widerwärtigem, das Luma an Holzfäule erinnerte. Welche Kräuter rochen denn wie vermodertes Holz?

Keru schluckte die Flüssigkeit, was immer sie auch enthalten mochte, senkte den Schlauch und lächelte. »Darf ich noch etwas davon trinken?«

Changar schien ihn verstanden zu haben, denn er nickte, und Keru trank abermals einen Schluck. Er schien das Zeug zu mögen. Vielleicht schmeckte es besser, als es roch. Als er zum zweiten Mal davon trank, fragte Luma sich, ob dies vielleicht das Gebräu war, das ihn zeugungsunfähig machte. Es war ein beunruhigender Gedanke, deshalb war sie erleichtert, als sie sah, wie Changar verneinend den Kopf schüttelte, als Keru um einen dritten Schluck bat.

Keru erhob keine Einwände. Er stöpselte den Schlauch gehorsam zu und legte ihn auf den Teppich zwischen ihnen. Danach geschah nichts weiter, außer daß Changar wieder die Augen schloß und erneut den Kopf auf die Brust fallen ließ. Bald ließ auch Keru den Kopf sinken. Changar stieß einen leisen Schnarchlaut aus, und an seinem Kinn rann ein dünner Speichelfaden herunter. Keru begann zu schnarchen. Sie schlafen tief und fest, dachte Luma.

Aber nachdem sie Keru nun von dem sonderbaren schwarzen Gebräu hatte trinken sehen, hatte sie es nicht mehr eilig zu gehen. Sie kniete sich auf den harten Boden, versuchte, nicht an ihre Knie zu denken, die allmählich zu schmerzen anfingen, und spähte weiterhin durch den Schlitz. Keshna neben ihr beobachtete die Szene im Zelt ebenfalls aufmerksam. Manchmal verlagerten sie sehr vorsichtig ihr Gewicht, um kein Geräusch zu machen, und einmal, als Keshna in sich zusammenzusinken begann, als drohe sie einzudösen, drehte Luma sich zu ihr um und kniff sie leicht in die Seite. Dazu mußte sie ihr Auge von dem Loch lösen. Sie blickte Keshna nur für einen kurzen Moment an, doch als sie wieder durch den Schlitz in der Zeltwand spähte, sah sie, daß Changar nicht länger schlief. Er saß aufrecht auf seinem Kissen: den Rücken kerzengerade, die Augen hart und klar, sein Ausdruck hellwach und das Kinn energisch vorgeschoben. Weder zitterte er, noch sabberte er, und der Blick, mit dem er Keru betrachtete, glich dem eines Löwen, der sich an ein Reh anschleicht.

Die Veränderung war so unglaublich, daß man sich nur schwer vorstellen konnte, daß er ein und derselbe Mann war. Changar schien plötzlich um zehn Jahre jünger. Rimnak hatte die Wahrheit gesagt! Der alte Heimtücker stand nicht an der Schwelle des Todes. Er hatte nur simuliert! Luma hielt, aus Angst, einen Laut von sich zu geben, der sie verraten könnte, den Atem an. Aber Changar blickte nicht in ihre Richtung, er hatte nur Augen für Keru.

»Keru«, sagte er mit gedämpfter, eindringlicher Stimme. »Kannst du mich hören?«

Durch Kerus Körper ging ein heftiger Ruck, der ihn eigentlich hätte wecken müssen, aber seine Lider flatterten nur ein paarmal und schlossen sich dann wieder. »Ich höre dich, Onkel«, erwiderte er mit der undeutlichen Stimme eines Schlafwandlers.

»Keru, wer war dein Vater?«

»Mein Vater war Vlahan.«

»Braver Junge.« Changars Lippen verzogen sich zu einem triumphierenden Grinsen, das Luma grauenhaft fand. Es war das verderbte Grinsen eines Menschen, der etwas Schlimmes getan hat und auch noch stolz darauf ist. »Und wer ist deine Mutter?«

»Marrah aus Shara.«

»Du meinst, Marrah, die Hexe. Marrah, die böse, stinkende Hexe, die dich haßt.«

Keru sagte nichts.

»Antworte mir.«

Keru sagte noch immer nichts.

»Du bist heute abend sehr ungezogen, Keru. Sag: ›Meine Mutter haßt mich.‹«

Zwei Tränen quollen unter Kerus geschlossenen Lidern hervor und rollten ihm über die Wangen. »Meine Mutter haßt mich«, stotterte er mit schrecklicher, benommener Stimme. »Ach, aber ich wünschte, sie würde mich nicht hassen. Ich liebe sie so sehr.«

»Du liebst sie nicht. Du haßt sie. Wenn du an sie denkst, siehst du verfaultes Fleisch und Würmer, die darin herumkriechen; du siehst widerlich stinkende Dunghaufen; blutige Eingeweide ...« Er fuhr fort, ekelerregende Dinge aufzuzählen.

»Und jetzt sag es noch einmal: ›Meine Mutter haßt mich, und ich hasse sie.‹«

»Meine Mutter haßt mich, und ich hasse sie.« Kerus Stimme bebte.

Luma ballte ihre Hände so fest zu Fäusten, daß die Nägel ihr in die Handflächen schnitten. Irgendwie wußte sie bereits, was als nächstes kommen würde.

»Guter Junge.« Changar sprach so herablassend und verächtlich mit Keru, als sei er ein Hund. »Und jetzt sag: Ich hasse meine Schwester ...«

»Nein«, stöhnte Keru.

»... und meine Cousine. Sag die Namen, ›Luma‹ und ›Keshna‹ und spuck auf den Boden. Fühle, wie dich die beiden Namen mit wildem Haß erfüllen.«

»Nein. Niemals!«

Changars Stimme verwandelte sich in ein scharfes Zischen, das in der Stille der Nacht widerzuhallen schien. »Wie war das? Niemals? Du wagst es, ›niemals‹ zu mir zu sagen? Kratz dir die Augen aus!«

Luma keuchte entsetzt auf, als Keru anfing, sich die eigenen Augen auszukratzen, doch bevor er sich ernstlich verletzten konnte, packte Changar ihn an den Handgelenken. »Hör auf damit, du kleiner Idiot. Mir ist gerade eingefallen, daß du nutzlos für mich bist, wenn du blind bist. Aber du mußt bestraft werden. Hat Rimnak dein Zelt verlassen?«

»Nein, Onkel.«

»Wirf sie heute abend hinaus.« Luma fühlte, wie Rimnak hinter ihr zusammenzuckte. »Sag ihr, sie erinnert dich an einen fetten Hund, und schick sie zu ihrem Taugenichts von Bruder zurück, diesem Tlanhan, und zwar mit nichts als den Kleidern, die sie auf dem Leib trägt. Und schick auch deine jüngste Konkubine fort.«

»Nicht Urmnak.«

»O doch, Urmnak.« Changar beugte sich so weit zu Keru vor, daß seine Lippen fast Kerus Mund berührten, als er sprach. »Du gehörst mir. Ich habe dich gemacht, und ich kann dich jederzeit vernichten. Entweder du tust, was ich dir sage, oder ich nehme dir alle deine Konkubinen weg. Wage es noch ein einziges Mal, dich mir zu widersetzen, und ich werde deinen Penis in einen Wurm verwandeln. Du wirst nie mehr fähig sein, mit einer Frau zu liegen. Du wirst für den Rest deines Lebens impotent sein. Verstehst du, was ich sage?«

Kerus Lippen zuckten leicht. »Ja.«

»Gut. Und jetzt laß uns noch einmal von vorn anfangen. Erzähl mir, wie du deine Schwester und deine Cousine mit deinen eigenen Händen töten wirst.«

»Nein.«

Changars Augen verengten sich zu zwei Schlitzen grünen Zorns. Er lehnte sich zurück und starrte Keru lange schweigend an. Dann zuckte er zu Lumas Verblüffung die Achseln, tauchte zwei Finger in die Schale mit Ragout, wählte ein Stückchen Fleisch aus und knabberte daran.

»Ich schätze, ich habe dir heute abend nicht genug zu trinken gegeben«, murmelte er. »Aber egal. Morgen ist auch noch ein Tag.« Er fischte weitere Fleischstücke aus der Schale, trank die Brühe aus und wischte sich den Mund am Ärmel seiner Tunika ab. »Kannst du mich immer noch hören, Keru?«

»Ja, Onkel.«

»Gut. Nun denn, da du mir nicht sagen willst, wie du deine Schwester und deine Cousine umbringst, werde ich es dir sagen. Als erstes nimmst du die beiden mit in die Wälder, an einen Ort, wo dich niemand beobachten kann, und dann...«

Luma hörte voller Grauen zu, wie Changar fortfuhr, in allen Einzelheiten zu beschreiben, wie sie und Keshna ermordet werden sollten.

Als Luma und Keshna in ihr Zelt zurückkehrten, warf Kläffer nur einen Blick auf sie und lief wieder davon, um sich in eine Ecke zu kauern. Wütend und aufgebracht wanderten sie um die Feuergrube herum.

»Ich schlage vor, wir bringen Changar gleich heute nacht um«, fauchte Keshna.

»Nichts, was ich lieber tun würde«, antwortete Luma. »Aber es ist zu riskant. Keru weiß offensichtlich nicht, was da vor sich geht.«

»Dann werden wir es ihm sagen.«

»Wie kommst du auf die Idee, daß er uns glauben wird? Du hast doch selbst gesehen, wie Changar Dinge aus seinem Bewußtsein löscht. Keru glaubt, er verbringe seine Abende damit, sich um seinen armen alten Onkel zu kümmern. Wenn wir Changar töten, wird Keru glauben, wir hätten ihn ermordet. Ich glaube zwar nicht, daß Keru uns wegen eines solchen Mordes hinrichten würde – du hast ja gehört, wie er sich Changar widersetzt hat, als dieser ihm befahl, uns zu töten –, aber er könnte sich gegen uns wenden und uns aus dem Lager jagen. Wenn wir Changar töten, ist es sehr unwahrscheinlich, daß Keru jemals mit uns nach Shara zurückkehrt, und ich habe einfach zu lange gebraucht, um meinen Bruder zu finden, um das Risiko einzugehen, ihn wieder zu verlieren.«

Keshna zog ihren Dolch. »Dann laß mich es tun. Laß mich diesen Dolch in Changars böses Herz stoßen. Mir ist egal, was Keru von mir hält. Soll er doch meinen Namen verfluchen und mich in die Wälder jagen. Das Vergnügen, Changar zu töten, ist etwas, worauf ich mich schon fast mein ganzes Leben lang gefreut habe – seit ich alt genug war, um zu verstehen, was der elende Bastard unsern Müttern angetan hat!«

»Beruhige dich.«

»Ich bin vollkommen ruhig.«

»Nein, ich meine es ernst, Keshna. Steck diesen Dolch weg und hör mir zu. Wir müssen äußerst vorsichtig vorgehen. Zuerst einmal müssen wir Keru dazu bringen, nichts mehr von dem Gift zu trinken, das Changar ihm einflößt. Und dann müssen wir ihn nach und nach von Changar abbringen.«

»Du willst wie die Jahreszeiten vorgehen, richtig? Wie ein Gletscher?«

»Ja.«

»Hat dir schon mal jemand gesagt, daß du ein jämmerliches, feiges kleines Kaninchen bist?«

»Ja, du. Oft. Und fast ebensooft hat uns meine feige, kaninchenmäßige Vorsicht das Leben gerettet. Es ist mir wirklich ernst, Keshna: Steck deinen Dolch weg, bevor du dich schneidest, sonst rufe ich die Wachen und sage ihnen, du wärst irrsinnig geworden!«

Mit einem verdrießlichen Knurren schob Keshna ihren Dolch in seine Lederscheide zurück.

»Ist es so besser, Hasenherz?«

»Viel besser. Jetzt können wir endlich vernünftig reden. Aber zuerst mußt du mir versprechen, daß du Changar keine Gewalt antun wirst.«

»Warum sollte ich so etwas Dummes versprechen?«

»Weil ich deine Cousine bin und deine beste Freundin, und weil Keru mein Bruder ist, und weil ich dich inständig bitte, meine Wünsche in diesem Fall zu respektieren. Versprichst du es mir?«

Keshna haßte es, Befehle erteilt zu bekommen, aber sie konnte nicht widerstehen, wenn man sie inständig um etwas bat. »Ja«, sagte sie mürrisch, »wenn du es so formulierst, dann verspreche ich, daß du niemals hereinkommen und mich dabei ertappen wirst, wie ich Changars mageres Herz an diesen elenden Köter verfüttere, den wir unseren Hund nennen.«

»Soll ich dir meinen jämmerlichen, feigen kleinen Plan erklären, oder bist du zu erhaben, um mir zuzuhören?«

»Himmel noch mal, nun fang schon an«, sagte Keshna ungeduldig. Luma begann über die Möglichkeit zu sprechen, Keru ganz allmählich bewußtzumachen, was Changar ihm antat. Sie sagte, sie hätte sich überlegt, daß sie mit Rimnaks Hilfe den schwarzen Trank gegen mit Anis gewürztes Wasser austauschen könnten, so daß Keru hellwach sein würde, wenn Changar plötzlich aufhörte, den kranken alten Mann zu spielen. Aber sobald Luma anfing, ihren Plan zu erklären, hörte Keshna nicht mehr zu. Sie war zu sehr damit beschäftigt, über all die anderen Dinge nachzudenken, die sie mit Changar tun konnte – all die Dinge, die sie Luma nicht versprochen hatte. Lange bevor Luma geendet hatte, hatte Keshna sich ihren eigenen Plan zurechtgelegt. Es war ein sehr befriedigender Plan: eine Mischung aus Verführung und Rache, die auf besonders angenehme Weise sicherstellte, daß Changar leiden würde.

Als Keshna am nächsten Morgen aufwachte, strich sie sich rasch mit einer Hand über den Kopf, um nach neuem Haarwuchs zu tasten. Es war ein Fehler, mir den Kopf kahlzuscheren, dachte sie.

Sie hatte nicht viel Haar, aber das, was sie hatte, war weich und kraus wie der Flaum eines neugeborenen Babys. Keshna versuchte sich vorzustellen, wie sie wohl aussah. Im Nomadenlager gab es keine Spiegel, und der Rauchfluß strömte zu schnell dahin, um ein einigermaßen brauchbares Bild zu reflektieren. Sie betrachtete ihre Hände, die rauh und schwielig waren, streckte dann die Beine aus und starrte auf ihre Zehen. Ihre Zehennägel waren mit Flußschlamm verkrustet. Sie roch prüfend an ihrer linken Achselhöhle und grinste. Sie stank nicht direkt, aber da sie sich am vergangenen Abend vor dem Zubettgehen nicht die Mühe gemacht hatte, ein Bad zu nehmen, strömte sie den schwachen Geruch ungewaschener Haut aus, vermischt mit der scharfen Ausdünstung der wildwachsenden Zwiebeln, die sie zum Abendessen verspeist hatte. Der Körpergeruch war kein Problem: Sie hatte die Erfahrung gemacht, daß die meisten Männer den Geruch einer Frau erregend fanden, aber die Zwiebeln würde sie aufgeben müssen.

Sie warf einen Blick auf Luma, die auf dem Rücken lag und tief und fest schlief. Luma träumte wohl von Kandar, denn ihr Mund war zu einem Lächeln verzogen.

Grüße Kandar von mir, dachte Keshna. Er hat mir eine Menge beigebracht. Sie gähnte und erhob sich vorsichtig, um zu verhindern, daß Luma aufwachte und ihr eine Reihe unangenehmer Fragen stellte. Es war so früh, daß die letzten Sterne noch durch das Rauchabzugsloch des Zeltes zu sehen waren. Sie hatte, bis der Morgen dämmerte, eine Menge zu tun. Zuerst mußte sie zum Fluß hinuntergehen, etwas sauberen Sand suchen und sich die Überreste ihrer Tätowierungen abschrubben. Zwar hatte sie mittlerweile Gefallen daran gefunden, aber sie hatten eindeutig ausgedient. Dann mußte sie etwas zum Anziehen finden, um nicht ständig in Lederbeinlingen und schmutzverkrusteten Stiefeln herumzulaufen. Sie dachte flüchtig daran, Kerus jüngste Konkubine, Urmnak, zu bitten, ihr eines ihrer wollenen Gewänder zu leihen, verwarf die Idee jedoch schnell wieder. Die Kleidung der Nomadenfrauen ließ sie wie Bündel schlecht verpackter Kohlköpfe aussehen. Sie brauchte etwas, das mehr der Kleidung der Sharanerinnen ähnelte, etwas aus Leinen; aber wo bekam man Leinen her an einem Ort, wo niemand Flachs erkannt hätte, selbst wenn er mit dem Gesicht voran in eine ganze Grube voller Flachsfasern gefallen wäre?

Um das Zelt zu verlassen, mußte sie zuerst das feine Wollnetz beiseite schieben, das die Konkubinen vor den Eingang gespannt hatten. Keshna griff nach dem Netz und hielt mitten in der Bewegung inne. Das Netz war weich und leicht, und als sie ihre Hand betrachtete, die durch das geflochtene Gitterwerk aus weißer Wolle hindurchschimmerte, begriff sie, daß sie gefunden hatte, was sie suchte. Alles, was sie brauchte, um aus diesem Moskitonetz ein Gewand zu machen, war eine Art Schulterspange und ein Gürtel. Die Anstecknadel hatte sie, und es war obendrein eine sehr hübsche – eine Brosche aus Kupfer in Form einer Schlange, die Ranala ihr an dem Tag ihrer Aufnahme in den Nattern-Verband geschenkt hatte. Einen Gürtel konnte man aus allem möglichen machen – zum Beispiel aus dieser roten Wolle, die die Nomaden in die Mähnen und Schweife ihrer Pferde zu flechten pflegten. Rot war eine gute Farbe, die Farbe der Leidenschaft.

Also Gürtel, Anstecknadel und Netz, und schon hatte sie ein Kleid. Es würde sich natürlich nicht eignen, um im Lager damit herumzuspazieren, da man mühelos durch den Stoff hindurchsehen konnte, aber genau das war der springende Punkt. Zufrieden zog Keshna das Moskitonetz herunter, hängte es sich über die Schulter, verließ das Zelt und strebte in Richtung Fluß.

Als sie sich mit Keru zu ihrem täglichen Jagdausflug traf, waren die Tätowierungen auf ihren Armen verschwunden, aber im übrigen sah Keshna nicht anders aus als bislang. Ihre Tunika war noch ebenso zerrissen, ihre Lederbeinlinge ebenso abgeschabt, und an ihren Stiefeln klebten noch immer Schlamm und Gras der gestrigen Jagd. Keru war schon vor ihr am Korral angekommen und bereits dabei, Windtänzer zu satteln. Er sah bemerkenswert wach und munter aus für jemanden, dessen Seele vor kurzem gefressen worden war.

»Sieht aus, als würde es ein heißer Tag werden«, bemerkte er, während er Windtänzer geschickt das Gebiß aus Knochen anlegte.

Keshna grinste. »Je heißer, desto besser.«

Keru war verdutzt über diese Bemerkung, weil das Wild bei heißem Wetter immer im Schatten Schutz suchte, und die Jagdausbeute an kühlen Tagen viel besser war. Aber da Keshna immer seltsame Bemerkungen von sich gab, machte er sich nicht die Mühe, sie um eine Erklärung zu bitten.

Sie sattelte rasch ihre Stute, und sie ritten davon, bevor die Morgenwachen ihren Dienst antraten. Wie Keru vorausgesagt hatte, wurde die morgendliche Kühle bald von jener brütenden Sommerhitze verdrängt, die typisch war für das Delta. Als sie über die schilfbewachsene Ebene hinwegblickten, konnten sie die Hitze deutlich in Wellen aufsteigen sehen. Im Wald war es kühler, aber nur ein wenig. Die Blätter der Bäume hingen schlaff herab, und die Luft war zum Schneiden dick. Bald waren die Hälse ihrer Pferde feucht vor Schweiß. Sie ritten langsam, und obwohl sie auf eine ganze Reihe von Wildfährten trafen, sahen sie zwischen Morgen und Mittag nicht eine einzige Geweihsprosse.

»Ich weiß nicht, warum wir überhaupt unsere Bögen mitgenommen haben«, knurrte Keru. Aber Keshna, die sonst leicht schlechte Laune bekam, wenn es keine jagdbaren Tiere gab, war ausgesprochen vergnügt und erzählte alle möglichen ermutigenden Dinge über Rehe und Wildschweine und all die anderen Tiere, die sie zweifellos noch vor Einbruch der Dunkelheit aus dem Dickicht scheuchen würden.

»Die Hitze macht dir zu schaffen«, sagte sie, und zu seiner Überraschung schlug sie vor, eine kleine Rast einzulegen und im Schatten an einem kleinen Teich zu essen, wo sie ihre Stiefel ausziehen und ihre Füße im Wasser baumeln lassen konnten. Da Keshna sonst immer darauf bestand, so lange weiterzujagen, bis sie entweder etwas erlegt hatten oder vor Erschöpfung beinahe umfielen, fragte Keru sich, was in sie gefahren war; aber in Anbetracht der Tatsache, daß das Wild rar und die Hitze unerträglich war, hatte er keine Lust, mit ihr zu streiten.

Nachdem sie gegessen hatten, bot Keshna großzügig an, Wache zu halten, so daß er ein kleines Nickerchen machen könnte. Einen Moment lang war Keru mißtrauisch. Was heckte sie aus? Als er das letzte Mal versucht hatte, sich eine Weile aufs Ohr zu legen, hatte sie ihn unsanft in die Rippen geboxt und ihm vorgeworfen, er vertriebe mit seinem lauten Geschnarche das Wild. Ach, was soll's, dachte er gleich darauf, Frauen sind nun mal ziemlich launenhaft, und Keshna scheint heute ziemlich gut gelaunt zu sein. Als er sich auf dem Moos ausstreckte und die Augen schloß, wurde ihm bewußt, daß er Keshna eigentlich nie so richtig als Frau betrachtet hatte. Er hatte sie immer als einen Gefährten angesehen, ähnlich wie Tlanhan. Vielleicht stand er ihr ein wenig näher als Tlanhan, weil sie seine Blutsverwandte war und sie als Kinder zusammen aufgewachsen waren, aber er hatte nie darüber nachgedacht, sie könnte von weiblichen Gefühlen erfüllt sein. Er war sich auch nicht sicher, ob er das wollte. Frauen gab es genug in seiner Nähe, aber ein guter Jagdkumpan war schwer zu finden.

Keru schloß die Augen, schlief ein und träumte von einer ganzen Schar von Rehen, die um seine Pfeile flehten.

Einige Zeit später wurde er von Gesang geweckt. Es war ein süßer Gesang, lieblich und melodisch und so sanft wie die perlenden Töne einer Holzflöte. Einen Moment lang lag Keru mit geschlossenen Augen ruhig da. Während er zuhörte, wurde ihm bewußt, daß er das Lied kannte und daß der Text Sharanisch war:

Süße Lippen,
süße Zunge,
liebkost mich,
wie die Biene die Blume liebkost.

Laß deine Hände wandern,
laß deine Finger spielen,
der Wasserfall ergießt sich über die Felsen,
wie sich dein Haar über meinen Bauch ergießt.

Es war ein altes Lied, so alt, daß niemand mehr wußte, wann die Worte zum ersten Mal gesungen worden waren. Als Keru dem Lied lauschte, erinnerte er sich wieder an die weißen Häuser von Shara, an die Liebespaare, die engumschlungen im Dunkeln flüsterten, an den Duft von Jasmin und an das Rauschen der Brandung am Strand. Er war, als er in einem der weißen Mutterhäuser gelebt hatte, noch zu jung gewesen, um Liebeslieder zu singen, aber er hatte dieses hier sehr oft gehört. Seine Mutter und Stavan hatten es sich vorgesungen. Manchmal hatte er nachts wachgelegen und auf ihre Stimmen gehorcht, die durch die Dunkelheit heraufdrangen, und er hatte ihre Liebe füreinander gefühlt, hatte gespürt, wie sie sich um ihn legte, ihn einhüllte und ihn vor allem Übel schützte.

Meine Mutter haßt mich nicht, dachte Keru, *und sie hat mich auch nie gehaßt.* Doch sobald ihm dieser Gedanke durch den Kopf ging, wußte er, daß es eine Lüge war, und er verfluchte sich, weil er so dumm gewesen war, auf ein Lied hereinzufallen. Er öffnete die Augen und stützte sich auf einen Ellenbogen auf, um Keshna zu bitten, sie solle aufhören zu singen. Aber bei dem Anblick, der sich ihm bot, vergaß er Shara schlagartig.

Keshna – die schmuddelige, schlammbeschmierte, verschwitzte Keshna – war nicht mehr schmuddelig und schlammbeschmiert. Sie stand im Teich, bis zur Taille im Wasser, und schöpfte das kühle Naß mit den Händen über ihre nackten Brüste. Während Keru zuschaute, tauchte sie unter, bis nur noch ihr Hals und ihr Kopf aus dem Wasser ragten, und erhob sich in einem Sprühnebel feiner Tröpfchen, die an jedem einzelnen der winzigen goldenen Härchen auf ihrem Körper zu haften schienen. Er hatte Keshna nicht mehr nackt gesehen, seit sie ein Kind war, und sie hatte sich in all den Jahren zweifellos sehr verändert. Er hatte keine Ahnung, daß sie volle, hochangesetzte Brüste hatte, eine schmale Taille, so schwungvoll gerundete Hüften. Sie war wie ein prachtvolles Tier, ihre Haut braun wie das Fell eines Rehkitzes, wo die Sonne sie liebkost hatte, und cremig weiß wie Sahne, wo sie von Kleidung bedeckt gewesen war.

Keshna schien seine Verblüffung gespürt zu haben, denn sie drehte sich zu ihm um, und ihr Mund verzog sich zu einem seltsamen Lächeln, das ihr Gesicht erhellte und ihre Lippen voller und verführerischer machte. »Du bist also aufgewacht«, sagte sie. Sie kam sehr langsam auf ihn zu, watete Schritt für Schritt aus dem Wasser, bis er das feuchte, rötlich-braune Haardreieck zwischen ihren Beinen sah, die Kurve ihrer Schenkel, die perfekte Form ihrer Fesseln, die bisher immer unter Stiefeln versteckt gewesen waren.

Dann kehrte sie ihm den Rücken zu, damit er einen ausführlichen Blick auf ihr festes kleines Hinterteil werfen konnte, ging zu ihrer Satteltasche und zog ein duftiges weißes Ding heraus, das sie sich überwarf, mit einer Nadel an der Schulter befestigte und mit einer roten Schnur in der Taille gürtete. Das Gewand – wenn es ein solches war – war so dünn, daß sich Keshnas Körper deutlich darunter abzeichnete. Sie ist wie eine nackte Schwimmerin in der Gischt, dachte er. Und dann schoß ihm der Gedanke durch den Kopf, der ihm eigentlich gleich hätte kommen müssen, als er sie gesehen hatte: Diese Frau versucht mich zu verführen.

Wenn es tatsächlich das war, was Keshna zu tun versuchte, dann funktionierte es hervorragend. Sein Penis wurde hart, Begierde flammte in ihm auf, und er fühlte das starke Verlangen, die Hand auszustrecken und ihr das durchsichtige Gewand vom Körper zu reißen und sie auf dem weichen Moos zu nehmen, gleich hier und gleich jetzt. Aber sie war nicht irgendeine Frau, sie war seine Cousine, Keshna. Irgendwie fand er seine Stimme wieder.

»Ist das ein Moskitonetz, was du da trägst?« Er hatte nicht so etwas Dummes sagen wollen, und kaum waren ihm die Worte über die Lippen gekommen, hätte er sie am liebsten wieder zurückgenommen. Aber Keshna lachte nur und kam näher. Beim Gehen wiegte sie sich in den Hüften, was ein äußerst verführerischer Anblick war.

»Ja«, erwiderte sie. Sie setzte sich neben ihn, streckte die Hand aus und strich ihm sanft eine Locke aus der Stirn. »Gefällt es dir?« Ohne seine Antwort abzuwarten, sagte sie: »Du siehst aus, als wolltest du etwas. Bin ich diejenige, die du willst?«

»Ja.« Behutsam berührte er die Rundung ihrer rechten Schulter. Er konnte ihre Zartheit fühlen und ihre Kraft. Sie hatte die Schultern eines Kriegers und zugleich die einer Frau, eine seltsame, verführerische Mischung aus samtweicher, glatter Haut und eisenharten Muskeln, wie er sie noch nie zuvor gesehen hatte. »Ich will dich.«

»Du hast mich bisher nicht gewollt«, sagte sie neckend und beugte sich vor, so daß ihre Knospen gegen das hauchdünne Gewebe ihres Kleides drückten.

»Du hast bisher auch noch nie so unglaublich weiblich ausgesehen.« Er war ihr gegenüber lächerlich schüchtern und gehemmt, wie ein Junge, der noch nie eine Frau gehabt hatte, was albern war, denn er hatte Dutzende gehabt. Hätte ihn einer seiner Männer sehen können, wie er hier lag und einer halbnackten Frau stammelnd und errötend sein Verlangen und seine Bewunderung gestand, wäre er vor Verlegenheit gestorben, aber Keshna gab ihm das Gefühl, ein sharanischer Mann zu sein, und er erinnerte sich wieder an die sharanischen Regeln des Berührens und Liebkosens.

»Darf ich dich küssen?« fragte er. Er hatte noch nie einer Frau eine solche Frage gestellt, aber die Worte kamen ihm mühelos über die Lippen.

Keshna lächelte und befeuchtete ihre Lippen mit der Zungenspitze. »Tja«, meinte sie, »ich bin mir nicht sicher.«

Das ärgerte ihn. Nachdem er die Höflichkeit besessen hatte, sie zu fragen, hatte er nicht weniger als ein begeistertes »Ja« erwartet. Er war ein Häuptling, und er war es gewohnt, seinen Willen zu bekommen; und Cousine hin oder her, was bildete sie sich eigentlich ein, ihn so zu quälen? Keru verwandelte sich wieder in einen Hansi-Krieger.

»Ich könnte dich gleich hier nehmen«, sagte er brüsk. »Gleich hier auf dem Boden, wo dich keiner hört, wenn du schreist. Ich könnte dich auf den Rücken werfen und dich vögeln, bis dir Hören und Sehen vergeht.«

Die alte Keshna hätte ihm wütend ins Gesicht gespuckt, doch die neue schüttelte nur den Kopf, als sei seine Drohung zu kindisch, um sie ernst zu nehmen. »Das könntest du«, erwiderte sie. »Frauen gegen ihren Willen zu zwingen ist eine Spezialität der Nomaden, und ich bin überzeugt, du kannst es so gut wie jeder andere Krieger. Aber bevor du mich auf den Rücken wirfst und mich vögelst, bis mir Hören und Sehen vergeht, denk über folgendes nach: Wenn du mich ohne meine Einwilligung berührst, wirst du unsere Freundschaft für immer zerstören.«

»Es könnte den Preis durchaus wert sein, so wie du heute aussiehst. Wenn du nicht mit mir liegen willst, warum in Hans Namen stolzierst du dann halbnackt vor mir herum und ...«

»Und«, unterbrach Keshna ihn, »das ist noch nicht alles. Zwing mich, und du wirst eine widerwillige Partnerin haben. Du würdest es wahrscheinlich gar nicht merken, weil ich vermute, daß alle Frauen, die du bisher hattest, mehr oder weniger unwillig waren. Du hast deine Frauen immer besessen wie deine Pferde. Oh, ich will damit nicht etwa sagen, daß du nicht gut zu ihnen gewesen bist. Ihr Nomaden seid oft gut zu euren Pferden. Aber hast du jemals eine Frau gehabt, die aus freien Stücken zu dir gekommen ist? Das bezweifle ich.«

Das war eine sehr beunruhigende Frage. Hatte er jemals eine Frau gehabt, die freiwillig zu ihm gekommen war? Keru versuchte, sich an eine zu erinnern, aber es fiel ihm keine ein.

Keshna lächelte, und ihre Stimme wurde wieder sanft. »Nun reg dich nicht auf wegen dem, was du verpaßt hast. Wir sind dabei, all das zu ändern. Keru, mein Lieber, du bist im Begriff, zum ersten Mal in deinem Leben Sex mit einer Frau zu haben, die dir an Verlangen gleichkommt, aber wir werden es auf meine Art tun müssen.«

»Und was ist deine Art?« fragte er, und schämte sich gleichzeitig, weil er auf ihre alberne Neckerei einging. Dennoch war er zu sehr von Neugier und Begierde erfüllt, um sie wegzustoßen und ihr zu sagen (wie er es tun sollte, wenn er auch nur einen Funken Stolz besaß), daß sie ihn nicht reizte.

»Wir werden es langsam tun müssen.« Das klang gar nicht mal so übel. Langsam, dachte er, kann äußerst vergnüglich sein. »Und«, fügte sie hinzu, »wir werden es auf die sharanische Art tun müssen.«

»Was ist die sharanische Art?«

»Du weißt sehr gut, was das ist. Du bist als sharanischer Junge erzogen worden, und alle sharanischen Jungen, selbst die jüngsten wissen, wie Männer und Frauen Liebe machen. Wir tun alles, was wir wollen – Hände, Mund, Finger, Schenkel, Lippen: all die feuchten und schönen Dinge, die weichen und die harten. Das schnelle Keuchen und das langsame Atmen, und die brennende Lust, die stärker und immer stärker wird, bis wir beide das Gefühl haben, vor lauter Verzückung in einen tiefen Abgrund zu stürzen.«

Keshna beugte sich erneut vor und ließ ihre Brustwarzen vor seinem Gesicht baumeln.

»Aber du dringst erst dann in mich ein, wenn ich dir einen leichten Klaps auf den Schenkel gebe.«

»Es ist also wie ein Spiel«, flüsterte er, fast unfähig, einen Ton hervorzubringen, so heftig begehrte er sie.

»Ja«, erwiderte sie, »wie ein sehr langes, langsames, süßes, uraltes Spiel. Mit einem einzigen Unterschied, daß wir am Ende beide gewinnen. Gibst du mir dein Ehrenwort als Krieger, daß du Lust auf sharanische Art mit mir teilen wirst?«

Wenn es irgendeinen Mann gab, der es über sich gebracht hätte, »nein« zu ihr zu sagen, Keru war es nicht. Er sagte »ja«, wie sie vorausgesehen hatte. Und als das Wort auf sharanisch über seine Lippen gekommen war, beugte Keshna sich noch ein Stückchen näher zu ihm und küßte ihn leidenschaftlich, und er fühlte ihre Brustwarzen über seine Brust streifen wie die bebenden Flügel zweier kleiner Vögel, bereit, sich in die Lüfte zu schwingen.

19. Kapitel

Eine Woche lang ritten Keshna und Keru jeden Morgen aus dem Lager, als gingen sie auf die Jagd, aber sie kehrten ohne Beute zurück. Sie brachen in den kühlen Morgenstunden auf und ließen sich von den Schatten des Waldes einhüllen; sie fanden üppige Polster kleiner weißer Blumen mit zarten Blütenblättern, die ihre Haut parfümierten, wenn sie sich leidenschaftlich darauf herumwälzten, weiches Moos und Blätterschichten, so dick wie fünf feine Wollteppiche. Wenn er auf dem Rücken unter Keshna lag, sah Keru, wie sich die Bäume wie grünhaarige Göttinnen über ihn neigten, und er hörte ihr raschelndes Murmeln der Billigung. Wenn Keshna unter ihm lag, sah er all die dunkle Schönheit der Erde in ihren Augen.

Vor Keshna waren alle Frauen, mit denen er jemals gelegen

hatte, als Jungfrauen zu ihm gekommen. Sie waren sehr jung und passiv gewesen und vollkommen eingeschüchtert von der Vorstellung, Sex mit dem Häuptling zu haben. Sie hatten von ihm erwartet, daß er sie lehrte, wie sie ihm sinnlichen Genuß verschaffen konnten, genauso wie er seine Pferde dressierte, im Schritt, im Trab und im Galopp zu laufen. Aber Keshna war keine Jungfrau mehr, und ihm wurde bald klar, daß sie ihm mehr beizubringen hatte als er ihr.

Zunächst widerstrebend und dann mehr als bereitwillig ergab er sich ihren langen, qualvollen Liebkosungen, die nirgendwohin zu führen schienen, ihren nackten Armen, der Linie ihres Halses und der flinken, süßen Geschicklichkeit ihrer Finger. Er fand schnell heraus, daß ihr Liebespiel für ihn lustvoller war, wenn er genau das tat, was sie wollte, statt zu versuchen, ihr seinen Willen aufzuzwingen. Jetzt war er derjenige, der geritten wurde; jetzt war er derjenige, der gehorchte, statt wie früher gebieterisch zu verlangen. Natürlich nicht die ganze Zeit. Manchmal überraschte Keshna ihn, indem sie sich zurücklegte und ihn aufforderte, mit ihr zu tun, was er wollte. Aber ihre Unterwerfung war niemals vollkommen. Immer dann, wenn er kurz vor dem Höhepunkt war, wenn die Anspannung kaum noch zu ertragen war, stieß sie ihn lachend zurück. Aber sie versüßte ihre Verweigerung, indem sie ihn auf andere Arten befriedigte, so intensiv, daß er sich danach kaum noch an seinen Namen erinnern konnte.

Am Ende jener Woche war er regelrecht besessen von Keshna, und als sie ihn um Windtänzer bat, überließ er ihr den Hengst bereitwillig, ohne mehr als einen Kuß dafür zu verlangen.

»Keshna!« rief Luma erschrocken. »Hast du völlig den Verstand verloren?«

Keshna saß ab und band Windtänzer vor ihrem Zelt an, wo jeder ihn sehen konnte. Sie grinste Luma triumphierend an, schob schwungvoll das neue Moskitonetz vor dem Eingang beiseite, betrat das Zelt, ließ sich auf einem Kissen nieder und bediente sich von dem Hammelfleisch und den gekochten Enteneiern, die Kerus Konkubinen zum Abendessen zubereitet hatten.

»Du hast Keru dazu gebracht, Sex mit dir zu haben, stimmt's?« fragte Luma. »Du hast ihn dazu verführt, Lust mit dir zu teilen, genauso wie damals, als du im Nattern-Verband bleiben wolltest, richtig?«

Keshna nickte, den Mund voller Hammelfleisch, und griff nach einem Entenei.

»Warum im Namen der süßen Göttin Erde hast du so etwas getan? Und wenn du es schon tun mußtest, mußt du es dann auch noch jedem unter die Nase reiben, indem du Kerus Pferd reitest? Kerus Kriegern hat es überhaupt nicht gepaßt, daß ihr Häuptling jeden Tag mit dir auf die Jagd gegangen ist. Jetzt werden sie dich hassen. Kerus Konkubinen werden dich hassen – ganz besonders Rimnak. Und Changar ...« Sie setzte sich neben Keshna und zog ihr den Korb mit Enteneiern weg. »Bist du schon mal auf den Gedanken gekommen, daß Changar sofort versuchen wird, dich zu töten, wenn er erfährt, daß du Sex mit Keru hast?«

Keshna schluckte und sah Luma mit milder, aufreizender Geduld an. »Changar versucht bereits, uns beide umzubringen. Weißt du noch, wie erfreut er aussah, als er Keru beschrieb, wie Keru uns die Zungen herausschneiden und sie ihm bringen soll, um zu beweisen, daß wir tot sind?«Sie legte das Entenei beseite, zog ihren Dolch aus der Scheide und stocherte mit der Spitze in ihren Zähnen herum, um Fleischreste zu entfernen. »Ich habe keine Angst vor Changar. Changar hat seine magischen Zauberformeln, und ich habe meine; und ich glaube, meine sind stärker.«

»Was für Zauberformeln? Wovon redest du eigentlich? Du bist keine Priesterin. Du hast nie in deinem Leben eine Initiation mitgemacht.« Luma holte tief Luft und versuchte ruhiger zu sprechen. »Keshna, die Sache ist wirklich ernst. Wir befinden uns hier in einer sehr gefährlichen Lage. Changar ist ein mächtiger Zauberpriester, und du hast den Fehler gemacht, den Kampf mit ihm aufzunehmen, und zwar so, daß er es keinesfalls ignorieren kann. Er wird dich bis zum äußersten bekämpfen, um weiterhin Gewalt über Keru zu haben.«

»Du meinst, indem er von seinem schwarzen Gifttrank Gebrauch macht?«

»Natürlich wird er davon Gebrauch machen. Und von allen anderen Mitteln, die er in die Finger kriegen kann.«

Keshna hörte auf, in ihren Zähnen herumzupulen und schob ihren Dolch wieder in seine Scheide zurück. »Ich haben eine Neuigkeit für dich: Keru wird das schwarze Zeug nicht mehr trinken. Er wird auch nie wieder einen Fuß in Changars Zelt setzen. Ich habe ihn gezwungen, mir das zu versprechen.«

»Was bringt dich auf den Gedanken, daß Keru so ein Versprechen halten wird? Changar hat ihm dieses Gebräu Nacht für Nacht eingeflößt, seit Keru ein kleiner Junge war. Hast du denn nicht zugehört, als Rimnak uns erzählte, wie süchtig er nach dem Zeug ist? Hast du nicht gehört, wie sie sagte, daß er ohne den Trank nicht einschlafen kann?

»In meinen Armen«, erwiderte Keshna, »schläft Keru wie ein Baby.« Sie kicherte. »Er ist danach immer völlig erschöpft.«

Luma sah ein, daß es sinnlos war, ihr mit Vernunft beizukommen. Sie lehnte sich zurück und starrte düster in die glühenden Kohlen, aber Keshna war noch nicht fertig.

»Ich werde Keru dazu bringen, mich zu heiraten«, verkündete sie. »Sieh mich nicht so verdattert an. Du hast mich auf die Idee gebracht. Erinnerst du dich, wie du mir erzählt hast, wie sehr Rimnak sich wünschte, von Keru schwanger zu werden, damit sie seine Ehefrau werden könnte? Also, heute nachmittag habe ich Keru erklärt, wenn er aufhören würde, jede Nacht in Changars Zelt zu gehen, würde ich ihm erlauben, ein Kind mit mir zu zeugen. Es wird natürlich noch nicht diesen Monat passieren, weil Changar ihm diesen Trank eingeflößt hat, aber im nächsten Monat könnte es durchaus soweit sein. Wenn ich Kerus Kind zur Welt bringe – einen Sohn, wenn ich Glück habe –, werde ich den Jungen mit nach Shara nehmen und Keru sagen, daß er mir wohl oder übel folgen muß, wenn er seinen Sohn sehen will. Und das«, fügte sie voller Stolz hinzu, »ist mein Plan, um Keru dazu zu bringen, nach Hause zurückzukehren!«

Luma war entsetzt. Diesmal hatte Keshna sich wirklich selbst übertroffen. »Willst du mir allen Ernstes sagen, daß du vorhast, Kerus Ehefrau zu werden? Glaubst du wirklich, Changar wird dich lange genug leben lassen, um das Baby in deinen Armen zu halten? Nur eine Idiotin würde glauben, sie hätte eine Chance, länger als ein paar Tage zu überleben. Wir müssen von hier verschwinden, sobald wir können; am besten noch heute nacht.«

»Ich werde nicht eher von hier weggehen, bis ich Kerus Sohn mitnehmen kann. Es ist völlig unnötig, daß du dir so große Sorgen machst. Das Problem ist, daß du einfach nicht begreifst, wieviel Macht ich über Keru habe.«

»Nein, Keshna. Das Problem ist, daß du einfach nicht begreifst, wie Nomadenmänner sind. Hiknak hat dir vielleicht beigebracht, daß du sie mit Sex beherrschen kannst, aber sie hat es nie geschafft, Vlahan zu beherrschen, bis sie ihm einen Dolch in den Rücken stieß. Sieh dich doch nur um, hör dir die Gedenklieder an, die sie singen, hör dir ihr Geprahle an, wenn sie sich betrinken, und die Dinge, die ihre eigenen Frauen über sie sagen. Erinnerst du dich an die Geschichte, die Urmnak uns erzählt hat? Die Geschichte von dem Häuptling, der beinahe mit seinem Leben bezahlt hätte, als er versuchte, die Ehefrau seines Bruders dazu zu überreden, Sex mit ihm zu haben? Als sie dann endlich ja sagte, wollte der Häuptling sie nicht mehr, und er erwürgte sie mit seinen eigenen Händen, weil sie seinem Bruder untreu geworden war. Kannst du dir vorstellen, daß ein sharanischer Mann jemals eine solche Geschichte erfinden würde? Nomadenmänner sind nicht wie unsere Männer: Sie wollen nur Frauen, die sie nicht haben können. Keru lebt seit vierzehn Jahren unter den Nomaden. Wenn es um Frauen geht, ist er mehr Nomade als Sharaner. Er glaubt vielleicht, daß er dich liebt, aber seine sogenannte Liebe ist so dauerhaft wie ein Schneeball auf einem heißen Backblech.«

»Das«, erwiderte Keshna, »ist das Lächerlichste, was ich je gehört habe. Ich habe eine Seite, die du nicht kennst, Luma, und auch niemals kennen wirst. Laß dich von mir beruhigen: Wenn ich meine Kleider ablege, kann ich einen Mann süchtiger machen als jeder schwarze Trank, den je ein sabbernder alter Nomadenschamane zusammengebraut hat. Keru wird nicht das Interesse an mir verlieren. Kein Mann hat jemals das Interesse an mir verloren. Ich habe eine besondere Gabe.«

Luma dachte daran, daß Kandar aufgehört hatte, Keshna zu lieben, aber Keshna ließ ihr keine Zeit, sie darauf hinzuweisen.

»Und ich habe dir noch etwas zu sagen«, fuhr sie fort. »Etwas, das dich wahrscheinlich ebenfalls überraschen wird. Ich genieße es, mit Keru zu schlafen. Früher hat mir Sex nie Spaß gemacht, aber mit Keru Lust zu teilen ist wirklich schön.« Sie zuckte mit den Achseln. »Ich habe nicht die geringste Ahnung, warum. Vielleicht, weil wir uns so ähnlich sind, daß es ist, als würde ich mit meinem eigenen Spiegelbild Liebe machen. Die Wege der Göttin sind eben unerforschlich, das hast du mir ja schon mehrfach gesagt.«

»Gibt es denn keinen Weg, dir diesen verrückten Plan auszureden?«

»Nein, aber wenn du weiterhin deinen Atem damit verschwenden willst, mir zu sagen, was für einen Fehler ich gemacht habe, als ich deinen Bruder ins Paradies entführte ... nur zu. Ich habe die ganze Nacht Zeit.«

Wenn Keshna nachsichtig wurde, war das ein schlechtes Zeichen. Luma lehnte sich zurück, preßte die Lippen zusammen und starrte gedankenverloren in die Feuergrube. Wenn ein Feuer brannte, hielt man es in Schach, und wenn eine Freundin zielstrebig auf eine Katastrophe zusteuerte, dann... tja, was tat man dann? Keshna war kein Kind mehr. Luma konnte sie nur ausschelten und anflehen, die Finger von ihrem gefährlichen Vorhaben zu lassen, und sie wieder und wieder warnen, und dann... Dann mußte sie sie ihren eigenen Weg gehen lassen und... Wenn ich auch nur einen Funken Verstand hätte, dachte Luma, würde ich heute nacht aus dem Lager verschwinden. Es dürfte nicht so schwierig sein, von hier zu fliehen. Die Wachen achten kaum noch auf mich. Aber Keshna im Stich lassen? Nein. Das ist unmöglich.

Luma starrte über Keshna hinweg, die mit überkreuzten Beinen dasaß und vergnügt Salz auf ihr Entenei streute, und dachte, daß sie in einem Traum lebte, der böse enden würde. Keshna war voll und ganz darauf konzentriert, diesem gefährlichen Pfad zu folgen, wie ein Schlafwandler, der auf eine Klippe zusteuert; aber da es offensichtlich unmöglich war, sie zur Umkehr zu bewegen, blieb ihr nur noch eine einzige Möglichkeit – sie mußte Keshna dazu bringen, so langsam wie möglich zu gehen. Luma räusperte sich und legte Keshna eine Hand auf den Arm.

»Vielleicht bin ich doch etwas zu voreilig gewesen. Dieser Plan, den du dir da ausgedacht hast, ist sehr klug.« Keshnas Miene hellte sich auf. »Aber er ist, wie gesagt, auch sehr gefährlich. Vielleicht wird er klappen. Vielleicht wird Keru dich bis in alle Ewigkeit anbeten und dir wie Kläffer auf Schritt und Tritt folgen und an deinen Fersen lecken. Ich behaupte nicht, die Grenzen deiner Macht zu kennen, wenn es um Sex geht, und wenn Keru beherrscht werden muß, dann ist es besser, du beherrschst ihn, als daß Changar ihn beherrscht. Also mach ruhig weiter: versuch es. Ich werde dir helfen, wann immer ich kann.«

»Schöne Worte«, meinte Keshna, »und ich danke dir dafür. Wenn ich wirklich Hilfe brauche, werde ich es dir sagen; aber ich kenne dich zu gut, um zu glauben, daß du so leicht nachgibst.«

»Alles, worum ich dich bitte, ist, daß du vorsichtig bist und dich nicht unnötig in Gefahr begibst.«

Keshna holte sich den Korb mit Enteneiern zurück. Sie wählte ein weiteres Ei aus, klopfte es an ihrem Knie auf und begann, die Schale abzupellen. »Du verstehst nicht, worum es wirklich geht, aber das ist nicht deine Schuld. Du bist zu sehr Sharanerin, um das zu verstehen. Du denkst, daß du etwas Heiliges tust, wenn du mit einem Mann liegst. Sex ist für dich Batals Segen, zärtliches Geflüster und junge Männer, die den Tanz der Rollenden Wogen tanzen. Für mich ist es etwas völlig anderes.« Sie nahm eine Prise Salz und hielt sie zwischen Daumen und Zeigefinger. »Für mich ist Sex wie eine Mahlzeit, und Gefahr ist das Salz, das ihr Würze verleiht. Ich weiß, daß es mein Tod sein kann, mit Keru zu liegen. Wenn ich ihn küsse, spüre ich förmlich die Klinge von Changars Dolch an meiner Kehle. Ich bin wie eine Spielerin, die die Würfel rollen läßt, ohne zu wissen, ob sie gewinnen oder mit einem einzigen Wurf alles verlieren wird. Du hast recht, mich davor zu warnen, daß Sex mit Keru ein gefährliches Spiel ist. Aber, ehrlich gesagt, genau das ist es, was mir am besten daran gefällt.«

Wenn Keshna sich dazu entschloß, etwas zu tun, dann zögerte sie nicht lange. Nur wenige Tage nach dieser Unterhaltung rief Keru alle seine Krieger zusammen und verkündete ihnen, daß er sich entschlossen hatte, Keshna Tochter von Arang aus Shara, zur Frau zu nehmen.

Zu Lumas großem Erstaunen billigten die Krieger seine Entscheidung nicht nur, sie jubelten Keru derart begeistert zu, daß sämtliche Hunde im Lager anfingen zu bellen. Die Krieger mochten Keshna nicht besonders, doch bis zu diesem Augenblick hatten sie keine Ahnung gehabt, daß sie Arangs Tochter war. Arang war einst von Zuhan adoptiert worden, dem größten Häuptling, der jemals über die Zwanzig Stämme geherrscht hatte. Das war natürlich in den alten Zeiten gewesen, als die Hansi noch der Schrecken der Steppe waren; doch selbst jetzt, wo die Zwanzig Stämme in alle Winde zerstreut waren und es eine Generation lang keinen Großen Häuptling mehr gegeben hatte, waren Kerus Krieger beeindruckt von seiner Schläue. Durch seine Heirat mit Keshna würde er seinen Anspruch auf den Titel verdoppeln. Eines Tages – wenn es denn je wieder einen Großen Häuptling geben sollte – würde Keru dieser mächtige Mann sein, und alle Männer, die mit ihm ritten, würden Beutel voller Gold haben, Dutzende von hübschen Konkubinen und ganze Herden edler Pferde.

Aber nicht alle waren erfreut über Kerus Entscheidung. Als Rimnak hörte, daß nicht sie, sondern Keshna Kerus Braut sein würde, schrie sie auf, als sei sie von einem Speer durchbohrt worden. Sie warf sich laut schluchzend zu Boden, zerkratzte sich das Gesicht und riß sich ganze Büschel von Haaren aus. Rimnak hatte schon immer zu heftigen Wutausbrüchen geneigt; selbst als Keru nur in den Wald geritten war, um mit Keshna zu jagen, war sie mörderisch eifersüchtig gewesen. Aber angesichts dieser Hochzeit, die ihre eigene hätte sein sollen, waren ihr Zorn und ihre Enttäuschung über den Verrat so groß, daß ihre drei Schwägerinnen sich auf sie setzen und ihr den Mund mit Wolle ausstopfen mußten, um zu verhindern, daß sie Schande über sie alle brachte.

Als Rimnak es schließlich leid wurde, sich gegen sie zu wehren, und sich allmählich beruhigte, zogen sie ihr den Knebel aus dem Mund und ließen sie aufstehen – was sich als ein Fehler erwies.

»Ich reiße ihnen die Lungen heraus!« tobte sie. Rimnaks Bruder, Tlanhan, marschierte energisch auf sie zu, packte sie bei den Schultern und schüttelte sie, bis ihre Zähne klappernd aufeinanderschlugen.

»Sei still!« zischte er. Seit Keru mehr Wert auf Keshnas Freundschaft legte als auf seine, Tlanhans, war er wütend und verbittert, aber er hatte nicht die Absicht zuzulassen, daß seine Närrin von einer Schwester Unglück über die ganze Familie brachte, indem sie lauthals verkündete, sie würde den Häuptling und seine Braut umbringen.

Rimnak schloß den Mund und funkelte ihn mit einem irren Ausdruck in den Augen an. Sie erwartete, daß Tlanhan sie schlagen würde, und war fest entschlossen, ihm die Augen auszukratzen, wenn er die Hand gegen sie erhob. Doch statt dessen legte Tlanhan ihr nur eine Hand unters Kinn und drehte ihr Gesicht zu sich herum. Als sie in seine Augen blickte, sah sie kalte Wut darin funkeln.

»Du bist nicht die einzige, die durch diese Eheschließung verraten wurde. Keru war mein Blutsbruder.« Hinter sich hörte Rimnak, wie ihre Schwägerinnen keuchend nach Luft schnappten. Tlanhan hätte eigentlich sagen müssen, »Keru *ist* mein Blutsbruder.« Es war unmißverständlich, was er meinte: von diesem Augenblick an waren alle Bande zwischen ihm und Keru zerrissen. Er würde Rimnak rächen und diesen Schandfleck der Familienehre auslöschen; aber offen über eine solche Sache zu sprechen oder auch nur eine Andeutung fallenzulassen, war nicht Sache einer Frau, nicht einmal einer Ehefrau oder einer Schwester.

Während Rimnak vor Zorn tobte und Tlanhan Rache schwor, saß Changar in seinem Zelt und spann finstere Netze aus seinen Gedanken. Niemand hatte sich getraut ihm zu sagen, warum Keru die letzten fünf Male, als Changar ihn zu sich befohlen hatte, nicht in sein Zelt gekommen war. Aber Changar wußte es, auch ohne daß man es ihm gesagt hatte. Wenn er seine Zungenspitze hervorschnellen ließ, schmeckte er Kerus Verrat in der Luft. Er hörte ihn in dem Schweigen der Krieger, wenn sie an seinem Zelteingang vorbeigingen; er war in den hastigen Schritten der Frauen, wenn sie sich beeilten, die Kinder zu beruhigen; in dem nervösen Getrappel der Pferde und dem Winseln der Hunde. Wenn die Fliegen kamen, um Changar um den Kopf zu schwirren, berichteten sie, daß Keru ihm aus dem Weg ging; wenn nachts die Moskitos kamen, um sein Blut zu saugen, sangen sie mit hohen, dünnen Stimmen Lieder von Hinterlist und Verrat.

Changar brauchte nur die Hände auszustrecken, und schon erzählte ihm die bloße Luft von Kerus Besessenheit. Er konnte fühlen, wie sich die beiden Liebenden wie ein Paar kopulierender Schlangen auf dem Boden wälzten, konnte Kerus hilflose Wollust und das kalte Intrigenspiel der Frau spüren. Wenn er seine Spinnenaugen benutzte, konnte er sehen, wie Keshna Keru mit ihrer Hitze und ihren nackten Beinen an sich zog, wie sie ihn wie ein Kalb fesselte und ihn mit ihrem Geruch brandmarkte.

Selbst ohne Magie, selbst ohne das innere Auge des Zauberpriesters, das alles sah, hätte Changar gewußt, daß Keru ihn verraten hatte. Keru kam nicht mehr wegen des schwarzen Tranks zu ihm, was bedeutete, daß er nachts schlafen konnte; er war wohl vollkommen erschöpft, wenn er bei seiner Cousine den Hengst spielte. Das war schlimm genug, aber heute war es noch schlimmer gekommen. Heute hatte Changar gehört, wie die Trommler Hochzeitslieder übten, und den würzigen Duft der Fleischspeisen für das Festmahl gerochen.

Vierzehn Jahre lang hatte der Junge ihm gehört. Vierzehn Jahre! Und alles, was diese Frau hatte tun müssen, um ihm Keru wegzunehmen, war, die Beine zu spreizen. Changar schloß die Augen und ließ haßerfüllte schwarze Spinnwebfäden durch das Lager wirbeln. Als er noch ein Junge war, war er einmal von einem Blitz getroffen worden und hatte es überlebt. Der Blitz hatte ihn von der Schulter bis zum Fuß gestreift und eine lange Narbe hinterlassen. Er hatte diese Narbe voller Stolz getragen, als ein Zeichen von Gott Han, daß er auserwählt worden war, ein Schamane und Zauberpriester zu sein. Heute betete Changar zu Han und Choatk und flehte sie an, ihm die schreckliche Macht göttlichen Feuers zurückzugeben. Er betete lange Zeit und versprach, Konkubinen zu opfern, kleine Mädchen und Pferde. Die beiden Götter schienen erfreut über das Angebot zu sein, denn noch bevor er seine Gebete zu Ende gesprochen hatte, hörte er leises Donnergrollen in der Ferne und das Prasseln von Regentropfen auf dem Dach seines Zeltes.

Als Rimnak Tlanhan in Changars Zelt führte, saß Changar im Schneidersitz auf einem Wolfsfell. Auf seinen Befehl hin hatten die beiden Gehilfen seinen Körper mit schwarzer Farbe eingerieben, sein Gesicht mit blauen Regenzeichen bemalt, sein Haar mit weißem Ton gestärkt und auf seine linke Körperseite einen großen weißen Blitz gemalt, der von der Schulter bis zum Fuß reichte und der Linie der alten Narbe folgte. Als sie fertig waren, hatte Changar seinen Medizinbeutel verlangt und sich Lippen und Zähne mit etwas Rotem eingerieben, so daß er aussah als habe er gerade Blut getrunken. Diese Bemalung hatte er in den alten Zeiten getragen, aber seit Vlahan bei Shara besiegt worden war, hatte ihn keiner mehr in seiner ganzen Macht dasitzen sehen. Mit der Bemalung sah er nicht mehr aus wie ein alter Mann, nicht einmal mehr wie ein menschliches Wesen. Er sah wie Choatk aus, jener furchtbare Gott, der Menschenfleisch verschlang wie Rindfleisch.

Rimnak warf nur einen Blick auf Changar, machte auf dem Absatz kehrt und floh in panischer Angst. Aber Tlanhan, der ein Krieger war, wich nicht von seiner Stelle.

»Sprich«, forderte Changar ihn auf.

Tlanhan schluckte schwer und versuchte zu sprechen, aber sein Mund fühlte sich an, als sei er mit Sand gefüllt. Er kannte Changar, seit er ein kleiner Junge war, doch dieses Ding, das da auf dem Wolfsfell hockte, sah nicht aus wie Changar.

»Meine Schwester«, begann er, »ist entehrt worden. Keru, der mein Freund und Blutsbruder war, hätte ihr ein Kind machen und sie zur Ehefrau nehmen sollen; statt dessen heiratet er diese Schlampe aus dem Süden.«

»Wann heiraten sie?« Changars Stimme war so leise, daß man

ihn kaum verstehen konnte, aber Tlanhan lief ein kalter Schauder über den Rücken.

»Morgen.«

»Und was soll ich dagegen tun? Sag es mir schnell, Tlanhan, und spar dir die Mühe, mich zu belügen. Ich kann in dein Herz hineinsehen, als sei es aus Wasser.«

»Ich möchte, daß du den kalten Fluch aufhebst, mit dem du jeden belegt hast, der Keru etwas zuleide tut«, erwiderte Tlanhan. »Weil ...« Sein Mut verließ ihn, und er starrte Changar stumm an, unfähig, ein Wort hervorzubringen.

»Weil ...« soufflierte Changar.

»Weil ich die Absicht habe, Keru zu einem Kampf herauszufordern und ihn zu töten.« Tlanhan klappte den Mund so fest zu, daß seine Zähne aufeinanderschlugen. Schweigen breitete sich im Zelt aus, ein langes – und aus Tlanhans Sicht – ganz furchtbares Schweigen.

»Und womit willst du gegen Keru kämpfen?«

»Mit meinem Dolch.«

»Ein Dolch ist eine Waffe mit einer kurzen Klinge. Du wirst dich auf einen Nahkampf einlassen müssen.«

»Ich habe keine Angst davor, mich ihm zu nähern. Ich kenne alle seine Tricks. Wir haben mit hölzernen Messern gekämpft, als wir Kinder waren. Ich habe mit ihm gespielt, bis wir uns beide vor Müdigkeit kaum noch auf den Beinen halten konnten. Wir waren wie Brüder.«

»Und jetzt?«

»Jetzt sind Keru und ich nicht länger Brüder.«

Changar befeuchtete seine Lippen mit einer Zunge, die so weiß war, daß sie Tlanhan an die Zunge eines Frosches erinnerte. »Ich habe mich um Keru gekümmert, seit er ein Kind war, aber ich dulde keinen Ungehorsam. Wenn ich einem Mann befehle, etwas zu tun, dann erwarte ich von ihm, daß er es tut.«

Changar beugte sich vor. Seine Augen glichen grünen Schlitzen. Als er in Tlanhans Augen starrte, wurde Tlanhan von panischem Schrecken erfaßt. Etwas Finsteres, Bedrohliches schien sich seine Kehle hinunterzuschlängeln. »Und was ist mit dir, Tlanhan? Wenn ich den kalten Fluch aufhebe und meine Macht benutze, um dich zum nächsten Häuptling zu machen, wirst du dann auch ein Narr sein?«

»Ich werde tun, was du mir befiehlst«, stotterte Tlanhan.

»Ach!« meinte Changar. »Wirst du das wirklich tun?« Er schien nicht überzeugt, aber er mußte es wohl gewesen sein, denn bevor Tlanhan wußte, wie ihm geschah, bot Changar ihm eine spezielle Sorte Kersek an, um den Handel zu besiegeln. Der Kersek, der nicht aus gegorener Stutenmilch bestand, war schwarz und hatte einen leicht bitteren Geschmack; aber Tlanhan tat so, als ob ihm das Gebräu köstlich mundete, und er prostete Changar zu, als er den Schlauch an seine Lippen hob. Danach brannte er darauf, wieder zu gehen, doch Changar schien nicht geneigt, die Unterhaltung so schnell zu beenden.

»Setz dich eine Weile zur mir«, sagte Changar. Das war keine Einladung, sondern ein Befehl, und so ließ Tlanhan sich auf einem Kissen nieder, wo er prompt eindöste. Er wachte wieder auf und ertappte Changar, wie der ihn mit einem seltsamen Ausdruck betrachtete. Es war kein Ärger, darüber wäre Tlanhan nicht überrascht gewesen. Es war eine Art wohlwollender Befriedigung, so, als hätte Changar gerade erkannt, daß er, Tlanhan, sein lange verschollener Sohn war.

Changar lächelte und streckte die Hand aus. »Gib mir deinen Dolch«, sagte er.

Tlanhan war vollkommen entnervt. Das scheußliche Lächeln mit den blutroten Zähnen, das den alten Mann aussehen ließ wie einen Wolf, der seine Beute fraß, war schlimm genug; aber ein Krieger trennte sich nie von seinem Dolch, es sei denn, seine Feinde entrissen ihn seiner Leiche. »Meinen Dolch?«

»Ja, deinen Dolch. Ich werden ihn verzaubern, um dich unbesiegbar zu machen.«

Erleichtert reichte Tlanhan seinen Dolch Changar mit dem Heft voran. »Wann soll ich ihn wieder abholen?« fragte er.

»Morgen früh, wenn die ersten Vögel zu singen beginnen.«

Tlanhan erhob sich, verbeugte sich und wandte sich zum Gehen, aber Changar hielt ihn zurück.

»Warte. Ich brauche deine Schwester Rimnak für einen zweiten Zauberbann. Ist sie mutig genug, zurückzukehren und zu tun, was ich ihr sage, ohne Fragen zu stellen?«

»Rimnak hat schreckliche Angst vor dir«, erklärte Tlanhan, »aber sie würde Keshna das Herz mit den Zähnen herausreißen, wenn ich sie ließe. Sie wird kommen.«

20. Kapitel

An Keshnas Hochzeitstag wurde Luma kurz vor Sonnenaufgang vom Gezwitscher der Vögel geweckt. Als sie das Zelt verließ, sah sie, daß das Unwetter vorbei war. Der östliche Himmel war von einem sehr blassen Rosa überhaucht. Einen Moment lang stand Luma da und beobachtete, wie das Rosa allmählich in Rot überging. Dann bückte sie sich, berührte die Erde als Glücksbringer und schickte ein schnelles Gebet zu Batal, um die Göttin zu bitten, Keshnas Hochzeit möge ebenso friedlich werden wie der Sonnenaufgang. Es war ein etwas unbeholfenes Gebet, denn die Mutterleute heirateten nicht, und Batal mißbilligte zweifellos den nomadischen Brauch, Frauen zu besitzen, aber es war das einzige, was Luma unter diesen Umständen tun konnte. Sie richtete sich wieder auf, hielt nach Keshna Ausschau und versuchte, nicht an all die Dinge zu denken, die wahrscheinlich schiefgehen würden.

Keshna war nirgendwo zu sehen. Sie war wohl sehr früh aufgestanden und zum Fluß hinuntergegangen, um ein Bad zu nehmen. Luma drehte sich wieder zum Zelt um, und dabei bemerkte sie, daß links neben dem Eingang in einem Halbkreis aufgereiht drei kleine Körbe mit Speisen standen. Die Körbe waren sorgfältig wie eine Opfergabe arrangiert, und zwischen den verschiedenen Eßwaren waren Blumen verstreut – hauptsächlich Wasserlilien, aber auch Sumpfdotterblumen und einige wunderschöne purpurrote Blüten, die Luma nicht kannte.

Was für ein hübscher Brauch, dachte sie.

Sie schlenderte zu den Körben und sah, daß sie getrocknete Kirschen enthielten (zweifellos irgendeinem armen Händler gestohlen), ferner frischen, in Blätter eingewickelten Käse, kleine, in heißer Asche gebackene Maiskuchen, mit Honig kandierte Walnüsse und eine spezielle »Köstlichkeit«, die die Nomaden besonders schätzten, gebratene Grashüpfer. Luma grinste bei dem Gedanken an Keshnas Miene, als sie den Korb voller Grashüpfer gefunden hatte. Allem Anschein nach hatte Keshna störrisch ein paar davon gegessen, nur um zu beweisen, daß es ihr überhaupt nichts ausmachte, und sich dann mit den Dingen befaßt, die sie wirklich mochte: den Kirschen, dem Käse und den in Honig getauchten Walnüssen.

Luma war gerade im Begriff, sich den restlichen Käse einzuverleiben, als sie noch einen vierten Korb entdeckte. Jemand hatte ihn umgekippt, durch den Schlamm gezogen und ihn halb unter den Boden des Zelts geschoben. Luma ging hinüber, um den schmutzigen Korb unter dem Zelt hervorzuziehen. Sobald sie sah, daß er über und über mit Hammelfett beschmiert, war, wußte sie, wer der Übeltäter war. Seine Zahnabdrücke waren noch auf dem Rand zu erkennen.

»Kläffer!« rief sie. »Komm her!« Normalerweise kam Kläffer sofort, wenn sie ihn rief, aber an diesem Morgen hatte er sich wohl schuldbewußt unter einem Busch versteckt, wo er das gestohlene Hammelfleisch verdaute. Sie rief rief ihn noch ein paarmal, aber Kläffer ließ sich nicht blicken.

Egal, dachte sie, laß ihn seinen gestohlenen Festschmaus haben. Es spielte wirklich keine Rolle. Es würde heute noch so viel zu essen geben, daß es an ein Wunder grenzen würde, wenn nach dem Hochzeitsmahl noch irgend jemand im Lager imstande wäre, ein paar Schritte zu gehen, ohne zu watscheln.

Sie betrat das dämmerige Zelt und machte sich daran, eine der Seiten hochzuziehen, um etwas Licht hereinzulassen. Als sie nach dem Seil griff, stolperte sie über etwas. Verärgert trat sie über den kleinen braunen Hügel auf dem Boden hinweg, den sie für einen von Keshnas Stiefeln hielt, und zog die Zeltseite hoch. Helles Sonnenlicht strömte herein, und sie sah, daß das Ding, über das sie gestolpert war, Kläffer war.

»Kläffer«, sagte sie neckend, »steh auf, du Faultier!« Diesmal stieß sie ihn absichtlich mit ihrer großen Zehe an, aber er rührte sich nicht.

Ungefähr zur gleichen Zeit, als Luma über Kläffer stolperte, erwachte Keru aus einem sehr erfreulichen Traum. Zwar hatten er und Keshna in seinem Traum keinen Sex gehabt – was noch erfreulicher gewesen wäre –, aber sie hatte ihn angelächelt und ihm eine Schale mit Milch gebracht, und als er ihren Bauch berührt hatte, hatte er erkannt, daß sie sein Kind unter dem Herzen trug. Einen besseren Traum konnte ein Mann in der Nacht vor seiner Hochzeit wohl kaum haben. Hocherfreut über dieses außergewöhnliche Glück sprang Keru von seinem Lager auf, griff nach einem Wasserschlauch, goß sich etwas Wasser über den Kopf und schüttelte es ab. Unzählige Tröpfchen flogen ins Sonnenlicht, und verwandelten sich in einen regenbogenbunten Schleier. Keru lachte und spritzte sich noch mehr Wasser auf seine nackte Brust. Der heutige Tag würde schön werden. Der einzige Tag, der auch nur halb so schön gewesen war, war der Tag, als er mit Tlanhan auf die Jagd gegangen war und zwei wilde Eber erlegt hatte; aber was war Wildschweinfleisch im Vergleich zu dem Klaps auf den Schenkel, den Keshna ihm endlich versprochen hatte?

In aller Eile schlang er sein Frühstück herunter und trat dann nach draußen, um zu sehen, wie weit die Hochzeitsvorbereitungen waren. Nach dem gewaltigen Unwetter in der vergangenen Nacht hatte er befürchtet, das ganze Lager würde ein einziger Sumpf sein, aber der Boden war nicht aufgeweicht. Es hatte seine Vorteile, auf Flußsand zu kampieren.

Die Frauen waren schon vor ihm auf, und er sah zu seiner Freude, daß sie bereits das Hochzeitszelt aufgeschlagen hatten, wo er und Keshna ihre erste Nacht verbringen würden. Das Zelt war sehr hübsch, es war aus besonders weichem Kalbsleder und mit blauen und gelben Lederstreifen eingefaßt. Die Seiten waren mit Sonnen, Sternen und anderen glücksbringenden Symbolen bemalt, beispielsweise mit Blumen, die für Fruchtbarkeit standen, und Blitzen, die Potenz symbolisierten. Das Hochzeitszelt war eines der wenigen Dinge, die in gemeinschaftlichem Besitz der Krieger waren, und von allen Dingen im Lager sah es am sharanischsten aus.

Keru betrachtete das Zelt einen Moment lang und malte sich den Spaß aus, den er und Keshna haben würde. Dann grinste er. Das Zelt war ziemlich klein. Sie würden aufpassen müssen, daß sie es nicht umwarfen. Es würde sich nicht schicken, unter dem Zeltrand hervorzurollen, während sie es wie ein Paar wildgewordener Eichhörnchen miteinander trieben.

Er wandte seine Aufmerksamkeit Urmnak und Chamnak zu, die eifrig damit beschäftigt waren, auf fünf langen Teppichen die Hochzeitstafel zu decken. Er hatten Urmnak vor ein paar Wochen zu ihrem Bruder zurückgeschickt, ebenso wie Rimnak. Chamnak würde wahrscheinlich ebenfalls gehen müssen, denn Keshna hatte ihn gewarnt, daß sie nicht die Absicht habe, ihm noch genug Energie zu lassen, um sich mit einer Konkubine zu vergnügen; aber für den Moment war es nett, wieder alle seine Frauen um sich zu haben. Während die Konkubinen geschäftig hin- und hereilten, stiegen die köstlichen Gerüche von gebratener Kalbsleber, Hammelfleischragout, gegrilltem Fisch, gerösteten Grashüpfern und anderen Delikatessen aus den Körben auf, die sie umhertrugen, und vermischten sich mit dem Holzrauch der Morgenfeuer; aber Keru konnte keinen einzigen Kersekschlauch entdecken.

Seine freudige Stimmung bekam einen kleinen Dämpfer. Wo war Rimnak, und warum hatte sie noch nicht den gekühlten Kersek vom Fluß geholt? Die Sonne stieg bereits höher, und bald würden die Trommler eintreffen. Sobald sie zu spielen anfingen, würden die Frauen wissen, daß es Zeit war, sich vor dem Zelt einzufinden und mit dem Hochzeitstanz zu beginnen. Wenig später würden sich die Krieger dazugesellen, in der Erwartung, es gäbe reichlich zu trinken. Sie alle wollten sich prächtig amüsieren, während sie zuschauten, wie er Keshna »entführte«. Natürlich würde er nicht herbeigaloppiert kommen, sie an den Haaren packen und sie rauben, wie man es mit einer guten Nomadenehefrau tun sollte. Keshna hatte sich nicht nur energisch geweigert, bei einer solchen Sache mitzumachen, sie hatte damit gedroht, daß sie herbeigaloppieren und *ihn* entführen würde. Zum Glück hatte er ihr das wieder ausreden können, doch selbst wenn sie an diesem Morgen sanft und fügsam wie ein neugeborenes Lamm war (was er für äußerst unwahrscheinlich hielt), würde er sich bis auf die Knochen blamieren, wenn er keinen Kersek für seine Gäste hatte.

»Rimnak!« brüllte Keru. Allmählich wurde er ernstlich böse. Er mußte hier sein, um seine Krieger zu begrüßen, und hatte keine Zeit, sich auf die Suche nach einer eifersüchtigen Frau zu machen.

Ein Stück flußabwärts saß Keshna hinter einem Büschel Schilfrohr und ließ das Wasser über ihre nackten Beine und Schenkel strömen. Der Fluß war ziemlich seicht, nicht einmal taillenhoch, und der Untergrund war sandig und fest, aber Keshna fühlte sich nicht wohl, sie brachte einfach nicht die Energie auf, sich wieder zu erheben. Als sie zum Fluß hinuntergelaufen war, um ein Bad zu nehmen, war es ihr noch gutgegangen, doch seit einer Weile fühlte sie sich, als ob sie krank würde. Ihre Finger und Zehen prickelten ganz merkwürdig, und in ihrem Kopf war ein seltsam leeres, taubes Schwindelgefühl. Zu allem Überfluß wurde ihr jetzt auch noch übel.

Vielleicht bin ich einfach nur nervös, dachte sie. Mutter hat immer gesagt, Nomadenbräute wären an ihrem Hochzeitstag furchtbar nervös. Die Vorstellung, eine schüchterne, vor Aufregung zitternde kleine Nomadenjungfrau zu sein, amüsierte sie. Sie spritzte Wasser auf ihren Bauch und beobachtete, wie es sich in ihrem Nabel zu einer Pfütze sammelte. Dann schöpfte sie mit hohlen Händen Wasser, um zu trinken, doch noch bevor ihre Lippen das Wasser berührten, krümmte sie sich plötzlich vornüber und würgte heftig.

Sie schob das Erbrochene in den Fluß hinaus, wo die Strömung es davontragen würde, und kam zu dem Schluß, daß es dumm von ihr gewesen war, diese gerösteten Grashüpfer zu essen. Wieder versuchte sie, einen Schluck Wasser zu trinken, aber ihre Hände zitterten jetzt so stark, daß sie den größten Teil davon verschüttete. Ich würde es glatt fertigbringen, mitten in einem Fluß zu verdursten, dachte sie sarkastisch. Sie verfluchte ihre eigene Ungeschicklichkeit und beschloß, aufzustehen, sich anzuziehen, zu ihrem Zelt zurückzukehren und sich eine Weile hinzulegen, damit sie nicht grün im Gesicht wäre, wenn die Frauen kamen, um ihr Haar mit Butter einzufetten und sie wie eine Braut anzukleiden. Andererseits … wenn die Frauen miterlebten, wie sie ihr Frühstück wieder von sich gab, würden sie wahrscheinlich das Gerücht in Umlauf bringen, sie sei schwanger – was durchaus von Vorteil sein konnte. Die mächtigste Frau im Nomadenlager war die schwangere Ehefrau des Häuptlings. Dann fiel Keshna wieder ein, daß die Frauen ja gar nicht kommen würden, um ihr beim Ankleiden zu helfen, weil sie das Angebot abgelehnt hatte. Luma würde ihr helfen, ihren Hochzeitsstaat anzulegen, und Luma würde sich einen feuchten Kehricht darum scheren, wenn Keshna ihr gestand, daß sie so dumm gewesen war, geröstete Grashüpfer zu essen. Sie würde es Luma sogar durchaus zutrauen, daß sie ihr noch mehr von den ekligen kleinen Viechern anbot.

Wieder schlug eine Woge von Übelkeit über ihr zusammen. Jetzt reicht es! dachte Keshna. Sie mußte schleunigst zu ihrem Zelt zurück. Sie machte Anstalten, sich zu erheben, doch als sie aufstehen wollte, stellte sie fest, daß ihr Beine nicht richtig funktionierten.

Ihr Zustand wurde allmählich besorgniserregend. Keshna ließ sich wieder ins Wasser sinken und wartete darauf, daß die Übelkeit vorüberging; doch statt sich zu legen, wurde sie immer schlimmer und wuchs wie ein schwarzes Seil, das sich unablässig durch ihre Eingeweide wand und sich langsam ihre Kehle hinaufschlängelte. Die Luft um sie herum wurde seltsam trübe und leicht grünlich. Direkt vor ihr konnte sie eine kleine Spinne sehen, die zwischen zwei Schilfhalmen ein Netz spann.

»Geh weg!« fauchte Keshna und schlug nach der Spinne, verfehlte sie jedoch. Ihre Sprechweise war undeutlich. Sie erbrach noch mehr von ihrem Frühstück. Vage wurde ihr bewußt, daß sie ernstlich krank war und daß sie womöglich ohnmächtig werden und ertrinken würde, wenn sie es nicht irgendwie schaffte, aus dem Wasser zu kriechen.

Inzwischen waren vor Kerus Zelt die Trommler eingetroffen. Bei den ersten Takten von »Häuptling Keru Nimmt Sich Eine Ehefrau« rannten Scharen von Kindern lachend auf die Musik zu.

In seinem eigenen Zelt hörte Changar die Kinder und die Hochzeitstrommeln.

Es geht los, dachte er.

Er schloß die Augen, streckte die Hand aus, um in die Traumwelt zu greifen, und begann, Strang für Strang den unsichtbaren schwarzen Spinnwebfaden einzuholen.

»Keshna!« rief Luma. »Keshna, wo bist du?« Sie eilte am schlammigen Flußufer entlang und versuchte, nicht ins Wasser zu rutschen. Als sie um eine kleine Biegung lief, sah sie eine Reihe dicker Schilfbüschel, aber keine Keshna. Ein großer weißer Reiher flog, als sie sich näherte, erschrocken auf, und stieg mit klatschenden Schwingen in den Himmel auf, so daß die Schilfhalme im Luftzug hin- und hertanzten. Als das Schilfrohr erzitterte und sich teilte, fiel Lumas Blick auf einen anderen Reiher. Es war ein seltsamer Vogel: Er schien auf dem Wasser zu treiben, statt sich an die Fische heranzupirschen, wie es Reiher gewöhnlich taten, und er hatte eine merkwürdige Form, dünn und lang wie ein...

...es war überhaupt kein Vogel! Es war ein menschlicher Arm! Luma rannte, von einer bösen Vorahnung erfüllt darauf zu. Sie fand Keshna reglos im Schlamm ausgestreckt. Sie lag auf dem Rücken, und ihr rechter Arm baumelte schlaff im Fluß, aber ihr Kopf war glücklicherweise außerhalb des Wassers. Ihre Lippen waren bläulich verfärbt, und sie atmete in kurzen, keuchenden Stößen. Luma kniete sich neben sie, zog sie hoch, wischte ihr den Schlamm vom Gesicht und schüttelte sie behutsam. »Keshna«, flehte sie, »wach auf. Mach die Augen auf!«

Keshna bewegte sich leicht und öffnete die Augen. »Schlecht«, lallte sie, »mir's schlecht.« Sie blickte blinzelnd zu der einen Luma hinauf, aus der gerade vier Lumas geworden waren. Aus Keshnas Perspektive war die ganze Welt um sie herum ein großer schwarzer Kegel, und Lumas vier Gesichter waren vier verschwommene Lichtflecke ganz am anderen Ende.

»Ich weiß, daß dir schlecht ist. Aber du mußt mit mir sprechen. Du mußt mir sagen, was du gegessen hast. Hast du etwas von dem Fleisch aus dem Korb gegessen?«

»Feisch?« Keshna fühlte, wie sich ihre Zunge zusammenrollte und anschwoll.

»Das Fleisch, das Hammelfleisch. Jemand hat heute morgen vier Körbe mit Essen vor unser Zelt gestellt, und in einem davon war Hammelfleisch. Hast du davon gegessen? Hör zu: Kläffer hat von dem Hammelfleisch gefressen, und er ist tot. Hast du irgend etwas davon gegessen?«

»Nee, glaub nich.« Keshna drehte den Kopf und übergab sich wieder.

»Gut. Erbrich noch mehr davon. Spuck alles aus, wenn du kannst.«

»Tut weh.« Keshna hielt sich mit beiden Händen den Bauch. Sie rang mühsam nach Luft und versuchte, sich wieder in den Schlamm zu legen, aber Luma packte sie unter den Armen und zwang sie aufzustehen. Keshna schwankte, als ob sie betrunken wäre, und sie wäre fast gefallen, doch Luma fing sie auf.

»Kann nich lauf'n.«

»Du mußt laufen. Du hast etwas gegessen, was vergiftet war. Du mußt laufen, sonst wirst du einschlafen und sterben!«

»Kaler Fuch.«

»Nein, es ist nicht der kalte Fluch. Bitte versteh doch: Changar hat dich vergiftet! Ich habe dich gewarnt, aber du wolltest ja nicht hören, aber das ist jetzt auch egal. Ich bringe dich ins Lager zurück. Wir werden diesen Shjetak-Schamanen finden und ihn zwingen, uns zu sagen, womit er dich vergiftet hat, damit ich dir ein Gegenmittel geben kann.« Shjetak war einer von Ranalas Lieblingsflüchen. Luma hatte ihn noch nie zuvor gebraucht, aber wenn es einen Augenblick gab, wo Fluchen angebracht war, dann jetzt. Sie war zu Tode erschrocken über Keshnas Zustand, und sie hatte keine Ahnung, ob es überhaupt ein Gegenmittel gab.

»Komm schon, geh vorwärts. Setz einen Fuß vor den anderen. Changar wird überrascht sein, uns zu sehen. Wenn der arme Kläffer nicht so gierig gewesen wäre, wären wir wahrscheinlich alle beide tot.« Sie zog Keshna das Ufer hoch, schleifte sie halb durch den Schlamm.

»Schaf'n. Will schaf'n. Bitte.«

»Nein«, erwiderte Luma unbarmherzig. »Ich werde dich nicht schlafen lassen. Setz dich in Bewegung. Geh endlich! Du willst doch nicht an deinem Hochzeitstag sterben, oder? Übergib dich noch einmal, wenn du kannst, und versuch, mich zu warnen, damit ich aus dem Weg springen kann! Aber geh weiter!«

Keshna wußte, daß Luma recht hatte. Sie mußte weitergehen, sonst würde sie sterben; aber der Boden unter ihren Füßen war jetzt weich und schlammig, und ganz gleich, wie angestrengt sie versuchte, das Gleichgewicht zu halten, sie stolperte. Als sie das erste Mal fiel, konnte Luma sie gerade noch auffangen und sie dazu bringen, ein paar Schritte weiterzugehen. Aber beim zweiten Mal stürzte sie wie ein Stein, der in einen Brunnen geworfen wird. Irgendwo hoch über ihr hörte sie, wie Luma sie anflehte, wieder aufzustehen. Und dann waren ihre Ohren plötzlich von einem Brummen erfüllt, lauter als das Brummen von Hunderten von Fliegen, und Lumas Stimme verblaßte, und alles, was Keshna sehen konnte, war ein Art Netz aus Finsternis.

Viertes Buch

Das Brot der Finsternis

Choatk, Fürst der Finsternis,
Choatk, dessen Blut ein brennender Fluß ist,
Choatk, Vater der Spinnen,
Choatk, Gott des Todes:
Mach mein Dolchheft stark;
laß meine Klinge durch Knochen schneiden;
verwandle meine Dolchspitze in einen Zahn,
der Stein durchbohren kann.

»Gebet an Choatk«
Inschrift auf dem Heft eines Hansi-Dolches
Staatliches Museum des Altertums
Piastra Neamt, Rumänien

21. Kapitel

Changar und die drei Krieger zügelten ihre Pferde und ritten im Schritt auf Luma zu. Sie sah den weißen Blitz, der sich an Changars linker Körperseite entlangwand, sah die blauen Regensymbole auf seinen Wangen und dachte unwillkürlich an kalte Dinge: an Keshnas kalte blaue Lippen, den kalten Fluch und die endgültige Kälte des Todes. Sie hatte das Lager unbewaffnet verlassen. Sie hatte nichts, womit sie sich hätte verteidigen können. Sie hatte die erste Regel verletzt, die Stavan sie gelehrt hatte.

Luma stand auf dem Pfad und verfluchte sich für ihre Dummheit. Der Reitertrupp, der ihr entgegenkam, war keine Rettungsmannschaft. Changar trug eine Halskette aus schwarzen Steinen in der Form eines Spinnennetzes. Seine Lippen und Zähne waren blutrot. Die blutroten Zähne machten ihre keine angst, sie hatte mehr als genug Nomaden in Kriegsbemalung gesehen. Aber beim Anblick der drei Krieger, die schweigend hinter ihm ritten, breitete sich ein lähmendes Gefühl der Furcht in der Magengrube aus. Einer der Krieger war ein großer Mann mit groben Zügen, grauen Augen und Haar von der Farbe von Eichenrinde. Sie erkannte ihn als Tlanhan wieder. Tlanhan war eigentlich Kerus Blutsbruder und bester Freund, aber wenn er mit Changar ritt, war es wohl mit ihrer Freundschaft vorbei. Die beiden anderen Krieger waren Gloshan und Wehan, Tlanhans Cousins – vielleicht auch seine Schwäger, das wußte Luma nicht mehr so genau. Sie hatten gebrochene Nasen, und ihr nackten Oberkörper waren mit häßlichen Narben aus zahllosen Kämpfen übersät. Luma wußte, sie hatte keinerlei Erbarmen zu erwarten.

Sie dachte an Keshna, die weniger als zwanzig Schritte entfernt hilflos im Schlamm lag. Wenn sie versuchen würde zu fliehen, würde einer der Krieger sie umreiten und sie mit seinem Speer durchbohren.

Changar bedeutete seinen Männern anzuhalten und ritt allein weiter. Er kam auf sie zu, bis er so nah war, daß sie den Schweiß seines Pferdes riechen konnte. Dann zog er seinen Dolch und schlug ihr mit der flachen Seite der Dolchklinge ins Gesicht.

»Falte die Hände hinter dem Kopf und leg dich auf den Boden«, befahl er ihr und schlug sie abermals.

Luma nahm den Schlag hin und starrte Changar in die Augen. Sie waren klein und scharf und grausam wie die Augen eines Falken. »Wenn du noch einmal die Hand gegen mich erhebst«, sagte sie ruhig, »wird Keru dich umbringen.«

Changar hielt ihr die Schneide seines Dolches an die Kehle. »Deine Drohungen beeindrucken mich nicht.« Er drehte den Dolch herum und zog die flache Seite über ihren Hals, um sie die kalte Bedrohung der scharfen Klinge spüren zu lassen. »Wo ist deine Cousine?«

»Ich habe keine Ahnung.«

»Du bist eine schlechte Lügnerin.« Changar versetzte ihr einen so harten Schlag gegen die Luftröhre, daß sie anfing zu würgen. Plötzlich ging ihr auf, warum er sie nicht geschnitten hatte: Er hatte bestimmt die Absicht, sie zu opfern. Die Zauberpriester der Hansi glaubten, es würde ihre Götter beleidigen, wenn sie zu früh Blut fließen ließen. Wenn Keru es nicht schaffte, sie zu retten, würde sie enden wie das arme Lamm, das auf dem Altar von Chilana geschlachtet worden war. Die Vorstellung, wie Changar ihr die Kehle durchschnitt, flößte ihr panische Angst ein, aber sie wußte, wenn sie auch nur mit der Wimper zuckte, würde er es als ein Zeichen von Schwäche auffassen.

Changar winkte Glashan und Wehan ungeduldig, die daraufhin ihre Pferde zum Trott antrieben und an Luma vorbeiritten, ohne sie eines Blickes zu würdigen. Sekunden später kehrten sie mit Keshna zurück, die quer über dem Rumpf von Wehans Pferd hing.

»Ich glaube, sie ist tot«, erklärte Wehan. Luma betrachtete

Keshnas schlaffen Körper und ihre baumelnden Arme und flehte innerlich, daß Wehan keine Ahnung hatte, wovon er sprach.

»Gut.« Changar wandte sich wieder an Luma. »Ich hatte zwar erwartet, euch beide tot vorzufinden, aber eine ist besser als gar keine.« Er griff hinter sich und löste ein zusammengerolltes Seil von einem Sattelknauf. Luma hörte das Sirren des Seils, als es durch die Luft flog, und fühlte die Schlinge über ihren Kopf fallen und auf ihre Schultern schlagen. Sie zog verzweifelt an dem Seil. Irgendwie gelang es ihr, einen Arm durch die Schlinge zu schieben, bevor sie der Länge nach hinschlug und bäuchlings durch den Schlamm und das Gestrüpp geschleift wurde, als Changar sein Pferd zum Trab antrieb. Er schleifte sie einmal im Kreis herum, während seine Krieger schweigend zuschauten. Als er wieder zum Ausgangspunkt zurückkehrte, hielt er inne. »Fesselt ihr die Hände hinter dem Rücken«, befahl er.

Tlanhan schnallte seinen Gürtel ab, schwang sich aus dem Sattel und eilte zu Luma. Als sie versuchte, sich gegen ihn zu wehren, versetzte er ihr einen kräftigen Fußtritt, kniete sich auf ihre Brust, packte ihre Arme, drehte sie um und band ihr die Handgelenke so fest zusammen, daß die Knoten ihr ins Fleisch schnitten.

»Du Verräter!« schrie sie. »Du warst Kerus Freund!«

Tlanhan zog seine Ledermanschette ab, stopfte sie Luma in den Mund, zog sie grob auf die Füße, und schlug ihr so hart ins Gesicht, daß sie sich die Lippen an den Zähnen aufschnitt.

»Wir werden jetzt ins Lager zurückkehren und deinem Bruder einen Besuch abstatten«, sagte er. »Setz dich in Bewegung, sonst wird Changar dich durch den Dreck schleifen!«

Changar sagte nichts. Er trieb sein Pferd zu einem schnellen Schritt an und strebte in Richtung Lager. Luma stolperte hinter ihm her und gab sich Mühe, nicht wieder hinzufallen.

Kurz bevor sie das Lager erreichten, trafen sie auf Rimnak, die auf einer edlen braunen Stute saß und in die weißen Beinlinge und das weiße Gewand einer Hansi-Braut gekleidet war. Ihr Haar war mit Butter geglättet worden, und sie trug einen neuen goldenen Nasenring. Rimnak betrachtete Luma und Keshna mit einem Ausdruck hämischer Genugtuung.

»Eine tot, die andere an der Schwelle des Todes«, sagte sie.

»Sei still, Schwester«, warnte Tlanhan sie, »sonst bringe ich dich zum Schweigen.« Er saß ab, ging zu Keshna und zog sie von Wehans Pferd. Luma zuckte zusammen, als Keshnas Körper hart auf dem Boden aufschlug. Sie sah wirklich sehr tot aus. Tlanhan packte Keshna am Gürtel, schleifte sie zu seinem Pferd und warf sie quer über den Hals des Hengstes.

»Ich hoffe, die Braut hat ihr Frühstück genossen«, sagte Rimnak.

Tlanhan starrte seine Schwester kalt an. In seinen Augen war etwas, das Luma an den Ausdruck einer Eidechse erinnerte, kurz bevor sie ihre Zunge hervorschnellen ließ, um eine Fliege zu fangen. »Ich dachte, ich hätte dir gesagt, du sollst den Mund halten«, zischte er.

Vor Kerus Zelt saßen achtzehn Krieger mit nacktem Oberkörper in Lederbeinlinge gekleidet und mit gestohlenem Schmuck behängt. Sie aßen und tranken und erzählten Hochzeitswitze, so schmutzig und so alt, daß sie wahrscheinlich schon bei Hochzeiten erzählt worden waren, bevor man die ersten Pferde gezähmt hatte. Die Krieger waren ein rüpelhafter, glitzernder, betrunkener Haufen, lebender Beweis dafür, daß es sehr lohnend war, Flußpiraterie zu betreiben. Sie trugen ihre Beute voller Stolz: Silberarmbänder, die für die Arme von Priesterinnen bestimmt waren; Gürtel aus Stoffballen mit blauem Leinen; zeremonielle Goldhalsketten in Form winziger Schlangengöttinnen und heiliger Schmetterlinge. Einige der Männer hatten ihre Tätowierungen mit Färbeflüssigkeiten aufgefrischt, die in Tempeln hergestellt worden waren, so weit entfernt, daß die Färberinnen noch nie von Nomaden gehört hatten. Andere hatten ihre Bärte mit süß duftenden Parfüms gekämmt, aus Blüten gewonnen, die sie nie gesehen hatten, und die Hefte ihrer Dolche mit kostbaren Ölen poliert, die man in Tonfläschchen nicht größer als der Daumen eines Mannes, über den Rauchfluß verschiffte.

Und erst das Essen! Wer hatte jemals eine so verschwenderische Fülle gesehen? Körbe mit Hammelragout und ganze Stapel saftiger Fleischrippen; kleine geschmorte Vögel, mit süßen Kräuter gefüllt; Berge von Fladenbrot, aus erbeutetem Mehl gebacken; ganze Fische in langen Reihen arrangiert und geröstete Kaninchen mit einer so knusperigen Kruste, daß sie im Mund knisterte. Es gab mit Wasser gemischte Fruchtsäfte, frische Milch, die noch warm von den Kühen war, und sogar Wein.

Die Krieger mochten Wein nicht besonders, aber sie tranken ihn bereitwillig, weil der Kersek noch nicht gekommen war und weil sie Keru an seinem Hochzeitstag nicht in Verlegenheit bringen wollten, indem sie auf den Kersek warteten, um sich zu betrinken. Außerdem spielte es wirklich keine große Rolle. Die Götter hatten dem sauren Traubensaft den gleichen Geist eingehaucht, der auch in Kersek enthalten war, deshalb tranken sie reichlich; und wenn ein Krieger versehentlich einen der hübschen Tonkrüge zerschlug, fegte er einfach die Scherben beiseite und griff nach einem anderen. Es würden wieder neue Boote den Fluß hinunterkommen. Ein Mann konnte sich jederzeit betrinken, solange es Händler gab.

Während die Männer Festgelage hielten, hakten die Frauen sich unter und begannen mit dem Hochzeitstanz. Sie stampften mit ihren abgenutzten Lederstiefeln auf dem schlammigen Boden. Während sie tanzten, dachten die alten Frauen wehmütig, wie schön es wäre, einen jungen Ehemann wie Keru zu haben, der ihre Knochen wärmte; und die jungen Frauen dachten sehnsüchtig, daß wenn Keshna nicht gekommen wäre, dies vielleicht ihre eigene Hochzeit hätte sein können. Aber nichts von alledem war auf ihren Gesichtern zu erkennen, die zur Hälfte von dicken schwarzen Schals verhüllt waren. Als sie den Text von »Hoch Lebe Die Glückliche Braut« und »Häuptling Keru Nimmt Sich Eine Ehefrau« sangen, erhoben sich ihre Stimmen hinter der schweren Wolle wie Vogelstimmen aus einem tiefen Dickicht: hoch und schrill, fast wehklagend; und wenn sie sich fragten, wo Keshna so lange blieb, wo Luma war, oder warum Rimnak nicht mit ihnen tanzte, so ließen sie sich das nicht anmerken.

Bei einem Hochzeitsfest stellten Frauen keine Fragen. Ihre Zeit würde morgen kommen. Sobald die Sonne aufging, würden sie in das Hochzeitszelt stürmen, die Decke herausziehen, auf der das frischgebackene Ehepaar gelegen hatte, und sie als Beweis für Keshnas Jungfräulichkeit im Triumphzug durch das Lager tragen. Selbst wenn Keshna keine Jungfrau mehr war (wovon sämtliche Frauen überzeugt waren), würde trotzdem Blut auf ihrer Decke sein – dafür würde Keru sorgen. Anschließend würden weitere Tänze zu Ehren der Braut aufgeführt, und dann würden die Frauen an der Reihe sein, Festgelage zu halten, zu singen und sich bis zur Besinnungslosigkeit zu betrinken. Bis gegen Abend würden nur die Frauen, die zu alt oder zu krank waren, um den Kersek bei sich zu behalten, noch nüchtern genug sein, um das Abendessen zuzubereiten. Bei dem Gedanken an eine solche Freiheit stießen die Frauen laute Freudenschreie aus und wiegten sich so begeistert hin und her, daß sie wie eine Reihe schwarzer Schilfhalme aussahen, die in einem kräftigen Wind schwankten.

Unten am Fluß hörten die Vögel die Schreie der Frauen und flogen alarmiert auf. Es gab ein solches Rauschen und Flattern von Schwingen, ein solches Krächzen, Keckern, Pfeifen, Kreischen und Zwitschern, daß die Trommeln für einen Moment von dem Lärm übertönt wurden.

Keru blickte hoch, und der Schatten einer flüchtenden Wildente glitt über sein Gesicht. Er setzte seinen Weinkrug ab und runzelte die Stirn. Es gefiel ihm nicht, so große Scharen von Vögeln so jäh aus dem Röhricht auffliegen zu sehen. Es war ein schlechtes Omen. Vielleicht waren die Vögel nur von dem lauten Gesang und dem Dröhnen der Trommeln in die Flucht geschlagen worden, doch als er beobachtete, wie die Schwärme über den Himmel zogen, hatte er das Gefühl, daß sie ihm etwas Wichtiges sagten, das er aber nicht verstand.

Er griff nach einem Stück Käse und aß es langsam. Er hielt immer wieder inne, um den Blick über seine Krieger schweifen zu lassen. Die meisten waren schon vor geraumer Zeit gekommen. Sie saßen in Familiengruppen zusammen, umringt von ihren Vätern und Brüdern, und aßen und tranken von allem, was in Sichtweite war. Aber Keru fiel auf, daß einige seiner Männer fehlten.

Changars Abwesenheit konnte er verstehen. Der alte Mann

wollte nicht miterleben, wie er Keshna zur Ehefrau nahm. Er hockte wahrscheinlich beleidigt in seinem Zelt und tat so, als sei er zu krank, um der Hochzeitsfeier beizuwohnen. Aber Tlanhan hätte eigentlich als einer der ersten erscheinen müssen. Er hätte in diesem Moment neben Keru sitzen und obszöne Scherze über Bräutigame machen sollen, die so viel tranken, daß sich ihr Speer in ein schlappes Seil verwandelte (obwohl diese Gefahr ganz bestimmt nicht besteht, dachte Keru). Und Gloshan und Wehan hätten dort drüben bei ihrem Großvater sitzen, ihm den Fleischsaft vom Kinn wischen und ihn und sich selbst mit geröstetem Kaninchen vollstopfen sollen. Die Abwesenheit von Wehan, Gloshan und Tlanhan ließ die feinen Härchen in Kerus Nacken prickeln, so wie sie es auch vor einem Überfall aus dem Hinterhalt taten. Die faulen Bastarde lagen wahrscheinlich in ihren Zelten – völlig betrunken von dem verschwundenen Kersek oder von Haschisch berauscht, und dennoch wurde Keru das Gefühl nicht los, daß die drei irgendwo zusammensteckten und einen dieser schändlichen Streiche ausheckten, die unverheiratete Männer zu gerne einem Bräutigam spielten.

Keru schluckte das letzte Stückchen Käse herunter, trommelte nervös mit den Fingern auf den Weinkrug und ließ seinen Blick abermals prüfend über die einzelnen Gruppen von Kriegern schweifen. Wenn die drei fehlenden Krieger irgend etwas ausheckten, was den heutigen Tag verdarb, würde er dem Rest seiner Männer befehlen, sie zu packen und an den Füßen aufzuhängen, bis sie wieder zur Vernunft gekommen waren. Und ansonsten… wenn die drei unbedingt sein Hochzeitsmahl verpassen wollten, dann bedeutete das nur, daß es für die anderen um so mehr zu essen gab.

Keru wischte mit einem Stück Brot etwas Fleischsaft auf, steckte es sich in den Mund und überlegte nochmals. Das Essen war köstlich, und Tlanhan war ein mürrischer Dickkopf, daß er nicht hier war, um mit ihm zu speisen. Außerdem waren die Vögel geflogen, und ein kluger Mann hörte auf die Vögel.

Er wandte sich an einen Krieger namens Hrandshan, der in der Nähe saß. Hrandshan war der beste Bogenschütze im Lager, und er hatte die komische Angewohnheit, nüchtern zu bleiben, wenn andere Männer sich betranken. Obwohl sein Bart mit Hammelfett beschmiert war, lagen keine zerbrochenen Weinkrüge auf dem Teppich vor ihm.

»Sieh mal nach, ob Wehan, Tlanhan und Gloshan in ihren Zelten sind«, wies Keru ihn an. »Wenn sie dort sind, dann sag ihnen, daß ich sie augenblicklich hier erwarte, um meine Braut zu ehren.«

Hrandshan nickte, erhob sich und marschierte ohne ein weiteres Wort davon. Keru fragte sich, ob er nicht noch jemanden losschicken sollte, um nachzusehen, wo Keshna und Luma so lange blieben; aber wenn er das tat, dann würde er sich lächerlich machen, und ein Häuptling konnte es sich nicht leisten, vor seinen Männern wie ein Idiot dazustehen. Sich als Bräutigam insgeheim vor Ungeduld zu verzehren, war eine Sache, etwas völlig anderes war es, dieser fieberhafte Ungeduld öffentlich zu zeigen.

Er trank noch einen Schluck Wein und erhob sich von seinem Platz, um zu seinem Zelt zu gehen und das Hochzeitsgeschenk zu holen, das er Keshna überreichen wollte, wenn sie kam. Wäre sie irgendeine andere Frau gewesen, hätte er ihr eine goldene Halskette geschenkt; doch da Keshna nun einmal Keshna war, hatte er beschlossen, ihr einen neuen sirrenden Bogen zu schenken, denn ihr alter zeigte mittlerweile Abnutzungserscheinungen. Der Bogen war der beste und schönste im ganzen Lager, so perfekt ausbalanciert, daß die Pfeile wie aus eigenem Antrieb von seiner Sehne wegzufliegen schienen. Keru war nichts eingefallen, was Keshna größere Freude machen würde.

Doch als er von seinem Platz aufstand, sah er etwas, das ihn jeden Gedanken an Keshnas Bogen vergessen ließ. Die Frauen hatten zwischen ihm und dem Pfad getanzt, der vom Fluß heraufführte. Solange er auf dem Boden gesessen hatte, hatten sie ihm die Sicht versperrt, aber jetzt fuhr Keru plötzlich zusammen und legte die Hand auf seinen Dolch. Er sah Wehan, Gloshan und Rimnak aus dem kleinen Weidendickicht am östlichen Rand des Lagers reiten. Was hatte Rimnak bei Wehan und Gloshan zu suchen? Und wieso waren die drei zu Pferd?

Die tiefhängenden Weidenzweige teilten sich abermals, und Changar und Luma erschienen, zu zweit auf einem Pferd. Für einen flüchtigen Moment – bevor er begriff, was er da sah – war Keru froh, Changar zu sehen. Der alte Mann hatte sich wie Choatk bemalt, was für eine Hochzeitsfeier ziemlich unpassend war, aber zumindest kam er zu dem Fest, und er hatte sich offensichtlich sogar anerboten, Luma mitzunehmen. Aber warum hielt Luma die Arme hinter dem Rücken? Und was hielt Changar ihr an die Kehle? Keru blinzelte und versuchte angestrengt, das Ding in Changars Hand zu erkennen. Gleich darauf teilten sich die Weidenzweige ein drittes Mal, und Tlanhan ritt heraus – mit Keshna, die quer über den Hals seines Pferdes hing. Ganz plötzlich wurde Keru klar, daß er verraten worden war.

»Verräter!« brüllte er.

Bei seinem lauten Ausruf warfen die Trommler ihre Trommeln weg und griffen hastig nach ihren Waffen. Die Reihe der Tänzerinnen löste sich auf, und die Frauen rannten in alle Richtungen davon, rissen ihre Kinder an sich und flohen in Panik. Die sitzenden Krieger spuckten ihr Essen aus, packten ihre Bögen und sprangen auf die Füße. Noch bevor Keru sie aufhalten konnte, hatten die Männer Pfeile in ihre Bogensehnen eingespannt und machten sich zum Schießen bereit.

»Halt!« rief Keru. »Nicht schießen!« Es war ein Messer, was Changar an Lumas Kehle hielt. Er begriff augenblicklich, daß entweder Changar oder Tlanhan Keshna getötet hatte, und daß Wehan und Gloshan dabei geholfen hatten. Er wollte ihr Blut dafür, und er wollte es sofort; aber wenn er seine Männer nicht daran hinderte, die Mörder zu erschießen, würde auch Luma sterben. »Nicht schießen!« wiederholte er verzweifelt. »Die Feiglinge haben meine Schwester!«

Widerstrebend senkten die Krieger ihre Bögen, und ein dumpfes Murmeln mühsam unterdrückter Gewalt ging durch ihre Reihen. Es ähnelte dem tiefen, gefährlichen Knurren eines zornigen Tieres, aber Changar und Tlanhan waren zu weit entfernt, um es zu hören und zu begreifen, wie sehr sie die Loyalität von Kerus Männern unterschätzt hatten.

Als die Reiter so nahe herangekommen waren, daß Keru den Knebel in Lumas Mund sehen konnte, trieb Tlanhan seinen

Hengst zu einem tänzelnden Trab an und ritt an Changar vorbei. Bei jedem Schritt seines Pferdes prallte Keshnas Kopf gegen die Flanke des Tieres, und jedesmal wenn er dagegenprallte, wollte Keru seinen Kriegern befehlen, Tlanhan zu erschießen. Doch immer dann, wenn die Verlockung fast unwiderstehlich wurde, blickte er auf und sah Changars Dolch an Lumas Kehle, und dann biß er sich auf die Lippen und unterdrückte seinen Zorn. Ein Wort von ihm, und seine Männer würden über die Verräter herfallen. Es würde nichts von ihnen übrigbleiben – nicht ein bißchen. Keru wußte, daß er sich um Lumas willen nicht rühren oder auch nur sprechen durfte, solange er sich nicht sicher war, daß seine Stimme ruhig und beherrscht klingen würde. Er fühlte, wie die Welle des Zorns hinter ihm aufwogte, bereit, jeden Moment niederzustürzen und alles mit sich zu reißen, und er roch Gewalt in der Luft, so bitter wie fauliges Wasser.

Als Tlanhan wenige Schritte von ihm entfernt anhielt, war Kerus Gesicht völlig ausdruckslos. Unter dieser Ausdruckslosigkeit brodelte etwas, was so finster und glühend war, daß es Tlanhan das Fleisch von den Knochen abgebrannt hätte, wenn es ihn hätte berühren können; aber Tlanhan hatte noch nie hinter die Fassade anderer Männer schauen können. Er faßte Kerus Schweigen als Schwäche auf und tat etwas so Dummes und Arrogantes, daß selbst die Krieger, die bereit waren, ihn zu töten, schockiert waren. Er packte Keshna am Gürtel, ritt auf Keru zu und warf ihm ihren leblosen Körper vor die Füße.

»Hier hast du deine Braut«, rief er. Er legte eine Pause ein, um Keru Zeit zu lassen, die Tatsache zu registrieren, daß Keshna tot war. Er bemerkte nicht, daß Keru in dem Moment, in dem Keshnas Körper auf dem Boden aufgeprallt war, entschieden hatte, daß ein schneller Tod noch viel zu gut für Tlanhan war.

Keru schaute Keshna nicht an, weil er wußte, wenn er es täte, würde er sich zu etwas hinreißen lassen, das Lumas Tod bedeuten würde. Er starrte Tlanhan einfach weiter ausdruckslos an. Tlanhan hatte nicht mit dieser Reaktion gerechnet, und sie zermürbte ihn. Er leckte sich nervös über die Lippen und räusperte sich.

»Heirate meine Schwester Rimnak und lösch den Schandfleck

von ihrem Namen, oder kämpfe gegen mich und stirb!« verkündete er. Es klang nur nicht wie eine Herausforderung. Die Worte kamen schwach und unsicher über seine Lippen, obwohl das sicher nicht in Tlanhans Absicht lag. Er blickte in Kerus Augen und entdeckte darin nicht die geringste Gefühlsregung, und das zermürbte ihn noch mehr. Er hatte noch nie zuvor so vollkommen ausdruckslose Augen gesehen.

»Sag Changar, er soll Luma freilassen«, sagte Keru mit so beiläufig klingender Stimme, als habe er Tlanhan um einen Schluck Wasser gebeten, »dann können wir uns über meine Eheschließung mit Rimnak unterhalten.«

»Ich kann Changar keine Befehle erteilen.« Tlanhan sah auf Keshna hinunter und fragte sich, warum Keru so gleichgültig auf den Anblick ihrer Leiche reagierte. »Changar tut, was er will.«

»Na schön«, erwiderte Keru mit derselben ausdruckslosen Stimme, »dann spreche ich wohl mit dem falschen Mann. Bitte Changar, näher heranzureiten, damit ich herausfinden kann, was es kosten wird, Lumas Freiheit zu erkaufen.«

Tlanhan war wütend. Er hatte fest damit gerechnet, Keru zu einem Kampf provozieren zu können, statt dessen benutzte Keru ihn als Boten! Wie viele tote Bräute waren denn noch nötig, um Keru so rasend zu machen, daß er kämpfte? Tlanhan zog sein Pferd herum und ritt zu Changar zurück.

Während Changar und Tlanhan beratschlagten, erhaschte Keru eine schnelle Bewegung aus dem linken Augenwinkel. Er blickte nach links, ohne den Kopf zu drehen, und sah Hrandshan von Wehans Zelt zurückkommen. Hrandshan mußte gesehen haben, wie Tlanhan Keshnas leblosen Körper zu Kerus Füßen niederwarf, denn er ging nicht zu der Festtafel zurück, sondern schlich sich vorsichtig an, indem er Zelte und angepflockte Pferde als Deckung benutzte. Als Hrandshan das nächststehende Zelt erreichte, kniete er sich dahinter und spannte einen Pfeil in seinen Bogen. Dann hob er seine freie Hand und machte Keru Zeichen.

Können die Verräter mich sehen?

Nein, signalisierte Keru zurück. Er hielt einen Moment inne. *Changar hält Luma seinen Dolch an die Kehle.*

Ja. Ich weiß. Wenn du ihn ablenkst, kann ich ihn erschießen, bevor er Luma etwas antun kann.

Schieß nicht daneben.

Ich schieße nie daneben.

Bei jedem anderen Mann wäre diese Bemerkung Prahlerei, aber Keru wußte, daß Hrandshan nur die simple Wahrheit sagte: Das einzige Mal, daß Hrandshan sein Ziel verfehlt hatte, war, als ihn ein Pferd in genau dem Moment, in dem er seinen Pfeil hatte abschießen wollen, in den Rücken getreten hatte.

Keru hörte auf Zeichen zu machen und überlegte, wie er Changar am besten ablenken konnte, damit Hrandshan ihn genau in der Schußlinie hatte. Tatsächlich brauchte er gar keinen Plan. Tlanhan hatte ihn bereits zu einem Kampf herausgefordert, der die bestmögliche Ablenkung sein würde. Jetzt mußte er sich nur noch etwas einfallen lassen, um sicherzustellen, daß seine eigenen Männer nicht anfingen zu schießen. Unter normalen Umständen hätte er sich einfach zu ihnen umgedreht und ihnen gesagt, daß Hrandshan im Hinterhalt lag; aber drei seiner Krieger hatten ihn an diesem Morgen bereits verraten, und wo es drei Verräter gab, konnte es leicht noch mehr geben.

Changar und Tlanhan beratschlagten eine ganze Weile. Schließlich nickte Changar, wendete und ritt langsam auf Keru zu. Er hielt Luma mit einer Hand fest, drückte ihr mit der anderen den Dolch an die Kehle und lenkte sein Pferd durch Zungenschnalzen und leise Zischlaute. Tlanhan ritt ein kleines Stück hinter ihm, und Wehan und Gloshan bildeten die Nachhut. Als sie ungefähr zwanzig Schritte von Keru entfernt waren, zügelte Changar sein Pferd, indem er ein gedämpftes Wiehern nachahmte, ein Geräusch, das den Hengst wie angewurzelt stehenbleiben und erzittern ließ. Changar zog die Schneide seines Messers über Lumas Kehle, ohne ihre Haut zu ritzen, und blickte Keru mit der arroganten Selbstsicherheit eines Mannes an, der glaubt, er sei seinem Gegner haushoch überlegen.

»Wie ich gehört habe, willst du um deine Schwester feilschen.«

Keru sah Luma an. Sie saß kerzengerade und stocksteif da,

angstbleich und reglos. Ihr Gesicht war übel zerkratzt, und an ihrer Unterlippe haftete verkrustetes Blut, aber im übrigen war sie noch heil und in einem Stück, und Keru wollte, daß das auch so blieb.

»Nein«, erwiderte er. »Ich habe kein Interesse daran, um sie zu feilschen. Ich habe es mir anders überlegt.« Er sah, wie Luma bestürzt und bitter enttäuscht die Augen aufriß. Er hätte sie durch bloße Willensanstrengung gerne dazu gebracht, seine Gedanken zu lesen und zu verstehen, daß er nicht wirklich meinte, was er über sie sagen würde; aber das funktionierte natürlich nicht.

Changars Augenbrauen schossen in die Höhe. »Nicht?« Damit hatte Changar nicht gerechnet. Gut, dachte Keru. Je mehr er sich überrumpelt fühlt, desto besser.

Keru zuckte die Achseln. »Warum sollte ich Tlanhans Sau von einer Schwester heiraten, nur um meine eigene Schwester freizukaufen, die ich praktisch kaum kenne? Luma bedeutet mir nichts. Ich bin nicht mit ihr zusammen aufgewachsen, und du hast mir doch immer wieder gesagt, daß sie mich abgrundtief haßt. Sieh sie dir doch an.« Keru zeigte mit dem Finger auf Luma. »Ein Mannweib, aufsässig und unverschämt und mehr oder weniger kahlköpfig. Als sie hier auftauchte, dachte ich noch, ich könnte sie vielleicht gegen einen guten Brautpreis verheiraten, aber ich könnte von Glück reden, wenn ich auch nur drei Ziegen für sie bekäme. Seit sie hier ist, hat sie nichts anderes getan, als mir Ärger zu machen; deshalb ist es mir völlig gleichgültig, ob du sie umbringst, sie Choatk opferst oder sie sogar vögelst, falls du es noch schaffst, deinen steinalten Penis hochzukriegen. Wenn du mein Schlachtroß als Geisel genommen hättest, wäre das etwas anderes. Aber sie? Ich würde nicht mal einen Becher kalter Pisse für sie geben!«

Er ließ seiner Wut freien Lauf, ließ sie aus sich herausströmen wie einen dunklen und schrecklichen Fluß. Er brauchte nicht zu schauspielern, während Keshna leblos zu seinen Füßen lag. Er mußte nur die ersten zornigen Worte aussprechen, die ihm in den Sinn kamen. Er wirbelte herum und funkelte seine Männer an.

»Mit Keshna ist das etwas anderes. Ich hatte vor, sie zu meiner Ehefrau zu machen, aber Tlanhan hat sie getötet und mir vor die

Füße geworfen, als sei sie ein Stück verdorbenes Fleisch. Dafür wird er mir büßen, und ich werde eigenhändig jeden Mann töten, der sich mir in den Weg stellt. Habt ihr mich verstanden, ihr hitzköpfigen Idioten? Ihr werdet keinen einzigen Pfeil abschießen und keinen einzigen Speer schleudern. Dies ist eine Sache der Ehre zwischen Tlanhan und mir.«

Er fuhr wieder herum und starrte Tlanhan an. »Du willst gegen mich kämpfen? Komm von deinem Pferd herunter, du feiger Bastard, und ich werde dir deinen Kampf liefern. Und wenn ich dich getötet habe, werde ich dich und deine Hure von einer Schwester an die Maden verfüttern!«

Das waren genau die Worte, die Tlanhan hören wollte. Er saß ab, schob sein Pferd mit einem Klaps aufs Hinterteil aus dem Weg und zog seinen Dolch. »Dann kämpf gegen mich, du elender Hurensohn!«

Keru riß seinen Dolch aus der Scheide. »Sing deinen Grabgesang.«

Die beiden duckten sich und umkreisten einander langsam. Plötzlich stieß Tlanhan ein lautes Brüllen aus und stürzte sich mit einem Satz auf Keru, doch Keru war zu schnell für ihn. Er sprang nach links, wirbelte herum und holte mit seinem Dolch nach Tlanhan aus, aber Tlanhan stolperte gerade noch rechtzeitig rückwärts, und Kerus Dolch traf nur seinen Bart.

Keru stach abermals auf Tlanhan ein und verfehlte ihn nur um Haaresbreite. Tlanhan fand sein Gleichgewicht wieder, blickte Keru erneut in die Augen und sah etwas, das ihn zögern ließ. Keru starrte ihn nicht länger ausdruckslos an; er hatte jetzt den irren Gesichtsausdruck eines Mannes, der mit Freuden bereit war, für das Vergnügen des Tötens mit seinem Leben zu bezahlen. Die Hansi hatten ein Wort für diesen Ausdruck: Vartak. Vartak war der Wahnsinn der Götter, der einen Mann in der Schlacht überkam, und Tlanhan mochte es gar nicht, diesen Ausdruck auf dem Gesicht seines Gegners zu sehen. Wenn Keru Vartak war, dann könnte er etwas selbstmörderisch Leichtsinniges tun, aber es machte ihn auch ebenso gefährlich wie einen tollwütigen Löwen.

Tlanhan wußte, daß er schnell handeln mußte. Er täuschte einen

Ausfall nach links vor, sprang nach rechts, bückte sich blitzschnell, hob eine Handvoll Sand vom Boden auf und warf ihn Keru ins Gesicht; aber als er den Sand nach Keru schleuderte, schloß dieser die Augen und holte mit dem Fuß aus, wobei er Tlanhan hart am Handgelenk traf und ihm den Dolch aus der Hand trat. Tlanhan wußte, daß er überlistet worden war, deshalb rollte er sich vorwärts, sobald er Kerus Fuß gegen seinen Arm prallen fühlte, und riß Keru den anderen Fuß unter dem Körper weg. Einen Moment lang wälzten sich die beiden in einer tödlichen Umklammerung auf dem Boden hin und her, während Tlanhan verzweifelt versuchte, Keru den Dolch aus der Hand zu winden. Es war nichts Ehrbares mehr an ihrem erbitterten Kampf. Sie versetzten sich gegenseitig Fußtritte, rangen wild miteinander und droschen mit den Fäusten aufeinander ein, bis Keru seinen Dolch verlor und Tlanhan sich mit einem Hechtsprung darauf stürzte. Dann gingen sie erneut aufeinander los, wobei jeder die Waffe des anderen in der Hand hielt.

Hinter sich hörte Tlanhan, wie Changar einen Warnruf ausstieß, aber Tlanhan brauchte nicht gewarnt zu werden. Er sprang blitzschnell zur Seite, als Keru sich auf ihn stürzte, und rammte Keru seinen Dolch in die Brust. Keru schrie laut auf vor Schmerz und schlug zurück, traf Tlanhan jedoch nur am Arm und auch nur mit der Spitze seines Dolches. Die Stichwunde war tief, aber so sauber und klein, daß sie kaum blutete.

Keru blickte an sich herunter und sah seinen eigenen Dolch aus seiner Brust herausragen. Der Dolch tat nicht weh, aber er ließ sich auch nicht herausziehen, als er es versuchte. Jedesmal wenn er Luft holte, spritzte ein feiner Nebel von Blutstropfen um das Heft heraus. Der Kampf war so gut wie vorbei und es war Zeit für Hrandshan zu schießen.

»Hrandshan!« keuchte er, doch seine Stimme war zu schwach, um mehr als ein paar Schritte weit zu tragen. Er taumelte rückwärts, blickte zu Luma auf und erkannte, daß – selbst wenn Hrandshan ihn gehört hatte –, Wehan und sein Pferd im Weg waren und Hrandshan Changar nicht erschießen konnte, ohne auch Luma zu treffen.

Tlanhan wußte nicht, warum Keru keuchend Hrandshans

Namen hervorstieß, wenn er eigentlich sein Sterbelied hätte singen sollen, doch er sah, daß er den Kampf gewonnen hatte. Einen Moment lang gestattete er sich, die triumphierende Freude über seinen Sieg auszukosten. Er wußte, Changar hatte seinen Dolch in der vergangenen Nacht mit einem mächtigen Zauber belegt, einem Zauber, der ihn, wie Changar ihm versichert hatte, unbesiegbar machen würde; aber er hatte nicht mit Changars Magie gewonnen. Er hatte aufgrund seiner eigenen Schlauheit und Geschicklichkeit gewonnen, und er schuldete Changar keinerlei Dank. Auch wenn er seinen Dolch an Keru verloren hatte, so hatte er – Tlanhan – am Ende triumphiert. Der Sieg gehörte ihm allein.

Trotzdem war es besser, vorsichtig zu sein, solange der Gegner noch nicht den letzten Atemzug getan hatte. Keru war vielleicht schwer verwundet, aber er war ein erbitterter, unberechenbarer Kämpfer. Tlanhan entschied, daß es keinen Sinn hatte, irgendwelche zusätzlichen Risiken einzugehen. Er trat zurück und beobachtete, wie Keru herumtaumelte und mühsam nach Atem rang, bis er sicher war, daß Keru ihn nicht noch einmal angreifen konnte; dann näherte er sich ihm, um ihn endgültig zu erledigen.

Aber irgend etwas stimmte mit ihm nicht. Tlanhan zögerte. In seinen Ohren war ein seltsames Klingeln, als schlüge man unzählige Kupferstäbe gleichzeitig gegeneinander. Der Boden unter seinen Füßen fühlte sich plötzlich weich und wacklig an, und sein Herz hämmerte wie wild gegen seine Rippen. Er empfand keine Furcht, aber er war verwirrt. Gleich darauf breitete sich eine angenehme Wärme in seinem Körper aus.

Das ist schön, dachte er. Plötzlich vergaß er, daß er kämpfte. Er richtete sich auf, ließ seinen Arm mit der tödlichen Klinge sinken, stand nur da und starrte Keru an und versuchte herauszufinden, wer er war. Er hatte irgend etwas mit diesem Mann getan – etwas Wichtiges, das seine ganze Konzentration erfordert hatte. Was war das nur gewesen? Er war gerade im Begriff, sich wieder daran zu erinnern, als er plötzlich rücklings in den Schlamm stürzte und heftige Krämpfe bekam. Kurz bevor sich die endgültige Dunkelheit auf ihn herabsenkte, hörten die Krämpfe plötzlich wieder auf. Tlanhan öffnete die Augen. Die Welt war auf einmal eine helle

Staubwolke, die um ihn herumwirbelte und wie Gold glitzerte. Das letzte, was er sah, war, wie Changar von einem Pfeil mitten in den Hals getroffen wurde.

Changar schrie auf, krallte sich an den Pfeil und ließ sein Messer fallen. Als sie sahen, daß Luma außer Gefahr war, schossen Kerus Männer alle gleichzeitig. Ihre Pfeile sausten durch die Luft, bohrten sich in Gloshan, Wehan und Rimnak und rissen sie von ihren Pferden. Als die drei fielen, sahen sie nicht länger aus wie menschliche Wesen, sondern wie Seeigel oder Stachelschweine.

Kerus Krieger hätten auch Changar mit Pfeilen gespickt, aber er besaß noch die Geistesgegenwart, mit einer Hand Lumas Arm zu packen und sie wie einen Schutzschild vor sich zu schieben. Wäre Luma imstande gewesen, Changar einen Schlag zu versetzen, damit er sie losließ, dann hätte sie es getan; doch ihre Hände waren hinter ihrem Rücken gefesselt, und sie hatte immer noch den Knebel im Mund, deshalb tat sie das einzige, was sie tun konnte, sie rammte seinem Pferd die Fersen in die Flanken.

Der Wallach bäumte sich erschrocken auf und scheute. Luma fand sich plötzlich auf dem Boden wieder, wie sie hinter einem galoppierendem Pferd hergeschleift wurde. Sie hatte keine Zeit zum Denken. Der Lederknebel wurde ihr so gewaltsam aus dem Mund gerissen, daß sie beinahe alle ihre Zähne verloren hätte. Ein großer Busch tauchte vor ihr auf; sie schrie entsetzt auf, schloß die Augen, und Changars Pferd zog sie mitten hindurch. Steine zerkratzten ihre Brust und Sand füllte ihren Mund. Als sie wieder aus dem Gebüsch herauskam, blutete sie aus zahlreichen Schnittwunden und spuckte, würgte und hustete. Sie wurde so hart gegen einen Baumstamm geschleudert, daß sie beinahe das Bewußtsein verlor. Dann blieb das Pferd gnädigerweise stehen. Als nächstes beugte sich ein Nomadenkrieger über sie und schnitt die Fesseln um ihre Handgelenke durch.

»Ich habe den elenden Hurensohn getötet«, sagte der Krieger. Er zog Luma auf die Füße, vergewisserte sich, daß sie nicht ernstlich verletzt war, und befahl ihr, den abgebrochenen Zahn auszuspucken, den sie noch im Mund hatte, bevor sie daran erstickte.

Als Luma ihren Zahn ausgespuckt hatte, schwang sich der Krieger wieder auf den Rücken seines Pferdes und half ihr, hinter ihm aufzusitzen. Auf dem Weg zurück ins Lager erklärte er ihr, was passiert war, nachdem sie abgeworfen worden war, aber er war ein Mann, der nicht viele Worte machte, und das meiste davon waren Flüche. Luma war so benommen, daß sie schon fast im Lager angekommen waren, bis sie begriff, daß sein Name Hrandshan war, daß Keru noch lebte und daß es sich bei dem speziellen Hurensohn, den er getötet hatte, um Changar handelte.

22. Kapitel

Das erste, was Luma und Hrandshan sahen, als sie ins Lager zurückkehrten, waren Wehans, Gloshans, Tlanhans, Rimnaks und Changars Köpfe, die auf Speere aufgespießt vor Kerus Zelt standen. Es war ein heißer Tag, und ein paar Fliegen schwirrten bereits um sie herum, angelockt von dem Geruch von frischem Blut; doch Kerus Krieger störten sich offenbar nicht daran. Die meisten von ihnen saßen mit überkreuzten Beinen auf dem Boden und verzehrten die Reste des Hochzeitsmahls, während sie darauf warteten, etwas Neues über Keru zu erfahren, der in sein Zelt getragen worden war, damit Chamnak und Urmnak sich um ihn kümmern konnten. In Anbetracht des Gemetzels, das kurz zuvor stattgefunden hatte, waren sie in bemerkenswert fröhlicher Stimmung.

»Dem Häuptling geht es gut«, riefen sie Hrandshan entgegen.

»Keru ist zäh. Um ihn ins Jenseits zu befördern, braucht es etwas mehr als einen Dolchstich von einem feigen Verräter.« Ein Krieger, der kleine blaue Schädel auf seinem Kinn tätowiert hatte, warf Hrandshan einen Kersekschlauch zu. Hrandshan fing ihn auf, zog den Stöpsel heraus und genehmigte sich einen kräftigen Schluck. Dann bot er Luma den Schlauch an, die ihn mit einem dankenden Nicken annahm und daraus trank. Wie gewöhnlich schmeckte der Kersek wie eine Kreuzung aus feuchter, stockfleckiger Wolle und verdorbenem Käse, aber sie würgte ihn herunter. Die Tatsache, daß Keru lebte, war schließlich ein Grund zum Feiern.

»Seine Braut ist natürlich tot«, bemerkte ein anderer Krieger. »Ein Jammer, wirklich. Es hätte mich gefreut zu sehen, wie der Häuptling die Urenkeltochter des alten Zuhan heiratet, aber jetzt wird Keru sich eine andere Braut suchen müssen. Die Frauen haben Keshna im Hochzeitszelt aufgebahrt, und der Häuptling trauert um sie, aber«, er zeigte mit dem Daumen auf die aufgespießten Köpfe, »zumindest haben wir die Bastarde geschnappt, die ihren Tod auf dem Gewissen haben.«

Luma reichte Hrandshan den Schlauch zurück. Das war's also. Von Keshna war nichts mehr übriggeblieben außer ihrer seelenlosen Hülle, aufgebahrt auf dem Hochzeitsbett, das sie niemals mit ihrem Bräutigam hatte teilen können. Wäre Luma nicht eben noch durch ein Gestrüpp geschleift worden, bis sie halb besinnungslos war, wäre sie vor Kummer über diese Nachricht zusammengebrochen, aber sie fühlte sich so elend, so erschöpft und zerschunden, daß sie wie betäubt war. Sie schloß die Augen und bedeckte ihr Gesicht mit den Händen. Sie spürte ein enges Gefühl in der Brust, als hätte jemand ihr Herz auf einen brennenden Stock aufgespießt. Später, dachte sie benommen, wenn ich allein bin, werde ich um Keshna trauern. Sie wußte, sie würde Jahre dafür brauchen.

Hrandshan zügelte seine Stute ein paar Schritte vor Kerus Zelt, faßte Luma um die Taille und half ihr beim Absitzen. Sie machte zögernd ein paar Schritte. Sie war so zittrig und übel zugerichtet, daß sie jedesmal gepeinigt zusammenzuckte, wenn sie die Knie beugte. Trotzdem konnte sie gehen, deshalb bedankte sie sich bei Hrandshan, daß er sie aufgelesen und zurückgebracht hatte, und bewegte sich im Schneckentempo durch aufgewühlten Staub, zerbrochenes Geschirr und verschossene Pfeile auf Kerus Zelt zu. Zwei bewaffnete Krieger standen vor dem Eingang Wache. Als sie das Zelt betrat, salutierten sie vor ihr, indem sie die Hände vor die Brust schlugen. Innerhalb eines halben Tages hatte sich ihr Benehmen völlig verändert; statt sie als Fremde zu betrachten, behandelten sie sie jetzt wie die Schwester des Häuptlings. Luma nahm an, daß sie Changar dafür danken mußte.

Im Inneren des Zelts lag Keru gegen einen Stapel von Kissen gestützt und trank aus einem Krug mit Wein. Urmnak und Chamnak huschten geschäftig um ihn herum und umsorgten ihn, und auf einem kleinen Feuer schmorte ein Stück Rindfleisch. Einen Moment lang stand Luma unbemerkt neben dem Eingang und beobachtete, wie Chamnak Keru etwas in einer hölzernen Schale brachte. Keru sah sehr bleich und zutiefst niedergeschlagen aus – zweifellos wegen Keshna –, aber abgesehen davon machte er auf den ersten Blick den Eindruck, als wäre er schon wieder auf dem Wege der Besserung.

Doch je länger Luma ihn musterte, desto deutlicher sah sie, daß das nicht der Fall war. Seine Lippen waren trocken und aufgesprungen, und sein Atem ging in kurzen, rasselnden Stößen. Die Frauen hatten ihm seine Tunika vom Körper geschnitten, sie lag in einem blutdurchtränkten Bündel neben ihm, und auf den Decken, den Kissen und dem Verband, der seine Brust bedeckte, war noch mehr Blut.

Plötzlich blickte Keru auf und sah Luma im Schatten stehen. »Luma!« keuchte er. Seine Stimme war ein rasselndes, atemloses Krächzen. Urmnak und Chamnak zuckten erschrocken zusammen und wandten sich zu Luma um. Wieder stieß Keru ihren Namen hervor; und dann war Luma neben ihm und hielt ihn umschlungen und legte ihm beschwichtigend die Finger auf die Lippen.

»Nicht sprechen«, warnte sie ihn. Sie wußte sofort, was passiert war: Der Dolch hatte seine Lunge durchstoßen, und sie war kollabiert. Jeder Atemzug, den er machte, war nur ein halber Atemzug, und er mußte mühsam nach Luft ringen.

Er lehnte sich in ihren Armen zurück und ließ sich von ihr halten. »Keshna ...«

Sie küßte ihn auf die Stirn und streichelte sein Haar. »Ja«, erwiderte sie. »Ja, ich weiß. Keshna. Ich weiß. Ach, Keru, es tut mir so unendlich leid. Für dich, für sie, für mich ...« Ihr wurde bewußt, daß sie schließlich doch kurz davor war, in Tränen auszubrechen, aber sie durfte Keru unter keinen Umständen noch mehr aufregen, als er ohnehin schon war. Sie zwang sich, ruhig zu sprechen. »Wir werden später über Keshna reden. Jetzt möchte ich erst einmal einen Blick auf deine Wunde werfen.« Sie machte sich daran, den Verband abzunehmen, während sie weitersprach, um Keru abzulenken. Denn es würde weh tun, auch wenn sie noch so behutsam vorging. Das Blut war geronnen, und der Verband klebte an der Wunde fest.

»Mutter hat mich als Heilerin ausgebildet, hast du das gewußt? Zumindest hat sie es versucht. Ich wollte immer Kriegerin werden, aber sie hat nie aufgegeben. Jetzt wünschte ich, ich hätte damals besser aufgepaßt, als ich die Chance hatte, etwas zu lernen.« Mit einer kurzen, geschickten Bewegung zog sie den Verband ab und legte Kerus Verletzung frei. Er zuckte zusammen und biß sich auf die Lippen.

Luma beugte sich vor und starrte ungläubig auf das Loch in seiner Brust. Sag mir, daß ich nicht wirklich sehe, was ich zu sehen glaube. Sag mir, daß ich mich irre. Dort, direkt in dem Loch in Kerus Lunge, klebte ein blutdurchtränkter Bausch ungesponnener Schafwolle. Urmnak und Chamnak hatten ihn wahrscheinlich dort hineingeschoben, um die Blutung zum Stillstand zu bringen, was auch durchaus in Ordnung gewesen wäre, hätte es sich um eine gewöhnliche Stichwunde gehandelt. Aber hier bahnte sich eine Katastrophe an. Keru konnte leicht kleine Wollfäden in seine durchlöcherte Lunge einatmen, wo sie zu eitern anfangen würden.

Sie blickte auf und sah, wie er ängstlich ihr Gesicht musterte. Er durfte nicht merken, wie beunruhigt sie war. Sie nickte ihm ermutigend zu, murmelte, daß die Wunde gut und sauber aussähe – was eine Lüge war –, und holte den Wollbausch aus dem Loch. Er löste sich als blutdurchtränkter Klumpen und ließ kleine Wollfasern zurück, die wie Spinnweben in dem geronnenen Blut klebten. Die Wunde sah schlimm aus. Tlanhan hatte seinen Dolch geradewegs in die untere Hälfte von Kerus linkem Lungenflügel gestoßen, und der war jetzt zum größten Teil kollabiert. Es war nur wenig neues Blut geflossen, aber jedesmal wenn Keru einatmete, war ein saugendes Geräusch zu hören. Luma wußte, wenn sie irgendeinen Weg finden könnte, um das Loch zu verstopfen, würde sich seine Lunge wieder mit Luft füllen, und er würde etwas leichter atmen können, aber zuerst mußte sie die Wollfäden aus der Wunde klauben.

Sie wandte sich zu Urmnak und Chamnak um. Sie würde ihre Hilfe brauchen, und es wurde Zeit, die beiden ein wenig zu ermutigen. »Danke, daß ihr euch um meinen Bruder gekümmert habt«, sagte sie in ihrem besten Hansi. »Ihr habt große Geistesgegenwart bewiesen, aber nachdem ich mir die Wunde jetzt angesehen habe, müssen wir sie säubern und frisch verbinden, und zwar mit etwas, das ein bißchen haltbarer ist.« (Und das weniger dazu geeignet ist, ihn umzubringen, fügte sie in Gedanken hinzu.)

»Aber wir haben sie doch schon gesäubert«, erklärte Urmnak. »Er hatte schreckliche Schmerzen, deshalb sind Chamnak und ich zu Changars Zelt gegangen und haben etwas Mohnsirup geholt und in seinen Wein getan. Und dann haben wir die Schnittwunde mit warmem Wasser und Pferdepisse ausgewaschen.« Ihr Mund verzog sich zu einem stolzen Lächeln. »Changar wollte den Frauen in diesem Lager nicht erlauben, die Heilkunst zu lernen, aber ich habe den alten Bastard heimlich beobachtet, wenn ich in sein Zelt ging, um seine Mahlzeiten zu kochen.«

Luma biß die Zähne zusammen und fragte sich, wie viele Generationen von Nomadenkriegern wohl schon durch solche gutgemeinten, aber völlig falschen Behandlungsmethoden ins Jenseits befördert worden waren. Es wurde immer schlimmer! Man flößte einem Mann, der unter starken Atembeschwerden litt, keinen Mohnsirup ein – es sei denn, man wollte ihn in einen tiefen Schlaf versetzen, aus dem er womöglich nie wieder aufwachte. Und ganz bestimmt säuberte man eine offene Brustverletzung nicht mit Pferdeurin. Aber es war nicht der geeignete Zeitpunkt, um Urmnak einen Vortrag darüber zu halten, was sie falsch gemacht hatte.

»Das ist ja alles schön und gut«, erwiderte Luma, »trotzdem müssen wir die Wunde noch einmal säubern, nachdem ich den Verband entfernt habe. Ich brauche frischen Wein, der nicht mit Mohnsirup vermischt ist, ein bißchen Fett, ein weiches Stück Stoff und einen Lederflicken, ungefähr so groß.« Sie bildete mit Daumen und Zeigefinger einen Kreis. »Könntet ihr mir diese Dinge bitte so schnell wie möglich bringen?«

Die Frauen sagten, sie würden ihr gerne alles bringen, was sie benötigte, und eilten davon. Bald kehrten sie mit den Dingen zurück, um die sie gebeten hatte. Luma nahm das Verbandmaterial dankend entgegen und machte sich daran, den Schaden zu reparieren, so gut sie konnte. Zuerst wusch sie Kerus Wunde mit Wein und zupfte alle Wollfäden heraus, die sie sehen konnte. Als sie das Loch so gut wie möglich gesäubert hatte, schmierte sie Bärenfett um die Wunde herum und klebte den Lederflicken darauf. Es war ein letztes saugendes Geräusch zu hören, als das Leder sich mit dem Fleisch verband. Sie horchte angestrengt auf irgendein Anzeichen dafür, daß der Flicken das Loch nicht richtig verschloß, und dann, als sie sich vergewissert hatte, daß diese Gefahr nicht bestand, wickelte sie ein paar Leinenstreifen um Kerus Brust, um den Flicken an Ort und Stelle zu fixieren.

Bis sie fertig war, hatte der Mohnsirup seine Wirkung entfaltet, und Keru war eingeschlafen. Nachdem sie den Verband ein letztes Mal verknotet hatte, hockte Luma sich auf die Fersen zurück und flüsterte Keru eine Weile ermutigende Worte ins Ohr. Sie sagte ihm, daß sie ihn liebte und daß er wieder gesund werden müsse, damit sie gemeinsam nach Shara zurückkehren und ihre Mutter sehen würden. Schließlich, als sie überzeugt war, daß er schon ein wenig leichter atmete, entschied sie, daß es schädlicher für ihn wäre, ihn aufzuwecken, statt ihn seinen Mohnrausch ausschlafen zu lassen.

Luma erhob sich – was ziemlich mühselig und schmerzhaft war, denn ihre mit Blutergüssen übersäten Glieder waren inzwischen kalt und steif geworden. Als sie sich umdrehte, sah sie Chamnak und Urmnak hinter sich stehen. Die beiden hatten zugeschaut, wie sie Kerus Wunde versorgt hatte, und Luma konnte an dem Ausdruck auf ihren Gesichtern erkennen, daß sie fasziniert waren von den wenigen, simplen Dingen, die sie getan hatte. Trotz der dummen Fehler, die die beiden gemacht hatten, waren sie wahrscheinlich geborene Heilerinnen, und Luma dachte, was für eine Verschwendung es war, daß sie wohl niemals eine Chance haben würden, es herauszufinden.

Sie wischte sich die Hände an ihren Beinlingen ab und holte tief Luft. Jetzt war es für sie an der Zeit, eine Reise zu machen. Es war zwar nur eine Reise von einigen wenigen Schritten, aber sie wußte, es würde eine der schwersten sein, die sie jemals unternommen hatte.

Das Innere des Hochzeitszeltes war reich geschmückt und farbenfroh wie ein sharanischer Tempel, aber Luma nahm kaum Notiz von den weißen Wänden aus feinstem Kalbsleder, die mit bunten Blumen und Vögeln geschmückt waren, und von dem himmelblauen Zeltdach mit seinen riesigen roten und goldenen Sonnen und Sternen und von den mit Blitzen bemalten Zeltstangen. Alles, was Luma wahrnahm, war Keshna: Sie lag auf einer feinen, braunen mit galoppierenden Pferden bestickten Decke. Ihre Hände waren auf ihrer Brust gefaltet, und jemand – vermutlich Urmnak oder Chamnak – hatte sie in ihr weißes Hochzeitsgewand und die weißen Beinlinge gekleidet. Ihr Kopf war teilweise von einem feinen weißen Schal verhüllt, und sie trug mehrere Ketten aus zierlichen Goldpferden um den Hals. Ihre Lippen waren mit irgendeinem roten Farbstoff geschminkt, doch alle Farben der Welt konnten nicht die Tatsache vertuschen, daß Keshna tot war. Ihr Gesicht war von einer gespenstisch bläulichen Färbung, ihre Augen waren eingesunken, ihre Lider reglos. Selbst ihr Haar – das bißchen, das inzwischen nachgewachsen war – sah anders aus als sonst. Es lockte sich nicht mehr als feuriger roter Heiligenschein um ihren Kopf, sondern wirkte strähnig, braun und schmutzig.

Luma hatte geglaubt, sie sei auf das Schlimmste gefaßt, doch als sie ihre Fingerspitzen an Keshnas Hals legte, war Keshnas Haut so kalt, daß Luma mit einem erschrockenen Aufschrei ihre Hand zurückriß. Sie biß die Zähne zusammen und zwang sich, Keshna noch einmal zu berühren. Nichts. Kein Puls. Sie versuchte es erneut an einer anderen Stelle. Noch immer kein Pulsschlag, nur das schwache Pulsieren ihrer eigenen Finger.

Sie war bitter enttäuscht, obwohl sie wußte, daß es töricht von ihr war, sich an die Hoffnung zu klammern, Keshna könnte vielleicht doch noch leben. Sie saß neben Keshnas Leichnam und streichelte ihr Haar. Draußen vor dem Zelt hörte sie das Schaben und Kratzen von Knochenpickeln. Ein paar Krieger waren dabei, ein Grab für Keshna auszuheben.

Luma wollte nicht, daß Keshna in der Erde verscharrt und von Würmern zerfressen würde. Sie wollte, daß sie in einer Baumkrone aufgebahrt wurde, damit die Vögel sie zur Muttergöttin zurückbringen konnten. Sie stand auf und strebte zum Zeltausgang, um den Kriegern zu sagen, daß sie mit Graben aufhören sollten, doch auf halbem Weg nach draußen überlegte sie nochmals und machte wieder kehrt. Sie konnte Keshna nicht verlassen, ohne sich absolut sicher zu sein, daß es keine Hoffnung mehr für sie gab; und ihr war gerade wieder eingefallen, wie Marrah ihr einmal erzählt hatte, daß man feststellen konnte, ob jemand, der tot zu sein schien, auch wirklich tot war, indem man sein Augenlid anhob. Wenn die Oberfläche des Auges klar war, hatte Marrah erklärt, dann lebte derjenige noch; wenn sie aber von einem trüben Schleier überzogen war, dann war er unwiderruflich verloren.

Luma beugte sich über Keshna, hob die Hand und zog mit einer wortlosen Entschuldigung Keshnas rechtes Augenlid zurück. Keshna starrte sie direkt an. Allmächtige Göttin! Ihr Auge war klar!

Zitternd vor Aufregung sank Luma auf die Knie, grub ihre Finger in Keshnas Hals und suchte nach ihrem Puls. Wäre Keshna wach gewesen, hätte sie laut geflucht und gewürgt und beinahe einen Erstickungsanfall bekommen, doch Luma kümmerte sich nicht darum. Sie machte weiter. Plötzlich, als sie schon fast alle Hoffnung aufgegeben hatte, fühlte sie es: ein schwaches Pulsieren von Blut tief unter der Haut. Irgendwo im Inneren des steifen Körpers schlug noch immer Keshnas Herz!

Luma preßte die Handflächen zusammen und versuchte sich zu beruhigen, um einen klaren Gedanken fassen zu können. Was sollte sie tun? Was wäre das beste? Dies war kein normaler Schlaf. Keshna war vergiftet worden. Um sie wiederzubeleben, mußte sie ein Gegenmittel mischen. Aber dazu mußte sie genau wissen, welches Gift – oder welche Kombination von Giften – Changar Keshna verabreicht hatte. Aber Changar war tot und nicht mehr in der Lage, sein Rezept auszuplaudern. Wenn sie Keshna das falsche Gegengift einflößte, würde sie sie womöglich endgültig umbringen. Bei dem Gedanken, daß sie Keshna versehentlich töten könnte, überlief Luma ein eiskalter Schauder. In diesem Moment hätte sie liebend gerne alles, was Stavan sie gelehrt hatte, gegen eine Handvoll der richtigen Kräuter eingetauscht.

Als sie in Kerus Zelt zurückkehrte, schlief dieser immer noch. Chamnak und Urmnak saßen neben dem Feuer und spielten ein Glücksspiel mit kleinen Stöckchen. Als sie hörten, daß Keshna noch lebte und daß Luma unbedingt herausfinden mußte, welche Gifte Changar ihr verabreicht hatte, damit sie sie wiederbeleben konnte, warfen die Frauen ihre Spielbretter hin. Einen Moment lang herrschte in dem Zelt eine so tiefe Stille, daß Luma das Zischen des Fetts hören konnte, das von dem Bratspieß über der Feuergrube in die Flammen tropfte. Sie wußte sofort, daß etwas im Gange war – etwas, was man ihr verschwiegen hatte.

Urmnak und Chamnak tauschten einen langen Blick. Schließlich räusperte Chamnak sich.

»Ich bin froh, daß deine Cousine noch lebt«, erklärte sie. »Wir alle waren davon überzeugt, daß sie tot sei.« Urmnak nickte beipflichtend, zupfte nervös an ihren Ärmeln und sah Luma unsicher an.

Luma wußte nicht so recht, ob die Frauen ihr nicht glaubten oder ob sie in den versuchten Giftmord von Keshna verwickelt waren. Wie sich jedoch herausstellte, hatte ihre Nervosität einen völlig anderen Grund.

»Du sagst, du mußt wissen, welche Gifte Changar verwendet hat?« fuhr Chamnak fort.

»Ja«, antwortete Luma. »Weißt du irgend jemanden, der mir das sagen könnte? Einer seiner Gehilfen vielleicht?«

»Seine Gehilfen sind beide geflohen, aber wir …« Chamnak blickte Urmnak an, »wissen …«

»Wir müssen es ihr sagen«, unterbrach Urmnak sie. »Vorher hat es keine Rolle gespielt, aber jetzt ist es sehr wichtig.« Sie wandte sich an Luma. »Changar hat mit zerquetschten Spinnen und Schlangengift die Dolchklinge präperiert«, erklärte sie, »und mit einer Salbe aus den zerstoßenen Kernen von Wildkirschen und bitteren Mandeln. Und was das Essen angeht, so hat

Rimnak zwei große Prisen Bittermandelpulver in das Fleisch mischen lassen.«

Luma blickte die Konkubinen verdutzt an. »Woher wißt ihr das alles?«

»Rimnak ist nicht sofort gestorben. Sie hat noch eine Weile gelebt, nachdem die Krieger sie angeschossen hatten. Sie hat es uns gesagt.«

Der Ausdruck auf Chamnaks Gesicht und die Art, wie sie und Urmnak sich weigerten, ihr in die Augen zu sehen, vermittelte Luma eine ziemlich genaue Vorstellung davon, wie sie Rimnak dazu gebracht hatten, ihnen zu verraten, welche Gifte Changar benutzt hatte. Rimnak, dachte Luma, du warst eine halsstarrige, mißgünstige, gierige Frau, und du hast mich fast ebensosehr gehaßt wie Keshna, aber das hattest du nicht verdient.

Plötzlich fiel ihr ein, daß Keshna unmöglich von dem Fleisch vergiftet worden sein konnte, weil Kläffer sich über das Hammelfleisch hergemacht hatte, bevor Keshna einen Bissen davon probieren konnte. Es mußte noch ein anderes Gift in dem Essen gewesen sein.

»Könnt ihr euch daran erinnern, ob Rimnak noch irgend etwas anderes erwähnt hat?«

Die beiden Frauen überlegten einen Moment, dann meldete Urmnak sich zu Wort.

»Sie hat etwas von Honig gesagt, aber es ergab irgendwie keinen Sinn. Sie sagte, Changar hätte Walnüsse in Honig getaucht, aber ich begreife nicht, wie Keshna davon hätte krank werden können, es sei denn, Changar hätte Gift in den Honig gemischt. Wenn er das getan hat, dann hat Rimnak offenbar nichts davon gewußt. Sie hat nur gesagt, daß es ein spezieller Honig war, den Kerus Krieger von Händlern erbeutet hatten, die aus einem Ort namens ...« Urmnak wandte sich an Chamnak. »Was hat Rimnak noch gesagt, wie dieses Dorf hieß?«

Chamnak legte die Stirn in Falten und dachte angestrengt nach. »Ver-sowieso«, erklärte sie.

Luma wurde ganz aufgeregt. Dies war ein Glück, das ihre kühnsten Hoffnungen überstieg. »War der Honig in einem weißen Tonkrug, versiegelt mit Wachs, auf dem das Bild einer Biene mit einem menschlichen Gesicht war?«

»Ich weiß es nicht«, sagte Chamnak. »Aber es ist seltsam, daß du danach fragst, denn als Urmnak und ich vorhin in Changars Zelt gingen, um den Mohnsirup zu holen, haben wir Scherben eines weißen Tonkruges in der Feuergrube liegen sehen. Man konnte noch erkennen, daß der Krug sehr schön gearbeitet war und daß er am Rand einen roten Streifen hatte.«

»Ver Sha La!« rief Luma. »Dieser Honigkrug stammte aus Ver Sha La! Ihr versteht das nicht, oder? Natürlich versteht ihr es nicht, wie solltet ihr auch? Dieser Krug enthielt wilden Honig – wilden Honig aus Ver Sha La. Deshalb hatte der Krug auch einen roten Streifen am Rand – als Warnung. Wilder Honig stammt von Bienen, die mit dem Blütenstaub von giftigen Pflanzen gefüttert wurden. Aber Changar hat einen großen Fehler begangen, als er beschloß, Keshna damit zu ermorden. Ich habe öfter, als ich zählen kann, in den Tempeln von Shara gesessen und beobachtet, wie die Priesterinnen wilden Honig zu sich nehmen. Er macht sie schwindelig und benommen und erzeugt Halluzinationen; und wenn sie versehentlich zuviel davon gegessen haben, müssen sie sich übergeben und versinken in einen tiefen Trancezustand, der der Todesstarre zum Verwechseln ähnlich ist. Aber nach einer Weile erwachen sie wieder. Der Verzehr von wildem Honig ist nur für kleine Kinder tödlich und für Leute, die nicht wissen, wie gefährlich das Zeug ist. Ein kleiner Krug wilden Honigs reicht aus, um einen für lange Zeit in eine todesähnliche Starre zu versetzen, aber man müßte schon fünfmal soviel davon essen, um zur Muttergöttin zurückzukehren.

Damals, als Keshna und ich den Nomaden vom Grünen Strom ihre Schlachtrösser stehlen wollten, hatten wir große Mühe, etwas Stärkeres als wilden Honig zu besorgen.« Sie hielt inne. Urmnaks und Chamnaks Mienen verrieten ihr, daß sie nicht verstanden, was sie sagte, doch sie durfte keine Zeit mit langatmigen Erklärungen verschwenden. Vielleicht würde Keshna ja von allein wieder aufwachen, wie die Priesterinnen von Shara, aber sie hatte nicht die Absicht, das dem Zufall zu überlassen.

Luma rannte quer durch das Lager, ohne sich um ihre schmerzenden Glieder zu kümmern. Wenige Augenblicke später war sie in Changars Zelt und steckte bis zur Taille zwischen Körben und Beuteln. Sie brauchte irgendein harmloses Stimulans wie Gartenraute, ein Mittel, das Heiler anwandten, um den Appetit von Kranken anzuregen; aber jedesmal wenn sie einen von Changars zahlreichen Lederbeuteln aufzog, fand sie entweder etwas Giftiges oder etwas Unbekanntes oder etwas, das sie lieber nicht gesehen hätte: Tollkirschen, Schierling, Misteln! Changar war der einzige ausgebildete Heiler im Lager gewesen; hatte er denn nie etwas Nützliches getan?

Luna schnaubte angewidert und wandte sich einem neuen Berg von Medizinbeuteln zu. In jedem Mutterhaus in Shara hätte sich Minze oder Kamille gefunden, um Magenverstimmungen zu lindern, aber Changar hatte nur Dinge gehortet, um finstere Magie zu betreiben: Bärengalle, getrocknete Ratten, ein ganzes Tongefäß voller konservierter, zu Paste gestampfter Spinnen; in Salzlake eingelegte Giftschlangen; höchst verdächtig aussehende Pilze; und – noch widerwärtiger – ein Trinkbecher, der aus einem menschlichen Schädel gemacht war.

Luma schob den Schädelbecher in einen Winkel, wo sie ihn nicht sehen mußte, und nahm sich vor, ihn bei der ersten Gelegenheit zu vergraben. Dann suchte sie weiter. In einer dunklen Ecke des Zelts, versteckt unter einem Stapel halbvermoderter Kaninchenfelle, stöberte sie schließlich einen Beutel auf, gefüllt mit Päckchen von Kräutern, die mit Heilkräften gesegnet waren, statt zu töten.

Spuckend und würgend kam Keshna zu sich. Ihre Sicht war verschwommen, sie hatte die schlimmsten Kopfschmerzen, die sie je im Leben gehabt hatte, und zu allem Überfluß beugte sich Luma auch noch über sie und flößte ihr irgendeine ekelhaft schmeckende Flüssigkeit ein.

»Hör auf damit!« Keshna würgte wieder, schlug Luma die Schale aus der Hand und versuchte, sich aufzusetzen, aber es fühlte sich an, als würde ein unsichtbares Pferd auf ihrer Brust stehen. Zutiefst verärgert rieb Keshna sich die Augen und inspizierte ihre Umgebung ein zweites Mal. Sie war nicht mehr am Flußufer. Sie lag auf einem Stapel weicher Teppiche und blickte zu einem prunkvoll gemalten blauen Himmel mit goldenen Sternen hoch. Urmnak und Chamnak standen zwischen ihr und dem imitierten Himmel, schnieften und schluchzten und nickten wie zwei verängstigte Störche ruckartig mit dem Kopf.

»Weshalb weinen die beiden?« wollte Keshna wissen. Luma sah schrecklich aus. Ihr Gesicht war völlig zerkratzt, und ein Schneidezahn fehlte.

»Sie haben gedacht, du seiest tot«, antwortete Luma.

»Tot!« schnaubte Keshna empört. »Warum sollte ich wohl so blöde sein und sterben? Steht nicht herum und glotzt mich an! Helft mir lieber hoch. Ich habe mit Changar noch eine Rechnung zu begleichen.«

»Nicht nötig«, sagte Luma. »Du kannst dich zurücklehnen und ausruhen, bis du dich wieder besser fühlst. Changar ist tot.« Und Keshna hörte erstaunt zu, wie Luma ihr berichtete, was in der Zwischenzeit alles passiert war, während sie geschlafen hatte.

Nachdem Luma ihr versichert hatte, daß Keru von seinen Verletzungen genesen würde, zwang sie Keshna, noch mehr von dem widerwärtig schmeckenden Tee zu trinken, bis ihre bläulichen Lippen wieder eine normale Farbe hatten. Dann faßten Urmnak und Chamnak sie rechts und links unter, zogen sie unter Lumas Aufsicht vorsichtig auf die Füße, führten sie nach draußen und gingen mit ihr in der frischen Luft hin und her, bis sie vollkommen wach war und wieder ohne Hilfe stehen und laufen konnte.

Als Keshna an den Kriegern vorbeikam, die über den Resten des Hochzeitsessens saßen, hörten die Männer abrupt auf zu trinken, die Frauen erstarrten vor Schreck, und die Kinder rannten zu ihren Müttern, um sich hinter ihren Röcken zu verstecken. Sämtliche Lagerbewohner starrten Keshna an, als sei sie ein Geist, und von diesem Tag an hatte Luma den Ruf, eine mächtige Hexe zu sein, die Tote zum Leben erwecken konnte; doch Keshna achtete nicht auf all das. Sie war zu sehr damit beschäftigt, die aufgespießten Köpfe zu betrachten. Im Gegensatz zu Luma fand sie den Anblick überhaupt nicht abstoßend. Ihrer Ansicht nach hatten die Verräter genau das bekommen, was sie verdient hatten, und es heiterte sie beträchtlich auf, sie – und ganz besonders Changar – als Fliegenköder aufgestellt zu sehen.

Aber ihre triumphierende Stimmung hielt nur so lange an, bis sie über die Schwelle von Kerus Zelt trat. Keru lag flach auf dem Rücken und schlief, ein besticktes Kissen unter dem Kopf. Er lebte, aber Keshna konnte sehen, daß es ihm sehr schlecht ging.

Luma eilte zu ihm und legte ihm prüfend eine Hand auf die Stirn. »Er hat Fieber bekommen«, erklärte sie.

Das überraschte Keshna nicht. Sie war keine große Heilerin, aber selbst sie konnte erkennen, daß Keru Fieber hatte. Sein Haar war so naß, daß er aussah, als wäre er gerade aus dem Fluß herausgezogen worden, und er hatte Schüttelfrost, obwohl das Zelt völlig überheizt war. Zu ihrer Verblüffung fühlte sie plötzlich Tränen in ihren Augen. Sie biß sich auf die Lippen und drängte die Tränen zurück, um sich vor Luma keine Blöße zu geben. Sie hatte nie behauptet, Keru zu lieben. Sie hatte es zwar genossen, Sex mit ihm zu haben – das allererste Mal in ihrem Leben –, aber sie hatte ihn nur dazu verführt, in eine Eheschließung einzuwilligen, weil ihr nichts Besseres eingefallen war, um ihn aus Changars Gewalt zu befreien. Doch sie hatte ihn sehr gern, und als sie ihn jetzt betrachtete, wie er hilflos dalag und mühsam nach Luft rang, breitete sich ein hohles Gefühl in ihrer Magengrube aus, als hätte ihr jemand in einem unachtsamen Moment die Eingeweide herausgenommen. Es war kein Mitleid. Sie neigte nicht dazu, Menschen zu bemitleiden. Es war eher so etwas wie eine Ahnung, daß sie im Begriff war, etwas Wichtiges zu verlieren, noch bevor sie eine Chance gehabt hatte, seinen Wert zu begreifen.

Ihre Tränen entnervten sie. Sie wußte nicht, warum Keru ihr plötzlich soviel bedeutete, aber so war es nun einmal. Impulsiv setzte sie sich neben Keru und nahm Urmnak den Waschlappen aus der Hand. »Laß mich das machen«, sagte sie. Sie badete Kerus Brust, sorgsam darauf bedacht, ihn nicht zu wecken oder seine Wunde zu berühren. Dann wusch sie ihm behutsam die Arme. Aus irgendeinem Grund beruhigte es sie, ihn zu umsorgen.

»Du solltest es Urmnak überlassen, ihn zu pflegen«, sagte Luma. »Du bist noch zu schwach, um dich um einen Kranken zu kümmern.« Doch Keshna senkte nur störrisch den Kopf und tat so, als hörte sie sie nicht. Sie fuhr fort, Keru mit kühlem Wasser zu waschen, und ganz gleich, wie inständig Luma sie bat, sich hinzulegen und zu schlafen, sie weigerte sich, von Kerus Seite zu weichen.

In den frühen Morgenstunden willigte Keshna schließlich ein, sich von Urmnak und Chamnak ablösen zu lassen. Sie verließ mit Luma das Zelt, um frische Luft zu schnappen. Sie standen schweigend da und schauten flußabwärts über die riesige, schilfbewachsene Ebene des Deltas. Hinter ihnen saßen Kerus Krieger um die Lagerfeuer und unterhielten sich im Flüsterton, um ihren Häuptling nicht zu stören. Es war Vollmond, das Schilfrohr sah aus wie gesponnenes Silber, und der Fluß war so dunkel und glatt wie ein polierter Stein.

»Ein schönes Bild, nicht?« sagte Luma müde.

»Ja«, pflichtete Keshna ihr bei. Sie wollte Luma anvertrauen, wie beunruhigt sie wegen Keru war, doch sie hatte Angst, Luma würde sich über sie lustig machen, obwohl das in Anbetracht der niedergeschlagenen Stimmung, in der Luma war, nicht sonderlich wahrscheinlich war. Dennoch hielt Keshna den Mund, und sie standen schweigend da, bis der Mond ein kleines Stückchen weiter über den Himmel gewandert war.

Als sie wieder in das Zelt zurückkehrten, war Keru wach. Er hatte noch immer starke Schmerzen, aber das Fieber war endlich gesunken. Chamnak und Urmnak hatten ihm bereits erzählt, daß Keshna lebte, deshalb versetzte es ihm keinen Schock, als er sie in sein Zelt kommen sah. Dennoch fiel es ihm sichtlich schwer zu glauben, daß sie real war. Er bedeutete ihr, sich neben ihn zu setzen, und während sie seine Stirn mit einem kühlen Lappen wusch, berührte er immer wieder ihr Bein und strich ihr zärtlich übers Haar. Schließlich legte er den Arm um Keshna und machte Anstalten, sie zu küssen, doch als er sich zu ihr beugte, wurde er von einem heftigen Hustenanfall geschüttelt, der ihn wachsbleich und atemlos machte.

»Verfluchte ... Brust ... verletzung«, keuchte er. Er schnitt eine Grimasse und drehte sich zu Luma um. »Also ... was ... meinst ... du ... Schwester? Werde ... ich ... überleben ... oder ... sterben?«

»Natürlich wirst du überleben«, erwiderte Keshna. »Sei kein Narr. Wir werden wieder zusammen auf die Jagd gehen, noch bevor der Sommer zu Ende ist.« Keru war überrascht über den Zorn in ihrer Stimme. Er konnte sich nur einen Grund denken, warum sie so gereizt auf seine Frage reagierte: Sie hatte Angst. Wenn andere Leute Furcht empfanden, fingen sie an zu zittern oder brachen in Tränen aus; Keshna dagegen fauchte. Er drehte sich wieder zu Luma um und sah, daß auch sie große Angst hatte.

»Also?« stieß er mühsam hervor. »Was ... denn ... nun?«

Luma wägte ihre Worte sorgfältig ab. »Ich bin mir nicht sicher, was mit dir geschehen wird. In Shara lehren die Priesterinnen, daß Fieber bisweilen mit der Sonne steigt und sinkt. Es ist jetzt Nacht, und dein Fieber ist gesunken. Das könnte auf den fiebersenkenden Eichenrindentee zurückzuführen sein, den ich dir zu trinken gegeben habe, es ist schwer zu sagen. Wenn das Fieber bis morgen mittag nicht wieder steigt, solltest du dich in ungefähr einer Woche wieder erholt haben. Aber die Wunde in deiner Brust ist gefährlich, und ich konnte leider nichts anderes als Wein finden, um sie zu säubern. Es gibt in diesem Lager nicht einmal einen Tiegel mit Lavendelsalbe. Was tun die Nomaden, wenn sich die Wunden ihrer Krieger entzünden – außer daß sie sie mit Pferdepisse waschen?«

Bevor Keru sprechen konnte, antwortete Chamnak für ihn. »Sie danken Han, daß er ihre Krieger als Helden sterben läßt«, erklärte sie.

»Hört endlich auf, vom Tod zu reden!« brüllte Keshna. »Er ist nicht einmal ernstlich krank! Er wird hundert Jahre alt werden!« Sie warf Chamnak den feuchten Lappen zu und stürmte erbost aus dem Zelt.

»Hundert ... Jahre«, krächzte Keru mühsam. Er ließ sich in die Kissen zurücksinken, bleich und völlig erschöpft. »Hoffen ... wir ... daß ... sie ... weissagen ... kann.«

Leider stellte sich jedoch heraus, daß Keshna keine gute Prophetin war. Als die Sonne aufging, stieg auch sein Fieber wieder. Gegen Mittag ging es Keru so schlecht, daß die Nomadenfrauen draußen vor dem Zelt Klagelieder anstimmten und seine Krieger das Grab vergrößerten, das sie für Keshna ausgehoben hatten.

23. Kapitel

Luma kämpfte hart, um Keru zu retten, und an jenem ersten Nachmittag gelang es ihr erneut, sein Fieber zu senken. Gegen Abend war die krankhafte Röte aus seinem Gesicht verschwunden, und sein Puls hatte sich etwas verlangsamt. Bald saß Keru aufrecht auf seinem Lager, trank Brühe und plauderte sogar ein wenig. Der Lederflicken auf seiner Wunde hielt, und das Sprechen fiel ihm leichter, so daß er weniger Pausen machen mußte. Als Keshna vorübergehend ihren Posten vor dem Eingang verließ und ins Zelt kam, um zu sehen, wie es ihm ging, waren sie in der Lage, eine fast normale Unterhaltung zu führen. Sie sprachen nicht über wichtige Dinge, nur über das Wetter, das ziemlich schwül war, und über eine Schar fetter Enten, die, wie Keshna beharrlich behauptete, nur darauf warteten, abgeschossen und auf einen Bratspieß gesteckt zu werden. Als Keshna wieder hinausging, schenkte sie Luma ein Lächeln und zwinkerte ihr zu.

»Gute Arbeit«, flüsterte sie.

Doch Luma wußte, daß ihre Arbeit gerade erst begonnen hatte. Sie hatte zu viele kranke Pilger gesehen, um sich von Kerus scheinbarer Genesung täuschen zu lassen. Es gab zwei Arten von Fieber: kurze Fieberzustände, bei denen die Körpertemperatur anstieg, den Höchststand erreichte und wieder sank, und lange Fieberkrankheiten, wobei das Fieber anstieg, den Höchststand erreichte, wieder sank und nach ein paar Stunden erneut anstieg. Keru litt an der letzteren Sorte von Fieber, es würde zurückkehren, und wenn ihr nicht gelang es wirksam zu bekämpfen, würde es stetig schlimmer werden.

Keru war eingeschlummert, nachdem Keshna gegangen war. Als er wieder aufwachte, sah er Luma neben seinem Lager sitzen. Sie hielt seine Hand und schien zu dösen. Er bewegte sich leicht, und sie öffnete blinzelnd die Augen.

»Du bist also wach«, sagte sie. »Wie fühlst du dich?«

Er erklärte ihr, daß es ihm gutginge, und sie nickte und tätschelte seine Hand. »Gut, gut.« Sie hielt einen Moment inne und räusperte sich. Keru mochte zwar sehr krank sein, aber er konnte noch immer sehr gut in ihrem Gesicht lesen.

»Nun komm schon«, sagte er. »Spuck's aus. Was ist los? Hat sich meine Wunde grün verfärbt? Wenn du mir sagen willst, daß du zwar das Bein eines Mannes amputieren kannst, aber nicht seine Brust, werde ich das schon irgendwie verkraften.«

Luma blickte auf seine Brust, drückte lächelnd seine Hand und runzelte die Stirn. »Deine Wunde hat sich nicht grün gefärbt, der Göttin sei Dank; aber sie hat zu eitern begonnen und ein Fieber erzeugt, das ich nicht kurieren kann, wenn ich dich nicht nach Shara bringe.«

»Nach Shara?« fragte er. »So schlimm ist es?«

Sie nickte.

»Wie krank bin ich?«

»Sehr krank, fürchte ich. Viel zu krank, als daß ich die Krankheit bekämpfen könnte.« Sie erzählte ihm von langen und kurzen Fieberzuständen, erklärte ihm, daß sie nur wenige Kenntnisse und kaum Kräuter besaß, und schilderte ihm, was aller Wahrscheinlichkeit nach mit ihm passieren würde. Sie fuhr eine ganze Weile in dieser grimmigen, düsteren Tonart fort und schloß dann mit der hastigen Versicherung, daß alles in Batals Hand liege und daß er wahrscheinlich wieder gesund werden würde, daß seine größte Chance jedoch die Tempel von Shara seien.

Keru schwieg lange Zeit. Schließlich meinte er: »Komisch, daß du davon sprichst, mich nach Shara zu bringen. Ich habe nämlich gerade davon geträumt.«

Luma blickte verblüfft auf. »Das bedeutet natürlich gar nichts«, fügte er hastig hinzu. »Ich will nicht sagen, daß ich eine Vision hatte. Es war nur ein ganz gewöhnlicher Traum. Ich träume oft von Shara. Meistens träume ich von dem Tag, als wir alle auf die Felder liefen, um unsere Drachen steigen zu lassen, aber manchmal sehe ich in meinen Träumen auch, wie wir gemeinsam schwimmen oder den Pfad zu den Klippen hinaufrennen. Das war der Ort, wo die Heilquellen waren, nicht? Und dieser Tempel ... wie hieß er doch noch?«

»Der Tempel der Kinderträume.«

Keru lächelte. »Ach, ja, richtig. Jetzt erinnere ich mich wieder. Die Göttin Batal saß auf dem Tempeldach und wachte über die Stadt, und wenn Pilger kamen, um in der Quelle zu baden, segnete Sie sie und machte sie wieder gesund.« Er hielt inne, warf einen Blick auf das erlöschende Feuer und sah dann wieder zu Luma, die ihn eindringlich anblickte. »Glaubst du, wenn ich nach Shara zurückkehre und in der heiligen Quelle bade, wird Batal auch mich segnen? Ich meine, nach allem, was ich getan habe?«

»Ich bin überzeugt, daß Sie das tun wird.«

»Ein Mann grübelt viel, wenn er krank ist. Vielleicht zuviel. Du sagst: ›Ich muß dich nach Shara bringen, um dich zu retten‹, und ich denke: ›Warum sollte Batal mich heilen? Ich bin ein Nomadenhäuptling, ein Flußpirat ...‹«

»Du bist all das, aber du bist auch mein Bruder. Du hast eine Mutter und einen Aita und noch eine Schwester in Shara, du hast Verwandte, die die letzten vierzehn Jahre unermüdlich nach einem Hinweis gesucht haben, daß du noch lebst. Du wirst doch mit nach Shara kommen, nicht wahr? Bitte, Keru! Es ist mir wirklich ernst damit. – Dieses Fieber darf man nicht auf die leichte Schulter nehmen.«

Er dachte eine Weile über ihre Worte nach. Schließlich schüttelte er den Kopf. »Nein, es hat ja doch keinen Zweck«, sagte er traurig. »Ich bleibe besser hier und sterbe im Kreise meiner Männer. Ich habe unverzeihliche Dinge getan.«

»Was hat Changar dir eigentlich angetan? Hat er mit diesem verfluchten schwarzen Gebräu deine gesamte Vergangenheit ausgelöscht? Oder hat das Fieber bereits dein Gehirn aufgeweicht? Weißt du nicht mehr, wie wir in Shara leben und woran wir glauben? Nichts ist ›unverzeihlich‹. Batal liebt alle ihre Kinder; und ganz gleich, was sie getan haben, Sie liebt sie auch weiterhin. Sie wird dich segnen, genauso wie Mutter und Stavan und Driknak und alle anderen dich segnen werden.«

»Aber meine Männer«, widersprach er störrisch. »Was ist mit ihnen? Welchen Empfang würde man einem Verband von bewaffneten Nomadenkriegern an den Toren von Shara bereiten?«

Luma hatte so angestrengt über Keru nachgedacht, daß sie keinen Gedanken an seine Männer verschwendet hatte; aber natürlich würden ein paar von ihnen mitkommen müssen, um Keru zu schützen und seine Tragbahre zu tragen, denn in seinem Zustand konnte er unmöglich reiten.

»Ehrlich gesagt, das weiß ich nicht«, erwiderte sie. »Wenn deine Krieger in friedlicher Absicht kommen, wird man sie wahrscheinlich willkommen heißen, obwohl ich mir vorstellen könnte, daß Kandar darauf besteht, daß sie außerhalb der Stadtmauern kampieren. Aber eines kann ich dir mit Sicherheit sagen: Wenn du dich weigerst, nach Shara zu gehen, wirst du wahrscheinlich sterben!« Ihre Stimme bebte. Sie erhob sich von ihrem Platz. »So, ich hab's dir gesagt. Habe ich mich schonungslos genug ausgedrückt?«

Er hielt sie am Handgelenk fest. »Es tut mir leid.«

»Es braucht dir nicht leid zu tun. Reue ist reine Zeitverschwendung. Ruf einfach deine Männer zusammen, bevor du zu krank bist, um mit ihnen zu reden, und sag ihnen, daß du abreist.« Sie wies auf die dunklen Schatten in der Ecke des Zeltes. »Du machst dir Sorgen, ob du in Shara willkommen bist, obwohl du dir besser Sorgen um dein Leben machen solltest. Dein Tod lauert gleich dort drüben und wartet nur darauf, daß die Sonne aufgeht. Es ist ein ganz schrecklicher Tod, Keru. Er hat scharfe Zähne, und er frißt dich sehr langsam.«

Sie sah seinen Tod natürlich nicht wirklich. Sie war nur zutiefst beunruhigt und von Angst um ihren Bruder erfüllt; aber das Bild des Todes, der wie ein Schreckgespenst in den Schatten lauerte, vermochte Keru nachhaltiger zu überzeugen, als alles andere, was sie gesagt hatte. Er konnte es einfach nicht aus seinem Bewußtsein verdrängen. Nachdem Luma gegangen war, lehnte er sich gegen einen Stapel Kissen, saß nachdenklich da und beobachtete, wie das Feuer langsam herunterbrannte. Kurz nach Mitternacht rief er Hrandshan in sein Zelt und verkündete, er habe beschlossen, nach Shara zu gehen. Luma, Keshna, Urmnak, Chamnak und sechs seiner Krieger – darunter auch Hrandshan – sollten ihn begleiten.

Hrandshan, der Gerüchte gehört hatte, daß Keru im Sterben lag, war überrascht, ihn so wohlauf zu sehen, und noch überraschter, als Keru ihm mitteilte, er wolle nach Shara reisen. Aber Häuptlinge erteilten immer überraschende Befehle, und es war die Pflicht eines Kriegers, sie zu befolgen, ohne Fragen zu stellen.

Die ganze Nacht hindurch beluden die Nomadenfrauen die Packpferde, während die Männer eine Tragbahre bauten. Im Morgengrauen, als die Luft noch kühl war, verließen Keru und sein Begleittrupp Mahclah. Die Nomaden, die zurückblieben, verabschiedeten ihn mit dem üblichen Trommelgedröhne und Flötengetriller, aber es war ein trauriger Abschied.

Hrandshan durchquerte die Furt als erster. Er ritt einen jungen, graubraunen Wallach, der als Packpferd abgerichtet worden war. Hrandshan hielt Keru in seinen Armen, und als sie in den Fluß ritten, warfen die Nomadenfrauen ihnen Blumen nach.

»Lebwohl, Rahan!« riefen sie.

»Möge Han dich beschützen.«

»Komm zu uns zurück.«

Die Fluten des Rauchflusses wirbelten um den schwimmenden Wallach herum, aber Hrandshan trug Keru sicher hinüber. Alle anderen durchquerten den Fluß entweder schimmend oder indem sie sich an die Schweife ihrer Pferde klammerten. Da Keru Hrandshan angewiesen hatte, ein Dutzend zusätzlicher Pferde zum Wechseln mitzunehmen, bildeten sie, als sie schließlich auf dem Hauptweg Richtung Süden ritten, eine stattliche Kolonne.

Luma blickte über ihre Schulter hinweg auf die lange Schlange von Männern und Pferden zurück, die sich langsam einen Weg durch den Wald bahnte, und dachte, wie seltsam dieser Anblick doch war. Sie hätte niemals gedacht, daß sie einmal einen Verband bewaffneter Nomadenkrieger nach Shara führen würde; aber andererseits hätte sie auch niemals gedacht, daß sie einen Nomadenhäuptling zum Bruder hatte.

Um diese Jahreszeit dauerte die Reise normalerweise nicht viel länger als zwei Wochen, doch sie reisten sehr lang, weil sie wegen der Tragbahre gezwungen waren, sich im Schrittempo zu bewegen. Wann immer sie sich einem Dorf näherten, hielten die Reiter an und Luma ritt voraus, um die Dorfbewohner auf ihre Ankunft vorzubereiten, damit sie beim Anblick der Nomaden nicht in panischer Angst davonliefen.

Nachts sank Kerus Fieber, und er war oft imstande, ein paar Worte zu sprechen oder sogar einige Bissen zu essen, aber nach fünf Tagen lag er gegen Mittag schon wieder im Fieberwahn. Wenn das Fieber anstieg, breitete sich eine unnatürliche Röte auf seinem Gesicht aus und in seinen Augen erschien ein wilder Ausdruck. Zuerst murmelte er unverständliche Worte vor sich hin, und bald darauf begann er zu rasen und sich heftig gegen unsichtbare Feinde zu wehren.

Die einzige Person, die ihn beruhigen konnte, wenn er tobte, war Keshna. Wenn sie ihm beschwichtigend die Hand auf die Stirn legte, hörte er auf, wie wild an seinem Verband zu zerren oder laut schreiend nach seinem Pferd und seinem Speer zu verlangen. Seit Keru so krank war, schien Keshna ein anderer Mensch geworden zu sein. So lange Luma zurückdenken konnte, hatte Keshna immer zuerst an sich selbst gedacht. Jetzt war sie ein Muster an Geduld. Von morgens bis abends ging sie neben der Tragbahre, um mit Keru zu sprechen, wenn er bei Bewußtsein war, und seine Hand zu halten, wenn das Fieber wieder stieg. Manchmal versuchten Urmnak und Chamnak sie dazu zu überreden, sich für eine Weile ablösen zu lassen, um auszuruhen, aber Keshna weigerte sich. Sie wollte jeden Moment, den sie haben konnte, mit Keru zusammensein. Sie konnte sehen, daß das Wundfieber ihn bei lebendigem Leibe verzehrte, und jeden Tag fiel es ihr schwerer, an der Hoffnung festzuhalten, daß er lange genug leben würde, um Shara wiederzusehen.

Sie waren etwa zehn Tage unterwegs, als sie an den Otter-Fluß kamen. Im Winter war der Otter nur ein Bach, doch um diese Jahreszeit war er durch die sommerlichen Regenfälle zu einem reißenden Strom angeschwollen. Die Frauen und Krieger hätten den Fluß wahrscheinlich an der Hauptfurt durchqueren können, doch Keru ans andere Ufer zu transportieren wäre ein großes Problem gewesen. Es sah ganz nach einem überaus geeigneten Ort zum Ertrinken aus, wie Keshna es formulierte.

Nach kurzer Beratung waren sie sich einig, daß sie eine andere, weniger gefährliche Stelle finden mußten, um über den Fluß zu gelangen. Da weder Keshna noch die Krieger bereit waren, Keru aus den Augen zu lassen, schlugen sie ihr Lager am Nordufer auf, und Luma ritt allein stromabwärts, um nach einer besseren Furt Ausschau zu halten. Andere Reisende hatten sich offenbar in demselben Dilemma befunden, denn weniger als hundert Schritte von der Furt entfernt gabelte sich der Hauptweg, und einer der beiden Pfade verlief direkt am Fluß entlang. Das Nordufer war bis zur Wasserlinie bewaldet. Luma erwartete, daß das Südufer ebenfalls vollständig mit Bäumen bewachsen sein würde, doch als sie nach einer Weile um eine Biegung ritt, sah sie, daß das Südufer teilweise gerodet und beflanzt war. Der Fluß verbreiterte sich an dieser Stelle noch mehr, und der Trampelpfad, der vom Hauptweg abzweigte, führte geradewegs ins Wasser und über eine mit einer dicken Kieselschicht bedeckte Furt. Auf der gegenüberliegenden Seite der Furt lag ein kleines Dorf von Mutterleuten. Es schienen nicht mehr als drei oder höchstens vier Familien zu sein, die am Flußufer Langhäuser errichtet hatten und Rüben, Kichererbsen und Kohl anbauten. Es gab keinen Schutzwall um das Dorf herum und nicht einmal einen Ziegenzaun.

Luma watete durch den Fluß, um die Dorfbewohner zu warnen, daß die Zeiten, in denen ein ungeschütztes Dorf so weit nördlich überleben konnte, endgültig vorbei waren; doch sie hatte ihre Warnung kaum ausgesprochen, als sich die Dörfler für den Gefallen revanchierten. Zwei Tage zuvor, erzählten sie, sei ein Händler in ihr Dorf gekommen. Bevor er wieder aufgebrochen war, hatte er sie gewarnt, daß ein großes Nomadenüberfallkommando auf den Otter zustrebte. Die Krieger kämen aus dem Süden herauf und würden keinen Versuch unternehmen, sich zu verstecken. Sie würden wahrscheinlich geradewegs zur Hauptfurt reiten, doch die Dörfler hatten schreckliche Angst davor, daß sie die andere Route wählen könnten. Wenn sie das taten, würden sie direkt durch das Dorf kommen.

Luma wollte die Dorfbewohner fragen, warum sie nicht längst in den Wald geflohen waren, aber die Antwort lag auf der Hand: Sie waren schlichte Leute, die noch nie im Leben Nomaden gesehen hatten und glaubten, wenn die Krieger tatsächlich kämen, wäre jeder Fluchtversuch aussichtslos. Diese törichte Resignation kam daher, daß man den wilden Gerüchten Glauben schenkte, Nomadenkrieger seien unbesiegbar.

»Wie viele Krieger hat der Händler gesehen?« fragte Luma.

»Mehr, als es Sterne am Himmel gibt«, jammerte die Dorfmutter.

Da das mehr Krieger waren, als Vlahan damals in den Süden geführt hatte, um Shara zu belagern, zweifelte Luma an der Richtigkeit dieser Angabe; doch selbst wenn eine sehr viel kleinere Gruppe bewaffneter Nomaden in ihre Richtung kam, würden sie in arge Bedrängnis geraten. Keru war so krank, daß sie ihn nicht schneller als im Schrittempo transportieren konnten, und mit Keshna und ihr zusammen waren sie nur acht Leute, die im bewaffneten Kampf ausgebildet waren. Wenn es dieses Überfallkommando tatsächlich gab, hatten sie nur eine Wahl: sie mußten in einem großen Kreis um den Verband herumreiten. Sie würde die Dorfbewohner überreden, ihre Sachen zu packen und mitzukommen, selbst wenn das hieß, daß sie ihre Ernte zurücklassen mußten.

»Gibt es noch andere Wege, die nach Süden führen?« fragte Luma. Es gab tatsächlich einen anderen Weg, wie ihr die Dorfmutter versicherte, nur daß es ein ziemlich schlechter Weg war: nur ein Trampelpfad, der zu einer Wildfährte führte, die manchmal von Jägern benutzt wurde. Die Frau fuhr eine Weile fort, ein Labyrinth von Trampelpfaden zu beschreiben, das nach und nach wieder an den Hauptweg anschloß. Luma hörte ihr zu und sie kam zu der Überzeugung, daß Keru diese beschwerliche Reise nicht schaffen würde. Wenn sie ihn eine zusätzliche Woche über unwegsame Trampelpfade schleppten, würde ihn das mit Sicherheit umbringen.

Sie wünschte, sie könnte sicher sein, daß es dieses Überfallkommando wirklich gab. Laut Auskunft der Dörfler hatte der Händler nicht behauptet, die Krieger mit eigenen Augen gesehen zu haben; er hatte nur berichtet, daß er gehört hatte, sie ritten in diese Richtung. Luma versuchte gerade zu entscheiden, ob sie gefahrlos noch ein Stück weiter reiten konnte, um den Hauptweg auszukundschaften, als ihr die Entscheidung abgenommen wurde. Zwei Kinder kamen plötzlich laut schreiend aus dem Wald gerannt, gefolgt von ihrer Mutter, die noch lauter schrie.

»Nomaden!« kreischte die Frau. Als sie das gefürchtete Wort hörten, gerieten die Dorfbewohner in Panik und rannten in alle Richtungen auseinander. Einige rissen ihre Kinder an sich und stürmten zum Fluß hinunter, während andere in den Wald flohen. Luma hätte versucht, ein paar von ihnen in Sicherheit zu bringen, wären sie nur nahe genug gewesen, daß sie sie auf ihr Pferd hätte ziehen können, aber sie verschwanden so blitzschnell wie Mäuse in einem Weizenfeld.

Sie zog ihr Pferd herum und ritt in gestrecktem Galopp auf das Flußufer zu. Sie trieb Shalru zu einem halsbrecherischen Tempo an, aber sie war zu spät geflohen. Hinter sich hörte sie die Nomaden aus dem Wald preschen. Einer von ihnen stieß einen lauten Schrei aus, als er sie erblickte, und gleich darauf sauste ein Pfeil an ihrem Ohr vorbei. Dem ersten Pfeil folgte ein zweiter. Überzeugt, der nächste Pfeil würde sie mitten in den Rücken treffen, trieb sie Shalru noch härter an und betete innerlich, daß er nicht in ein Rattenloch stolpern und straucheln würde.

Doch es flogen keine weiteren Pfeile. Statt dessen hörte sie hinter sich plötzlich eine vertraute Stimme, die den Befehl erteilte, das Schießen einzustellen.

»Luma?« rief jemand. »Luma, bist du das?«

Erstaunt zügelte sie ihr Pferd, drehte sich um und stellte fest, daß tatsächlich ein großer Kriegerverband durch das Dorf ritt, nur daß es keine Nomaden waren. Marrah und Kandar ritten an der Spitze des Trupps, gefolgt von der Mehrheit der Schlangen und vielleicht einem Dutzend anderer Krieger, unter ihnen auch drei Frauen, die barbrüstig ritten. Luma stellte fest, daß sie eine der barbrüstigen Frauen kannte: es war Bagnak, Kerus frühere Konkubine, die mit den tätowierten Spinnen im Gesicht.

Mit einem lauten Jubelschrei galoppierte Kandar auf Luma zu, zog sie von ihrem Pferd auf seines und gab ihr einen langen Kuß.

»Was tust du denn hier?« rief er. »Ein paar Händler haben dich in Mahclah gesehen. Sie sagten uns, die Nomaden hielten dich und Keshna gefangen. Aber du bist in Sicherheit. Du brauchst nicht gerettet zu werden. Was ist passiert?« Er küßte sie abermals, und Luma lachte glücklich und erwiderte seinen Kuß. Die Küsse raubten ihr den Atem, so daß es wohl noch eine Weile dauern würde, bis sie in der Lage war, alles zu erklären.

24. Kapitel

Marrah griff nach der Lederklappe, die den Eingang von Kerus Zelt verschloß, machte Anstalten sie beiseite zu schieben, und zögerte. Als sie Keru das letzte Mal gesehen hatte, war er ein kleiner Junge gewesen. Jetzt war er ein erwachsener Mann. Er war sehr krank, lag womöglich im Sterben. Changar hatte ihn gegen sie aufgehetzt. Kerus ganzes Leben war eine einzige Qual gewesen, und sie war nicht da gewesen, um ihm zu helfen, ihn zu lieben oder irgend etwas von dem zu tun, was eine Mutter normalerweise für ihren Sohn tat. Was würde er wohl sagen, wenn er sie sah? Würde er sie verfluchen? Würde er wie ein Fremder für sie sein? Würde er sie überhaupt erkennen?

Marrah blickte über ihre Schulter zurück und sah Luma und Keshna, die ein paar Schritte abseits vom Zelt standen und sie beobachteten. Ob die beiden auch nur im entferntesten ahnten, was ihr in diesem Moment durch den Kopf ging? Luma und Keshna glaubten, sie könnte Keru heilen, und vielleicht konnte sie das ja auch; sie hoffte es zumindest inständig; sie betete zu Batal, daß sie dazu imstande sein würde. Aber die beiden überschätzten ihre Fähigkeiten. Sie sahen sie nicht so, wie sie sich selbst sah: eine gewöhnliche Frau, unsicher, zögernd, von banger Furcht erfüllt.

Marrah wandte sich wieder zum Zelt um. »Mach, daß er mich wenigstens wiedererkennt«, betete sie. »Mach, daß er mich erkennt, auch wenn er mich vielleicht haßt. Laß nicht zu, daß ich ihn gefunden habe, nur um ihn sterben zu sehen.« Sie schob die Zeltklappe beiseite, trat über die Schwelle, und blieb einen Moment neben dem Eingang stehen, damit ihre Augen sich an das Halbdunkel gewöhnten. Die Luft roch nach Staub, Holzrauch und Krankheit. Nach und nach konnte sie einzelne Gegenstände ausmachen: einen Korb, die Feuergrube, und dort, in der Nähe des Feuers, einen Stapel Teppiche und Decken. Sie ging zur Feuergrube, hob einen Stock auf und stocherte in den glühenden Kohlen, um das Feuer neu zu entfachen.

Die Flammen loderten auf, und dann sah sie ihn. Er lag auf den Teppichen, die Arme von sich gestreckt wie ein Mann, der von einem gewaltigen Schlag niedergestreckt worden war, doch seine Augen waren offen. Er war schrecklich abgemagert, bleich und geschwächt von dem zehrenden Fieber, aber sein Gesicht unterschied sich nicht einmal so sehr von dem Gesicht des kleinen Jungen, den sie verloren hatte. Sein Haar hatte noch immer die Farbe von Weizenstroh, seine Augen waren noch immer braun, er hatte noch immer Stavans energisches Kinn, ihre Nase und Großmutter Sabalahs vollen Mund. Als Marrah dort stand und den Mann mit dem Jungen verglich, kam sie zu dem Schluß, daß sie ihn überall wiedererkannt hätte.

»Keru«, flüsterte sie.

Er sagte nichts. Marrah ging zu ihm, kniete neben ihm nieder und nahm seine Hand. Seine Handflächen waren heiß, und seine Haut war so trocken, daß sich kleine Schuppen lösten, als sie ihn berührte. Sie betrachtete sein Gesicht noch eingehender, und diesmal bemerkte sie seine aufgesprungenen Lippen und die eingesunkenen Augen. Sie hatte solche Lippen und Augen häufig bei todkranken Pilgern gesehen. Er liegt im Sterben, dachte sie, und sie fühlte die Panik in sich aufwallen, die völliger Hilflosigkeit entspringt.

»Keru, weißt du, wer ich bin?«

Er starrte sie verständnislos an.

»Keru, ich bin deine Mutter. Ich bin's, Marrah. Kannst du mich hören? Weißt du, wer ich bin?«

»Roter Tunnel«, murmelte er. »Kalt.« Er zitterte, als ihn ein Fieberschauer überlief. »Weiße Bären und Schnee. Bist du aus Eis, Keshna? Ist jetzt Winter?«

»Ich bin nicht Keshna, Keru. Ich bin Marrah, deine Mutter. Wir haben jetzt Sommer, nicht Winter. Ist dir kalt?« Sie hörte die Furcht in ihrer Stimme, aber Keru schien nichts zu merken. Er nickte nur.

»Kalt«, erwiderte er.

Sie bückte sich, um weitere Decken über seinen mageren, zitternden Körper zu ziehen.

»Mutter?«

Marrah fuhr herum, überrascht und voller Angst, daß sie ihn vielleicht nicht richtig gehört hatte.

»Mutter?« wiederholte er.

Einen Moment lang war sie unendlich glücklich. »Ja, ja, Keru, mein Liebling«, sagte sie und griff wieder nach seiner Hand. »Ja, ich bin hier.« Aber wenn er sie erkannt hatte –, dann hatte sie den Augenblick verpaßt. Er blickte sie verwirrt an, entzog ihr seine Hand, griff nach einem Zipfel der Decke und zog sie sich bis zum Hals herauf. Schließlich drehte er sich zitternd auf die Seite. Seine Zähne schlugen klappernd aufeinander, und seine Augen flackerten wie im Delirium.

»Und dann«, stieß er hervor, »fing mein Pferd plötzlich an zu lahmen, das Pferd, das Onkel Changar mir geschenkt hat, und mein Hund lief weg.«

Bei Changars Namen zuckte Marrah zusammen, doch Keru verweilte nicht länger bei diesem Thema. Er fuhr nur fort, zwischen zusammengebissenen Zähnen zusammenhanglos vor sich hin zu murmeln – hier ein Wort und da ein Wort. Marrah versuchte, seine Worte durch bloße Willensanstrengung dazu zu zwingen, einen

Sinn zu ergeben, aber sie taten es nicht. Mehrmals sagte er etwas von Pferden und hohem Gras, deshalb nahm sie an, daß er sich in der Steppe wähnte.

Die Macht des Fiebers erschreckte sie zu Tode. In den etwas mehr als zwanzig Jahren, die sie als Heilerin wirkte, hatte sie zu viele solcher schweren Fieberzustände gesehen. Wäre Keru ein Pilger gewesen, der nach Shara gekommen war, um geheilt zu werden, dann hätte sie seiner Familie mitteilen müssen, daß keine große Hoffnung mehr bestand. Aber sich selbst konnte sie das nicht sagen. Sie ertrug nicht einmal den Gedanken daran.

Marrah verdrängte ihre Furcht, öffnete ihren Medizinbeutel und sagte sich, sie sei noch rechtzeitig gekommen, um ihn zu retten. Sie entnahm dem Beutel ein kleines Tonfläschchen, zog den Stöpsel heraus und roch prüfend daran. Nachdem sie sich vergewissert hatte, daß es Eisenhut enthielt und nicht etwas anderes, vermischte sie ein paar Tropfen mit Honig, strich die Paste auf Kerus Lippen und überredete ihn, es abzulecken, was er mit überraschender Fügsamkeit tat. Als er den Eisenhut zu sich genommen hatte, kochte sie Eichenrindentee und stellte ihn zum Abkühlen beiseite.

Während der Tee abkühlte, saß Marrah neben ihrem Sohn und wusch ihn mit lauwarmem Wasser. Ihre Berührung schien ihn zu beruhigen. Vielleicht hatte sie sich geirrt, vielleicht wußte er, wer sie war, aber sie konnte sich nicht sicher sein. Er hatte sie auf sharanisch »Mutter« genannt, doch jetzt murmelte er nur auf Hansi. Einmal sagte er »Wasser«, und sie gab ihm zu trinken. Ein andermal murmelte er »kalt«, und sie zog noch eine weitere Decke über ihn; und einmal sagte er leise »danke«, und sie drückte ihm einen Kuß auf die Stirn.

Ganz gleich, ob er sie nun erkannte oder nicht, sie gestattete sich, sich vorzustellen, daß er wußte, wer sie war. Während sie seine Stirn wusch, seine Wunde säuberte und frisch verband und ihm in kleinen Schlucken Tee einflößte, sagte sie ihm all die Dinge, die sie ihm seit vierzehn Jahren hatte sagen wollen. Sie sagte ihm, daß sie ihn liebte, daß sie ihn schmerzlich vermißt und unermüdlich nach ihm gesucht hatte, und daß kein Tag vergangen war, an dem sie nicht an ihn gedacht hatte. Sie nannte ihn bei seinen alten Kosenamen »Kaykay« und »Liebling« und »mein Baby« und entschuldigte sich sogar bei ihm, daß sie eine schlechte Mutter gewesen war. Wäre er gesund gewesen, hätte sie niemals derart vertraute Dinge zu ihm sagen oder ihn wie ein Kind behandeln können. Sie hätten Tage, Wochen, vielleicht sogar Monate, zusammen verbringen müssen, um langsam wieder miteinander vertraut zu werden. Jetzt jedoch konnte sie Keru alles sagen, weil er es nicht zu verstehen schien. Und so hatte sie die Möglichkeit, ihn zu bemuttern, zumindest für eine Weile, und ihn sogar zu küssen und um ihn zu weinen, solange niemand zuschaute.

Als Marrah schließlich aus Kerus Zelt kam, wartete Luma auf sie. Marrahs Miene war ernst, und Luma wußte, daß die Wiedervereinigung zwischen Mutter und Sohn nicht sonderlich gut verlaufen war.

»Hat er dich erkannt?«

»Ja, ich glaube schon.«

»Das ist ein gutes Zeichen.«

»Ja.«

Luma wartete darauf, daß Marrah noch mehr sagen würde, aber sie schwieg. Sie ließ sich neben Luma nieder, und die beiden saßen eine Weile schweigend da und blickten über den Fluß. Der Himmel war voller kleiner, rasch dahinziehender Wolken. Bei jedem Windstoß löste sich Marrahs Zopf ein wenig mehr auf, und ein paar Haarsträhnen wehten ihr weich in die Stirn. Schließlich begann sie zu sprechen.

»Luma ...«

»Ja, Mutter?«

»Du hast alles richtig gemacht. Du hast Kerus Wunde gesäubert, wie ich es dich gelehrt habe. Du hast das Loch mit Leder abgedichtet, damit sich seine Lunge wieder mit Luft füllen konnte. Du hast ihm Eichenrindentee und Schwarzwurz gegeben. Du bist sogar so vorsichtig gewesen, ihm nicht den Eisenhut zu geben, den du in Changars Zelt gefunden hast, weil du nicht die richtige Dosierung kanntest. Du hast wie die Heilerin gehandelt, zu der du geboren wurdest, und ich bin stolz auf dich.« Sie legte eine Pause ein, preßte die Lippen zu einer schmalen Linie zusammen und blickte zum jenseitigen Flußufer hinüber.

»Aber ich will ganz ehrlich zu dir sein: Keru ist sehr krank und sehr schwach. Wenn es uns nicht gelingt, sein Fieber dauerhaft zu senken, wird er nicht mehr lange durchhalten. Ich habe ihm gerade etwas von dem Eisenhut gegeben, den ich aus Shara mitgebracht habe, und ich habe vor, ihm die ganze Nacht über noch mehr davon zu verabreichen, und zwar in sehr kleinen Dosen. Da sein Fieber etwas sinkt, wenn die Sonne untergeht, werden wir nicht vor morgen früh wissen, ob der Eisenhut wirkt. Falls das Fieber morgen wieder steigt, werden wir wissen, daß der Eisenhut nicht geholfen hat. Ich habe leider nichts Stärkeres, was ich ihm geben könnte. Das einzige, was ich dann noch tun kann, ist, zu Batal zu gehen. Wenn ich wirklich zu Ihr gehen muß, dann möchte ich, daß du mir versprichst, mit mir zu gehen. Keru ist dein Zwillingsbruder, und Zwillinge sind auf besondere Weise miteinander verbunden. Ich glaube es gibt Dinge, die Batal dir vielleicht zeigen könnte und die ich nicht verstehen würde.«

Luma war völlig überrascht. »Ich soll mit dir zu Batal gehen? Du meinst, ich soll in Trance versinken und um eine Heilungsvision bitten? Aber Batal schickt mir doch nie Visionen, Mutter. Das weißt du doch. Meistens erinnere ich mich nicht einmal an meine Träume.«

Marrah legte Luma die Hände auf die Schultern, zog sie an sich und blickte ihr forschend ins Gesicht, ohne etwas zu sagen. Nach einem Moment lehnte sie sich wieder zurück, als habe das, was sie in Lumas Gesicht gesehen hatte, sie überzeugt. »Du brauchst dir keine Sorgen zu machen, daß du traumblind bist. Es gibt eine Methode, diejenigen, die noch nie Visionen hatten, zu Visionen zu verhelfen. Ich kann in die Traumwelt gehen und dich mitnehmen. Es ist gefährlich, aber ich weiß, du hast den Mut, es zu ertragen, und die Vernunft, genau das zu tun, was ich dir sage. Wenn du wie Keshna wärst, würde ich dich niemals aus dem Diesseits herausführen, ohne dich vorher einer vollständigen Initiation zu unterziehen. Ein Mensch wie Keshna könnte wahnsinnig werden, wenn sie einen Wachtraum hätte.«

Luma wußte, daß ihre Mutter viele Geheimnisse bewahrte, aber sie hatte keine Ahnung gehabt, daß sie so mächtig waren. Wenn Marrah eine Methode kannte, um selbst einen traumblinden Menschen zu einer Vision zu verhelfen, dann bedeutete das, daß sie einen Weg gefunden hatte, den Schleier zu lüften, der das Diesseits von dem heiligen Ort trennte, wo die Göttin die Seelen der Toten und der Ungeborenen hütete. Viele Priesterinnen und Priester konnten in die Traumwelt reisen, aber Luma hatte noch nie von jemandem gehört, der fähig war, noch eine andere Person auf diese Reise mitzunehmen.

»Und wie wirst du das tun?«

»Es gibt mehrere Methoden, aber nur eine ist sicher. Ich habe etwas, das mir meine Mutter einmal vor langer Zeit gab, etwas, das ich den ganzen weiten Weg vom Meer der Grauen Wogen mitgebracht habe. Die Angehörigen des Küstenvolks benutzen es, wenn sie Xori, die Vogelgöttin, um Rat fragen wollen; aber deine Großmutter Sabalah erklärte mir, daß sie es manchmal auch benutzt hätte, um Batal anzurufen.« Marrah griff in den Hirschlederbeutel an ihrer Taille und zog einen kleinen schwarzen Gegenstand heraus, der wie ein Stück Horn gekrümmt war. »Faß es ruhig an, wenn du möchtest«, sagte sie. »Es beißt nicht.«

Luma berührte das seltsame Ding vorsichtig mit einer Fingerspitze. Es war hart wie ein Obstkern. »Was ist das?«

»Ich bin mir nicht sicher, aber Mutter nannte es das Brot der Finsternis.«

Sie unterhielten sich noch eine Weile. Dann kehrte Marrah in das Zelt zurück, um sich um Keru zu kümmern. Sie verbrachte den größten Teil der Nacht an seiner Seite und flößte ihm Tropfen für Tropfen den Eisenhut ein. Gegen Mitternacht, als sein Fieber zu sinken begann, rief sie Luma und Keshna zu sich und wies sie an, Keru zu beobachten, während sie hinausging, um etwas zu essen.

Soweit Luma erkennen konnte, nahm Keru ihre Anwesenheit überhaupt nicht wahr. Er lag nach wie vor im Delirium, und als der Morgen graute, begann sein Fieber langsam wieder zu steigen. Als er zu toben und zu murmeln anfing, kehrte Marrah zurück und schickte Luma und Keshna aus dem Zelt. Sie sah, daß der Eisenhut nicht geholfen hatte, und sie wollte allein mit Keru sein, wenn er wieder in das zurückkehrte, was er »den Tunnel« nannte. Marrah hatte noch nie einen Fiebertunnel gesehen, aber sie ahnte, was am anderen Ende auf Keru wartete.

25. Kapitel

Marrah traf keine speziellen Vorbereitungen, um Batal um Hilfe zu bitten. Als offensichtlich war, daß sie nichts mehr für Keru tun konnte, führte sie Luma einfach zu einer Lichtung, wo sie außer Sicht- und Hörweite des Lagers waren. Sobald sie dort ankamen, öffnete sie den Leinenbeutel, den sie mitgenommen hatte, zog ein Netz heraus, ging zu einer kleinen Gruppe von Weiden, streifte ein paar Blätter ab und hängte das Netz zwischen zwei Ästen auf.

»Wir werden versuchen, Vögel zu fangen?« erkundigte Luma sich. Sie war so aufgeregt, daß ihre Stimme bebte. Ihr ganzes Leben lang hatte sie Leute über Visionen sprechen hören, und jetzt würde sie selbst eine haben.

Marrah zog das Netz zurecht und trat einen Schritt zurück, um es zu begutachten. »Nein, wir werden keine Vögel fangen. Das hier habe ich aus meinem eigenen Haar gemacht, als ich in Kataka initiiert wurde. Als ich damit fertig war, versprach mir meine Lehrerin, daß ich in diesem Netz immer das einfangen würde, was ich brauchte, und so ist es tatsächlich immer gewesen.« Sie betrachtete das feinmaschige Gebilde fast liebevoll. »In diesem Netz habe ich die Vision eingefangen, die Shara vor Vlahan rettete. Heute hoffe ich, eine einzufangen, die Keru heilen wird.«

»Und wie funktioniert das?«

»Das wirst du bald sehen, aber du darfst jetzt keine Fragen mehr stellen.«

»Warum nicht?«

Marrah lächelte. »Du fängst ja schon wieder an. Diese eine Frage werde ich dir noch beantworten, aber keine weiteren: Du bist nicht initiiert worden. Du bist keine Priesterin. Und du bist nicht nach Kataka gegangen und hast bei meiner Lehrerin, der Imsha, studiert. Sie war sehr alt und sehr weise, und ihr Gesicht war so dunkel wie das Antlitz der Dunklen Mutter. Als ich sie kennenlernte, mußte ich ihr versprechen, niemandem die Geheimnisse meiner Ausbildung zu verraten, der nicht das Recht erworben hatte, sie auf die gleiche Weise zu erfahren, wie ich sie erfahren hatte. Von jetzt an wirst du mir einfach vertrauen und das tun, was ich dir sage. Hast du Angst?«

»Ja.«

»Ich habe mir schon gedacht, daß du dich vielleicht fürchtest, deshalb möchte ich dir etwas geben, bevor wir anfangen.« Marrah löste die Lederschnur, die sie um den Hals trug. An der Schnur baumelte ein kleines Stück Bernstein, ungefähr so groß wie die Kuppe ihres Daumens. In dem Bernstein war ein Schmetterling mit ausgebreiteten Flügeln eingeschlossen. »Weißt du, was das ist?«

Luma nickte. »Das ist die Träne des Mitgefühls. Du hast mir oft erzählt, daß du sie damals, lange bevor ich geboren wurde, von den Priesterinnen von Nar geschenkt bekamst, als du auf deiner Reise vom Meer der Grauen Wogen nach Osten ihre heiligen Höhlen besuchtest. Und du hast gesagt – daran erinnere ich mich noch ganz genau –, daß die Priesterinnen dir erklärt haben, daß keiner, der die Träne trägt, jemals zu Schaden kommt.«

Marrah zog die Lederschnur auseinander und band sie Luma um den Hals. »Sie gehört jetzt dir«, sagte sie. »Deshalb wirst du keine Angst haben, wenn ich dich in die Traumwelt mitnehme.«

Luma berührte den Bernsteintropfen mit einem Finger. Sie fühlte seine kühle, harte Glätte. »Ich werde gut darauf aufpassen«, versprach sie. »Wenn wir aus der Traumwelt zurückkehren, werde ich sie dir ohne einen Kratzer oder eine abgestoßene Stelle zurückgeben.«

»Ich glaube, du verstehst nicht ganz. Ich habe nicht gesagt, daß ich dir die Träne des Mitgefühls *leihe*. Ich *schenke* sie dir. Sie gehört dir für immer. Und jetzt komm, wir müssen anfangen. Setz dich hier zu mir in den Sand und leg den Wasserschlauch so ab, daß wir leicht drankommen. Die Traumwelt ist keine Wüste, aber man wird sehr durstig, wenn man sie durchquert.« Luma setzte sich, und Marrah nahm ihr gegenüber Platz, holte das Brot der Finsternis aus ihrem Beutel, betrachtete es einen Moment und zerbrach es in zwei ungleiche Hälften. Sie gab Luma das kleinere Stück und behielt das größere für sich selbst. »Gib mir den Schlauch«, sagte sie.

Luma reicht ihr den Wasserschlauch, und Marrah legte das gebogene Stückchen Brot der Finsternis auf ihre Zunge und spülte es mit einem Schluck Wasser herunter. Luma war nicht ganz wohl dabei, als sie sich das Brot der Finsternis auf die Zunge legte, aber es schmeckte nach gar nichts. Es war hart, wie ein Stückchen Nußschale. Sie trank einen Mundvoll Wasser und schluckte es herunter.

»Gut. Jetzt müssen wir uns an den Händen fassen, die Augen schließen und Batal bitten, uns zu sagen, was wir tun können, um Kerus Leben zu retten.« Marrah legte eine kurze Pause ein. »Egal, was du siehst, hab keine Angst. Und ganz gleich, was passiert, laß meine Hände nicht los und steh nicht auf und lauf davon!«

Luma wollte sie so viele Dinge fragen, daß sie gar nicht wußte, wo sie anfangen sollte. Wie lange würde es dauern, bis die Vision eintrat? Durfte sie die Augen wieder öffnen, nachdem sie sie geschlossen hatte? Was glaubte Marrah, was sie sehen könnte, das so schrecklich war, daß sie versucht sein würde, in Panik davonzulaufen? Was, wenn die Sache nicht funktionierte? Konnten sie es noch einmal versuchen? Aber Marrah hatte ihr das Fragen verboten. Gehorsam ergriff Luma die Hände ihrer Mutter. Sie waren glatt und kühl.

»Fertig?«

»Fertig.«

Sie schlossen die Augen und warteten. Nichts geschah. Nach einer Weile wurde Luma ungeduldig. Ihre Nase juckte, der Sand war grobkörnig und unangenehm, und irgendein Krabbeltier – wahrscheinlich eine Fliege – ließ sich immer wieder auf ihren nackten Armen nieder. Sie war gerade zu dem Schluß gekommen, daß sie wie gewöhnlich eine totale Versagerin war, wenn es um Visionen ging, als sie plötzlich anfing, Farben zu sehen.

Das Blau kam zuerst, es explodierte wie aus dem Nichts, ein spitz zulaufender, greller Klecks, so intensiv, daß er sie blendete. Dann verblaßte es allmählich, um von einem Grün verdrängt zu werden, das sich zu einem Viereck formte und auf einer Kante herumwirbelte wie ein Gewächshaus, das sich in einem wilden Strudel drehte. Als nächstes kam eine lange, kopflose Schlange in Rot und Gold; orangefarbene Flecken, von Türkis und Gelb eingerahmt; etwas Rundes, Dickes und Kugelförmiges, das hinter Lumas Augenlidern tanzte und von einer Farbe war, die sie noch nie zuvor gesehen hatte. Es war reine Farbe, die alle anderen Farben auslöschte, der Ton, den Farben gehabt haben mußten, bevor es menschliche Augen gab, um sie zu sehen.

Sie saß ganz still da und ließ die Farben kommen und auf sich einwirken. Sie konnte den Sand unter sich fühlen, angewärmt von ihrem Körper, den Druck der Hände ihrer Mutter; eine leichte Brise, die über ihre Haut streifte. Sie konnte auch noch andere Dinge fühlen, Dinge, von denen sie niemals geglaubt hatte, daß sie sie überhaupt wahrnehmen könnte. Neben ihr, in Schulterhöhe, erzitterte ein einzelnes Weidenblatt unter dem Gewicht einer Raupe; zu ihren Füßen huschten Ameisen zwischen den Sandkörnern hin und her, und ihre Füße trappelten so laut wie Pferdehufe; ein Vogel flog lautlos über ihren Kopf, und sie fühlte, wie seine Schwingen die Luft zu pulsierenden Kreisen aus Hitze und Kälte aufwirbelten.

Dann geschah etwas Seltsames. Ganz plötzlich war sie niemand. Sie hatte keinen Namen mehr, kein Gesicht, keinen Körper. Sie saß nirgendwo und tat nichts, war so inhaltlos wie der tiefste, traumloseste Schlaf, so leer wie eine Tasse, die keinen Boden und keine Wände hatte. Dieser seltsame Zustand des Nichtexistierens hielt lange Zeit an, aber sie empfand keine Furcht, denn es gab kein »sie« mehr. Das Nichts, das einst Luma gewesen war, schwebte mehrere Ewigkeiten lang im leeren Raum, ohne auch nur zu wissen, daß es schwebte.

Plötzlich kehrte ihr Körper zurück, stürzte auf sie herab wie ein Habicht, der über eine Maus herfällt. Er prallte gegen das Nichts, das sie war, zerbrach es, und schleuderte sie wieder in die Welt zurück. Sie schrie, aber es kam kein Laut über ihre Lippen. Sie öffnete die Augen und sah ihre eigene Hand vor ihrem Gesicht, winzig klein und faltig und so transparent wie das Fühlhorn einer Schnecke. Sie war an einem dunklen Ort, fast ohne jedes Licht, und schwamm auf dem Rücken in etwas Nassem und Salzigem. Ihr gegenüber schwamm noch etwas: ein Wesen mit einem riesigen Kopf, das sich wie ein Fisch zusammenkrümmte.

Wer bist du? fragte Luma das Wesen.

Dein Zwilling, erwiderte es. Es drehte sich zu ihr um, und sie sah, daß es tatsächlich Keru war, allerdings nicht der Keru, den sie kannte. Dieser Keru war wie ein sechs Monate altes Kind, das zu früh geboren worden war, um zu überleben. Er streckte eine Hand aus, die ebenso winzig und faltig war wie ihre eigene, zog sie an sich und umarmte sie. Sie fühlte, wie seine Liebe sie einhüllte. Draußen, irgendwo ganz in der Nähe, war eine noch innnigere Liebe, die sie beide wie ein schützender Mantel umgab.

Wo sind wir?

In Mutters Leib.

Sie hielten einander umschlungen und wiegten sich sanft hin und her. Nach einer Weile schliefen sie ein.

Wieder das Nichts. Wieder die unendliche Leere. Als ihr Körper ein zweites Mal auf sie herabstürzte, wachte sie auf und entdeckte, daß sie ein kleines Kind war. Sie und Keru saßen auf einer Decke in einem Flecken von Sonnenlicht und kauten an Brotkrusten. Neben ihnen saß ein riesiges, wunderschönes Tier, das wie ein Gott über ihnen aufragte. Das Tier hatte Beine wie Baumstämme, einen Kopf, so dick und rund wie der Mond, Pfoten von der Größe von Lumas Kopf, eine glänzende schwarze Schnauze und ein schwarzweißes Fell, das so dick und so lang war, daß Luma sich darin hätte verstecken können.

Was ist das? fragte Keru. Sie hatten jetzt ihre eigene Sprache, eine Sprache, die niemand sonst verstand. Manchmal redeten sie miteinander, aber meistens verständigten sie sich, indem sie einfach ihre Gedanken in den Kopf des anderen schickten.

Ich weiß es nicht, aber es wird uns nichts tun.

Plötzlich erinnerte Luma sich, daß man das Tier »Hund«

nannte, aber als sie versuchte, es Keru zu sagen, fiel sie wieder in die Leere. Diesmal stürzte sie tiefer und immer tiefer, stürzte tagelang in bodenlose Finsternis, jahrelang.

Als sie in die Welt zurückkehrte, hing sie an einem Seil. Es war silbern und hatte die Struktur von Schaum, durchsetzt mit kleinen Regenbögen, aber es war aus etwas Klebrigem gemacht, etwas, das sich unangenehm anfühlte. Da sie über einem bodenlosen Abgrund schaukelte, hatte sie keine andere Wahl, als sich weiter mit beiden Händen an dem Seil festzuhalten. Sie wartete lange Zeit darauf, daß jemand kommen würde, um sie in Sicherheit zu ziehen, aber niemand kam. Schließlich gab sie es auf und folgte dem Seil, kletterte langsam Hand für Hand daran hinunter. Nach einer Weile sah sie etwas Großes, Weißes, Rundes unter sich. Als sie näher kam, erkannte sie, daß sie auf ein riesiges Spinnennetz hinunterblickte. In der Mitte hatte das Netz einen Fehler: ein seltsames, unförmiges Bündel von Spinnfäden, die anders waren als der Rest.

Sie wäre sofort wieder umgekehrt, wenn sie gekonnt hätte, weil sie noch immer genug Verstand besaß, um zu wissen, daß nicht alle Spinnen Webende Göttinnen waren; doch bevor sie sich wieder an dem Seil hinaufarbeiten konnte, zerriß es, und sie stürzte in die Mitte des Netzes. Sie fiel sehr langsam, und als sie das Netz berührte, klebte sie nicht daran fest, wie sie befürchtet hatte, sondern prallte davon ab und kam ganz leicht auf die Füße. Das Bündel aus Spinnwebfaden, das sie aus der Ferne gesehen hatte, war jetzt direkt neben ihr, und sie erkannte, daß etwas darin eingeschlossen war, das wild zappelte und versuchte, sich zu befreien. Unter großen Schwierigkeiten riß sie etwas von dem Gespinst heraus, und ein menschliches Gesicht kam zum Vorschein.

Kerus Gesicht.

Hol mich hier raus! schrie Keru.

Luma blickte auf ihre Hand hinunter und bemerkte, daß sie ein Messer hielt. Sie hatte keine Ahnung, wo das Messer hergekommen war, aber sie schlitzte damit den Spinnwebkokon auf, sorgsam darauf achtend, Keru nicht zu verletzen. Als sie ihn schließlich befreit hatte, schloß sie ihn in die Arme. Er lächelte sie an und öffnete die Augen so weit, daß sie in sie hineinfiel. Im Inneren seiner Augen war ein Feld mit Weizenstoppeln, das sich vom Wald bis zum Meer erstreckte. Darin waren Luma, Marrah, Stavan, Hiknak, Arang, Keshna, Driknak, die Stadt Shara, eine laue Brise und lachende Kinder, die Drachen steigen ließen.

Wieder die unendliche Leere. Weitere Stürze in bodenlose Tiefen. Als Luma schließlich die Augen öffnete, stellte sie fest, daß sie wieder auf der Lichtung saß und Marrahs Hände hielt. Nichts hatte sich verändert, seit sie das Brot der Finsternis geschluckt hatte – und dennoch war plötzlich alles anders.

Marrah reichte Luma den Wasserschlauch, forderte sie auf, reichlich davon zu trinken, und ließ sie dann ihre Vision dreimal wiederholen. Beim dritten Mal war Luma sicher, daß sie nichts Wichtiges ausgelassen hatte.

Marrah schien der gleichen Ansicht zu sein. Zufrieden lehnte sie sich zurück, ließ Lumas Hände los und begann ihr von ihrer eigenen Vision zu erzählen, die überraschend kurz gewesen war. Sie erklärte, Batal sei ihr in Gestalt einer gewöhnlichen Ringelnatter erschienen. Die Schlange hatte Marrah gesagt, sie solle Sie in Sicherheit bringen. Marrah solle in den »Westen jenseits des Westens jenseits des Westens gehen«, hatte die Schlange erklärt, und an jedem Ort, wo sie Rast einlegte, eine der heiligen Schuppen der Schlange zurücklassen.

Als Luma ihre Mutter fragte, wo denn dieser »Westen *jenseits* des Westens Jenseits des Westens« wäre, und wie man Schuppen von einer Ringelnatter zurücklassen könnte, die nur in der Traumwelt existierte, erwiderte Marrah, sie habe keine Ahnung, sie werde den Befehl der Göttin aber mit der Zeit sicherlich verstehen. In der Zwischenzeit war sie mehr daran interessiert, Lumas Traum zu interpretieren. Sie saß eine Zeitlang schweigend und mit geschlossenen Augen da. Schließlich öffnete sie die Augen wieder und begann zu sprechen.

»Zunächst einmal«, sagte sie, »sind die Farben etwas, das fast jeder sieht. Sie sind wie ein Vorhang, der den Eingang zur Traumwelt verhüllt. Du bist mühclos durch diesen Vorhang hindurchgekommen, was ein gutes Zeichen ist. Die Leere ist ebenfalls für alle da. Einige Menschen gelangen niemals darüber hinaus. Sie ertragen es nicht, nicht zu wissen, wer sie sind oder ob sie überhaupt existieren. Charakterschwache Menschen verirren sich manchmal in der Leere und finden nicht wieder heraus. Das ist der Grund, warum jemand, der noch nicht in die Geheimnisse der Dunklen Mutter eingeweiht wurde, niemals die Traumwelt betreten darf, ohne daß ein Lehrer in seiner Nähe ist, der ihn führen kann, wenn er sich verirrt.« Sie brach ab und schwieg so lange, daß Luma überlegte, ob sie schon fertig war. Schließlich sprach Marrah erneut.

»Ich glaube, diese Vision von dir und Keru, wie ihr zusammen in meinem Leib schwimmt, ist die erste echte Vision, die die Göttin dir gewährt hat. Sie bedeutet, daß ihr beide, du und Keru, euch schon geliebt habt, bevor ihr geboren wurdet. In Kataka heißt es, daß Zwillinge zwei Menschen sind, die ein Leben miteinander teilen – was die Nomaden ›Seele‹ nennen würde. Du und Keru, ihr scheint im Diesseits ein Mann und eine Frau zu sein. Aber in der Traumwelt seid ihr wie meine alte Lehrerin: ein einziges Wesen, das sowohl männlich als auch weiblich ist.

Die zweite Vision, die wo ihr kleine Kinder seid und zusammen in der Sonne sitzt und über den Hund sprecht, ist eine weitere Erinnerung daran, wie nahe ihr beide, du und Keru, euch immer gestanden habt. Hier hat die Göttin dich daran erinnert, daß du und dein Bruder früher einmal eine Geheimsprache hattet, die niemand sonst verstand.

Die dritte und letzte Vision ist die wichtigste, denn sie enthält möglicherweise das Geheimnis, wie wir Kerus Leben retten können. Wenn ich deine Vision richtig interpretiere, hat Batal die Gabe, um die wir Sie gebeten hatten, irgendwo in den Dingen versteckt, die du gesehen hast. Sag mir, was war das seltsame Ding in deinem Traum?«

Das Ding, an das Luma sich noch am lebhaftesten erinnerte, war das Spinnennetz mit Keru, der in der Mitte des Netzes in einem engen Kokon aus Spinnwebfäden gezappelt hatte; aber als sie Marrah dies sagte, schüttelte ihre Mutter den Kopf.

»Nein, das kann es nicht sein. Das Netz ist zu offensichtlich. Batal hinterläßt ihre Botschaften nie an Orten, wo man sie zu finden erwartet. Als du dieses Netz gesehen hast, hast du sicher sofort erkannt, daß es Changars Netz war. Zum Glück ist Changar tot, so daß in dem Netz keine Spinne mit einem menschlichen Kopf hockte, die nur darauf wartete, ihre Giftzähne in deinen Körper zu graben, aber Changar hat Keru hilflos zurückgelassen. Oder, um es einfacher auszudrücken: Changar hatte nicht mehr Kerus ganze Seele in Besitz, aber er hatte noch immer Macht über ihn. Vielleicht hat Changar Kerus Fieber benutzt, um ihn in den Tod zu ziehen, aber du hast Keru aus dem Kokon befreit und ihn gerettet.«

»Aber wenn ich Keru in meiner Vision vor dem Tod bewahrt habe, wie kann das dann nicht der wichtigste Teil der Vision sein?«

»Weil«, erwiderte Marrah geduldig, »es nicht darum geht, *daß* du ihn gerettet hast, sondern *wie* du ihn gerettet hast. Nichts, was wir bisher versucht haben, hat ihn von seinem Fieber kuriert. Aber ich glaube, Batal hat uns eine Methode vorgeschlagen, Keru zu helfen, die wir bisher noch nicht ausprobiert haben.«

Luma konnte sich beim besten Willen nicht vorstellen, was das für eine Methode sein konnte. Sollte sie Keru in nasse Leintücher wickeln und ihn dann mit einem Messer aus dem Kokon herausschneiden? Wozu sollte das gut sein?

»Laß uns deine Vision noch einmal durchgehen. Womit hast du Keru befreit?«

»Mit einem Messer.«

»Wo ist das Messer hergekommen?«

»Das weiß ich nicht. Ich habe es ja schon erzählt, es war plötzlich in meiner Hand.«

»Ist dir irgend etwas Seltsames daran aufgefallen?«

»Nein ... oder doch, ja, etwas war doch ein bißchen merkwürdig. Mir ist gerade wieder eingefallen, daß es aus einem komischen Material bestand ... was war das noch? Ton? Nein. Moment, laß mich überlegen. Jetzt weiß ich es wieder! Das Messer, mit dem ich die Spinnwebfäden durchgeschnitten habe, war aus Brot.«

»Aus Brot! Hast du gesagt, du hast Keru mit einem Messer aus *Brot* befreit? Das ist es, wonach wir gesucht haben! Das muß es sein! Ein Messer aus Brot, das so scharf ist wie ein Messer aus Feuerstein. Verstehst du denn nicht? Ein solches Messer hat im Diesseits niemals existiert! Ein solches Messer kann es überhaupt nicht geben!« Marrah sprang aufgeregt auf die Füße. »Wir müssen sofort ins Lager zurückgehen und Keru Brot zu essen geben.«

»Aber, Mutter ...«

»Wir haben jetzt keine Zeit, darüber zu reden. Komm, beeil dich!«

Marrah ging nicht zum Lager zurück, sie rannte. Und Luma rannte hinter ihr her, kaum fähig, mit ihr Schritt zu halten. Als sie die Hälfte des Weges hinter sich hatten, war Luma völlig außer Atem und zutiefst beunruhigt. Was sollte es nützen, Keru Brot zu geben? Brot war etwas ganz Gewöhnliches, wenn es tatsächlich fiebersenkend wirken würde, hätten die Priesterinnen dieses Heilmittel schon vor langer Zeit entdeckt. Marrah hatte damals Wochen gebraucht, um die Vision zu verstehen, die Shara vor Vlahans Kriegern rettete. Die Sache mit dem Brot war eine zu voreilige, zu verzweifelte Interpretation, und Luma war überzeugt, daß sie nicht funktionieren würde. Sie konnte es kaum ertragen, sich auszumalen, was passieren würde, wenn Marrah Keru Brot zu essen gab und sein Fieber weiter anstieg. Zweimal hatte sie ihre Mutter nun schon um Keru trauern sehen. Wenn er in ihren Armen starb, obwohl sie felsenfest glaubte, daß Batal ihr persönlich gezeigt hatte, wie sie ihn retten konnte, würde sie wahrscheinlich nie über den Schock hinwegkommen.

Aber wenn Marrah irgendwelche Zweifel plagten, dann sprach sie zumindest nicht darüber. Sobald sie das Lager erreichten, rief sie laut nach Brot. Es gab natürlich keines. Luma hätte ihr das gleich sagen können, wenn sie nur lange genug stehengeblieben wäre, um ihr zuzuhören. Doch als sie es versuchte, fiel Marrah ihr ungeduldig ins Wort.

»Wir dürfen keine Zeit verschwenden. Kerus Zustand hat sich erheblich verschlechtert. Wir müssen ihm auf der Stelle Brot geben!«

»Woher weißt du, daß es Keru schlechter geht?« Luma hätte ihre Mutter am liebsten gepackt und an sich gedrückt, bis sie wieder zur Vernunft kam.

»Woher ich das weiß?« Marrah zeigte mit dem Finger auf Keshna, die gerade aus dem Krankenzelt gekommen war, um zu sehen, was der Aufruhr zu bedeuten hatte. »Keshna weint. Hast du Keshna zuvor weinen sehen? Hör auf, Fragen zu stellen, und beantworte mir eine: Hast du Mehl?«

»Nein.«

»Dann kann ich nicht backen. Aber ich hatte Brot aus Shara mitgebracht, und in einer meiner Satteltaschen finde ich vielleicht noch ein Stück.« Marrah rannte zu der Stelle, wo ihre Satteltaschen lagen, riß sie auf und kippte sie auf dem Boden aus. Inzwischen versammelten sich die Nomaden um sie. Sie umringten Marrah und schauten in verwirrter Faszination zu, wie sie den Inhalt ihrer Satteltaschen durchwühlte, leise vor sich hin murmelte und verschiedene Gegenstände beiseite warf.

Keshna eilte auf die kleine Menschenansammlung zu. »Keru ...«, sagte sie.

Luma bedeutete ihr, still zu sein. »Nicht jetzt«, warnte sie leise. »Mutter sucht gerade Brot.«

»Brot? Warum das?«

»Weil sie glaubt, daß sie Keru damit kurieren kann.«

Keshna öffnete den Mund, klappte ihn wieder zu und starrte Marrah ungläubig an. Marrah warf einen kleinen Beutel beiseite und stürzte sich auf ein Stückchen Brot, das in dem Durcheinander zum Vorschein kam. Sie hielt es fest in der Hand und eilte zu Keshna.

»Wie geht es Keru?«

»Schlechter.« Keshna wischte sich die Tränen aus den Augen und starrte auf das Brot.

»Wieviel schlechter? Ich muß genau wissen, wie es ihm geht. Kann er aufsitzen? Kann er essen?«

»Nein. Nachdem du weg warst, fing er plötzlich so heftig an zu zittern, daß Urmnak und ich glaubten, er würde einen Anfall bekommen. Er zittert jetzt nicht mehr so stark, aber es geht ihm sehr schlecht.«

Marrah blickte auf den Brotknust. »Wir werden warten müssen!«

»Warten? Worauf?« Keshna wischte sich die Nase an ihrem Ärmel ab und sah Marrah verständnislos an.

»Nun, natürlich darauf, daß die Sonne untergeht, damit ich Keru dieses Brot geben kann. Sein Fieber sinkt immer etwas, sobald die Sonne untergeht.«

»Du willst ihm dieses Brot da geben?« Keshna schien der Geduldsfaden zu reißen. »Dieses schimmelige Stückchen Brot? Diesen altbackenen Knust, der voller Schmutz und Pferderotz ist? Was ist mit dir los, Tante Marrah? Hast du den Verstand verloren? Verstehst du nicht, was ich gerade gesagt habe? Keru liegt wahrscheinlich im Sterben!«

Marrah streckte die Hand aus und tätschelte Keshnas Arm. »Du mußt immer das sagen, was kein anderer auszusprechen wagt, nicht wahr, Keshna? Aber ich weiß, du tust es aus Liebe. Du hast Angst, daß Keru stirbt und dich verläßt. Aber nur Mut: Ich werde ihn wieder gesund machen.« Sie wandte sich zu Luma. »Ich möchte, daß du zu Kandar reitest und ihm sagst, er soll seinen Kriegern befehlen, ihre Satteltaschen auszuleeren. Keshna hat recht. Dies hier ist nur ein kleiner Rest Brot, und er ist obendrein völlig verschimmelt. Bis Sonnenuntergang möchte ich soviel Brot haben, daß es einen ganzen Laib ausmacht, zwei Laibe, vielleicht sogar drei, wenn sie soviel finden können.«

Keshna ließ sich stöhnend auf den Boden sinken und bedeckte ihr Gesicht mit den Händen.

»Worauf wartest du denn noch, Tochter?« Marrah wies auf Shalru. »Sattle dein Pferd und setz dich in Bewegung.«

Luma galoppierte so schnell zu der zweiten Furt, daß der Wald an ihr vorbeiflog. Als sie und Kandar schließlich in das Nomadenlager zurückkehrten, stand die Sonne tief am Horizont. Sie hatten zwei Beutel mit Brotresten in ihren Satteltaschen, das meiste bereits verdorben. Außer den Brotresten hatten sie noch einen halben Laib gerettet, der jedoch so vertrocknet und mit Schimmelflecken übersät war, daß Luma ihn nicht einmal an ein Schwein verfüttert hätte. Sie gab Marrah das Brot, und die inspizierte es kritisch und runzelte die Stirn.

»Ist das alles, was ihr auftreiben konntet?«

»Ja, Mutter.«

»Ihr habt jedes Stückchen mitgebracht?«

»Jedes einzelne Stückchen.«

Marrah roch prüfend an dem Brot und hustete. »Wie soll ich Keru dazu bringen, das zu essen?« Sie drehte den Laib herum und suchte nach unverdorbenen Stellen, doch es gab nur wenige. »Ich werde es in Wasser einweichen und einen Brei daraus machen müssen, den ich Keru zwischen die Lippen schieben kann. Er wird das Zeug wahrscheinlich nicht einmal schmecken. Es geht ihm sehr viel schlechter. Das Fieber ist heute abend nicht wie sonst gesunken.«

Das war eine äußerst bedrückende Nachricht. Luma und Kandar machten Anstalten, zu Kerus Zelt zu gehen, aber Marrah hielt sie zurück. »Nicht in diese Richtung.« Sie zeigte zum Fluß. »Er ist da unten. Keshna sitzt mit ihm an einer seichten Stelle und hält ihn in ihrem Schoß, damit das Wasser seinen Körper kühlt.«

Kandar ergriff Lumas Hand, und sie standen eine Weile schweigend da, während Marrah kehrtmachte und zu Kerus Zelt ging, um eine Schale und etwas Wasser zu besorgen, damit sie das Brot zu Brei zerstampfen konnte. Jeder in Shara kannte die Geschichte, wie Marrah auf ihrer langen Reise gen Osten plötzlich hohes Fieber bekommen hatte und Stavan sie schließlich in den Rauchfluß getaucht hatte, um ihre Temperatur zu senken. Marrah hatte diesen Trick an alle ihre Priesterinnen weitergegeben, und sie wandten ihn manchmal bei fiebernden Pilgern an, doch es war eine verzweifelte Maßnahme. Wenn die Leute in Shara sagten, jemand sei »zum Fluß hinuntergebracht« worden, hieß das, daß derjenige so gut wie tot war.

Marrah kehrte mit der Schale mit Brotbrei zurück, und Luma und Kandar folgten ihr zum Fluß hinunter, wo sie Keshna, Urmnak und Chamnak um Keru versammelt fanden. Hrandshan und drei andere Krieger waren ebenfalls da und starrten ihren Häuptling mit Mienen an, die ausnahmsweise einmal nicht völlig ausdruckslos waren. Luma sah, daß die Männer glaubten, Keru würde sterben. Sie trauerten um ihn, vielleicht liebten sie ihn sogar.

Luma beugte sich dicht zu Urmnak. »Wo sind die anderen beiden Krieger?« flüsterte sie ihr ins Ohr.

»Sie sind weggegangen, um ein Grab auszuheben«, flüsterte Urmnak zurück. »Sie graben in einiger Entfernung vom Lager, damit er das Geräusch der Hacken nicht hört.«

Luma zuckte zusammen. Vor ihr trieb Keru in dem dunklen Wasser. Er war bei Bewußtsein, erkannte aber niemanden. Er lag still in Keshnas Armen und blickte in den Nachthimmel hinauf, als habe er ihn nie zuvor gesehen.

Marrah kniete sich neben ihn.

»Keru«, sagte sie sanft. »Keru, mein Liebling, mach den Mund auf.«

Er sah sie verständnislos an. Sie hätte ebensogut ein Fels, ein Vogel oder ein ferner Stern sein können.

Sie unternahm keinen zweiten Versuch, ihn zu überreden. Stattdessen schob sie ihm ihre Finger zwischen die Lippen, zwang sie behutsam auseinander und schob ihm einen kleinen Bissen Brotbrei in den Mund.

»Und jetzt schluck es herunter«, murmelte sie.

Entweder hatte er sie verstanden, oder er war hungrig und der Geschmack des Essens war ihm vertraut. Er schluckte gehorsam.

»Gut«, lobte sie ihn. Sie fütterte ihn mit dem eingeweichten Brot, Bissen für Bissen, wie ein kleines Kind. Als die Schale leer war, tauschte sie den Platz mit Keshna und hielt ihn in den Armen, sprach beruhigend auf ihn ein und streichelte sein nasses Haar. Nach einer Weile wies sie die Krieger an, Keru aus dem Wasser zu heben und ihn wieder in sein Zelt zu tragen.

Das Brot half nicht. Den größten Teil der Nacht warf Keru sich im Fieberwahn auf seinem Lager hin und her, phantasierte von einem »roten Tunnel« und verlangte immer wieder nach Wasser. Wenn sie ihm den Wasserschlauch reichten, trank er manchmal so gierig, daß er sich verschluckte und sie ihm den Schlauch aus den Händen nehmen mußten, aber er bekam nie genug. Das Fieber stieg weiter an. Gegen Mitternacht hörte er auf zu sprechen und schloß die Augen. Marrah wollte glauben, daß er endlich eingeschlafen war, aber Luma spürte, wie er allmählich in eine andere Welt hinüberglitt. Keshna mußte es ebenfalls gefühlt habe, denn sie ging zu ihm und wollte seine Hand nehmen. Vielleicht glaubte sie, sie könnte ihn wieder in die Welt der Lebenden zurückziehen, doch Marrah hinderte sie daran.

»Laß ihn schlafen«, sagte sie.

»Er ist nicht...«

»Laß ihn schlafen«, wiederholte Marrah. Sie schickte alle aus dem Zelt. »Ich werde euch rufen, wenn es eine Veränderung gibt.«

Die Nacht war unendlich lang, schwarz und mondlos. Im Wald riefen Eulen, und der Wind wehte in kräftigen Böen, so daß die Äste der Bäume sich bewegten und klapperten wie Knochen. Kurz vor Tagesanbruch wurde Keshna vom Schluchzen einer Frau geweckt. Es war ganz leise, aber es kam aus dem Zelt, und Keshna wußte augenblicklich, daß es Marrah war, die um Keru trauerte.

Sie setzte sich auf, schluckte und fühlte, wie ein Stein ihren Magen füllte und ihr Herz zusammendrückte. Keru war tot. Marrah hatte ihn im letzten Augenblick ganz für sich allein gehabt; und sie, Keshna, die ihn ebenso innig wie jede Mutter geliebt hatte, hatte es versäumt, ihm Lebewohl zu sagen. Es spielte keine Rolle, daß er sie nicht erkannt hätte, sie hatte bei ihm sein wollen, wenn sein Ende nahte. Aber sie war nicht da gewesen, weil sie eingeschlafen war, und Marrah, die ihr versprochen hatte, sie zu wecken, wenn sich sein Zustand verschlechterte, hatte ihr nicht Bescheid gesagt.

Sie könnte jetzt in das Zelt gehen, aber es wäre nicht dasselbe. Sie wollte Keru nicht tot sehen. Was hatte das für einen Sinn? Er war von ihr gegangen. Der Leichnam würde zwar Kerus Gesicht und seine Hände haben, aber er würde sie niemals so anlächeln wie Keru, sie berühren oder ihr sagen, was für eine erbärmliche Schützin sie war, wenn sie ein Reh verfehlt hatte.

Keshna stand auf und ging durch das Lager, um das verzweifelte Schluchzen hinter sich zu lassen. Als sie zu den Pferden kam, nahm sie Windtänzer die Fußfesseln ab, schwang sich auf seinen Rücken und ritt in den Wald. Ein kurzes Stück den Pfad hinunter trieb sie ihn zu einem wilden Galopp an. Sie wußte, es war gefährlich, in einem so halsbrecherischen Tempo zwischen den Bäumen dahinzurasen, wenn es noch nicht hell genug war, um etwas zu sehen, aber es kümmerte sie nicht. Sie trieb den Hengst unerbittlich vorwärts, fluchte heftig und schlug mit den Zügeln auf seinen Hals. Aber das Glück, das sie nicht wollte und um das sie nicht gebeten hatte, war auf ihrer Seite. Zweige peitschten ihr ins Gesicht, und Dornenranken rissen an ihren Beinlingen, als sie so zwischen den Bäumen dahinjagte, doch als der Wald schließlich von Licht erfüllt war, hatte sie mit ihrer wilden Jagd nichts weiter erreicht, als Windtänzer völlig zu erschöpfen.

Keshna zügelte den Hengst, schwang sich von seinem Rücken und setzte sich auf den taufeuchten Boden, wie betäubt vor Schmerz und Kummer. Vor gar nicht langer Zeit hatte sie sich gefragt, ob sie Keru liebte. Jetzt, wo es zu spät war, wußte sie, daß es so war. Was sie am meisten bereute, war, daß sie es ihm nicht gesagt hatte. Menschen wie Luma und Kandar schien es leichtzufallen, die Worte »Ich liebe dich« auszusprechen, aber sie war zu stolz gewesen. Und als sie endlich bereit war, Keru ihre Liebe zu gestehen, war er zu krank, um sie zu hören.

Die feuchten Blätter unter ihren Stiefeln trockneten allmählich, und die Sonne wärmte ihren Rücken. Schließlich stand Keshna müde auf und ging zu Windtänzer, der in der Nähe friedlich graste. Sie saß auf, trieb ihn zu einem gemächlichen Trott an und ritt langsam zum Lager zurück. Ihr graute vor dem, was sie dort erwartete. Die Nomaden würden Keru in der Erde bestatten wollen, und Marrah würde darauf bestehen, seinen Leichnam auf eine Plattform in die Baumkronen zu legen, damit die Vögel ihn zur Muttergöttin zurückbringen konnten. Es würde zu erbitterten Auseinandersetzungen kommen. Dann ging ihr der Gedanke durch den Kopf, daß sie sich nicht in die Sache hineinziehen lassen mußte. Sie könnte einfach wieder umkehren und sich in einem weit entfernten Dorf niederlassen, sich einen anderen Namen zulegen und ein neues Leben beginnen.

Sie war schon fast an der Furt angelangt, da hörte sie ein Pferd in raschem Tempo näher kommen. Sie hielt an und horchte auf den

Hufschlag. Es war zweifellos Shalru. Keshna hatte ein gutes Gehör für den Rhythmus. Bald tauchte Luma in ihrem Blickfeld auf. Als sie Keshna sah, zügelte sie ihr Pferd.

»Hier bist du also!« rief sie.

»Ja, hier bin ich«, antwortete Keshna. Sie war nicht in der Stimmung, mit Luma zu reden, aber Luma war ihre beste Freundin, und sie litt bestimmt ebenfalls schrecklich. Sie alle würden so lange um Keru trauern, daß Keshna den bloßen Gedanken daran kaum ertrug. Sie würde es Stavan sagen müssen und Arang und Hiknak und...

»Warum bist du weggeritten, ohne jemandem zu sagen, wohin du wolltest? Mutter möchte, daß du sofort mit ins Lager zurückkommst.«

»Luma ...« Keshna zögerte einen Moment und traf dann eine Entscheidung. Im Lager würde zuviel Trauer herrschen. Zusätzlich zu ihrem eigenen würde sie Marrahs Schmerz nicht auch noch ertragen. »Ich komme nicht zurück.«

»Du kommst nicht zurück? Aber du mußt zurückkommen! Keru verlangt nach dir.«

Keshna starrte sie verständnislos an. »Was redest du denn da? Keru ist tot.«

»Nein, das ist er nicht.«

»Aber ich habe doch gehört, wie Tante Marrah um ihn weinte.«

»Das war bestimmt Chamnak. Kerus Zustand hatte sich sehr verschlechtert, bevor es ihm allmählich wieder besserging, und als Chamnak sah, wie krank er war, fing sie an zu schluchzen und zu schreien und zerriß sich die Kleider und murmelte irgendwelchen Unsinn darüber, daß Kerus Krieger sie auf seinem Grab opfern müßten, wenn er starb. Mutter brauchte eine Ewigkeit, um sie dazu zu bringen, mit ihrem lauten Wehklagen aufzuhören, aber Keru war zu diesem Zeitpunkt so krank, daß er die ganze Szene verschlief. Vielleicht hat ihm der Schlaf gutgetan, vielleicht hat der Brotbrei schließlich doch geholfen, denn als die Sonne aufging, begann sein Fieber zu sinken, und ...«

Keshna fühlte, daß etwas Leuchtendes über sie hinwegglitt, wie die schillernd bunten Schwingen eines großen Vogels. Das unbändige Glücksgefühl, das in ihr aufstieg, machte sie atemlos. »Keru ...«, das Wort blieb ihr in der Kehle stecken, »ist nicht ...«

»Nein, das will ich dir doch die ganze Zeit sagen. Es geht ihm viel besser. Er sitzt aufrecht auf seinem Lager und spricht, und sein Fieber ist beträchtlich gesunken. Er hat mir aufgetragen, dich ins Zelt zurückzuholen, bevor Mutter ihm noch mehr von dem Brotbrei eintrichtert. Sie hat geschworen, daß sie ihn zwingen wird, jedes Krümmelchen davon zu essen, und sie haben gerade einen hitzigen Streit deswegen. Sie besteht darauf, daß der Brotbrei ihm das Leben gerettet hat, genau wie Batal es versprochen hat, und er sagt, das Zeug schmeckt wie schimmeliger Pelz und ...«

Aber Keshna hörte ihr nicht mehr zu. Sie hatte Windtänzer zum Galopp angetrieben und ritt in dem gleichen wilden Tempo ins Lager zurück, in dem sie es verlassen hatte.

Als Keshna das Zelt betrat, lehnte Keru gegen drei dicke Kissen. Er wirkte sehr geschwächt, sah aber schon wieder fast aus wie der alte Keru. Sie rannte zu ihm, ließ sich neben ihm auf die Knie fallen und nahm sein Gesicht in beide Hände. Ihre Berührung, gebändigt durch seine lange Krankheit, war unendlich sanft.

»Du bist wieder da«, sagte sie atemlos. »Du bist zurückgekommen!«

Keru lachte, streckte die Arme nach ihr aus und zog sie an sich, um sie zu küssen. Ihre Lippen schmeckten salzig, und ihr Haar roch nach Holzrauch und Blättern. Der Fiebertunnel war schrecklich lang gewesen; aber er hatte es geschafft, lebend wieder herauszukommen. Keshna hatte auf ihn gewartet, und er konnte sich nichts Schöneres vorstellen, als sie bis ans Ende seiner Tage jeden Morgen zu küssen.

Als ihr Kuß schließlich zu Ende ging, rollte sich Keshna neben ihm zusammen und schmiegte sich an ihn. Sie lagen friedlich nebeneinander und beobachteten, wie der morgendliche Sonnenschein durch das Rauchabzugsloch des Zeltes strömte. Es war so still, daß sie hören konnten, wie Marrah die letzten Brotstücke zu Brei zerstampfte und Chamnak kleine Stöcke und Äste ins Feuer legte. Irgendwo scharrte ein Pferd, ein Eichelhäher keckerte, und ein Tier – wahrscheinlich ein Otter – planschte in der Nähe des Ufers. Keshna dachte an den Fluß, der den ganzen weiten Weg ins Meer floß, und dann dachte sie an ihr eigenes Leben, das ebenso schnell dahinrann. Das Leben ist sehr kurz, dachte sie, sehr kurz und sehr kostbar. Wenn man blinzelte, konnte es passieren, daß man die ganze Sache verpaßte.

Sie schmiegte ihre Wange an Kerus Gesicht und schluckte den letzten Rest ihres Stolzes hinunter. »Ich muß dir etwas sagen«, begann sie. »Etwas, das ich dir schon längst hätte sagen sollen.«

Epilog

Das Ende einer Geschichte ist immer der Anfang vieler anderer. An einem sonnigen Frühlingsmorgen, vier Jahre nachdem sie Keru mit einem Brei aus schimmeligem Brot geheilt hatte, ging Marrah an Bord eines Raspas, das nach Alzac auslief, und ließ Luma, Keru und Driknak zurück, um Shara zu regieren. Es fiel ihr schwer, ihren drei Kindern und fünf Enkelkindern Lebwohl zu sagen; aber sie hatte endlich die Vision verstanden, die Batal ihr geschickt hatte, und sie hatte eine Pflicht zu erfüllen, die um vieles wichtiger war als die warnende Botschaft, die sie vor so vielen Jahren in den Osten gebracht hatte, als die Nomaden zum ersten Mal in die Mutterländer eingefallen waren.

Sechs Monate zuvor war Batal ihr ein zweites Mal erschienen und hatte ihr in klar verständlichem Sharanisch befohlen, die heiligen Geheimnisse von Kataka in Sicherheit zu bringen, wo sie gehütet werden konnten, bis der Tag kam, an dem die Kinder der Göttin Erde sie erneut brauchen würden. Es würde eine lange Reise sein. Marrah würde den ganzen weiten Weg in den Westen jenseits des Westens reisen müssen und von dort aus über das Meer der Grauen Wogen bis zu einer grünen Insel, die sie bisher nur in Träumen gesehen hatte. Batal hatte ihr befohlen, überall dort, wo sie während ihrer langen Reise Rast einlegte, die Priesterinnen in die Geheimnisse von Kataka einzuweihen, so daß sie in künftigen unerforschlichen Zeiten an vielen Orten vor den Nomaden in Sicherheit sein würden. Und das bedeutete, daß es Jahre dauern konnte, bis sie die grüne Insel erreichte.

In diesem Sommer hatte Marrah vor, nach Alzac zu reisen, und dann in das Meer der Blauen Wogen zu segeln, um den Winter in der geheiligten Stadt hoch oben auf den steilen Klippen zu verbringen, wo der Atem der Göttin aus einem Spalt in der Erde drang. Von dort aus würde sie immer weiter nach Westen reisen. Obwohl Marrah noch keine alte Frau war, war sie auch nicht mehr ganz jung, und als sie beobachtete, wie die weißen Mauern von Shara langsam zurückblieben, fragte sie sich, ob sie wohl lange genug leben würde, um das Meer der Grauen Wogen zu erreichen.

Wenn ja, dann würde sie vielleicht endlich ihre Mutter wiedersehen. Sabalah war inzwischen Ende Fünfzig. Wenn sie noch fünf oder zehn Jahre lebte – was nicht unmöglich war –, würde Marrah sie vielleicht sogar finden können. Vielleicht lebte Sabalah immer noch in Xori, vielleicht war sie auch nach Gurasoak übergesiedelt, wo die Winter milder waren.

Marrah starrte gedankenverloren auf die Wellen, die gegen die Bordwand des Raspas klatschten, und versuchte, sich das Gesicht ihrer Mutter in Erinnerung zu rufen. An einige Einzelheiten konnte sie sich noch gut entsinnen, während andere im Laufe der letzten dreißig Jahre aus ihrem Gedächtnis verschwunden waren. Am deutlichsten erinnerte sie sich an Sabalahs braune Augen, an ihr dichtes, glattes, schwarzes Haar und an ihr Lächeln. Sie hatte es fast geschafft, sich an die Form der Nase ihrer Mutter zu entsinnen, als sie fühlte, wie ein Arm um ihre Taille glitt.

»Grüble nicht zuviel«, sagte Stavan. »Wir werden noch reichlich Zeit zum Nachdenken haben.«

Marrah blickte zu ihm auf, sie war dankbar für seinen Rat. Stavan hatte sie nie im Stich gelassen. Selbst jetzt, in einem Alter, in dem die meisten Männer damit zufrieden wären, vor dem warmen Feuer zu sitzen, hatte er sich sofort bereit erklärt, sie auf dieser langen Reise ins Ungewisse zu begleiten.

Es war gar keine schlechte Idee, sich einen Nomaden als Liebhaber zu nehmen, dachte Marrah. Sie verstehen sich darauf, von einem Ort zum anderen zu ziehen.

Danksagung

Wieder einmal schulde ich dem Romanschriftsteller Sheldon Greene ganz besonderen Dank, der alle Entwürfe dieses Romans las. Seine Anregungen und seine Kritik waren von unschätzbarem Wert, und die Zusammenarbeit mit ihm seit nunmehr sechzehn Jahren bedeutet für mich ein seltenes Privileg. Mein spezieller Dank gilt auch Joan Marler, die mit mir durch Rumänien und Bulgarien reiste und mir großzügigerweise ihre Forschungsarbeiten über das Leben und Wirken Marija Gimbutas zur Verfügung stellte. Ihre Fotos von alteuropäischen Artefakten waren eine kostbare Quelle und die Gespräche mit ihr eine unerschöpfliche Inspiration.

Driknaks Traum von der feurigen Schlange habe ich von Patricia Morrison entliehen, deren *Crane Dance Network* ein zeitgenössisches Beispiel für den Gemeinschaftsgeist im alten Europa ist.

Mein Dank gilt auch William Calvin, Sarah Goodman, Flash Gordon, Michael Gruber, Heather Hafleigh, Jana Harris, Jane Hirshfield, Jennifer Powell, Vicki Noble, der WELL Writers Conference (einem Autorenclub) und Angus Wright, Fotograf und Gepäckbeförderer für die Göttin.

Wie meine beiden vorherigen Romane »Im Jahr der Pferde« und »Die Schmetterlingsgöttin« wurde auch dieser Roman inspiriert von der Arbeit der Archäologin Marija Gimbutas und ihren bahnbrechenden historischen Studien »Die Sprache der Göttin« und »Die Zivilisation der Göttin«.